全国高等院校财经类专业规划教材

# 风险统计模型

□ 李晓林 编著

中国财政经济出版社

图书在版编目（CIP）数据

风险统计模型/李晓林编著. —北京：中国财政经济出版社，2008.9

全国高等院校财经类专业规划教材

ISBN 978 - 7 - 5095 - 0925 - 8

Ⅰ. 风… Ⅱ. 李… Ⅲ. 保险 - 风险分析 - 统计模型 - 高等学校 - 教材 Ⅳ. F840.32

中国版本图书馆 CIP 数据核字（2008）第 133710 号

中国财政经济出版社 出版

URL：http://www.cfeph.cn

E-mail：cfeph @ cfeph.cn

（版权所有 翻印必究）

社址：北京市海淀区阜成路甲 28 号 邮政编码：100142
发行处电话：88190406 财经书店电话：64033436
北京富生印刷厂印刷 各地新华书店经销
787×1092 毫米 16 开 16.75 印张 410 000 字
2008 年 9 月第 1 版 2008 年 9 月北京第 1 次印刷
印数：1—3060 定价：35.00 元
ISBN 978 - 7 - 5095 - 0925 - 8/C·0006
（图书出现印装问题，本社负责调换）
本社质量投诉电话：010 - 88190744

# 编写说明

风险统计模型，又称风险模型，是非寿险精算学的核心内容，它揭示了对不确定事件的财务后果提供数量化意见的方法。它以概率统计为基础，运用多种模型，刻画了保险索赔额等多种损失变量的规律及其影响。

《风险统计模型》一书，是高等学校同名课程教材，也是非寿险精算基础课程教材。本书是在1999年出版的《风险统计基础》等书的基础上修订而成的。原教材的雏形是中央财经大学1993年开始的中英精算教育合作项目的成果之一，是作者在多位英国精算专家的支持和帮助下完成的讲义。本书在中央财经大学的精算专业教学中使用多年，是研究生入学考试的指定参考书之一。本书于2002年被立项为北京市精品教材。

全书共分十一章，分别是数据的整理、随机变量与随机向量、概率母函数和矩母函数、大数定律和中心极限定理、统计推断、风险模型、破产分析理论、贝叶斯统计推断、置信度理论、无赔款优待、递推三角形；内容涵盖了非寿险精算中主要的风险统计模型。

本书的编写，得到了数十位国内外精算专家学者的帮助；原书的出版，曾得到苏黎世金融服务集团的大力支持；修订中，我的同事和学生提出了许多很好的建议；本书的出版过程中，中国财政经济出版社的编辑们提出了宝贵的修改意见；在此，一并表示衷心的感谢。

由于作者水平所限，书中一定存在缺点，请广大读者不吝赐教。

作　者

2008年8月8日于北京

# 目录

**第一章 数据的整理** ………………………………………………………… ( 1 )
 第一节 数据的描述 ……………………………………………………… ( 1 )
 第二节 数据分布位置的度量 …………………………………………… ( 6 )
 第三节 数据分布密集与分散程度的度量 ……………………………… ( 9 )
 第四节 对称与偏斜度 …………………………………………………… ( 13 )

**第二章 随机变量与随机向量** ……………………………………………… ( 16 )
 第一节 随机事件与概率 ………………………………………………… ( 16 )
 第二节 随机变量的分布和数字特征 …………………………………… ( 25 )
 第三节 二维随机向量的分布 …………………………………………… ( 45 )
 第四节 随机向量的数字特征 …………………………………………… ( 49 )
 第五节 n 维随机向量 …………………………………………………… ( 52 )
 第六节 随机变量的条件分布 …………………………………………… ( 55 )

**第三章 概率母函数和矩母函数** …………………………………………… ( 61 )
 第一节 母函数 …………………………………………………………… ( 61 )
 第二节 概率母函数 ……………………………………………………… ( 62 )
 第三节 矩母函数 ………………………………………………………… ( 66 )
 第四节 独立随机变量的线性组合 ……………………………………… ( 72 )

**第四章 大数定律和中心极限定理** ………………………………………… ( 81 )
 第一节 切比雪夫不等式 ………………………………………………… ( 81 )
 第二节 中心极限定理 …………………………………………………… ( 82 )
 第三节 大数定律 ………………………………………………………… ( 84 )

**第五章 统计推断** …………………………………………………………… ( 86 )
 第一节 抽样分布 ………………………………………………………… ( 86 )
 第二节 点估计 …………………………………………………………… ( 93 )
 第三节 区间估计 ………………………………………………………… ( 96 )
 第四节 正态总体均值和方差的假设检验 ……………………………… (103)
 第五节 分布拟合检验 …………………………………………………… (112)

  第六节 一元线性回归 ································································ (114)

## 第六章 风险模型 ·············································································· (118)
  第一节 概述 ············································································ (118)
  第二节 集合风险模型 ································································ (121)
  第三节 复合风险模型 G(x) 的计算 ············································ (135)

## 第七章 破产分析理论 ······································································ (146)
  第一节 基本概念 ······································································ (146)
  第二节 泊松分布和复合泊松分布 ·············································· (149)
  第三节 调整系数和兰德伯格不等式 ·········································· (154)
  第四节 变化的参数值对有限和无限时间破产概率的影响 ············ (160)
  第五节 再保险与破产 ································································ (166)

## 第八章 贝叶斯统计推断 ·································································· (173)
  第一节 先验分布和后验分布 ···················································· (173)
  第二节 简单情况下后验分布的推导 ·········································· (175)
  第三节 误差函数 ······································································ (176)

## 第九章 置信度理论 ············································································ (179)
  第一节 基本思想 ······································································ (180)
  第二节 贝叶斯置信度 ································································ (182)
  第三节 经验贝叶斯置信理论：模型 1 ········································ (190)
  第四节 经验贝叶斯置信度理论：模型 2 ···································· (203)

## 第十章 无赔款优待 ············································································ (213)
  第一节 背景介绍 ······································································ (213)
  第二节 无赔款优待法的定义 ···················································· (214)
  第三节 稳定状态分析 ································································ (216)
  第四节 NCD 机制对索赔倾向的影响 ············································ (220)

## 第十一章 递推三角形 ········································································ (224)
  第一节 背景 ·············································································· (224)
  第二节 运用递推因子进行预测 ·················································· (226)
  第三节 针对通货膨胀的调整 ···················································· (236)

## 附录 ······································································································ (246)
  附录Ⅰ 常见随机变量分布 ························································ (246)
  附录Ⅱ 概率分布表 ···································································· (253)

# 第一章

## 数据的整理

在实际中,一个完整的统计调查一般包括以下几个步骤:收集数据、数据的整理、统计推断和结果报告。其中,数据的整理是统计调查的基础。本章将从数据的描述开始,探讨数据的整理方法。

### 第一节 数据的描述

我们先来明确几个概念。批数据(batch data),是一组相关的观察数据,例如:当前世界各国的通货膨胀率、我国各省的年度预算、某校各班级的学生数。

样本数据(sample data),是一组从总体中抽出的,同时代表那个总体的数据,例如:从某保险公司人身意外伤害险保单中抽出的 100 份保单,其保额组成的样本;从某保险公司汽车险索赔案中抽出的 300 个案例组成的样本;某养老金计划中 180 个被保险人的年龄组成的样本。

批数据分析是以数据的重要特征为指标对数据进行分类整理。样本数据分析,除了是为按数据的重要特征进行分类整理之外,还有一个重要的目的就是要作出关于样本总体的推断。本书的主要内容将与样本数据和推断有关。

数据涉及到有关变量的值,我们把变量分为如下几种类型:

1. 数值性(numerical)数据:包括(1)离散型数据,产生于计数(如精算师的人数、索赔的件数);(2)连续型数据,产生于测量(如比率、数额、年龄)。

2. 范畴性(categorical)数据:包括(1)属性数据,只有两个类型(如是与否、男与女、索赔与不索赔);(2)名义性数据,有多种不规则的类型(如保单的类型、索赔的性质);(3)序列性数据,有多种不同程度的类型(如调查表显示诸如大力支持,……,强烈反对)。

下面将通过例子来做说明,大部分例子涉及数值性数据。

### 一、频数分布和条形图

[例 1-1] 假设某保险公司的由 80 份家庭储蓄保单组成的样本,其家庭中 16 岁以下儿童的人数如下:

2 1 3 1 1 4 5 2 2 1 4 5 4 2 2 0
3 2 2 2 2 2 2 1 2 3 3 1 1 4 3 2
1 3 0 3 0 0 3 2 3 2 2 2 2 3 4 3
3 1 6 2 2 1 3 0 2 3 1 7 4 0 0 5
2 2 4 3 1 3 3 2 0 3 2 2 2 5 2 2

试用简明的方式描述这些数据,并用恰当的图表表示出来。

解:这是一个典型的离散型变量,其可能值为 0,1,2,3,…。很明显,通过计算出 0,1,2 等的个数可以很好地描述这些数据的特征。通常,我们把这些数字的个数或者出现的次数称为频数,把这种描述方式称为频数分布。在此用 m 来表示频数,可将频数列表如下:

| 16 岁以下的儿童人数,x | 样本中的家庭数,m |
| --- | --- |
| 0 | 8 |
| 1 | 12 |
| 2 | 28 |
| 3 | 19 |
| 4 | 7 |
| 5 | 4 |
| 6 | 1 |
| 7 | 1 |
| 8 或 8 以上 | 0 |

显然,频数列表可以清晰地表述这些数据在其可能值上的分布。

条形图常常能比表格更好地表明数据的离散属性,如图 1-1。

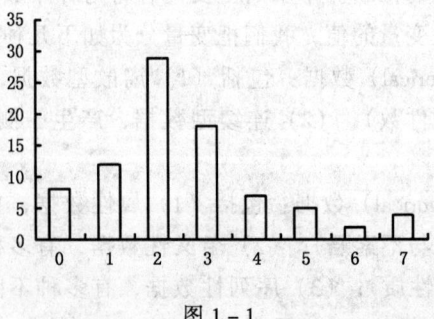

图 1-1

通过以上描述,对于这些数据是如何分布在其可能值上,我们已经有了一个清晰的印象,从而初步建立了该保险公司家庭储蓄保单中 16 岁以下儿童个数分布情况的概念。

## 二、群频数和直方图

群频数又称分组频数或组频数,我们通过实例来说明群频数和直方图的概念。实例中的数据是用最接近 100 元的方式分类的。现金额如用角或分的方式给出将是真正离散的,但在这里鉴于数额如此之大,我们可以认为它们是连续的。实际中,由于数据都只能以特定的精确度近似测量,而没有数据能以无限小的精度测量,所以所有数据都是离散的。

[例 1-2] 保险公司家庭财产保单中某 100 件由于渗漏引起的索赔组成的样本,索赔金额如下(单位:元):

| | | | | | | | | | |
|---|---|---|---|---|---|---|---|---|---|
| 243 | 306 | 271 | 396 | 287 | 399 | 466 | 269 | 295 | 330 |
| 425 | 324 | 228 | 113 | 226 | 176 | 320 | 230 | 404 | 487 |
| 127 | 74 | 523 | 164 | 366 | 343 | 330 | 436 | 141 | 388 |
| 293 | 464 | 200 | 392 | 265 | 403 | 372 | 259 | 426 | 262 |
| 221 | 355 | 324 | 374 | 347 | 261 | 278 | 113 | 135 | 291 |
| 176 | 342 | 443 | 239 | 302 | 483 | 231 | 292 | 373 | 346 |
| 293 | 23 | 223 | 371 | 287 | 400 | 314 | 468 | 337 | 308 |
| 359 | 352 | 273 | 267 | 277 | 184 | 286 | 214 | 351 | 270 |
| 330 | 238 | 248 | 419 | 330 | 319 | 440 | 427 | 314 | 414 |
| 219 | 299 | 165 | 318 | 415 | 372 | 238 | 323 | 411 | 494 |

试用简明的方式描述这些数据,并用恰当的图表表示出来。

解:如果考虑频数分布,可能值太多了,因此我们将它们分组,并计算每组中的件数。数值从 74 到 523,所以一个合理的分组是 50-99,100-149,150-199,…,500-549 等等。这将得到 10 组数据:

| 组 别 | 频 数 |
|---|---|
| 50-99 | 1 |
| 100-149 | 5 |
| 150-199 | 4 |
| 200-249 | 14 |
| 250-299 | 22 |
| 300-349 | 20 |
| 350-399 | 14 |
| 400-449 | 13 |
| 450-499 | 6 |
| 500-549 | 1 |

这就是有相同间距的群频数分布,我们称之为组容相同,由此可以对数据分布在各组上的情况有一个清晰的印象。

直方图能更好地表明现金额的几乎连续属性,如图 1-2。

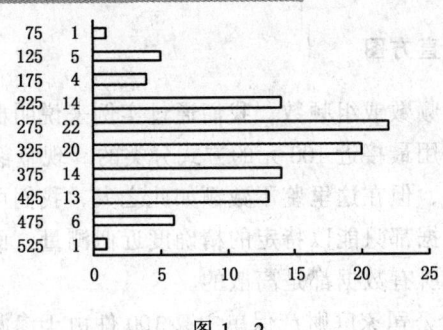

图 1-2

如此可以对这些数据的分布情况有清晰地了解，进而掌握公司此类业务的索赔额分布。

在例 1-2 中我们把数据分成了 10 组，这是舍弃细枝末节和获得清晰认识之间的妥协。如果分 5 组，会失去太多的细节，而分 20 组将不会有一个如此清晰的概括。

上述的群频数分布和直方图的组容相等。在某些情况下，在两端分一个或两个更宽的组可能会更方便。在这些情况下必须注明长方形的面积而不是高度更与频数成比例，原因在于直觉上的比较用的是面积。例如两个边长之比为 1:2 的正方形，它们的面积之比为 1:4，眼睛很自然地判断它们之比为 1:4。

### 三、枝叶图

常用的另一种直方图为枝叶图。它的视觉印象与直方图相似，但是没有丢失组中数据的变化细节。这里是例 1-2 中数据的枝叶图（图 1-3）。

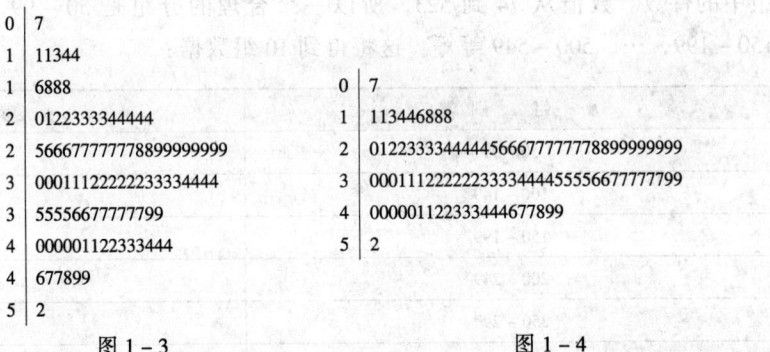

图 1-3                    图 1-4

图中左边的枝单位是 100，右边的叶单位是 10。由此单位数据能被表达出来，虽然是以最接近 10 的数额近似表述出来。

构造一个枝叶图可以用与直方图相同的组容。图 1-3 的枝叶图我们称为半枝图，因为 100、200、300 等数据的两个半部分是分别描述的。图 1-4 的枝叶图称为全枝图。相比之下，半枝图的描述更清晰一些。

### 四、点图

对于更小的数据组常常用点图（dotplot）或线图（lineplot）来描述。其做法是把数据沿着一条有刻度的直线用点或叉号表示出来。

## 五、其他描述方式

1. 相对频数，即发生的频数或群频数与观察的次数的比值。它给出了数额为某值或属于某组的数据所占的比例。

例如，例1-1中的儿童人数的相对频数分布为：

| 16岁以下的儿童人数 | 相对频数 |
| --- | --- |
| 0 | 0.1 |
| 1 | 0.15 |
| 2 | 0.35 |
| 3 | 0.2375 |
| 4 | 0.0875 |
| 5 | 0.05 |
| 6 | 0.0125 |
| 7 | 0.0125 |

在第二章你将看到，这是一个等价于随机变量概率的数据，它被看作是从数据中得到的经验概率。

2. 累积频数，即把数据小于和等于某值或某数据组的频数累加后的和（包括取其自身和比其更小值的频数或群频数）。

对分组的数据来说，我们很自然把累积频数与各组的上界联系起来。例如，例1-2中的索赔额分布，其累积频数为：

| 各组上限 | 累积频数 |
| --- | --- |
| 100 | 1 |
| 150 | 6 |
| 200 | 10 |
| 250 | 24 |
| 300 | 46 |
| 350 | 66 |
| 400 | 80 |
| 450 | 93 |
| 500 | 99 |
| 550 | 100 |

累积频数也能用图形表示出来。

我们也可以用相对形式来研究累积频数，在第二章将会看到数据的相对累积频数分布相似于随机变量的分布函数。

还有其他描述数据的方式，如饼分图和象形图等等，本书不一一叙述了。

但是必须指出的是一种图示中的危险倾向：一种特定的图能引起误导。我们可能在传媒上看过这样的图片，如瓶的图形被用来对不同时期某种酒的销量进行比较，视觉上的比较是被察觉出来的体积引起的，但是这类图片往往错误地用高度来代表频数。这与前面讲的正方形面积与长度的问题是类似的。

### ■ 六、精确度

在描述数据时，我们需要考虑它的精确度，但并非在所有情况下越精确越好。例如，在例1-2的索赔额中，用角和分来记录数据是没有意义的。当然，如果不考虑其他因素，知道索赔额是796.33元，比知道是796元更好。

读者可能对"4位小数"或"3位有效数字"的概念已经非常熟悉。在风险统计中，我们更需要"重要数字"的概念。

例如，一个数集可能牵涉到计算的比率问题，该数集由以下数据组成：

1.0581　　1.0366　　1.0120　　1.0404　　1.0321
1.0156　　1.0632　　1.0026　　1.0589　　1.0333

由于所有数据都以1.0开头，出于比较的目的，主要考察第三和第四两位数字。实际上，把它们表示成超过1的百分数更好比较。于是，我们往往考察下列数据：

5.8　　3.7　　1.2　　4.0　　3.2　　1.6　　6.3　　0.2　　5.9　　3.3

在另一个有如下数据的例子里：

33 232元　　7 677元　　65 652元　　86 675元　　98 329元
40 020元　　65 526元　　4 484元　　85 113元　　52 886元

用1 000元为单位进行比较会更清晰，即考察数据：

33　　8　　66　　87　　98　　40　　66　　4　　85　　53

在报告中表达数据时，应避免过于精确，数字越简单，读者越容易理解和享用从数据中得到的信息。在实际中，一般用2或3个重要数字足够了。

## ■ 第二节　数据分布位置的度量

通常，人们对数据分布情况关心的主要是数据分布的位置、密集或分散程度、偏斜情况等等。本节将探讨数据分布位置情况的各种度量。例如，看到例1-2的直方图，我们能发现索赔额集中在300元附近。第二节、第三节将探讨数据分布的密集或分散程度、偏斜情况。

### ■ 一、均值

描述数据分布的最普通的度量是均值（mean）。严格来说应叫作算术平均值，因为还有其他"均值"，如调和均值和几何均值。但通常，我们还是把它简单地称为均值。

对一个有 n 个数据的数列：

$$x_1, x_2 \cdots, x_n$$

或

$$x_i, i = 1, 2, \cdots, n$$

其均值是：

$$\bar{x} = \frac{1}{n} \sum_{i=1}^{n} x_i$$

读作"x – bar（巴）"。

实际上均值与大多数人常常称用的平均数是相同的概念。

对一个有可能值 $x_1, x_2, \cdots, x_k$ 的频数分布，其对应频数为 $m_1, m_2, \cdots, m_k$，其中 $\sum m_i = n$，其均值为：

$$\bar{x} = \frac{1}{n} \sum_{i=1}^{k} m_i x_i$$

对一个群频数分布来说，其均值计算如上，不过这里的数值是各组的中点（中间值）①。

[例 1 – 3]　计算例 1 – 1 中的均值。

解：

$$\bar{x} = \frac{1}{80} \sum m_i x_i = \frac{186}{80} = 2.325$$

由于三位小数太多了，我们取 $\bar{x} = 2.3$。

[例 1 – 4]　以全部的数据和分组数据两种形式计算例 1 – 2 的均值。

解：用全部的数据计算：

$$\bar{x} = \frac{1}{100} \sum x_i = \frac{31\ 353}{100} = 313.53$$

我们取 $\bar{x} = 313.5$。

用分组数据计算：我们取各组中间值 75，125，…

$$\bar{x} = \frac{1}{100} \sum m_i x_i = \frac{31\ 750}{100} = 317.5$$

严格来说，组中值应是 74.5，124.5…，得出均值为 312.0，但注意到分组的误差，简单的选择是足够的。

由于分组的误差为 313.53 – 312.0 = 1.53，其相对误差为 0.5%。这个误差是由于分成群频数分布时丢失的细节造成的。

注意：上例中涉及了"过于精确"的概念。考虑到由于分组的误差或丢失的细节，用更高的精确度没有什么意义。

一般地，我们取比原始数据多一位小数作为均值。如果是一个较大的数列，我们可以考虑再多取两位小数，但不要取得更多。

---

① 在一般的统计著作中把它定义为样本均值，而且把它当作总体均值的估计值。如果这些数据是样本数据，则这是很明显的。如果这些数据是批数据，那么将没有相应的总体均值。然而，由于大部分是样本数据，本书一般地将其称为样本均值。

## 二、中位数

另一个有用的度量是中位数。把 n 个数据按大小排列,中位数是把这个数列分成两半的那个数,一半小于它,一半大于它;如果 n 是奇数,中位数就是中间的那个;如果 n 是偶数,中位数则是中间两数的中点(或平均值),可以表示成是第 (n+1)/2 个数①。

中位数与均值是两个不同的概念。例如,有 5 个观测值:

1.1　　　1.5　　　1.6　　　1.8　　　2.2

均值为 1.64,中位数是 1.6,相当接近。然而,对于另外 5 个观测值:

1.1　　　1.5　　　1.6　　　1.8　　　202.2

均值为 41.64,中位数仍是 1.6,差距非常大。显然 202.2 对均值影响很大,而对中位数没有影响,这是中位数对考察某些数列的潜在优势之一,即它能在一定程度上抵消极端数据的影响。

中位数有时也能够更好地描述数据分布高度偏斜的数列——见第四节。

另一个中位数有用的地方是,不能确切地知道端点数据,只是简单地知道它大于或小于某些数据。

[例 1 – 5] 计算例 1 – 1 的中位数。

解:查看频数分布,你将看到第 40 位和第 41 位都是 2,所以中位数是 2。

注意:累积频数对确定中位数是有用的。中位数就是累积频数 50% 所对应的那个数,而这能从累积频数分布图中看出来。

[例 1 – 6] 利用下列方式计算例 1 – 2 的中位数:(a) 按枝叶图计算;(b) 按群频数分布计算,采用简单的插值法。

解:(a) 参见枝叶图,得到第 50 和 51 位数分别为 310 和 320,所以中位数为 315②。

(b) 中位数位于 300 – 349 这一组中,因为在这一组之前有 46 个数据,这一组中有 20 个数据,我们可以合理地假定这 20 个数据均匀地分布在 300 – 349 之间。因此用简单插值法来得到第 50.5 个数,得中位数为:

$$300 + \left(\frac{50.5 - 46}{20}\right) \times 50 = 311.3$$

注意:对这个数列来说,均值和中位数很接近。这是由于数据分布相当匀称的缘故。

## 三、众数

第三个度量是众数。它被定义为:出现频数最多或最典型的数。它在实际中的应用是有限的,但偶尔也会用到,如保险公司对最典型的投保人感兴趣。

例如,在例 1 – 1 中,由频数分布,我们会看到出现频数最多的数值是 2,

---

① 没有一个标准的符号表示中位数,一些书用 M,另一些书甚至用 $\bar{x}$。
② 实际上,从全部数据看,第 50 和 51 位数分别为 314 和 318,中位数为 316。

因此众数为 2（注意：中位数也为 2，均值为 2.3）。而在例 1-2 中，我们发现，250-299 这一组的频数为 22，接着是 300-349 的组为 20，于是，我们可以大概地判断出，其众数约为 300。

## 第三节 数据分布密集与分散程度的度量

本节将探讨数据在均值附近分布的密集与分散程度。

### 一、标准差

最常用的度量是标准差，它是反映数据离均值远近程度的度量。

考虑一个均值为 $\bar{x}$ 的数列 $x_i, i = 1, 2, \cdots, n$，对于数值 $x_i$，$(x_i - \bar{x})$ 是 $x_i$ 到均值的距离，即 $x_i$ 与均值的偏差。现在考虑这些偏差的均值：

$$\frac{1}{n} \sum_{i=1}^{n} (x_i - \bar{x})$$

很容易证明它等于 0，因为正的和负的相互抵消了。

[例 1-7] 证明任何数列与均值的偏差之和为 0，即：

$$\frac{1}{n} \sum_{i=1}^{n} (x_i - \bar{x}) = 0$$

证明：

$$\frac{1}{n} \sum_{i=1}^{n} (x_i - \bar{x}) = \sum x_i - \sum \bar{x} = \sum x_i - n\bar{x}$$

而

$$\bar{x} = \frac{1}{n} \sum x_i$$

因此

$$\sum (x_i - \bar{x}) = 0$$

显然，数列与均值的偏差之和无法度量数据的密集或分散程度。为此，我们取绝对值：

$$\frac{1}{n} \sum |x_i - \bar{x}|$$

上式叫作"均值绝对偏差"，这是一个明显的对密集或分散程度的度量，然而它在计量上很困难，因此是没有意义的。

所以，我们不取绝对值，而用平方，取偏差平方的均值，然后开方，这又回到了度量的初始维数。

于是采用：

$$\sqrt{\frac{1}{n} \sum_{i=1}^{n} (x_i - \bar{x})^2}$$

即"偏差平方均值的根"，称为样本标准差或样本均方差。

由于统计推断的技术原因（见第五章），用 (n-1) 来代替 n，得到：

$$\sqrt{\frac{1}{n-1}\sum_{i=1}^{n}(x_i-\bar{x})^2}$$

称作样本修正标准差，或称样本修正均方差，记为 s，而

$$s^2 = \frac{1}{n-1}\sum_{i=1}^{n}(x_i-\bar{x})^2$$

称作样本修正标准差，或称样本修正均方差。

在不至于发生混淆的情况下，有时将样本修正方差也称为样本方差，样本修正标准差也称为样本标准差。

上述公式用手工计算很不方便，这牵涉到采用合适的精确度计算均值，再用所有的 $x_i$ 减去它，平方后求和等。为此，我们采用一个更适合手工计算的公式：

$$s^2 = \frac{1}{n-1}\sum_{i=1}^{n}(x_i^2 - n\bar{x}^2)$$

或者：

$$\frac{1}{n-1}\sum_{i=1}^{n}\left[x_i^2 - \frac{1}{n}\left(\sum_{i=1}^{n}x_i\right)^2\right]$$

我们只需要计算出 $x$ 的和及其平方和就可以了。

$$\begin{aligned}(n-1)s^2 &= \sum_{i=1}^{n}(x_i-\bar{x})^2 \\ &= \sum_{i=1}^{n}(x_i^2 - 2x_i\bar{x} - \bar{x}^2) \\ &= \sum_{i=1}^{n}x_i^2 - 2\bar{x}\sum_{i=1}^{n}x_i + n\bar{x}^2 \\ &= \sum_{i=1}^{n}x_i^2 - 2n\bar{x}^2 + n\bar{x}^2 \left(\text{由于}\sum_{i=1}^{n}x_i = n\bar{x}\right) \\ &= \sum_{i=1}^{n}x_i^2 - n\bar{x}^2\end{aligned}$$

所以，上式成立。

在例 1-1 中，由频数分布可得：

$$\sum m_i x_i = 186, \quad \sum m_i x_i^2 = 592$$

$$s^2 = \frac{1}{79}\left(592 - \frac{1}{80}\times 186^2\right) = 2.02$$

$s = 1.4$（取我们计算均值时所用的相同的精度）

而在例 1-2 中，可用全部的详细数据或分组后的群频数分布分别计算标准差。

采用全部数据计算可得：

$$\sum x_j = 31\,353, \quad \sum x_j^2 = 10\,687\,041$$

$$s^2 = \frac{1}{99}\left(10\,687\,041 - \frac{1}{100}\times 31\,353^2\right) = 8\,655.91$$

$s = 93.0$（取与均值一样的精度）

对分组数据,像以前一样用 75,125 等组中值:
$$\sum m_i x_i = 31\,250, \quad \sum m_i x_i^2 = 10\,637\,500$$
$$s^2 = \frac{1}{99}\left(10\,637\,500 - \frac{1}{100} \times 31\,250^2\right) = 8\,866.82$$
$$s = 93.8$$

由分组导致的误差为:$93.8 - 93.0 = 0.8$,相对误差为 0.99。

作为分别描述数据分布的位置及密集(或分散)程度的指标,均值和标准差常常联合使用。下面的例子就是这样。

**[例 1-8]** 对于数集 $x_i, i=1,2,3,\cdots,n$,如果 $y_i = \alpha + \beta x_i$,说明 $y$ 的均值和标准差与 $x$ 之间的关系。

解:
$$\bar{y} = \frac{1}{n}\sum y_i = \frac{1}{n}\sum(\alpha + \beta x_i) = \frac{1}{n}\left(n\alpha + \beta \sum x_i\right) = \alpha + \beta\bar{x}$$
$$y_i - \bar{y} = (\alpha + \beta x_i) - (\alpha + \beta)\bar{x} = \beta(x_i - \bar{x})$$

因此,显然有
$$s_y^2 = \beta^2 s^2, \quad s_y = \beta s_x$$

注意:$\alpha$ 只影响数据分布的位置而不影响密集或分散程度,这是一个在其他场合有用的重要观点。

我们有了用 $\sum x_i$ 和 $\sum x_i^2$ 表示 $\bar{x}$ 和 $s^2$ 的公式,反过来,也可以用 $\bar{x}$ 和 $s^2$ 来表示 $\sum x_i$ 和 $\sum x_i^2$。

显然,$\bar{x} = \frac{1}{n}\sum x_i \Rightarrow \sum x_i = n\bar{x}$

$(n-1)s^2 = \sum x_i^2 - n\bar{x}^2 \Rightarrow \sum x_i^2 = (n-1)s^2 + n\bar{x}^2$

**[例 1-9]** 在例 1-2 中,$\bar{x} = 313.5$ 元,$s = 93.0$ 元,假设另外一例 50 个索赔案的索赔额均值、标准差分别为 $\bar{x} = 327.4$ 元,$s = 105.1$ 元。计算上述 150 个索赔案合并在一起的均值和标准差。

解:第一例 100 个索赔案:
$$\sum x = 100 \times 313.5 = 31\,350,$$
$$\sum x^2 = 99 \times (93.0)^2 + 100 \times (313.5)^2 = 10\,684\,476$$

注意:相应的精确值为 31 353 和 10 687 041。

第二例 50 个索赔案:
$$\sum x = 50 \times 327.4 = 16\,370,$$
$$\bar{x}^2 = 44 \times (105.1)^2 + 50 \times (327.4)^2 = 5\,900\,792.5$$

上述两例合并:
$$\sum x = 31\,350 + 16\,370 = 47\,720,$$
$$\bar{x} = \frac{47\,720}{150} = 318.1$$
$$\bar{x}^2 = 10\,684\,476 + 5\,900\,792.5 = 16\,585\,268.5$$

$$s^2 = \frac{1}{199}\left(16\,585\,268.5 - \frac{47\,720^2}{150}\right) = 4\,422.45 = 4\,422.45$$

$$s = 97.1$$

所以，合并后的均值为318.1元，标准差为97.1元。

### 二、极差

极差是关于数据密集或分散的一个非常简单的度量，如它的名字所示，被定义为最大值和最小值之间的差，即：

$$R = \max(x_i) - \min(x_i)$$

显然，极差越小，数据越密集。

然而由于它完全依赖于端点，极差的用处很有限。但有一个应用领域是要普遍用到极差的，那就是，在统计过程控制中，用统计方法来控制产品质量。

在例1-1中，极差为：$R = 7 - 0 = 7$。

在例1-2中，极差为：$R = 523 - 74 = 449$。

### 三、四分位间距

像极差一样，四分位间距也是用来度量数据的密集或分散程度的。但它不受端点的影响。

首先我们定义四分位数：

像中位数将数据分成两半一样，四分位数将数据分成四段，分别标为 $Q_1$、$Q_2$ 和 $Q_3$，第一段小于 $Q_1$，第二段介于 $Q_1$ 和 $Q_2$ 之间，……，最后一段大于 $Q_3$，$Q_2$ 即为中位数，$Q_1$ 为低四分位数，$Q_3$ 为高四分位数。

我们规定中位数为第 $(n+1)/2$ 个数据，同样，我们规定 $Q_1$ 为从小排起的第 $(n+1)/4$ 个数据，$Q_3$ 为从大排起的第 $(n+1)/4$ 个数据，必要时可能需要插值法。

四分位间距定义为：

$$Q_3 - Q_1$$

例如，假设某商店的8款球鞋的售价分别为（元）250，270，275，350，380，395，420，480，则

$$250,\ 270,\ \vdots\ 275,\ 350,\ \vdots\ 380,\ 395,\ \vdots\ 420,\ 480$$
$$\qquad\quad Q_1 \qquad\qquad Q_2 \qquad\qquad Q_3$$

$$Q_1 = \frac{207 + 275}{2} = 272.5$$

$$Q_3 = \frac{395 + 420}{2} = 407.5$$

所以，四分位间距为：

$$Q_3 - Q_1 = 407.5 - 272.5 = 135$$

注意：像中位数一样，四分位数可以用累积频数分布得到，也可从图上得

到。

[例1–10] 分别由枝叶图和全部数据计算例1–2中的四分位间距。

解：由枝叶图：第25位和26位均为260，$Q_1 = 260$

在另一端，第25位和26位均为370，$Q_3 = 370$。

所以，四分位间距为：

$$370 - 260 = 110（元）$$

由全部数据：第25位是259，第26位是261，$Q_1 = 259.5$；

从另一端，第25位是374，第26位是373，$Q_3 = 373.25$。

所以，四分位间距为：

$$373.25 - 259.5 = 113.8（元）$$

注意：误差是由枝叶图引起的。

考察数据分布位置的度量，多数情况下（如分布是相当匀称的）在数字上是相近的，而考察数据密集或分散程度的度量却不同，用不同的方法度量时，不能指望它们在数字上相近。在前面探讨索赔额的案例中，均值 $\bar{x} = 313.5$，中位数为316.0，众数为300，而标准差 s 为93.0，极差 R 为449，四分位间距为114.9。

## 第四节　对称与偏斜度

在考虑了数据分布的位置、密集或分散程度之后，我们关注的是分布的形状，即是对称的或是偏向某一边。

### 一、偏斜度的度量

偏斜度的度量，可以通过四分位数或以后将涉及的三阶矩来进行，在这里就不详细探讨了。我们将依靠对直方图、枝叶图、点图的视觉检查来评价数集的形状。我们把形状分为三种类型：相当匀称的、正偏斜的、负偏斜的（如图1–5、1–6、1–7）。

### 二、均值、众数和中位数的相对位置

另一个显示偏斜度的是均值、众数、中位数的相对位置。

如果一个数列是相当匀称的，上述三者将在数字上是相近的；如果是正偏斜的，一般地，均值大于中位数和众数；如果是负偏斜的，一般地，均值小于中位数和众数。

在实际中，均值与中位数的相对位置是偏斜度的最好指南。

### 三、盒图

四分位数和端点结合起来提供了一种展示数列的有用方法，被称为盒图

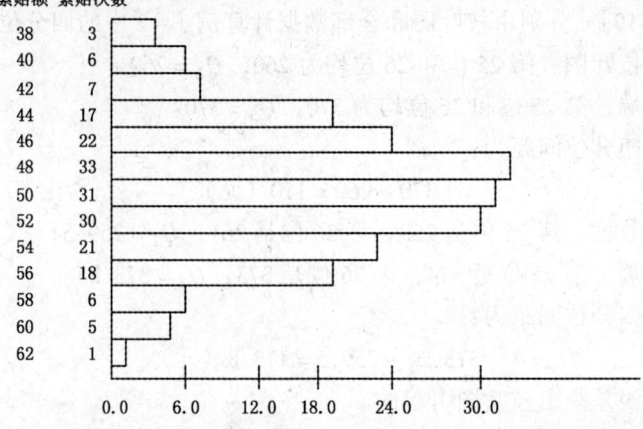

图 1-5 对称

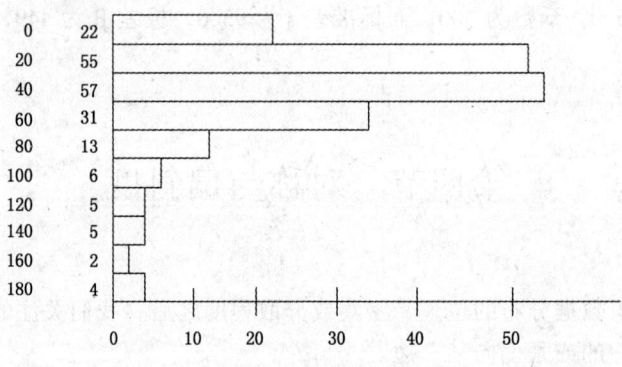

图 1-6 正偏斜

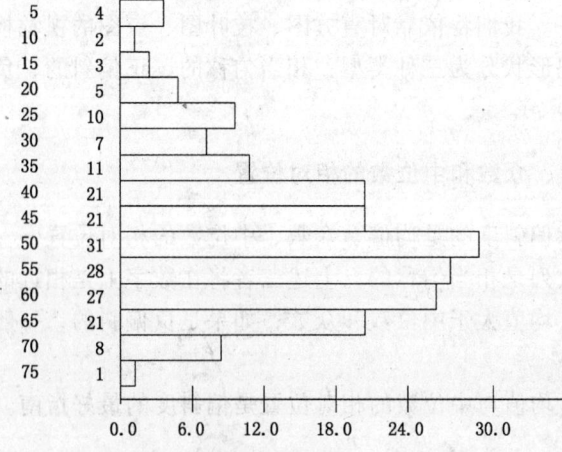

图 1-7 负偏斜

(boxplot)。

它由一个长方形组成,长方形的两端是 $Q_1$ 和 $Q_3$,中间被中位数 $Q_2$ 分开,然后直线从端点到 $Q_1$ 和从 $Q_3$ 到另一端点。

图 1-8 是例 1-2 中索赔额数据的盒图。

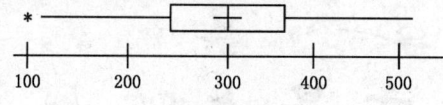

图 1-8 索赔额的盒图

你能很快看出中位数作为一个位置的度量,四分位间距(和极差)作为密集或分散程度的度量,也能看出在这例中数据是相对匀称的。

在以后特定的统计方法中你将看到,它们应用于对称的形状是最好的。因此,有时把一个数列变换成对称的形式,可以通过取对数或平方根的方法达到。不同的变换能改变不同程度的偏斜度。

# 第二章
# 随机变量与随机向量

## 第一节 随机事件与概率

### 一、随机事件

#### （一）随机试验与随机事件

为研究随机现象的统计规律性而进行的各种科学试验或对事物某种特征进行的观测都称为试验。一般用字母 $E$ 表示。

$E_1$：抛掷一枚硬币，观察它自由下落后正、反两面出现的情况。

$E_2$：在相同条件下接连不断地向同一个目标射击，直到击中为止，记录射击次数。

$E_3$：在一批同型号的灯泡中，任意抽取一只，测试它的使用寿命。

$E_4$：记录某班的数学考试成绩。

上述试验都可以在相同条件下重复进行。试验 $E_1$ 只有两种可能结果：出现正面或出现反面，但是在抛掷之前不知道究竟会出现哪一面。试验 $E_2$ 射击次数可以为 1，2，…，因此试验的所有可能结果是全体正自然数，在击中目标前，究竟需要射多少次不能事先肯定。对于试验 $E_3$ 灯泡的寿命（以小时计）是一个非负的实数，在测试前不能确定它的寿命有多长。这些试验都具有下列特性：

1. 试验可以在相同的条件下重复进行；

2. 每次试验的可能结果不止一个，并且能在试验之前就明确知道所有的可能结果；

3. 每次试验之前不能肯定这次试验会出现哪个结果，但可以肯定每次试验总会出现这些可能结果中的一个。

具有上述三个特性的试验称为随机试验，简称试验。随机试验总是在一定条件下进行的，如果条件不同，则认为是不同的试验。在概率论中，总是通过随机试验来研究随机现象的统计规律性。

在随机试验 $E$ 中,每个可能出现的不能再分解的最简单的结果称为随机试验 $E$ 的基本事件,用 $\omega$ 表示。全体基本事件的集合称为基本事件空间或样本空间,记为 $\Omega = \{\omega\}$。$\Omega$ 中的基本事件 $\omega$,又称为样本点。样本空间的样本点也是明确的。样本空间 $\Omega$ 中的任一子集称为随机事件,常用字母 $A$,$B$,$C$ …等表示。随机事件发生当且仅当子集中的一个基本事件发生,基本事件也是随机事件。因此,我们也可以把随机试验 $E$ 的结果称为随机事件,简称事件。

(二) 事件之间的关系及运算

任何一个随机试验中总有许多随机事件。事件间的关系及运算主要包括以下几种:

1. 事件的包含。若事件 $A$ 发生必然导致事件 $B$ 发生,即 $A$ 中的每一个样本点都包含在 $B$ 中,则称事件 $B$ 包含事件 $A$,或称事件 $A$ 含于事件 $B$,记作 $B \supset A$ 或 $A \subset B$。

对任一事件 $A$,有:

$$\Phi \subset A \subset \Omega$$

2. 事件相等。若事件 $A$ 包含事件 $B$,且事件 $B$ 包含事件 $A$,即 $A \supset B$ 且 $B \supset A$,则称事件 $A$ 与 $B$ 相等,即 $A$ 与 $B$ 所含的样本点完全相同,记作 $A = B$。

3. 事件的和。"两个事件 $A$、$B$ 中至少有一个发生"的事件称为事件 $A$ 与 $B$ 的和(或并),它是由事件 $A$ 与 $B$ 的所有样本点构成的集合,记为 $A + B$ 或 $A \cup B$。

显然,$A \subset A + B$,$B \subset A + B$。

对任一事件 $A$ 有:

$$A + A = A \quad A + \phi = A \quad A + \Omega = \Omega$$

若 $A \subset B$,则 $A + B = B$。

事件和的概念可以推广到有限个或可列无穷多个事件。

"事件 $A_1, A_2, \cdots, A_n$ 中至少有一个发生"的事件 $A$ 称为这 n 个事件 $A_i$($i = 1, 2, \cdots, n$)的和(或并),记作:

$$A = A_1 + A_2 + \cdots + A_n = \sum_{i=1}^{n} A_i \quad (或 A = \bigcup_{i=1}^{n} A_i)$$

"事件 $A_1, A_2, \cdots, A_n$ 中至少有一个发生"的事件 $A$ 称为 $A_i$($i = 1, 2 \cdots$)的和(或并),记作:

$$A = A_1 + A_2 + \cdots + A_n = \sum_{i=1}^{\infty} A_i \quad (或 A = \bigcup_{i=1}^{\infty} A_i)$$

4. 事件的差。"事件 $A$ 发生而事件 $B$ 不发生"的事件称为事件 $A$ 与 $B$ 的差,它是由属于 $A$ 但不属于 $B$ 的那些样本点构成的集合,记作 $A - B$。

5. 事件的积。"两事件 $A$ 与 $B$ 同时发生"的事件称为事件 $A$ 与 $B$ 的积(或交),它是由事件 $A$ 与 $B$ 的所有公共样本点构成的集合,记作 $AB$ 或 $A \cap B$。

容易理解:

$$AB \subset A, \quad AB \subset B$$

对任一事件 $A$,有:

$$AA = A \qquad A\phi = \phi \qquad A\Omega = A$$

若 $A \subset B$，则 $AB = A$。

事件之积的概念可以推广到有限个或可列无穷多个事件的情形。

"事件 $A_1, A_2, \cdots A_n$ 同时发生"的事件 $A$ 称为事件 $A_i$ $(i = 1, 2, \cdots, n)$ 的积，记为：

$$A = \prod_{i=1}^{n} A_i \quad (\text{或 } A = \bigcap_{i=1}^{n} A_i)$$

"事件 $A_1, A_2, \cdots A_n \cdots$ 同时发生"的事件 $A$ 称为事件 $A_i$ $(i = 1, 2, \cdots)$ 的积，记为：

$$A = \prod_{i=1}^{\infty} A_i \quad (\text{或 } A = \bigcap_{i=1}^{\infty} A_i)$$

6. 互不相容事件。若事件 $A$ 与 $B$ 不能同时发生，则称 A、B 互不相容，也称 A、B 互斥，记为 $AB = \phi$。互不相容事件 A 与 B 没有公共的样本点。

互斥的概念可以推广到两个事件以上的情形：若 $A_i A_j = \phi$ $(i \neq j; i, j = 1, 2, \cdots, n, \cdots)$，称 $A_1, A_2, \cdots A_n$ 两两互斥。任何随机试验中的基本事件都是两两互斥的。

7. 对立事件。"事件 A 不发生"（或者事件"非 A"）称为 A 的对立事件，也称为逆事件，它是由样本空间 $\Omega$ 中所有不属于 A 的那些样本点组成的集合。记作 $\bar{A}$。

$\bar{A}$ 是 $A$ 的对立事件，则 $A$ 也是 $\bar{A}$ 的对立事件，故 $A$ 与 $\bar{A}$ 互为对立事件。$A$ 与 $\bar{A}$ 必须同时满足：$A + \bar{A} = \Omega$ 且 $A\bar{A} = \phi$。两事件若相互对立，它们一定是互斥事件，但两互斥事件却不一定是对立事件。如掷一颗骰子，"出 2 点"与"出 3 点"是互斥事件，但并不是对立事件。

显然：$\bar{A} = \Omega - A \quad \bar{\bar{A}} = A \quad \bar{\Omega} = \phi \quad \bar{\phi} = \Omega \quad A - B = A\bar{B}$。

由事件的差及对立事件的概念，可直观地得 $A - B = A\bar{B}$。

事件的运算规律和集合的运算规律完全相同，现列举如下：

1. 交换律：

$$A + B = B + A \qquad AB = BA$$

2. 结合律：

$$A + (B + C) = (A + B) + C \qquad A(BC) = (AB)C$$

3. 分配律：

$$A(B + C) = AB + AC \qquad A + (BC) = (A + B)(A + C)$$

4. 对于有限个事件，恒有：

$$\overline{\sum_{i=1}^{n} A_i} = \prod_{i=1}^{n} \bar{A}_i, \quad \overline{\prod_{i=1}^{n} A_i} = \sum_{i=1}^{n} \bar{A}_i$$

特别地，

$$\overline{A + B} = \bar{A}\bar{B}, \quad \overline{AB} = \bar{A} + \bar{B}$$

事件及其相互关系，与样本空间 $\Omega$ 中的元素所组成的各种子集及其相互关系相对应。我们将概率论与集合论的对应关系汇总于表 2-1。

表 2–1

| 符号 | 事件及其相互关系 | 集合及其相互关系 |
|---|---|---|
| $\Omega$ | 样本空间，必然事件 | 空间　全集 |
| $\phi$ | 不可能事件 | 空集 |
| $\omega$ | 样本点，基本事件 | $\Omega$ 中的元素 |
| $A$ | 事件 | $\Omega$ 的子集 |
| $\bar{A}$ | A 的对立事件 | 集合 A 的余集 |
| $A \subset B$ | 事件 A 包含于事件 B | A 是 B 的子集 |
| $A = B$ | 事件 A 与事件 B 相等 | 集合 A 与集合 B 相等 |
| $A + B$ | 事件 A、B 中至少有一个发生 | 集合 A 与集合 B 的和集（并集） |
| $A - B$ | 事件 A 发生而 B 不发生 | 集合 A 与集合 B 的差集 |
| $AB$ | 事件 A 与事件 B 同时发生 | 集合 A 与集合 B 的交集 |
| $AB = \phi$ | 事件 A 和事件 B 互不相容 | 集合 A 与集合 B 没有公共元素 |

### ■二、随机事件的概率

在相同条件 S 下，重复 n 次试验 E，随机事件 A 在 n 次试验中出现的次数 m 称为频数，比值 $\frac{m}{n}$ 称为事件 A 的频率，记作 $f_n(A)$。即：

$$f_n(A) = \frac{m}{n} \quad (2.1)$$

显然：$\quad f(\Omega) = 1, f(\phi) = 0, 0 \leqslant f_n(A) \leqslant 1$。

在每次重复试验中，同一事件频率有波动，带有随机性。但在多次重复试验中，频率却常常稳定在某一个数值附近。通常把这一规律称为频率具有稳定性，它对事件发生的可能性的大小提供了可比较的依据。由此，可以给出概率的统计定义：

在相同的条件 S 下，重复进行 n 次试验，事件 A 发生的频率 $f_n(A)$ 在某个常数 p 附近摆动。一般来说，n 越大，摆动幅度越小，则称频率的稳定值 p 为事件 A 发生的概率，简称为事件 A 的概率，记为 P(A)，即 P(A) = p。

显然，

$$0 \leqslant P(A) \leqslant 1; \quad (2.2)$$

且

$$P(\Omega) = 1, P(\phi) = 0。 \quad (2.3)$$

虽然事件的频率和概率都是度量事件发生的可能性大小，但是频率是试验值，依赖于试验次数具有随机性。概率是先于试验而存在的理论值，它是一个确定的常数，其大小取决于事件本身固有的规律性。上述概率的概念是描述性定义，不能直接用来计算事件 A 的概率，在实际应用时，常常通过做大量重复试验，得到事件 A 发生的频率，且以它作为 P(A) 的"近似值"或"估计值"。

### 三、概率的基本性质及运算法则

**（一）概率的基本性质**

由概率的定义，除了 2.2 式、2.3 式之外，还可以得到如下的性质，我们称之为概率的可加性：

若 $A_1, A_2, \cdots A_n$ 两两互斥，则

$$P\left(\sum_{i=1}^{n} A_i\right) = \sum_{i=1}^{n} P(A_i) \quad （有限可加性） \tag{2.4}$$

$$P\left(\sum_{i=1}^{\infty} A_i\right) = \sum_{i=1}^{\infty} P(A_i) \quad （可列可加性） \tag{2.5}$$

**（二）概率的运算法则**

1. 概率的加法法则。

（1）特殊加法定理。由概率的有限可加性，可以直接得到两个互斥事件和概率的运算法则，这就是下面的特殊加法定理：

两个互斥事件 A、B 之和的概率等于这两个事件概率的和，即：

若 $AB = \phi$，则：

$$P(A+B) = P(A) + P(B) \tag{2.6}$$

由此可以得出以下推论：

①对立事件的概率之和等于 1。

即：

$$P(A) + P(\bar{A}) = 1 \tag{2.7}$$

或写成：

$$P(\bar{A}) = 1 - P(A)$$

证明：因为 $A + \bar{A} = \Omega$

所以：

$$P(A + \bar{A}) + P(\Omega) = 1$$

又因为： $A\bar{A} = \phi$

所以： $P(A + \bar{A}) = P(A) + P(\bar{A}) = 1$

即： $P(\bar{A}) = 1 - P(A)$

②设 A、B 是任意两个随机事件，且 $A \subset B$，则：

$$P(B - A) = P(B) - P(A) \tag{2.8}$$

证明：因 $A \subset B$ 时 $B = A + (B - A)$ 而 A 与 $(B - A)$ 互不相容，由（2.6）式得：

$$P(B) = P(A) + P(B - A)$$

移项即得：

$$P(B - A) = P(B) - P(A)$$

由 2.8 式可知，若 $A \subset B$ 则 $P(B) \geq P(A)$ 成立。

（2）广义加法定理。公式 2.6 仅适用于求互不相容事件之和的概率，对于

两个相容事件 A 与 B 之和的概率不能用 2.6 式，但有下面的广义加法定理：

设 A，B 是两个任意事件，则：
$$P(A + B) = P(A) + P(B) - P(AB) \tag{2.9}$$

证明：因为 A + B = A + (B – AB)，且 A 与 (B – AB) 互斥，则有：
$$P(A + B) = P(A) + P(B - AB)$$

又因为：
$$B \supset AB$$

由 2.8 式得：
$$P(B - AB) = P(B) - P(AB)$$

所以：
$$P(A + B) = P(A) + P(B) - P(AB)$$

类似地对于三个任意事件之和的概率，则有：
$$P(A + B + C) = P(A) + P(B) + P(C) - P(AB) - P(BC) - P(AC) + P(ABC) \tag{2.10}$$

2.条件概率。在实际问题中，有时需要考虑在"事件 A 已发生"的条件下，事件 B 发生概率，为了不至于发生混淆，称之为条件概率，记作 P(B|A)，读作在事件 A 发生的条件下事件 B 的概率。相应地，P(B) 是无附加条件的概率，简单称为无条件概率。正式地，我们给出如下形式的概念：

设 A、B 为随机试验 E 的两个事件，且 P(A) > 0 （或 P(B) > 0），则称：
$$P(B|A) = \frac{P(AB)}{P(A)} \quad (P(A) > 0) \tag{2.11}$$

为事件 A 发生条件下事件 B 的条件概率；
$$P(A|B) = \frac{P(AB)}{P(B)} \quad (P(B) > 0) \tag{2.12}$$

为事件 B 发生条件下事件 A 的条件概率。

3.概率的乘法公式。由（2.11）和（2.12）可以得到概率的乘法公式：
$$P(AB) = P(A)P(B|A) \tag{2.13}$$
$$P(AB) = P(B)P(A|B) \tag{2.14}$$

概率的乘法公式可以推广到有限多个事件的情形：

设有 n 个事件 $A_1, A_2, \cdots A_n$ 满足 $P(A_1 A_2 \cdots A_n) > 0$，则：
$$P(A_1 A_2 \cdots A_n) = P(A_1)P(A_2|A_1)P(A_3|A_1 A_2)P(A_n|A_1 A_2 \cdots A_{n-1}) \tag{2.15}$$

当 n = 3 时，
$$P(A_1 A_2 A_3) = P(A_1)P(A_2|A_1)P(A_3|A_1 A_2) \tag{2.16}$$

（三）事件的独立性

1.两个事件相互独立的概念。在一般情况下 $P(A|B) \neq P(A)$；$P(B|A) \neq P(B)$，即事件 A、B 中某一事件的发生对另一事件发生的概率是有影响的。在实际问题中，常遇到这样的两个事件，它们中任何一个事件的发生对另一个事

件发生的可能性没有影响，这就引出了相互独立的概念：

若$P(A)>0$，事件 B 发生的概率不受事件 A 发生与否的影响，即：
$$P(B|A) = P(B) \tag{2.17}$$
则称事件 B 对事件 A 是独立的，简称 B 独立于 A。

事实上，如果$P(B|A) = P(B)$

则由乘法公式 $P(AB) = P(B)P(A|B) = P(A)P(B|A)$

得：
$$P(A|B) = P(A)$$
即事件 A 对事件 B 独立。

于是，若事件 B 对事件 A 是独立的，且$P(A)>0$，$P(B)>0$，则事件 A 对事件 B 也是独立的。由此可见，随机事件 A 与 B 的独立性是相互的，即若 B 独立于 A，则 A 也一定独立于 B，称事件 A、B 相互独立，简称 A 与 B 独立。

2. 独立的充分必要条件。事件 A 与 B 独立的充分必要条件是：
$$P(AB) = P(A)P(B) \tag{2.18}$$
事实上，若 A 与 B 独立，将 2.17 式代入乘法公式$P(AB) = P(A)P(B|A)$中，即得：
$$P(AB) = P(A)P(B)$$
另一方面，若$P(AB) = P(A)P(B)$，由乘法公式
$$P(AB) = P(A)P(B|A)(P(A)>0),$$
这两式之右端相等，即：
$$P(A)P(B) = P(A)P(B|A)$$
所以：
$$P(B) = P(B|A) \quad [P(A)>0]$$
即 A 与 B 独立。

当$P(A)$或$P(B)$等于零时 2.18 式仍成立。例如，$P(A) = 0$，由于
$$AB \subset A, 0 \leqslant P(AB) \leqslant P(A) = 0$$
所以， $P(AB) = 0 = P(A)P(B)$

在实际问题中，往往对两个事件 A、B 按其实际意义，直观地判定彼此是否有影响，从而确定它们是否独立。若两个事件独立，就可以由两个事件概率的乘积计算事件乘积的概率。例如，连续两次抛掷硬币，事件"第一次出现正面 A"与"第二次出现正面 B"是相互独立的。

3. n 个事件的相互独立。两个事件相互独立的概念可以推广到任意有限个事件的情形：

设$A_1, A_2, \cdots$是 n 个事件，若对其中任意 m 个事件$A_{i_1}, A_{i_2}, \cdots A_{i_m}$，有
$$P(A_{i_1} A_{i_2} \cdots A_{i_m}) = P(A_{i_1}) P(A_{i_2}) \cdots P(A_{i_m}) \tag{2.19}$$
成立，其中$1 \leqslant i_1 < i_2 < \cdots < i_m \leqslant n$，$2 \leqslant m \leqslant n$，则称$A_1, A_2, \cdots A_n$相互独立。

在 2.19 式中有$2^n - n - 1$个等式，当 n = 3 时，有 4 个等式：

① $P(A_1 A_2) = P(A_1) P(A_2)$

② $\qquad P(A_2A_3) = P(A_2)P(A_3)$

③ $\qquad P(A_1A_3) = P(A_1)P(A_3)$

④ $\qquad P(A_1A_2A_3) = P(A_1)P(A_2)P(A_3)$

当这 4 个等式都成立时，称 $A_1, A_2, A_3$ 这三个事件相互独立，若仅①、②、③这三个等式成立，只表示 $A_1, A_2, A_3$ 三个事件两两独立。

需要注意的是：若事件 $A_1, A_2, \cdots A_n$ 两两独立（即其中每两个都独立）并不能导出它们相互独立。

例如：设 $\Omega = \{\omega_1, \omega_2, \omega_3, \omega_4\}$，且 $P(\omega_i) = \dfrac{1}{4}$ (i = 1, 2, 3, 4)

令

$$A = \{\omega_1, \omega_2\}, B = \{\omega_1, \omega_3\}, C = \{\omega_1, \omega_4\}$$

则：

$$P(A) = P(B) = P(C) = \frac{1}{2}$$

$$P(AB) = P(AC) = P(BC) = \frac{1}{4}$$

且

$$P(AB) = P(A)P(B)$$
$$P(AC) = P(A)P(C)$$
$$P(BC) = P(B)P(C)$$

因而事件 A, B, C 两两独立。但

$$P(ABC) = P(\{\omega_1\}) = \frac{1}{4}, P(A)P(B)P(C) = \frac{1}{8}$$

$$P(ABC) \neq P(A)P(B)P(C)$$

可见事件 A, B, C 不相互独立。

n 个事件相互独立有如下性质：

(1) 若 $A_1, A_2, \cdots A_n$ 相互独立，则：

$$P(A_1A_2\cdots A_n) = \prod_{i=1}^{n} P(A_i) \qquad (2.20)$$

(2) 若 $A_1, A_2, \cdots A_n$ 相互独立，则：

$$P\left(\sum_{i=1}^{n} A_i\right) = 1 - \prod_{i=1}^{n} P(\bar{A}_i)$$

## ■四、全概率公式与逆概率公式

### （一）完备事件组

设 $\Omega$ 为随机试验 E 的样本空间，$A_1, A_2, \cdots A_n$ 为 E 的一组事件，若它们满足：

(1) $\quad A_1, A_2, \cdots A_n$ 互不相容，且 $P(A_i) > 0 \quad (i = 1, 2, \cdots, n)$

(2) $\quad A_1, A_2, \cdots A_n = \Omega$

则称 $A_1, A_2, \cdots A_n$ 构成一个完备事件组。

## (二) 全概率公式

设试验 E 的样本空间为 Ω，B 为 E 的事件，$A_1$，$A_2$，$\cdots A_n$ 为一个完备事件组，则：

$$P(B) = \sum_{i=1}^{n} P(A_i) P(B \mid A_i) \tag{2.21}$$

这就是全概率公式。

事实上，因为 $A_1$，$A_2$，$\cdots A_n$ 是完备事件组，即：

$$\sum_{i=1}^{n} A_i = \Omega$$

且

$$A_i A_j = \phi (i \neq j; i, j = 1, 2, \cdots, n),$$

按照加法公式有：

$$P(B) = \sum_{i=1}^{n} P(BA_i)$$

再由乘法公式便得：

$$P(B) = \sum_{i=1}^{n} P(A_i) P(B \mid A_i)$$

在概率计算中，为了计算复杂事件的概率，常将复杂事件分解成一些概率已知的简单事件，然后利用全概率公式推算出复杂事件的概率。为了计算事件 B 的概率，先将 B 分解为一些不相容的简单事件的和，即 $B = BA_1 + BA_2 + \cdots + BA_n$，而且使 $A_1 + A_2 + \cdots + A_n = \Omega$。然后求出整个 B 的一组条件概率 $P(B \mid A_i)(i = 1, 2, \cdots, n)$，这样就可以得到事件 B 的概率。运用全概公式的关键在于找出完备事件组。

## (三) 逆概率公式

设 $A_1$，$A_2$，$\cdots A_n$ 是随机试验 E 的一个完备事件组，B 是一个事件，且 $P(B) > 0$ 则在事件 B 已发生的条件下事件 $A_i$ 发生的概率为：

$$P(A_i \mid B) = \frac{P(A_i) P(B \mid A_i)}{\sum_{i=1}^{n} P(A_i) P(B \mid A_i)} \tag{2.22}$$

这就是逆概率公式，也称为贝叶斯（Bayes）公式。

事实上，对任一事件 $A_i$ （$1 \leq i \leq n$）由乘法公式和全概率公式可得：

$$P(A_i \mid B) = \frac{P(A_i B)}{P(B)} = \frac{P(A_i) P(B \mid A_i)}{\sum_{i=1}^{n} P(A_i) P(B \mid A_i)}$$

贝叶斯公式在概率统计中有多方面的应用，比如，已知某事件 B 已经发生，引起 B 发生的可能原因有 $A_1$，$A_2$，$\cdots A_n$ 共 n 个，且这 n 个事件两两互斥，需要判断 B 是伴随着 $A_1$，$A_2$，$\cdots A_n$ 中的哪一个事件发生的情况而发生，这就要求出 B 发生的条件下某个原因 $A_i$ 发生的概率，即条件概率 $P(A_i \mid B)$，所以 2.22 式又称为原因概率。实际应用中，往往是求出每一个 $P(A_i \mid B)(i = 1, 2, \cdots, n)$，然后找出其中最大的一个 $P(A_i \mid B)$，这时第 i 个事件 $A_i$ 则表示是引起事件 B 发生的最可能的原因。这种方法，在统计推断中发展成为贝叶斯方法，有其实用价值。

## 第二节　随机变量的分布和数字特征

### 一、随机变量及其分布

#### （一）随机变量的概率

在研究随机试验时，我们已看到有些随机试验的结果直接表现为数量形式，例如，某电话交换台在1分钟内接到的"呼唤次数"：0，1，2，…；在任意取出的3件产品中"含次品的件数"：0，1，2，3等等。这些试验的结果都与数值有关。但对每一个随机试验来说，每次试验的可能结果不止一个，因此不能用一个固定不变的数值表示，而是用能取若干个数值的量来表示，即随机试验的结果可用变量表示。在试验之前，这种变量将取什么值是不能确定的，它的取值依赖于试验的结果，由于在一次试验中出现什么结果是随机的，因此变量取什么值也是随机的。我们称这种取值随着试验结果而变的量为随机变量。

下面给出随机变量的定义：

在条件S下，随机试验的每一个可能结果$\omega$都可用一个单值实函数$\xi(\omega)$来表示，且$\xi$满足：

（1）$\xi$是由随机试验的结果$\omega$唯一确定；

（2）$\xi$的取值是随机的；

（3）对于任意给定的实数$x$，事件$\{\xi \leq x\}$具有确定的概率，则称$\xi$为一随机变量。一般用小写的希腊字母$\xi$、$\eta$、$\zeta$或大写的拉丁文字母$X$、$Y$、$Z$等表示它们所取的值。为书写方便，有时用"随机变量"的英文字头"R.V."表示随机变量。

#### （二）离散型随机变量及其分布

按一定概率取有限个或可列无穷多个数值的随机变量称为离散型随机变量。为了全面掌握某离散型随机变量的统计规律，应知道

（1）该随机变量的所有可能取的值；

（2）该随机变量取每个可能值的概率。

一般地，设离散型随机变量$\xi$的所有可能取的值为$x_1, x_2, \cdots x_k, \cdots$，$\xi$取各可能值的概率，即事件$\{\xi = x_k\}$的概率为

$$P\{\xi = x_k\} = p_k \quad (k = 1, 2, 3, \cdots) \tag{2.23}$$

则称（2.23）为离散型随机变量$\xi$的概率分布或分布率。分布率可以用表格表示如下：

| $\xi$ | $x_1$ | $x_2$ | ... | $x_k$ | ... |
|---|---|---|---|---|---|
| $P$ | $p_1$ | $p_1$ | ... | $p_k$ | ... |

显然，离散型随机变量有以下两条基本性质：

(1) 离散型随机变量取任何值时，其概率都不会是负数，即

$$p_k \geq 0 \quad (k = 1, 2, \cdots)$$

(2) 离散型随机变量取遍所有可能值时，其概率之和等于 1，即

$$\sum_k p_k = 1$$

反之，任意一个满足上述两条性质的数列 $\{p_k\}$，必是某个离散型随机变量的分布律。例如，表 2 - 2 中的数据即为典型的离散型随机变量的分布律。

表 2 - 2

| $\xi$ | 0 | 1 |
|---|---|---|
| $P$ | $1-p$ | $p$ |

### (三) 连续型随机变量及其概率密度

连续型随机变量的特点是它可能取某一区间内所有的值，例如，弹着点与目标的距离可以是区间 $[0, +\infty)$ 中的任一个值。对于连续型随机变量，列举它的取值及其相应的概率是不可能也是没有意义的，事实上对于一切实数 $a$，事件 $\{\xi = a\}$ 的概率都是零。因此通常对连续型随机变量 $\xi$ 只考虑事件 $\{a < \xi \leq b\}$ 的概率。为此引定义：

对于随机变量 $\xi$，若存在非负可积函数 $f(x)$ $(-\infty < x < +\infty)$，使得对于任意实数 $a$, $b$ $(a < b)$，都有：

$$P\{a < \xi \leq b\} = \int_a^b f(x)dx \tag{2.24}$$

则称 $\xi$ 为连续型随机变量，且称 $f(x)$ 为 $\xi$ 的概率密度函数，简称概率密度或密度函数。由定积分的几何意义可知，连续型随机变量在某区间上取值的概率等于该区间上密度函数曲线 $f(x)$ 下的曲边梯形的面积，如图 2 - 1 所示。对任意实数 $a$，$\xi$ 取 $a$ 值的概率即 $P\{\xi = a\}$ 可如下直观地得到：将区间的右端点 $b$ 向左移动，这样该区间上的曲边梯形（图 2 - 1 中阴影部分）的面积就跟着逐渐变小，最后在 $a$ 点的"曲边梯形"（即一条直线）的面积为零，$P\{\xi = a\} = 0$，即连续型随机变量 $\xi$ 在任一点处取值的概率为零。因此，对连续型随机变量来说，它在任一区间上取值的概率与是否包含区间端点无关，所以下面的等式成立：$P\{x_1 < \xi \leq x_2\} = P\{x_1 \leq \xi < x_2\} = P\{x_1 < \xi < x_2\} = P\{x_1 \leq \xi \leq x_2\}$
$= \int_{x_2}^{x_1} f(x)dx$

由此可知，概率为零的事件未必是不可能事件，概率为 1 的事件未必是必然事件。

由密度函数的定义，我们得到它的两个性质：

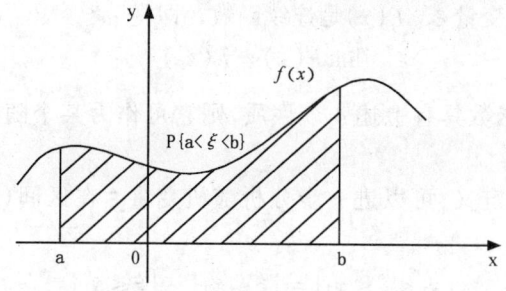

图 2-1

(1) 密度函数是非负的，即 $f(x) \geq 0 (-\infty < x < +\infty)$；

(2) $$\int_{-\infty}^{+\infty} f(x)dx = 1 \qquad (2.25)$$

性质 (1) 是显然的，对于性质 (2)，推导过程为：

$$\int_{-\infty}^{+\infty} f(x)dx = P\{-\infty < \xi < +\infty\} = P\{\Omega\} = 1$$

反之，如果一个函数满足上述两条性质，则它一定是某个连续型随机变量的概率密度。

这两条性质的几何意义是：

密度函数曲线 $y = f(x)$ 不在 x 轴的下方；

密度函数曲线下与 x 轴所形成的曲边梯形的面积为 1。

图 2-1 中概率密度函数 $f(x)$ 在某点 $x$ 处的值表示连续型随机变量 ξ 在该点 $x$ 处概率分布的密集程度，而不是 ξ 取值 $x$ 的概率。对于连续型随机变量来说，它的概率分布规律可以用密度函数 $f(x)$ 来全面地描述。

**（四）随机变量的分布函数**

前面我们用分布律描述了离散型随机变量的概率分布；用概率密度函数讨论了连续型随机变量的概率分布。为了从数学上对离散型随机变量与连续型随机变量进行统一的研究，下面引入分布函数的概念。

设 ξ 是一随机变量，$x$ 是任意实数，则称函数

$$F(x) = P\{\xi \leq x\} \quad (-\infty < x < +\infty) \qquad (2.26)$$

为 ξ 的分布函数，也称为累积分布函数。

分布函数是一个以全体实数为定义域，以事件 $\{\xi \leq x\}$ 的概率为函数值的一个实值函数。

分布函数 $F(x)$ 具有以下的基本性质：

(1) $0 \leq F(x) \leq 1$

(2) $F(x)$ 是不减函数，即当 $x_1 < x_2$ 时，$F(x_1) \leq F(x_2)$

(3) $F(+\infty) = \lim_{x \to +\infty} F(x) = 1, F(-\infty) = \lim_{x \to -\infty} F(x) = 0$

(4) $F(x)$ 在任一点 $x_0$ 处至少右连续。对于离散型随机变量 ξ，$F(x)$ 右连续，即

$$\lim_{x \to x_0} F(x) = F(x_0)$$

对连续型随机变量ξ，$F(x)$是连续函数，即：
$$\lim_{x \to x_0} F(x) = F(x_0)$$

反之，若一个函数具有上述4个性质，则它可作为某个随机变量的分布函数。

由分布函数的定义，可以进一步分析随机变量ξ在区间$(x_1, x_2]$取值的概率，因为事件
$$\{x_1 < \xi \leq x_2\} = \{\xi \leq x_2\} - \{\xi \leq x_1\}$$

所以：
$$P\{x_1 < \xi \leq x_2\} = P\{\xi \leq x_2\} - P\{\xi \leq x_1\} = F(x_2) - F(x_1) \qquad (2.27)$$

这就是说，随机变量ξ在左开右闭区间内取值的概率等于它的分布函数$F(x)$在该区间端点的函数差值。

1. 离散型随机变量的分布函数。设离散型随机变量ξ的分布律为（见表2-3）：

表2-3

| ξ | $x_1$ | $x_2$ | ... | $x_k$ | ... |
|---|---|---|---|---|---|
| P | $p_1$ | $p_2$ | ... | $p_k$ | ... |

由分布函数的定义可知，其分布函数为：
$$F(x) = P\{\xi \leq x\} = \sum_{x_k \leq x} P\{\xi = x_k\} = \sum_{x_k \leq x} p_k \qquad (2.28)$$

即$F(x)$是ξ取小于或等于$x$的所有可能值的概率之和。当ξ的取值为$x_1 < x_2 < \cdots < x_k < \cdots$时，其分布函数可以写成分段函数的形式：
$$F(x) = \begin{cases} 0 & x_1 < x_2 \\ p & x_1 \leq x < x_2 \\ p_1 + p_2 & x_2 \leq x < x_3 \\ \cdots & \end{cases} \qquad (2.29)$$

不难看出，这个分段函数的分点就是离散型随机变量ξ的各可能取值点。离散型随机变量ξ的分布函数$F(x)$是分段函数，其分界点就是ξ的可能取值$x_k$，$F(x)$的图形是$(-\infty, +\infty)$上的一条阶梯曲线，当$x$经过ξ的每一可能值$x_k$时，$F(x)$就跳跃地变化一次，其跳跃值为ξ取$x_k$时的概率$p_k$，称$P\{\xi = x_k\} = p_k$为$F(x)$的跃度，$F(x)$是右连续的。

2. 连续型随机变量的分布函数。设连续型随机变量ξ的概率密度为$f(x)$，则其分布函数为：
$$F(x) = P\{\xi \leq x\} = P\{-\infty < \xi \leq x\} = \int_{-\infty}^{x} f(t)dt \qquad (2.30)$$

即$F(x)$是连续型随机变量ξ的概率密度$f(x)$在区间$(-\infty, x]$上的积分。由广义积分的几何意义可知$F(x)$的值可表示为概率密度曲线$f(x)$在$(-\infty, x]$上曲边梯形的面积，如图2-2中的阴影所示的面积。

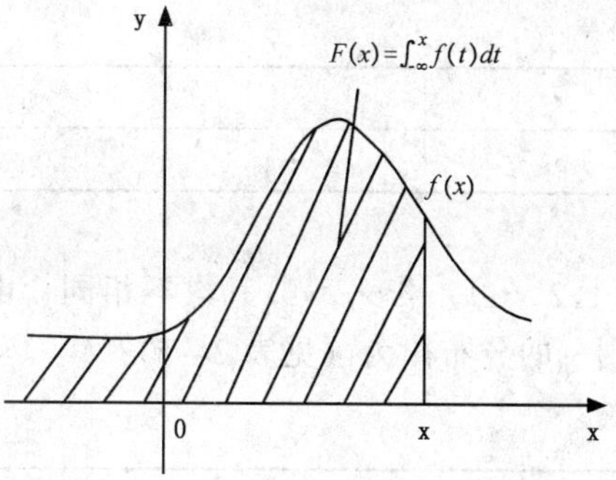

图 2-2

概率密度 $f(x)$ 与分布函数 $F(x)$ 都是用来描述连续型随机变量 ξ 的概率分布，下面来分析它们之间的关系。

由 2.27 式知，连续型随机变量 ξ 在区间 $(x, x+\Delta x]$ 上的概率为：
$$P\{x < \xi \leqslant x + \Delta x\} = F(x + \Delta x) - F(x)$$

式中 $x$ 为任意实数，$\Delta x > 0$ 表示区间长度。则比值
$$P\{x < \xi \leqslant x + \Delta x\} = \frac{F(x + \Delta x) - F(x)}{\Delta x}$$

称为 ξ 在区间 $(x, x+\Delta x]$ 上的平均概率密度。若 $\Delta x \to 0$ 时，平均概率密度的极限存在，即：

$$\lim_{\Delta x \to 0} \frac{P\{x < \xi \leqslant x + \Delta x\}}{\Delta x} = \lim_{\Delta x \to 0} \frac{F(x + \Delta x) - F(x)}{\Delta x} = \lim_{\Delta x \to 0} \frac{\Delta F}{\Delta x} = F'(x)$$

则 $F'(x)$ 就是连续型随机变量 ξ 在点 $x$ 处的概率密度 $f(x)$，即：
$$f(x) = F'(x) \tag{2.31}$$

2.31 式表示概率密度 $f(x)$ 是分布函数 $F(x)$ 的导数，分布函数 $F(x)$ 是概率密度 $f(x)$ 的一个原函数，$f(x)$ 与 $F(x)$ 两者中，由其中的一个可决定另一个。

## 二、随机变量函数的分布

在实际工作中，有些随机变量的分布很难直接得到，但是与它们有关系的另一些随机变量的分布却容易知道。例如，某工厂生产的同型号球形零件的体积与它的直径之间有函数关系，此零件的直径大小通常用一个随机变量 ξ 来表示，于是零件的体积 $V = \frac{1}{6}\pi\xi^3$。因为 ξ 是随机变量，所以 V 也是随机变量。由于零件的直径可以直接测量，故 ξ 的分布是可以掌握的。我们希望通过 ξ 的分布求出 V 的分布，这就要求研究随机变量的函数的分布。设随机变量 ξ 的取值为 $x$，随机变量 η 的取值为 $y$，且 $y = g(x)$，则称 η 是随机变量 ξ 的函数，记作 $\eta = g(\xi)$。

对于一个离散型随机变量 ξ，若 $\eta = g(\xi)$，则 η 也是一个离散型随机变量，η 的分布律可由 ξ 的分布律得到。

设 ξ 的分布律为（见表 2-4）：

表 2-4

| $\xi$ | $x_1$ | $x_2$ | … | $x_k$ | … |
|---|---|---|---|---|---|
| $P$ | $p_1$ | $p_2$ | … | $p_k$ | … |

记 $y_i = f(x_i)(i = 1,2,\cdots)$，若 $y_1, y_2, \cdots$ 均不相同，由于 $P\{\xi = y_i\} = P\{\xi = x_i\}(i = 1,2,\cdots)$，则 $\eta$ 的分布律为（见表 2-5）：

表 2-5

| $\eta = g(\xi)$ | $y_1 = g(x_1)$ | $y_2 = g(x_2)$ | … | $y_k = g(x_k)$ | … |
|---|---|---|---|---|---|
| $P$ | $p_1$ | $p_2$ | … | $p_k$ | … |

若 $y_1, y_2, \cdots$ 有相同的值，则在上表中把相同的值合并，根据概率的可加性将它们的概率相加。

若 $\xi$ 是连续型随机变量，当 $\eta = g(\xi)$ 时，$\eta$ 也是连续随机变量。与离散型随机变量函数的分布率类似，可以由 $\xi$ 的概率密度求出 $\eta$ 的概率密度，只不过通常情况下要更复杂一些。

为区别不同的随机变量的概率密度和分布函数，把随机变量写在它们右下角，如 $f_\eta(y)$ 和 $F_\eta(y)$ 是 $\eta$ 的概率密度和分布函数。

### 三、随机变量的数字特征

随机变量的分布能够完整地表示随机变量的统计规律。但在实际工作中，求随机变量的分布并不都是一件容易的事，而且对有些问题来说，并不需要对随机变量作全面的描述。我们常常只需知道随机变量的某些特征就够了。因此，在对随机变量的研究中用数字来刻划它的某些特征是非常重要的，我们把描述随机变量某些方面特征的数值称为随机变量的数字特征。本章所讲的数字特征主要是随机变量的数学期望和方差。

（一）随机变量的数学期望（均值）

随机变量的数学期望是描述随机变量取值平均大小的一个数字特征。

1. 离散型随机变量的数学期望。

（1）加权平均数。例如从一批棉花中抽取 100 根纤维，测量它们的长度用以检查棉花的质量，测量的结果如表 2-6 所示。

表 2-6

| 长度（cm） | 3.5 | 4 | 4.5 | 5 | 5.5 |
|---|---|---|---|---|---|
| 频数 | 13 | 20 | 32 | 23 | 12 |

一般用纤维的平均长度表示这批棉花的质量。
我们采用如下的平均值：

$$\frac{13 \times 3.5 + 20 \times 4 + 32 \times 4.5 + 23 \times 5 + 12 \times 5.5}{100}$$

$$= \frac{13}{100} \times 3.5 + \frac{20}{100} \times 4 + \frac{32}{100} \times 4.5 + \frac{23}{100} \times 5 + \frac{12}{100} \times 5.5$$
$$= 4.050 \text{ (cm)}$$

我们称这种平均是以频率为权的加权平均,其中 13/100、20/100、32/100、23/100、12/100 分别是 3.5、4、4.5、5、5.5 出现的频率。

一般地,对于一组给定的数值 $x_1, x_2, \cdots, x_m$,知道了它们在 n 次试验中出现的频率分别为 $\mu_1/n, \mu_2/n, \cdots, \mu_m/n$,则它们以频率为权的加权平均为:

$$x_1 \frac{\mu_1}{n} + x_2 \frac{\mu_2}{n} + \cdots + x_m \frac{\mu_m}{n} = \sum_{i=1}^{m} \frac{\mu_i}{n} x_i$$

当试验次数 n 无限增大时,随机变量观测值的频率将逐渐接近它的概率,借助于加权平均数的概念也可以表示随机变量取值的平均,其权数是随机变量 ξ 取值 $x_k$ 时的概率 $p_k$。

(2) 数学期望。设离散型随机变量 ξ 的分布律为:

$$P\{\xi = x_k\} = p_k \quad (k = 1, 2, \cdots)$$

若级数 $\sum_{k=1}^{\infty} x_k p_k$ 绝对收敛,则称该级数为 ξ 的数学期望,记为 $E(\xi)$,即:

$$E(\xi) = \sum_{k=1}^{\infty} x_k p_k \tag{2.32}$$

这里要求 $\sum_{k=1}^{\infty} x_k p_k$ 绝对收敛,以保证和式 $\sum_{k=1}^{\infty} x_k p_k$ 的值不随着式中各项次序的改变而改变。当 ξ 的可能取值 $x_k$ 是有限个时,$E(\xi) = \sum_{k=1}^{n} x_k p_k$。

由定义可知,数学期望是加权平均数这一概念在随机变量中的推广,它反映了随机变量取值的平均水平,其统计意义就是对随机现象进行长期观测或大量重复试验所得数值的理论平均数。

2. 离散型随机变量函数的数学期望。设随机变量 η 是随机变量 ξ 的函数 η = g(ξ),ξ 的分布律为:

$$P\{\xi = x_k\} = p_k (k = 1, 2, \cdots)$$

则 η 的数学期望 $E(\eta)$ 为:

$$E(\eta) = \sum_{k=1}^{n} g(x_k) p_k \tag{2.33}$$

3. 连续型随机变量的数学期望。对于连续型随机变量其概率密度为 $f(x)$,由于 $f(x)dx$ 的作用与离散型随机变量中的 $p_k$ 类似。

设 ξ 是连续型随机变量,$f(x)$ 是它的概率密度,若无穷积分

$$\int_{-\infty}^{+\infty} |x| f(x) dx$$

存在,则称无穷积分

$$\int_{-\infty}^{+\infty} x f(x) dx$$

为 ξ 的数学期望(均值),记为 $E(\xi)$,即:

$$E(\xi) = \int_{-\infty}^{+\infty} x f(x) dx \tag{2.34}$$

也就是说，连续型随机变量的数学期望等于概率密度 $f(x)$ 与实数 $x$ 的乘积在 $(-\infty, +\infty)$ 上的无穷积分。

4. 连续型随机变量的函数的数学期望。设随机变量 $\xi$ 的概率密度为 $f(x)$，$\eta$ 是 $\xi$ 的函数 $\eta = g(\xi)$，若 $E(\eta) = E[g(\xi)]$ 存在，则

$$E(\eta) = \int_{-\infty}^{+\infty} g(x) f(x) dx \tag{2.35}$$

由 2.35 式，可以直接从 $\xi$ 的概率密度计算函数 $\eta = g(\xi)$ 的数学期望，而不必求出 $\eta$ 概率密度。

5. 数学期望的初等性质。数学期望的以下性质对于离散型随机变量与连续型随机变量都是适用的。

(1) 常数的期望就是这个常数，即 $E(C) = C$。

证明：因为随机变量 $\xi$ 只取一个值 $C$，即 $P\{\xi = C\} = 1$，故由 2.32 式得：

$$E(C) = C \times 1 = C$$

(2) 常数与随机变量乘积的数学期望等于该常数与随机变量数学期望的乘积，即：

$$E(C\xi) = CE(\xi)$$

证明：若 $\xi$ 是连续型随机变量，$f(x)$ 是它的概率密度，由 2.35 式得：

$$E(C\xi) = \int_{-\infty}^{+\infty} Cx f(x) dx = C \int_{-\infty}^{+\infty} x f(x) dx = CE(\xi)$$

若 $\xi$ 是离散型随机变量，请读者自己证明。

(3) 随机变量线性函数的数学期望等于该随机变量期望的同一线性函数。即：

$$E(a\xi + b) = aE(\xi) + b \quad (a, b \text{ 为常数})$$

证明：设 $\xi$ 是离散型随机变量，其分布律为：

$$P\{\xi = x_k\} = p_k \quad (k = 1, 2, \cdots)$$

由 2.33 式

$$E(a\xi + b) = \sum_{k=1}^{\infty}(ax_k + b)p_k = \sum_{k=1}^{\infty}(ax_k p_k + b p_k)$$
$$= \sum_{k=1}^{\infty} ax_k p_k + \sum_{k=1}^{\infty} b p_k = aE(\xi) + b$$

对连续型随机变量 $\xi$，请读者自己证明。

在性质 (3) 中，当 $a = 1$ 时，有：

$$E(\xi + b) = E(\xi) + b$$

即随机变量 $\xi$ 与常数 $b$ 之和的数学期望等于 $\xi$ 的期望与该常数之和。

（二）随机变量的方差

1. 方差的概念。随机变量的数学期望表示了它取值的平均大小。但是，在实际中有时只知道数学期望是不够的，还需知道随机变量取值离它的数学期望是分散还是集中。

我们看下面的这个例子。

甲、乙两种合成纤维,它们的纤维长度 $\xi_1$ 和 $\xi_2$ 的分布律分别为(见表2-7及表2-8):

表 2-7

| $\xi_1$ | 3 | 3.5 | 4 | 4.5 | 5 |
|---|---|---|---|---|---|
| P | 1/5 | 1/5 | 1/5 | 1/5 | 1/5 |

表 2-8

| $\xi_2$ | 2 | 3 | 4 | 5 | 6 |
|---|---|---|---|---|---|
| P | 1/5 | 1/5 | 1/5 | 1/5 | 1/5 |

由计算可知 $E(\xi_1) = E(\xi_2) = 4$,即两种纤维的平均长度相等,仅用数学期望不能比较这两种纤维质量的优劣,但从各自的分布律可以粗略地看到 $\xi_1$ 取值比 $\xi_2$ 更集中于数学期望的附近。为定量表示这种集中程度,我们自然希望用一个数值来表示随机变量取值与其数学期望偏差的大小。显然 $\xi - E(\xi)$ 表示了随机变量 $\xi$ 与数学期望的"偏差"(也称为离差)。由于 $\xi$ 随机取值,所以离差也是个随机变量,而且其值可正、可负。如果对 $\xi - E(\xi)$ 取平均值会因正、负相抵消而反映不出离差的平均大小,但离差的平方 $[\xi - E(\xi)]^2$ 可以消除正、负符号的差别,因此取它的平均值 $E[\xi - E(\xi)]^2$ 来描述 $\xi$ 取值与其数学期望 $E(\xi)$ 离差的平均大小,若 $E[\xi - E(\xi)]^2$ 小,则表示 $\xi$ 取值集中在期望 $E(\xi)$ 周围。反之,若 $E[\xi - E(\xi)]^2$ 大,则 $\xi$ 在它的期望周围取值分散。

下面我们给出方差的定义:

设 $\xi$ 是随机变量,若 $E[\xi - E(\xi)]^2$ 存在,则称它为随机变量 $\xi$ 的方差,记为 $Var(\xi)$。即:

$$Var(\xi) = E[\xi - E(\xi)]^2 \tag{2.36}$$

方差的算术根 $\sqrt{Var(\xi)}$ 称为 $\xi$ 的标准差(或均方差)。

根据方差的定义,显然有 $Var(\xi) \geq 0$。

随机变量的标准差和数学期望具有相同的计量单位。

若 $\xi$ 是离散型随机变量,其分布律为:

$$P\{\xi = x_k\} = p_k (k = 1, 2, \cdots)$$

则由 2.36 式和 2.33 式得:

$$Var(\xi) = E[\xi - E(\xi)]^2 = \sum_{k=1}^{\infty} [x_k - E(\xi)]^2 p_k \tag{2.37}$$

若 $\xi$ 是连续型随机变量,其概率密度为 $f(x)$,则由 2.36 式和 2.35 式得:

$$Var(\xi) = E[\xi - E(\xi)]^2 = \int_{-\infty}^{+\infty} [x - E(\xi)]^2 f(x) dx \tag{2.38}$$

在计算时,用下面公式有进较为简便:

$$Var(\xi) = E(\xi^2) - [E(\xi)]^2 \tag{2.39}$$

即随机变量 ξ 方差等于 $\xi^2$ 的期望减去 ξ 期望的平方。

事实上，由数学期望的初等性质得：

$$Var(\xi) = E[\xi - E(\xi)]^2 = E[\xi^2 - 2\xi E(\xi) - E^2(\xi)]$$
$$= E(\xi^2) - E(2\xi E(\xi)) + E[E^2(\xi)]$$
$$= E(\xi^2) - 2E(\xi)E(\xi) + E^2(\xi)$$
$$= E(\xi^2) - E^2(\xi)$$

2. 随机变量方差的初等性质。

(1) 常数的方差等于零，即：

$$Var(C) = 0 。 \tag{2.40}$$

证明：$Var(C) = E[C - E(C)]^2 = E(C - C) = 0$

(2) 常数与随机变量乘积的方差等于该常数的平方与随机变量方差的乘积，即：

$$Var(C\xi) = C^2 Var(\xi) \tag{2.41}$$

证明：

$$Var(C\xi) = E[C\xi - E(C\xi)]^2 = E[C\xi - CE(\xi)]^2$$
$$= E[C(\xi - E(\xi))]^2 = E[C^2(\xi - E(\xi))^2]$$
$$= C^2 E[\xi - E(\xi)]^2 = C^2 Var(\xi)$$

(3) 常数与随机变量和的方差等于该随机变量的方差，即：

$$Var(\xi + C) = Var(\xi) \tag{2.42}$$

证明：

$$Var(\xi + C) = E[\xi + C - E(\xi + C)]^2$$
$$= E[\xi + C - E(\xi) - C]^2 = E[\xi - E(\xi)]^2$$
$$= Var(\xi)$$

显然：

$$Var(a\xi + c) = a^2 Var(\xi) \tag{2.43}$$

（三）原点矩和中心矩

设 ξ 是随机变量，k 是一正整数，若 $E(\xi^k)$ 存在，则称它是 ξ 的 k 阶原点矩，记为 $a_k$；若 $E[\xi - E(\xi)]^k$ 存在，则称它是 ξ 的 k 阶中心矩，记为 $b_k$，即：

$$a_k = E(\xi^k) \tag{2.44}$$

$$b_k = E[\xi - E(\xi)]^k \tag{2.45}$$

原点矩、中心矩也是随机变量的数字特征。

当 k = 1 时，ξ 的一阶原点矩 $a_1 = E(\xi)$ 就是它的数学期望；当 k = 2 时，ξ 二阶中心矩 $b_2 = E[\xi - E(\xi)]^2$ 就是它的方差。因为 ξ 的 k 阶原点矩和 k 阶中心矩都是 ξ 函数的数学期望，所以可以用 2.33 式及 2.35 式来计算它们。

■四、几种重要的离散型随机变量的分布及数学特征

（一）贝努里分布

只有（或认为只有）两种结果 S（成功）和 f（失败）的试验，叫做贝努里试验。

这里样本空间Ω = {s,f}，其中 s（成功）f（失败）只表示符号，并不一定是字面的意义。

显然，其发生概率为：
$$P(\{S\}) = \theta \qquad P(\{f\}) = 1 - \theta \tag{2.46}$$

随机变量定义为 X = 0 或 1，X 是"成功"发生的次数（0 或 1）。

于是，其分布率为：
$$P(X = x) = \theta^x(1-\theta)^{1-x}, x = 0, 1, 0 < \theta < 1$$

其数学期望和方程分别为：
$$E(X) = \theta, \qquad Var(X) = \theta(1-\theta) \tag{2.47}$$

贝努里变量又叫做指示变量，它的值可用于指示某个特定事件，如 A 是否发生，设 X = 1 为 A 发生，0 为 A 不发生，如果 P（A）= θ，那么 X 就具有上述贝努里分布。

（二）二项分布

从随机变量的角度看，在 n 重贝努里试验中，事件 A 发生的次数是一个离散型随机变量。若用 ξ 表示事件 A 发生的次数，则 ξ 可取 0, …n 共计 n + 1 个可能值，其分布律为：
$$P(k) = P\{\xi = k\} = C_n^k p^k q^{n-k} (k = 0, 1, \cdots, n) \tag{2.48}$$

其中 $\qquad P(A) = p \qquad (0 < p < 1); \qquad P(\bar{A}) = 1 - p = q$

此时称随机变量 ξ 服从以 n，p 为参数的二项分布，记为：
$$\xi \sim B(n, p)$$

很容易验证 2.48 式满足分布律的两条性质：

（1）因为 p > 0，q > 0，所以：
$$P(\xi = k) = C_n^k p^k q^{n-k} > 0 \quad (k = 0, 1, \cdots, n)$$

（2）因为 $P(\xi = k) = C_n^k p^k q^{n-k}$ 恰好是二项式 $(p+q)^n$ 的展开式中的第 k + 1 项，所以：
$$\sum_{k=0}^{n} C_n^k p^k q^{n-k} = (p+q) = 1$$

这也是二项分布名称的由来。

当 n = 1 时，二项分布化为 0—1 分布：
$$P(\xi = k) = p^k q^{n-k} \quad (k = 0, 1)$$

显然这里的计算量相当大，必须寻求近似计算方法。泊松分布能有效地解决二项分布的近似计算问题。

1. 二项分布的最可能值。二项分布 B(n,p) 中有两个参数 n 和 p，对于固定的 n 和 p，ξ 取 k 的概率会随着 k 的增加而先增加，直至达到一个最大值，然后再下降。因此使概率 P{ξ=k} 取最大值的 k 称为二项分布的最可能值，记为 $k_0$。

当 (n + 1) p 为整数时，最可能值 $k_0$ 有两个：
$$k_0 = (n+1)p \text{ 和 } k_0 = (n+1)p - 1$$

当 (n + 1) p 不是整数时，最可能值为：

$$k_0 = [(n+1)p]$$

其中$[(n+1)p]$表示数$(n+1)p$的整数部分,即不超过$(n+1)p$的最大整数。

2. 二项分布的数学期望与方差。若随机变量$\xi \sim B(n,p)$,则:

$$E(\xi) = np \tag{2.49}$$

$$Var(\xi) = npq, \text{其中 } q = 1-p \tag{2.50}$$

证明:

$$E(\xi) = \sum_{k=0}^{n} k C_n^k p^k q^{n-k} = \sum_{k=0}^{n} k \frac{n!}{k!(n-k)!} p^k q^{n-k}$$

$$= \sum_{k=0}^{n} \frac{n(n-1)!}{(k-1)!(n-1-k+1)!} p p^{k-1} q^{n-1-k+1}$$

$$= np \sum_{k=0}^{n} C_{n-1}^{k-1} p^{k-1} q^{n-1-k+1}$$

而:

$$\sum_{k=0}^{n} C_{n-1}^{k-1} p^{k-1} q^{n-1-k+1} = (p+q)^{n-1} = 1$$

所以:

$$E(\xi) = np(p+q)^{n-1} = np$$

用同样方法可以证明:

$$Var(\xi) = npq$$

(三) 泊松分布

1. 泊松分布的概念。若随机变量$\xi$的分布律为:

$$P(\xi = k) = \frac{\lambda^k e^{-\lambda}}{k!} \quad (k=0,1,2,\cdots) \tag{2.51}$$

其中$\lambda$是非负实数。则称$\xi$服从参数为$\lambda$的泊松分布,记作:

$$\xi \sim \pi(\lambda)$$

可以验证泊松分布满足分布律的两条基本性质:

(1) 显然有:

$$P(\xi = k) = \frac{\lambda^k e^{-\lambda}}{k!} \geq 0 \quad (k=0,1,2,\cdots)$$

(2) 由公式:

$$\sum_{k=0}^{\infty} \frac{\lambda^k}{k!} = e^{\lambda}$$

得:

$$\sum_{k=0}^{\infty} P(\xi=k) = \sum_{k=0}^{\infty} \frac{\lambda^k e^{-\lambda}}{k!} = e^{-\lambda} \sum_{k=0}^{\infty} \frac{\lambda^k}{k!} = e^{-\lambda} e^{\lambda} = 1$$

2. 泊松分布的数学期望与方差。若$\xi \sim \pi(\lambda)$,则$E(\xi) = \lambda$,$Var(\xi) = \lambda$。

这是由于:

$$E(\xi) = \sum_{k=0}^{\infty} k \frac{\lambda^k e^{-\lambda}}{k!} = e^{-\lambda} \sum_{k=1}^{\infty} \lambda \frac{\lambda^{k-1} e^{-\lambda}}{(k-1)!}$$

$$= \lambda \sum_{k=1}^{\infty} \frac{\lambda^{k-1} e^{-\lambda}}{(k-1)!} = \lambda * 1 = \lambda \tag{2.52}$$

用同样的方法可得:
$$E(\xi^2) = \lambda^2 + \lambda$$
所以:
$$Var(\xi) = E(\xi^2) - E^2(\xi) = \lambda^2 + \lambda - \lambda^2 = \lambda \tag{2.53}$$

由此可知,泊松分布的数学期望和方差在数值上恰好都等于其分布中的参数 $\lambda$。

3. 泊松分布的应用。泊松分布是概率论中最重要的分布,它所以重要是因为它具有广泛的实际背景和实际应用。在许多领域中,离散型随机变量的分布律在一定的条件下服从泊松分布。例如:服务系统中,单位时间内到达某服务机构等待服务的人数,一般而言都服从泊松分布。如单位时间内进商店的顾客人数、单位时间内到达车站等汽车的人数、单位时间内电话交换台收到的呼叫次数、单位时间内到达医院候诊的患者人数等等。下面提供一个很有意义的统计材料,说明等待服务的人数是如何服从泊松分布的。

对北京某公共汽车站的客流量进行调查,统计了上午 10:30～11:47 每隔 20 秒钟来到车站的乘客批数(每批可能是一人,也可能是数人同时到来),共得 231 个记录。我们统计并计算了来到 0 批,1 批,2 批,3 批,4 批及 4 批以上乘客的时间区间的个数(频数),见表 2-9。

表 2-9　　　　　　　　　　　公共汽车客流量统计

| 来到的批数 k | 0 | 1 | 2 | 3 | ≥4 | 总计 |
|---|---|---|---|---|---|---|
| 频数 $n_k$ | 100 | 81 | 34 | 9 | 7 | 231 |
| 频率 $f_k = \dfrac{n_k}{n}$ | 0.43 | 0.35 | 0.15 | 0.04 | 0.03 | |
| 概率 $p_i = \dfrac{\lambda^k e^{-\lambda}}{k!}$ | 0.42 | 0.36 | 0.16 | 0.05 | 0.01 | |

表中的第一、二行是统计数字。频数总计 231 是用下式计算得到:
$$\frac{77 \text{ 分钟} \times 60 \text{ 秒/分钟}}{20 \text{ 秒}} = 231$$

第三行的频率是用第二行每个数字除以 231 所得。可以发现频率数与 $\lambda = 0.87$ 的泊松分布符合得很好。由于服从泊松分布的随机变量其均值恰等于泊松分布的参数 $\lambda$,所以 $\lambda = 0.87$ 可由以频率为权数的加权平均数而近似得到:

$$\sum_{k=0}^{4} \frac{n_k}{n} \times k = \frac{1}{231}(100 \times 0 + 81 \times 1 + 34 \times 2 + 9 \times 3 + 7 \times 4) = \frac{204}{231} \approx 0.87$$

人们在长期实践中发现,不少离散型随机变量都服从泊松分布,它常应用于稀有事件的概率计算,例如,某地区发生地震和暴雨的次数等。所谓稀有事件即小概率事件,这种事件在一次试验中发生的概率 p 是很小的,而重复试验的次数 n 很大时它发生的可能性就不再是很小的了,若计算这类事件在 n 次独立重复试验中恰发生 k 次的概率

$$P_n(k) = C_n^k p^k q^{n-k}$$

时，由于 n 很大而 p 又很小，给计算带来了困难。泊松分布是二项分布的极限分布。我们略去证明，给出下面的泊松定理：

设 ξ 服从二项分布，即 $\xi \sim B(n, p_n)$。若当 $n \to \infty$ 时，$np_n \to \lambda$（$\lambda > 0$，为常数），则有：

$$\lim_{n \to \infty} C_n^k p^k (1-p_n)^{n-k} = \frac{\lambda^k e^{-\lambda}}{k!}, (k = 0, 1, 2, \cdots) \tag{2.54}$$

实际应用中，当 $n \geq 10$，$p \leq 0.1$ 时可用下面的近似计算公式：

$$P_n(k) = C_n^k p^k q^{n-k} \approx \frac{\lambda^k e^{-\lambda}}{k!} \tag{2.55}$$

公式 2.55 成立的条件是 $\lambda = np$。

泊松定理的价值不仅在于它给出了二项分布的近似计算公式，使二项分布的计算得到了简化，还在于泊松布有现成的表可查（见附表），免除了对 $\frac{\lambda^k e^{-\lambda}}{k!}$ 的复杂的计算。

### （四）超几何分布

1. 超几何分布的概念及其数字特征。设随机变量 ξ 的分布律为：

$$P(\xi = k) = \frac{C_M^k C_{N-M}^{n-k}}{C_N^n} \quad (k = 0, 1, \cdots, n) \tag{2.56}$$

其中 $0 \leq n \leq N$，$0 \leq M \leq N$，且均为整数，则称 ξ 服从参数为 N，M，n 的超几何分布。

在组合数 $C_m^n$ 中，若 $m < n$ 则规定 $C_m^n = 0$。

服从超几何分布的随机变量，其均值和方差分别是：

$$E(\xi) = n \frac{M}{N} \quad Var(\xi) = n \frac{N-n}{N-1} \frac{M(N-M)}{N^2}$$

例如，有 N 件同类产品，其中有 M 件次品，从中任意取出 n 件，若用 ξ 表示所取出的 n 件产品中含次品的件数，则 ξ 是离散型随机变量，它的分布律是：

$$P(\xi = k) = \frac{C_M^k C_{N-M}^{n-k}}{C_N^n} \quad (k = 0, 1, \cdots, n) \tag{2.57}$$

故随机变量 ξ 服从参数为 N，M，n 的超几何分布。

2. 超几何分布与二项分布的关系。在超几何分布中，若 n 是一个固定的正整数，且当 $N \to \infty$ 时，$\frac{M}{N} \to p$，则：

$$\lim_{N \to \infty} \frac{C_M^k C_{N-M}^{n-k}}{C_N^n} = C_n^k p^k (1-p)^{n-k} \quad (k = 0, 1, \cdots, n) \tag{2.58}$$

证明从略。

### （五）其他几种离散型随机变量的分布

1. 均匀分布。设随机变量 ξ 的分布律为：

$$P(\xi = x_k) = \frac{1}{n} \quad (k = 0, 1, \cdots, n) \tag{2.59}$$

则称 ξ 服从均匀分布。

特别地，当 $x_k = k$ 时，其均值和方差分别计算如下：

$$E(\xi) = \frac{1+2+\cdots+n}{n} = \frac{\frac{n(n+1)}{2}}{n} = \frac{n+1}{2} \tag{2.60}$$

$$E(\xi^2) = \frac{1^2+2^2+\cdots+n^2}{n} = \frac{\frac{n(n+1)(2n+1)}{6}}{n} = \frac{(n+1)(2n+1)}{6}$$

$$Var(\xi) = \frac{n^2-1}{12} \tag{2.61}$$

2. 负二项分布。随机变量 ξ 是某事件第 k 次发生时进行的试验次数，k 是一个正整数。其分布率为：

$$P(\xi = x) = C_{x-1}^{k-1}\theta^x(1-\theta)^{1-x} \quad x = k, k+1,\cdots, 0 < \theta < 1 \tag{2.62}$$

其中，k 是已知量。

随机变量 ξ 的数学期望和方差分别为：

$$E(\xi) = \frac{k}{\theta} \tag{2.63}$$

$$Var(\xi) = \frac{k(1-\theta)}{\theta^2} \tag{2.64}$$

负二项分布的另一种形式有时也用到：令 η 为事件第 k 次发生前未发生的试验次数，则：

$$P(\eta = y) = C_{k+y-1}^{y}\theta^k(1-\theta)^y \quad (y = 0,1,2,\cdots) \tag{2.65}$$

在此种形式下，

$$E(\eta) = \frac{k(1-\theta)}{\theta}, Var(\eta) = \frac{k(1-\theta)}{\theta^2} \tag{2.66}$$

这两种形式之间的联系如下：

$$\xi = \eta - k$$

## 五、几种重要的连续型随机变量的分布及数字特征

### （一）指数分布

1. 指数分布的概念。若连续型随机变量 ξ 的密度函数为：

$$f(x) = \begin{cases} \lambda e^{-\lambda x} & x \geq 0 (\lambda > 0, \text{为常数}) \\ 0 & x < 0 \end{cases} \tag{2.67}$$

则称 ξ 服从参数为 λ 的指数分布。显然：

$$f(x) \geq 0$$

$$\int_{-\infty}^{+\infty} f(x)dx = \int_{0}^{+\infty} \lambda e^{-\lambda x}dx = e^{-\lambda x}\big|_{0}^{+\infty} = 1$$

所以，2.67 式满足密度函数的两个性质。

由此可以求得，指数分布的分布函数为：

$$F(x) = \begin{cases} 1 - e^{-\lambda x} & x \geq 0 (\lambda > 0) \\ 0 & x < 0 \end{cases} \tag{2.68}$$

2. 指数分布的数学期望和方差。若 ξ 服从参数为 λ 的指数分布，则：

$$E(\xi) = \int_{-\infty}^{+\infty} xf(x)\,dx = \int_0^{+\infty} x\lambda e^{-\lambda x}\,dx = \frac{1}{\lambda}\left[-\lambda x e^{-\lambda x} - e^{-\lambda x}\right]\Big|_0^{+\infty} = \frac{1}{\lambda}$$
(2.69)

由此可知，指数分布中的参数 λ 的倒数是其数学期望。

$$\begin{aligned}
E(\xi^2) &= \int_{-\infty}^{+\infty} x^2 f(x)\,dx = \int_0^{+\infty} x^2 \lambda e^{-\lambda x}\,dx \\
&= -\int_0^{+\infty} x^2 d(e^{-\lambda x}) = \left[-x^2 e^{-\lambda x}\right]_0^{+\infty} + \int_0^{+\infty} 2x e^{-\lambda x}\,dx \\
&= -\frac{2}{\lambda}\int_0^{+\infty} x d(e^{-\lambda x}) = \left[-\frac{2}{\lambda} x e^{-\lambda x}\right]_0^{+\infty} + \frac{2}{\lambda}\int_0^{+\infty} e^{-\lambda x}\,dx \\
&= \frac{2}{\lambda}\left(-\frac{1}{\lambda}\right)e^{-\lambda x}\Big|_0^{+\infty} = \frac{2}{\lambda^2}
\end{aligned}$$

所以：

$$Var(\xi) = E(\xi^2) - E^2(\xi) = \frac{2}{\lambda^2} - \left(\frac{1}{\lambda}\right)^2 = \frac{2}{\lambda^2} \tag{2.70}$$

指数分布有着广泛的用途。如生物的寿命、邮电通讯等随机服务系统中的服务时间、某些特别事件发生所需等待的时间等等。例如，活火山从某次喷发到下一次喷发需要等待的时间。此外指数分布还被广泛用于排队论和可靠性理论。指数分布中的参数 λ 的实际意义是：产品的平均寿命的倒数或平均等候时间的倒数。

（二）正态分布

1. 正态分布的概念。在现实世界中，大多数的随机变量都服从或近似地服从正态分布。例如产品制造过程中所产生的误差、人群的身高、射击时弹着点对目标的横向偏差与纵向偏差等等。进一步的理论研究表明，一个变量如果受到大量的随机因素的影响，而各个因素所起的作用又都很微小时，这样的变量一般都是服从正态分布的随机变量。正态分布是最常见、最重要的分布，无论在理论研究或实际应用中都具有特别重要的地位。在以后的章节中将对正态分布做比较多的讨论。

设随机变量 ξ 的概率密度为：

$$f(x) = \frac{1}{\sqrt{2\pi}\sigma} e^{-\frac{(x-\mu)^2}{2\sigma^2}} \quad (-\infty < x < +\infty) \tag{2.71}$$

其中 $\sigma, \mu$ 为常数，且 $\sigma > 0$，则称 ξ 服从参数为 $\mu, \sigma^2$ 的正态分布，ξ 称为正态变量，记为：

$$\xi \sim N(\mu, \sigma^2)$$

正态分布的概率密度 f(x) 的图形称为正态曲线（见图 2-3）。正态曲线呈悬钟形，曲线关于直线 x = μ 对称；在 x = μ ± σ 处有拐点，当 x → ±∞ 时曲线以直线 y = 0 为渐近线；函数 f(x) 在 x = μ 处达到最大值，当 σ 大时，曲线在 x = μ 处的峰顶比较低，表示随机变量取值比较分散，σ 越小，曲线的峰顶越高，表明随机变量取值越集中于 x = μ 的附近。

可以验证 2.71 式中的函数 f(x) 具有密度函数的两条基本性质。f(x) ≥ 0 显然成立，利用泊松积分

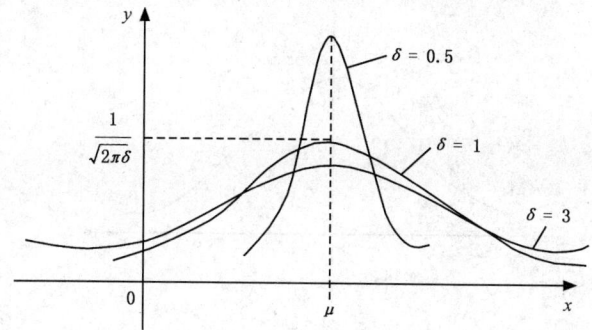

图 2-3

$$\int_0^{+\infty} e^{-x^2} dx = \sqrt{\pi}$$

可以得到：

$$\int_{-\infty}^{+\infty} f(x) dx = 1$$

由分布函数与密度函数的关系可得到 ξ 的分布函数为：

$$F(x) = \frac{1}{\sqrt{2\pi}\sigma} \int_{-\infty}^{x} e^{-\frac{(t-\mu)^2}{2\sigma^2}} dt \quad (-\infty < x < +\infty) \tag{2.72}$$

其图形如图 2-4 所示。

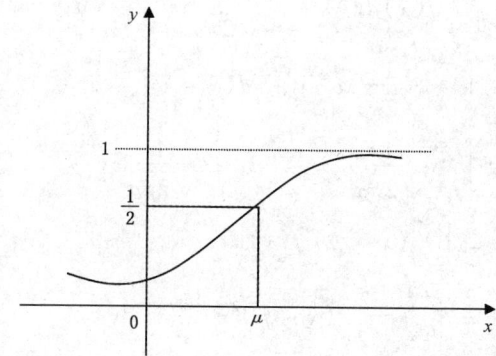

图 2-4

以 $\mu = 0$，$\sigma = 1$ 为参数的正态分布 N (0, 1) 称为标准正态分布。相应的概率密度及分布函数通常记作 $\varphi(x)$ 及 $\Phi(x)$。

$$\varphi(x) = \frac{1}{\sqrt{2\pi}} e^{-\frac{x^2}{2}} \quad (-\infty < x < +\infty) \tag{2.73}$$

$$\Phi(x) = \frac{1}{\sqrt{2\pi}} \int_{-\infty}^{x} e^{-\frac{t^2}{2}} dt \quad (-\infty < x < +\infty) \tag{2.74}$$

标准正态分布的概率密度 $\varphi(x)$ 除具有一般概率密度的性质外，还有下列性质：

(1) $\varphi(x) = \varphi(-x)$，即 $\varphi(x)$ 是偶函数，其图形对称于 y 轴 (见图 2-5)；

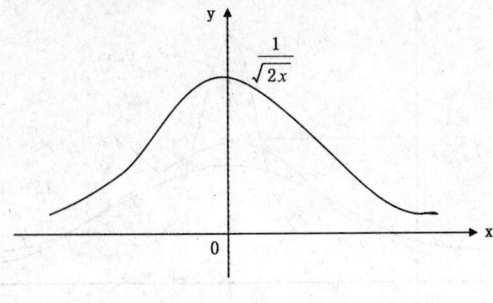

图 2-5

(2) $\varphi(x)$ 在 $(-\infty, 0)$ 内严格上升,在 $(0, +\infty)$ 内严格下降,在 $x = 0$ 处达到极大值;

$$\varphi(0) = \frac{1}{\sqrt{2\pi}} \approx 0.3989$$

(3) $\varphi(x)$ 在 $x = \pm 1$ 处有两个拐点;

(4) 标准正态曲线 $\varphi(x)$ 以 x 轴为其水平渐近线。

2. 正态分布的数学期望与方差。若随机变量 $\xi \sim N(\mu, \sigma^2)$,则:

$$E(\xi) = \mu \tag{2.75}$$

$$Var(\xi) = \sigma^2 \tag{2.76}$$

证明:$E(\xi) = \int_{-\infty}^{+\infty} f(x) dx = \int_{-\infty}^{+\infty} \frac{1}{\sqrt{2\pi}\sigma} x e^{-\frac{(x-\mu)^2}{2\sigma^2}} dx$

$$= \int_{-\infty}^{+\infty} \frac{1}{\sqrt{2\pi}\sigma} x e^{-\frac{(x-\mu)^2}{2\sigma^2}} d(x-\mu) + \mu$$

$$= \int_{-\infty}^{+\infty} \frac{1}{\sqrt{2\pi}\sigma} e^{-\frac{(x-\mu)^2}{2\sigma^2}} dx = \frac{1}{\sqrt{2\pi}\sigma} e^{-\frac{(x-\mu)^2}{2\sigma^2}} \Big|_{-\infty}^{+\infty} + \mu * 1 = \mu$$

$Var(\xi) = \int_{-\infty}^{+\infty} (x-\mu)^2 f(x) dx$

$$= \int_{-\infty}^{+\infty} \frac{2}{\sqrt{2\pi}} (x-\mu)^2 e^{-\frac{(x-\mu)^2}{2\sigma^2}} dx$$

$$= \int_{-\infty}^{+\infty} \frac{1}{\sqrt{2\pi}} y^2 e^{-\frac{y^2}{2}} dy \left(\text{其中 } y = \frac{x-\mu}{\sigma}\right)$$

利用分部积分和泊松积分 $\int_{-\infty}^{+\infty} e^{-\frac{y^2}{2}} dy = \sqrt{2\pi}$ 结果,

$$上式 = \frac{1}{\sqrt{2\pi}} \sigma^2 \left[ -y e^{-\frac{y^2}{2}} \Big|_{-\infty}^{+\infty} + \int_{-\infty}^{+\infty} e^{-\frac{y^2}{2}} dy \right]$$

$$= \frac{1}{\sqrt{2\pi}} \sigma^2 (0 + \sqrt{2\pi}) = \sigma^2$$

由上述结果知,正态分布密度函数中的两个参数 $\mu$ 和 $\sigma^2$ 分别是正态分布的数学期望和方差。

特别地,若 $\xi$ 服从标准正态分布 $N(0, 1)$,则:

$$E(\xi) = 0 \tag{2.77}$$

$$Var(\xi) = 1 \tag{2.78}$$

3. 标准正态分布函数表的用法。正态分布是最常用的分布，现在讨论怎样计算服从正态分布的随机变量在任一区间上取值的概率问题。

标准正态分布函数

$$\Phi(x) = \int_{-\infty}^{x} \varphi(x) dx = \frac{1}{\sqrt{2\pi}} \int_{-\infty}^{x} e^{-\frac{t^2}{2}} dt$$

表示事件 $\{\xi \leq x\}$ 的概率，其值在几何上表示标准正态曲线 $\Phi(x)$ 与 x 轴围成的开口曲边梯形在 $(-\infty, x]$ 上的面积（如图 2-6 中阴影部分所示）。为了方便计算，人们便编出了标准正态分布函数值表，见书后附表。

当 x≥0 时，可以利用附表直接查出 $\Phi(x)$ 的值。

当 x<0 时，可根据公式：

$$\Phi(x) = 1 - \Phi(-x) \tag{2.79}$$

利用附表，先查出 $\Phi(x)$ 的值（-x>0），再代入公式 2.79 中算出 $\Phi(x)$ 的值。

对于服从一般正态分布 N($\mu$, $\sigma^2$) 的随机变量，可进行变换后，再查标准正态分布表找出相应的概率。

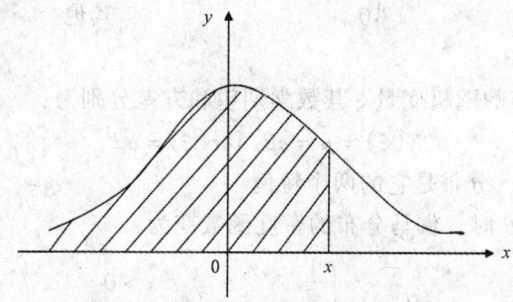

图 2-6

[例 2-1] 设 $\xi \sim N(\mu, \sigma^2)$，求 $\xi$ 落在下列区间内的概率：
(1) $(\mu-\sigma, \mu+\sigma)$；(2) $(\mu-2\sigma, \mu+2\sigma)$；(3) $(\mu-3\sigma, \mu+3\sigma)$。

解：
(1) $P\{\mu-\sigma < \xi < \mu+\sigma\} = F(\mu+\sigma) - F(\mu-\sigma)$
$$= \Phi\left(\frac{\mu+\sigma-\mu}{\sigma}\right) - \Phi\left(\frac{\mu-\sigma-\mu}{\sigma}\right)$$
$$= \Phi(1) - \Phi(-1) = 2\Phi(1) - 1$$
$$= 2 \times 0.8413 - 1 = 0.6826$$

(2) $P\{\mu-2\sigma < \xi < \mu+2\sigma\} = F(\mu+2\sigma) - F(\mu-2\sigma)$
$$= 2\Phi(2) - 1 = 2 \times 0.9773 - 1 = 0.9546$$

(3) $P\{\mu-3\sigma < \xi < \mu+3\sigma\} = F(\mu+3\sigma) - F(\mu-3\sigma)$
$$= 2\Phi(3) - 1 = 2 * 0.9987 - 1 = 0.9974$$

由上述结果可知，虽然随机变量 $\xi$ 取值遍及整个数轴，但 $\xi$ 落在区间 ($\mu-3\sigma$, $\mu+3\sigma$) 内的概率几乎为 1。由此不难理解正态分布的密度函数曲线与 x 轴所围面积为 1。此面积在区间 ($\mu-\sigma$, $\mu+\sigma$) 内的部分占全面积的 68.3%；在区间 ($\mu-2\sigma$, $\mu+2\sigma$) 内的部分占 95.5%；在区间 ($\mu-3\sigma$, $\mu+3\sigma$) 内的部分占99.7%,这就是重要的"三σ"原则,它将在管理中经常用到。

(三) 伽马分布

伽马分布有两个正参数,并具有多种形式,概率密度函数根据不同的参数值有不同的形状,变量的取值范围为$\{x:x>0\}$。

伽马函数$\Gamma(\alpha)$定义如下:对$\alpha>0$,

$$\Gamma(\alpha) = \int_0^\infty y^{\alpha-1} e^{-y} dy$$

特别地,

$$\Gamma(1) = 1$$
$$\Gamma(\alpha) = (\alpha-1)\Gamma(\alpha-1), \alpha > 1$$
(如果$\alpha$是整数,$\Gamma(\alpha) = (\alpha-1)!$)
$$\Gamma(1/2) = \sqrt{\pi}$$

伽马分布的概率密度函数为:

$$f(x) = \begin{cases} \dfrac{1}{\beta^\alpha \Gamma(\alpha)} x^{(\alpha-1)} e^{-x/\beta} & x > 0 \\ 0 & \text{其他} \end{cases}$$

其中,$\alpha > 0$,$\beta > 0$。

服从伽马分布的随机变量$\xi$其数学期望和方差分别为:

$$E(\xi) = \mu = \alpha\beta, Var(\xi) = \alpha\beta^2$$

指数分布和$\chi^2$分布是它的两个特例:

当$\alpha = 1$,$\beta = \theta$时,伽马分布的密度函数变为:

$$f(x) = \begin{cases} \dfrac{1}{\theta} e^{-x/\theta} & x > 0 \\ 0 & \text{其他} \end{cases}$$

此即指数分布;

当$\alpha = \dfrac{v}{2}$($v$为正整数),$\beta = 2$时,即为$\chi^2$分布。

(四) $\beta$分布

$\beta$分布也具有两个正参数和多种分布形式,变量的取值范围为:$\{x:0<x<1\}$。

$\beta$分布记为$B(\alpha, \beta)$,其概率密度函数为:

$$f_x(x) = \frac{\Gamma(\alpha+\beta)}{\Gamma(\alpha)\Gamma(\beta)} x^{\alpha-1}(1-x)^{\beta-1} \quad 0 < x < 1$$

由概率密度函数的性质

$$\int_0^1 \frac{\Gamma(\alpha+\beta)}{\Gamma(\alpha)\Gamma(\beta)} x^{\alpha-1}(1-x)^{\beta-1} dx = 1$$

得:

$$\int_0^1 x^{\alpha-1}(1-x)^{\beta-1} dx = \frac{\Gamma(\alpha+\beta)}{\Gamma(\alpha)\Gamma(\beta)}$$

可以求得:

$$\mu = \frac{1}{\alpha + \beta}$$

$$\sigma^2 = \frac{\alpha\beta}{(\alpha + \beta)^2(\alpha + \beta + 1)}$$

在 (0, 1) 间的均匀分布也是 β 分布的一个特例 ($\alpha = \beta = 1$)。

### (五) 对数正态分布

对于随机变量 $X$，如果 $Y = \log X$ 服从正态分布，那么就称 $X$ 服从对数正态分布。

对数正态分布的概率密度函数为：

$$f(x) = \frac{1}{x\sigma\sqrt{2\pi}} e^{-\frac{1}{2}\left(\frac{\log x - \mu}{\sigma}\right)^2}, 0 < x < \infty$$

## 第三节 二维随机向量的分布

### 一、二维随机向量

在实践中，有些随机试验的结果往往需要同时用两个或两个以上的随机变量来描述。如射击时，若以该目标为原点建立平面直角坐标系，则弹着点的位置需用弹着点与目标的水平距离 $\xi$ 和垂直距离 $\eta$ 来共同描述，记为 $(\xi, \eta)$。又如研究某地区的气候，通常要同时考虑气温 $\xi_1$，气压 $\xi_2$，风力 $\xi_3$，湿度 $\xi_4$ 这四个随机变量，记为 $(\xi_1, \xi_2, \cdots, \xi_n)$。为研究这类随机事件的概率与统计规律，我们引入 n 维随机向量的概念：

n 个随机变量 $\xi_1, \xi_2, \cdots, \xi_n$ 构成的总体 $\xi = (\xi_1, \xi_2, \cdots, \xi_n)$，称为一个 n 维随机向量。$\xi_i$ 称为 $\xi$ 的第 i 个分量 ($i = 1, 2, \cdots, n$)。

特别，当 $n = 1$ 时，一维随机向量就是第二章中的随机变量。

显然，弹着点的位置 $(\xi, \eta)$ 说法是一个二维随机向量；描述气候的 $(\xi_1, \xi_2, \xi_3, \xi_4)$ 就是一个四维随机向量。本书着重讨论二维随机向量，它的很多结果可以很容易地推广到 $n > 2$ 的情形。

与一维随机变量类似，我们也用分布函数来研究二维随机向量的统计规律。

设 $(\xi, \eta)$ 为一个二维随机向量，对任意实数 $x, y$，称二元函数 $(x, y) = P\{\xi \leq x, \eta \leq y\}$ 为 $(\xi, \eta)$ 的联合分布函数或简称为 $(\xi, \eta)$ 的分布函数。

$(\xi, \eta)$ 的两个分量 $\xi$ 与 $\eta$ 各自的分布函数分别称为二维随机向量 $(\xi, \eta)$ 关于 $\xi$ 与 $\eta$ 的边缘分布函数，记为 $F_\xi(x)$ 和 $F_\eta(x)$。

边缘分布函数可由联合分布函数来确定。事实上，

$$F_\xi(x) = P\{\xi \leq x, \eta < +\infty\} = F(x, +\infty) = \lim_{y \to +\infty} F(x, y) \quad (2.80)$$

$$F_\eta(x) = P\{\xi < +\infty, \eta \leq y\} = F(+\infty, y) = \lim_{x \to +\infty} F(x, y) \quad (2.81)$$

在几何上，若把 $(\xi, \eta)$ 看成平面上随机点的坐标，则分布函数 $F(x, y)$

在$(x,y)$处的函数值就是随机点$(\xi,\eta)$落在以点$(x,y)$为顶点,位于该点左下方的无穷矩形 D 内的概率(如图2-7)。

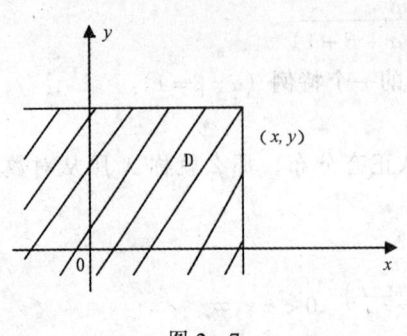

图2-7　　　　　　　　　　图2-8

依上所述,随机点$(\xi,\eta)$落在矩形域$[x_1 < x \leqslant x_2, y_1 < y \leqslant y_2]$(如图2-8)内的概率为:

$$P\{x_1 < \xi \leqslant x_2, y_1 < \eta \leqslant y_2\}$$
$$= F(x_2, y_2) - F(x_2, y_1) - F(x_1, y_2) + F(x_1, y_1) \tag{2.82}$$

二维随机向量$(\xi,\eta)$的分布函数$F(x,y)$有以下基本性质:

(1) $F(x,y)$是变量$x$或$y$的不减函数。即对于任意固定的$y$,当$x_2 > x_1$时,$F(x_2, y) \geqslant F(x_1, y)$;对于任意固定的$x$,当$y_2 > y_1$时,$F(x, y_2) \geqslant F(x, y_1)$。

(2) $0 \leqslant F(x,y) \leqslant 1$,且

对任意固定的 y,　　　　$F(-\infty, y) = 0$
对任意固定的 x,　　　　$F(x, -\infty) = 0$
　　　　　　$F(-\infty, -\infty) = 0, F(+\infty, +\infty) = 1$

(3) $F(x,y)$关于$x$和$y$都是右连续的,即:

$$F(x,y) = F(x+0, y), F(x,y) = F(x, y+0)$$

(4) 对任意的$x_1 < x_2, y_1 < y_2$,有:

$$F(x_2, y_2) - F(x_2, y_1) - F(x_1, y_2) + F(x_1, y_1) \geqslant 0$$

这一性质由 2.82 式可得。

同一维随机变量一样,我们只讨论离散型和连续型两类二维随机向量。

### ■二、二维离散型随机向量

若二维随机向量$(\xi,\eta)$只取有限个或可列无穷多个不同的向量值,则称$(\xi,\eta)$为二维离散型随机向量。

设二维随机向量$(\xi,\eta)$的所有可能值为$(x_i, y_j)(i,j = 1,2,\cdots)$,则$(\xi,\eta)$取各个可能值的概率

$$P\{\xi = x_i, \eta = y_j\} = P_{ij}, (i,j = 1,2,\cdots)$$

称为$(\xi,\eta)$的联合分布规律或$(\xi,\eta)$的联合分布。

$(\xi,\eta)$的联合分布律还可以写成表2-10的形式。

表 2-10

| ξ \ η | $y_1$ | $y_2$ | ... | $y_j$ | ... |
|---|---|---|---|---|---|
| $x_1$ | $P_{11}$ | $P_{12}$ | ... | $P_{1j}$ | ... |
| $x_2$ | $P_{21}$ | $P_{22}$ | ... | $P_{2j}$ | ... |
| ... | ... | ... | ... | ... | ... |
| $x_i$ | $P_{i1}$ | $P_{i2}$ | ... | $P_{ij}$ | ... |
| ... | ... | ... | ... | ... | ... |

由概率定义，易知 $(\xi,\eta)$ 的联合分布律具有下列性质：

(1) $P_{ij} \geq 0$；

(2) $\sum_i \sum_j P_{ij} = 1$。$(i,j=1,2,\cdots)$

反之，若数列 $P_{ij}(i,j=1,2,\cdots)$ 具有以下两条性质，则它必可作为某个二维离散型随机向量的分布律。

二维离散型随机向量 $(\xi,\eta)$ 的联合分布函数具有形式：

$$F(x,y) = P\{\xi \leq x, \eta \leq y\} = \sum_{\substack{x_i \leq x \\ y_j \leq y}} P_{ij}$$

对于离散型随机向量 $(\xi,\eta)$，分量 $\xi$（或 $\eta$）的分布律称为 $(\xi,\eta)$ 关于 $\xi$（或 $\eta$）的边缘分布律。它可由 $(\xi,\eta)$ 的联合分布律求出。

事实上，

$$P\{\xi = x_i\} = P\{\xi = x_i, \eta = y_1\} + P\{\xi = x_i, \eta = y_2\} + \cdots P\{\xi = x_i, \eta = y_j\} + \cdots$$
$$= \sum_j P_{ij} \quad (i = 1,2\cdots)$$

由此得到 $\xi$ 的分布律也即 $(\xi,\eta)$ 关于 $\xi$ 的边缘分布律：

$$P_i = P\{\xi = x_i\} = \sum_j P_{ij} \quad (i = 1,2\cdots) \tag{2.83}$$

它恰为表 2-10 中第 i 行各概率之和。

同样，可得到 $(\xi,\eta)$ 关于 $\eta$ 的边缘分布律：

$$P_j = P\{\eta = y_j\} = \sum_i P_{ij} \quad (j = 1,2\cdots) \tag{2.84}$$

它恰为表 2-10 中第 j 列各概率之和。

对于 $(\xi,\eta)$ 的边缘分布律，显然有性质：

$$P_i \geq 0, P_j \geq 0$$
$$\sum_i P_i = 1, \sum_j P_j = 1 \quad (i,j = 1,2\cdots)$$

值得注意的是，对于离散型随机向量 $(\xi,\eta)$，虽然由它的联合分布可以确定它的两个边缘分布，但在一般条件下，由 $(\xi,\eta)$ 的两个边缘分布是不能确定 $(\xi,\eta)$ 的联合分布的。

这就使我们在研究二维随机向量 $(\xi,\eta)$ 的性质时，不仅要考虑两个分量 $\xi$ 与 $\eta$ 的个别性质，还要考虑它们之间的关系，并且将 $(\xi,\eta)$ 作为一个整体来研究。

### 三、二维连续型随机向量

设二维随机向量$(\xi,\eta)$的分布函数为$F(x,y)$，若存在一非负函数$f(x,y)$，使得对任意的实数 x, y，有：

$$F(x,y) = \int_{-\infty}^{y}\int_{-\infty}^{x} f(u,v)\,dudv$$

则称$(\xi,\eta)$为二维连续型随机向量，并称$f(x,y)$为$(\xi,\eta)$的联合概率密或联合密度。

显然，联合概率密度$f(x,y)$具有以下基本性质：

(1) $f(x,y) \geq 0$；

(2) $\int_{-\infty}^{+\infty}\int_{-\infty}^{+\infty} f(x,y)\,dxdy = F(+\infty,+\infty) = 1$。

反之，任一定义在整个实平面上的非负二元函数，如果具有以上两性质，则它必可作为某个二维连续型随机向量的联合概率密度。

设$(\xi,\eta)$的联合概率密为$f(x,y)$，关于$\xi$的边缘分布函数为：

$$F_\xi(x) = F(x,+\infty) = \int_{-\infty}^{x}\left(\int_{-\infty}^{+\infty} f(u,v)\,dv\right)du$$

同样，$(\xi,\eta)$关于$\eta$的边缘分布函数为：

$$F_\eta(x) = F(+\infty,y) = \int_{-\infty}^{y}\left(\int_{-\infty}^{+\infty} f(u,v)\,du\right)dv$$

由连续型随机变量的定义看到：$\xi$为连续型随机变量且其概率密度$f_\xi(x)$可由联合概率密度表示为：

$$F_\xi(x) = \int_{-\infty}^{+\infty} f(x,y)\,dy \tag{2.85}$$

类似地，$\eta$也为一连续型随机变量且其概率密度为：

$$F_\eta(x) = \int_{-\infty}^{+\infty} f(x,y)\,dx \tag{2.86}$$

我们称$f_\xi(x)$和$f_\eta(x)$为$(\xi,\eta)$关于$\xi$和关于$\eta$的边缘概率密度。

### 四、随机变量的独立性

随机变量的独立性同事件的独立性一样，也是概率统计中的一个重要概念。

我们常遇到这类现象：对于两个随机变量，其中任意一个随机变量的取值，对另一个随机变量没有任何影响。例如两个人在相同条件下分别向同一目标射击，各自命中的环数就属于这种情况。为了描述这类现象，我们给出随机变量相互独立的概念：

设$F(x,y)$及$F_\xi(x)$，$F_\eta(x)$分别为随机向量$(\xi,\eta)$的联合分布函数与边缘分布函数，若对所有的 $x, y$，有：

$$F(x,y) = F_\xi(x)F_\eta(x)$$

即：
$$P\{\xi \leqslant x, \eta \leqslant y\} = P\{\xi \leqslant x\}P\{\eta \leqslant y\}$$

则称 ξ 与 η 相互独立。

可以证明：

(1) 当 $(\xi, \eta)$ 为离散型随机向量时，ξ 与 η 相互独立的充要条件为：对 $(\xi, \eta)$ 的所有可能值 $(x_i, y_j)$，有：
$$P\{\xi = x_i, \eta = y_j\} = P\{\xi = x_i\}P\{\eta = y_j\} \quad (i, j = 1, 2, \cdots) \tag{2.87}$$

(2) 当 $(\xi, \eta)$ 为连续型随机向量时，ξ 与 η 相互独立的充要条件为：对于所有 $x, y$，有：
$$f(x, y) = f_\xi(x) f_\eta(x) \tag{2.88}$$

## 第四节 随机向量的数字特征

同随机变量一样，随机向量的数字特征也是描述其某方面特征的数值。本节除讨论二维随机向量的数学期望和方差外，还将讨论描述两个随机变量相互关系的重要数学特征，即协方差和相关系数。

### 一、二维随机向量的数学期望

#### (一) 二维随机向量数学期望的概念

设 $(\xi, \eta)$ 为二维随机向量，若 $E(\xi), E(\eta)$ 都存在，称常向量 $[E(\xi), E(\eta)]$ 为 $(\xi, \eta)$ 的数学期望。

它描述了 $(\xi, \eta)$ 每个分量数学期望的大小。若 $(\xi, \eta)$ 为离散型随机向量，则：
$$E(\xi) = \sum_i x_i P_i = \sum_i \sum_j x_i P_{ij}$$
$$E(\eta) = \sum_j y_j P_j = \sum_j \sum_i y_j P_{ij} \quad (i, j = 1, 2, \cdots)$$

其中 $P\{\xi = x_i, \eta = y_j\} = P_{ij}$，$P_i$ 与 $P_j$ 分别为 $(\xi, \eta)$ 的联合分布律与边缘分布律。

对于二维离散型随机向量的函数 $g(\xi, \eta)$，则：
$$E[g(\xi, \eta)] = \sum_i \sum_j g(x_i, y_j) P_{ij} \tag{2.89}$$

这里要求级数 $\sum_i \sum_j g(x_i, y_j) P_{ij}$ 绝对收敛。

对于二维连续型随机向量的函数 $g(\xi, \eta)$，则：
$$E[g(\xi, \eta)] = \int_{-\infty}^{+\infty} \int_{-\infty}^{+\infty} g(x, y) f(x, y) dxdy \tag{2.90}$$

这里要求积分 $\int_{-\infty}^{+\infty} \int_{-\infty}^{+\infty} g(x, y) f(x, y) dxdy$ 存在。

## (二) 数学期望的性质

数学期望还有如下性质（假设以下叙述中所涉及的随机变量的数学期望均存在）：

1. 设 $\xi, \eta$ 是任意两个随机变量，则：

$$E(\xi + \eta) = E(\xi) + E(\eta) \tag{2.91}$$

即任意两个随机变量之和的数学期望等于数学期望的和。这一性质也称为数学期望的加法定理。

证明：设 $(\xi, \eta)$ 的联合概率密度为 $f(x, y)$，其边缘概率密度分别为 $f_\xi(x)$ 和 $f_\eta(x)$。

由 2.90 式，

$$\begin{aligned} E(\xi + \eta) &= \int_{-\infty}^{+\infty} \int_{-\infty}^{+\infty} (x + y) f(x, y) dx dy \\ &= \int_{-\infty}^{+\infty} \int_{-\infty}^{+\infty} x f(x, y) dx dy + \int_{-\infty}^{+\infty} \int_{-\infty}^{+\infty} y f(x, y) dx dy \\ &= \int_{-\infty}^{+\infty} x f_\xi(x) dx + \int_{-\infty}^{+\infty} y f_\eta(y) dy = E(\xi) + E(\eta) \end{aligned}$$

此性质可推广到任意有限个随机变量的情形，即对任意的 $\xi_1, \xi_2, \cdots, \xi_n$，有：

$$E(\xi_1 + \xi_2 + \cdots + \xi_n) = E(\xi_1) + E(\xi_2) + \cdots + E(\xi_n)$$

2. 若 $\xi, \eta$ 是相互独立的随机变量，则有：

$$E(\xi\eta) = E(\xi) E(\eta) \tag{2.92}$$

即两个相互独立随机变量乘积的数学期望等于数学期望的乘积。

证明：因为 $\xi$ 与 $\eta$ 相互独立，由 2.88 式，

$$f(x, y) = f_\xi(x) f_\eta(x)$$

据 2.90 式，

$$\begin{aligned} E(\xi\eta) &= \int_{-\infty}^{+\infty} \int_{-\infty}^{+\infty} xy f(x, y) dx dy = \int_{-\infty}^{+\infty} \int_{-\infty}^{+\infty} xy f_\xi(x) f_\eta(y) dx dy \\ &= \int_{-\infty}^{+\infty} x f_\xi(x) dx \int_{-\infty}^{+\infty} y f_\eta(y) dy = E(\xi) E(\eta) \end{aligned}$$

注意：性质 2 只有在 $\xi, \eta$ 相互独立的条件下才有这个结果。若不是相互独立的，一般不能成立。如 $\xi$ 服从 0—1 分布，则显然有：

$$E(\xi^2) = E(\xi \times \xi) \neq E(\xi) E(\xi)$$

这是因为 $\xi$ 与其自身并不是相互独立的。

## 二、二维随机向量的方差

### (一) 二维随机向量方差的概念

设 $(\xi, \eta)$ 为二维随机向量，若 $Var(\xi), Var(\eta)$ 都存在，则称 $(Var(\xi), Var(\eta))$ 为 $(\xi, \eta)$ 的方差。

二维随机向量的方差描述了它的每个分量对于各自数学期望的偏离程度。它也是随机向量的一个重要数学特征。

若$(\xi,\eta)$为离散型随机向量，则：

$$Var(\xi) = \sum_i [x_i - E(\xi)]^2 P_i = \sum_i \sum_j [x_i - E(\xi)]^2 P_{ij}$$

$$Var(\eta) = \sum_j [y_j - E(\eta)]^2 P_j = \sum_j \sum_i [y_j - E(\eta)]^2 P_{ij}$$

其中$P\{\xi=x_i, \eta=y_j\}=P_{ij}$与$P_i$，$P_j$分别为$(\xi,\eta)$的联合分布律与边缘分布律。

若$(\xi,\eta)$为连续型随机向量，则：

$$Var(\xi) = \int_{-\infty}^{+\infty} [x - E(\xi)]^2 f_\xi(x) dx = \int_{-\infty}^{+\infty}\int_{-\infty}^{+\infty} [x - E(\xi)]^2 f(x,y) dxdy$$

$$Var(\eta) = \int_{-\infty}^{+\infty} [y - E(\eta)]^2 f_\eta(y) dy = \int_{-\infty}^{+\infty}\int_{-\infty}^{+\infty} [y - E(\eta)]^2 f(x,y) dxdy$$

其中$f(x,y)$与$f_\xi(x)$，$f_\eta(x)$分别为$(\xi,\eta)$的联合概率密度与边缘概率密度。

（二）独立随机变量之和的方差

方差除具有第二章介绍的一些性质外，还有下面的性质（假设涉及的方差都存在）：

若$\xi,\eta$独立，则：

$$Var(\xi+\eta) = Var(\xi) + Var(\eta) \tag{2.93}$$

即两个相互独立随机变量之和的方差等于各自方差的和。

证明：

$$\begin{aligned}
Var(\xi+\eta) &= E[(\xi+\eta) - E(\xi+\eta)]^2 = [\xi+\eta-E(\xi)-E(\eta)]^2 \\
&= E\{[\xi-E(\xi)]+[\eta-E(\eta)]\}^2 \\
&= E\{[\xi-E(\xi)]^2 + 2[\xi-E(\xi)][\eta-E(\eta)] + [\eta-E(\eta)]^2\} \\
&= E[\xi-E(\xi)]^2 + 2E[\xi-E(\xi)][\eta-E(\eta)] + E[\eta-E(\eta)]^2 \\
&= Var(\xi) + 2E[\xi-E(\xi)][\eta-E(\eta)] + Var(\eta)
\end{aligned}$$

因为$\xi,\eta$是相互独立的。所以，

$$E(\xi\eta) = E(\xi)E(\eta)$$

于是，

$$\begin{aligned}
E[\xi-E(\xi)][\eta-E(\eta)] &= E(\xi\eta) - E(\xi)E(\eta) - E(\xi)E(\eta) + E(\xi)E(\eta) \\
&= E(\xi)E(\eta) - E(\xi)E(\eta) - E(\xi)E(\eta) \\
&\quad + E(\xi)E(\eta) \\
&= 0
\end{aligned} \tag{2.94}$$

因而：

$$Var(\xi+\eta) = Var(\xi) + Var(\eta)$$

### 三、两个随机变量的协方差和相关系数

对于两个随机变量$\xi,\eta$而言，虽然它们的数学期望$E(\xi)$，$E(\eta)$与方差$Var(\xi)$，$Var(\eta)$从不同方面描述了$\xi,\eta$各自的特征，但却不能反映$\xi$与$\eta$之间的关系。为此，我们希望找到能够描述两者关系的数字特征。

（一）协方差及其性质

在证明方差问题时，由2.94式可知：若$\xi,\eta$相互独立，则：

$$E[\xi - E(\xi)][\eta - E(\eta)] = 0$$

这表明：若$E[\xi - E(\xi)][\eta - E(\eta)] \neq 0$，则$\xi$与$\eta$不相互独立，而存在着一定关系，从而启发我们引入协方差的概念：

设$\xi$, $\eta$为两个随机变量，若$E[\xi - E(\xi)][\eta - E(\eta)]$存在，则称它为$\xi$, $\eta$的协方差，记为$Cov(\xi, \eta)$，即：

$$Cov(\xi, \eta) = E[\xi - E(\xi)][\eta - E(\eta)]$$

协方差可看作两个随机变量函数的数学期望。

在计算协方差时，常用到下面的计算公式：

$$Cov(\xi, \eta) = E(\xi\eta) - E(\xi)E(\eta) \tag{2.95}$$

特别地，当$\xi = \eta$时，

$$Cov(\xi, \eta) = E(\xi^2) - E^2(\xi) = Var(\xi)$$

所以方差不过是特殊的协方差：

协方差具有如下性质：

(1) $Cov(\xi, \eta) = Cov(\eta, \xi)$ (2.96)

(2) $Cov(a\xi, b\eta) = abCov(\xi, \eta)$ ($a, b$为任意实数) (2.97)

(3) $Cov(\xi_1 + \xi_2, \eta) = Cov(\xi_1, \eta) + Cov(\xi_2, \eta)$ (2.98)

**（二） 相关系数**

两个随机变量的关系除用协方差表示其特征外，我们更希望用一个数值来描述两个随机变量$\xi$与$\eta$之间的线性相关程度。具体地说，希望$\xi$与$\eta$没有线性相关关系时，其数值为零；$\xi$与$\eta$之间的线性关系愈密切，其数值的绝对值愈接近1；$\xi$与$\eta$之间存在完全线性关系时，其数值的绝对值为1，可以证明，数值

$$\frac{Cov(\xi, \eta)}{\sqrt{Var(\xi)}\sqrt{Var(\eta)}} = \frac{E\{[\xi - E(\xi)][\eta - E(\eta)]\}}{\sqrt{Var(\xi)}\sqrt{Var(\eta)}}$$

就具有上述特点，引入相关系数的概念：

设$\xi$, $\eta$是两个随机变量，$0 < Var(\xi) < +\infty$，$0 < Var(\eta) < +\infty$，称

$$\frac{Cov(\xi, \eta)}{\sqrt{Var(\xi)}\sqrt{Var(\eta)}}$$

为$\xi$与$\eta$的相关系数，记为$r(\xi, \eta)$（简记为r），即：

$$r(\xi, \eta) = \frac{Cov(\xi, \eta)}{\sqrt{Var(\xi)}\sqrt{Var(\eta)}} \tag{2.99}$$

相关系数r具有以下性质：

(1) $|r| \leq 1$；

(2) $|r| = 1$的充要条件是存在常数a, b, 使$P\{\eta = a\xi + b\} = 1$。

# 第五节　n维随机向量

前面我们讨论了二维随机向量的概念和有关性质，做为更一般的n维随机

向量，可按照二维的情形进行讨论。本节中我们将列举 n 维随机向量的一些基本概念和重要结果，它们是二维随机向量相应概念和结果的推广。

## 一、n 维随机向量的联合分布和边缘分布

设 $\xi = (\xi_1, \xi_2, \cdots, \xi_n)$ 为一个 n 维随机向量，对任意实数 $x_1, x_2, \cdots, x_n$，称 n 元函数

$$F(x_1, x_2, \cdots, x_n) = P\{\xi_1 \leq x_1, \xi_2 \leq x_2, \cdots, \xi_n \leq x_n\}$$

为 $\xi$ 的联合分布函数。

取 $\xi_i$ 中任意多个分量所组成的随机向量，如 $\xi_1, (\xi_2, \xi_2), (\xi_3, \xi_4, \xi_5)$ 等，它们的分布函数都称为 $\xi$ 的边缘分布函数。

如同二维随机向量一样，对 n 维随机向量，我们只介绍离散与连续两种类型。

若 n 维随机向量 $\xi = (\xi_1, \xi_2, \cdots, \xi_n)$ 只取有限个或可列无穷多个不同的向量值，则称 $\xi$ 为 n 维离散型随机向量。

设 n 维离散型随机向量 $\xi = (\xi_1, \xi_2, \cdots, \xi_n)$ 所取的全部可能值为：

$$(x_{1i_1}, x_{2i_2}, \cdots, x_{ni_n}), i_1, i_2, \cdots, i_n = 1, 2, \cdots$$

则称

$$P\{\xi_1 = x_{1i_1}, \xi_2 = x_{2i_2}, \cdots, \xi_n = x_{ni_n}\} = P_{i_1 i_2 \cdots i_n} \quad (i_1, i_2, \cdots, i_n = 1, 2, \cdots)$$

为 $\xi$ 的联合分布律。

$\xi = (\xi_1, \xi_2, \cdots, \xi_n)$ 的任意 k 个分量 $(1 \leq k \leq n)$ 所组成的随机向量仍是离散型随机向量，这些随机向量的分布律称为 $\xi$ 的 k 维边缘分布律。由 $\xi = (\xi_1, \xi_2, \cdots, \xi_n)$ 的联合分布律可求出它的全部边缘分布律。

设 $\xi = (\xi_1, \xi_2, \cdots, \xi_n)$ 的联合分布函数为 $F(x_1, x_2, \cdots, x_n)$，若存在一非负函数 $f(x_1, x_2, \cdots, x_n)$，使

$$F(x_1, x_2, \cdots, x_n) = \int_{-\infty}^{x_m} \cdots \int_{-\infty}^{x_2} \int_{-\infty}^{x_1} f(u_1, u_2, \cdots, u_n) du_1 du_2 \cdots du_n$$

成立，则称 $\xi$ 为 n 维连续型随机向量，称 $f(x_1, x_2, \cdots, x_n)$ 为 $\xi$ 的联合概率密度。

$\xi$ 的任意 k 个分量所构成随机向量的概率密度称为 $\xi$ 的 k 维边缘概率密度，$\xi$ 的所有边缘概率密度可由它的联合密度表示。

如 $(\xi_1, \xi_2)$ 的概率密度即为 $\xi$ 的二维边缘密度，它可表示为：

$$f_{12}(x_1, x_2) = \int_{-\infty}^{+\infty} \cdots \int_{-\infty}^{+\infty} f(x_1, x_2, \cdots, x_n) dx_3 dx_4 \cdots dx_n$$

## 二、n 个随机变量的独立性

如同两个随机变量相互独立一样，n 个随机变量相互独立，也可直观地理解为这 n 个随机变量取值相互没有任何影响。一般地，我们如下定义 n 维随机变量的相互独立：

设 $\xi = (\xi_1, \xi_2, \cdots, \xi_n)$ 的联合分布函数为 $F(x_1, x_2, \cdots, x_n)$，$\xi_i$ 的分布函数为 $F_i(x_i)$，如果对任意的实数 $x_1, x_2, \cdots, x_n$，有：

$$F(x_1, x_2, \cdots, x_n) = F_1(x_1) F_2(x_2) \cdots F_n(x_n) \tag{2.100}$$

则称这 n 个随机变量 $\xi_1, \xi_2, \cdots, \xi_n$ 相互独立。

可以证明：如果 $\xi = (\xi_1, \xi_2, \cdots, \xi_n)$ 为离散型随机向量，则 $\xi_1, \xi_2, \cdots, \xi_n$ 相互独立的充要条件是：对 $\xi = (\xi_1, \xi_2, \cdots, \xi_n)$ 的任意一组可能值 $(x_{1i_1}, x_{2i_2}, \cdots, x_{ni_n})$，$i_1, i_2, \cdots, i_n = 1, 2, \cdots$

$$P\{\xi_1 = x_{1i_1}, \xi_2 = x_{2i_2}, \cdots, \xi_n = x_{ni_n}\}$$
$$= P\{\xi_1 = x_{1i_1}\} P\{\xi_2 = x_{2i_2}\} \cdots P\{\xi_n = x_{ni_n}\} \tag{2.101}$$

如果 $\xi = (\xi_1, \xi_2, \cdots, \xi_n)$ 为连续型随机向量，则 $\xi_1, \xi_2, \cdots, \xi_n$ 相互独立的充要条件是对一切实数 $x_1, x_2, \cdots, x_n$ 有：

$$f(x_1, x_2, \cdots, x_n) = f_1(x_1) f_2(x_2) \cdots f_n(x_n) \tag{2.102}$$

其中 $f(x_1, x_2, \cdots, x_n)$ 为 $\xi$ 的联合概率密度，$f_i(x_i)(i = 1, 2, \cdots, n)$ 为 $\xi_i$ 的密度。

还可证明：若 $\xi_1, \xi_2, \cdots, \xi_n$ 相互独立，则其中的任意 k 个（$2 \leq k \leq n$）随机变量也相互独立。

n 个相互独立的随机变量的数字特征有如下性质：

若 $\xi_1, \xi_2, \cdots, \xi_n$ 相互独立，则：

$$E(\xi_1 \xi_2 \cdots \xi_n) = E(\xi_1) E(\xi_2) \cdots E(\xi_n) \tag{2.103}$$

$$Var(\xi_1 + \xi_2 + \cdots + \xi_n) = Var(\xi_1) + Var(\xi_2) + \cdots + Var(\xi_n) \tag{2.104}$$

### 三、n 维随机向量的数学期望、协方差阵和相关系数阵

设 $\xi = (\xi_1, \xi_2, \cdots, \xi_n)$，若 $E(\xi_i)$ 存在 $(i = 1, 2, \cdots, n)$，则称常向量 $(E(\xi_1), E(\xi_2), \cdots, E(\xi_n))$ 为 $\xi$ 的数学期望。

设 $\xi = (\xi_1, \xi_2, \cdots, \xi_n)$，若 $x_{ij} = Cov(\xi_i, \eta_j)$ 都存在 $(i, j = 1, 2, \cdots n)$，则称矩阵

$$C = \begin{bmatrix} C_{11} & C_{12} & \cdots & C_{1n} \\ C_{21} & C_{22} & \cdots & C_{2n} \\ \cdots & \cdots & \cdots & \cdots \\ C_{n1} & C_{n2} & \cdots & C_{nn} \end{bmatrix} \tag{2.105}$$

为 $\xi$ 的协方差阵。

协方差阵 C 具有下列性质：

(1) C 是对称矩阵；
(2) C 是非负定矩阵。

设 $\xi = (\xi_1, \xi_2, \cdots, \xi_n)$，若 $r_{ij} = r(\xi_i, \xi_j)$ 都存在 $(i, j = 1, 2, \cdots n)$，则称矩阵

$$\begin{bmatrix} r_{11} & r_{12} & \cdots & r_{1n} \\ r_{21} & r_{22} & \cdots & r_{2n} \\ \cdots & \cdots & \cdots & \cdots \\ r_{n1} & r_{n2} & \cdots & r_{nn} \end{bmatrix} \tag{2.106}$$

为 $\xi$ 的相关系数阵。

# 第六节 随机变量的条件分布

本节开始引入随机变量的条件分布的概念。随机变量的条件分布主要用于非独立随机变量的研究中。

## 一、随机变量关于已给事件的条件分布函数

由事件的条件概率的概念，我们自然地引出随机变量在某事件已发生的条件下的条件分布函数的概念。

关于条件分布函数与条件密度

假设 $\eta = \eta(\omega)$ 是任一随机变量，B 是任一事件，$P(B) > 0$，称

$$F_\eta(y|B) = \frac{P(\{\eta \leq y\} \cap B)}{P(B)}, -\infty < y < \infty \tag{2.107}$$

为在事件 B 已出现的条件下，随机变量 $\eta$ 的条件分布函数（简称为 $\eta$ 关于 B 的条件分布函数）；如果存在非负函数 $f_\eta(y|B)$，使

$$F_\eta(y|B) = \int_{-\infty}^{y} f_\eta(y|B) dy, -\infty < y < \infty$$

则称 $f_\eta(y|B)$ 为随机变量 $\eta$ 关于事件 B 的条件密度。显然，条件分布函数 $F_\eta(y|B)$ 和条件分布密度 $f_\eta(y|B)$ 具有一般（"无条件"）分布函数和概率密度的一切性质。

假设 $\xi$ 和 $\eta$ 是任意二随机变量，而 C 是任意事件，且 $P\{\omega:\xi(\omega) \in C\} > 0$，那么

$$F_\eta(y|\xi \in C) = \frac{P\{\xi \in C, \eta \leq y\}}{P\{\xi \in C\}}, -\infty < y < \infty$$

是在 $\{\xi \in C\}$ 的条件下，随机变量 $\eta$ 的条件分布函数。如果 $F_\xi(x)$ 是 $\xi$ 的分布函数，$F_{\xi,\eta}(x,y)$ 是 $\xi$ 和 $\eta$ 的联合分布函数，则对于任意实数 $a<b$，$F_\xi(b) - F_\xi(a) > 0$，有

$$F_\eta(y|a < \xi \leq b) = \frac{F_{\xi,\eta}(b,y) - F_{\xi,\eta}(a,y)}{F_\xi(b) - F_\xi(a)} \tag{2.108}$$

## 二、一随机变量关于另一随机变量的条件分布函数

假设 $\xi$ 和 $\eta$ 是二随机变量，$F_{\xi,\eta}(x,y)$ 是它们的联合分布函数，$F_\xi(x)$ 是边缘分布函数。我们现在引进在 $\{\xi = x\}$ 的条件下，随机变量 $\eta$ 的条件分布函数。这时，由于一般 $P\{\xi = x\} > 0$ 未必成立，故设法由 (2.108) 式并通过求极限来定义条件分布函数 $F_\eta(y|\xi = x)$：对于一切 $-\infty < y < \infty$ 和固定的实数 x，如果存在极限

$$F_\eta(y|\xi = x) = \lim_{\Delta x \to 0} P\{\eta \leq y | x - \Delta x < \xi \leq x + \Delta x\} \tag{2.109}$$

则称 $F_\eta(y|\xi=x)$ 为在 $\{\xi=x\}$ 的条件下，随机变量 $\eta$ 的条件分布函数。

如果 $\xi$ 和 $\eta$ 的联合分布是连续型或离散型的，则 $F_\eta(y|\xi=x)$ 一般有定义，并且有简单的表达式。

(一) 条件密度

假设 $\xi$ 和 $\eta$ 有联合密度 $f_{\xi,\eta}(x,y)$，而 $F_{\xi,\eta}(x,y)$ 是它们的联合分布函数。显然，几乎处处有：

$$\frac{\partial F_{\xi,\eta}(x,y)}{\partial x} = \frac{\partial}{\partial x}\int_{-\infty}^x \int_{-\infty}^y f_{\xi,\eta}(u,v)\,dudv$$

因此，在 $G = \{(x,y): f_\xi(x) > 0, -\infty < y < \infty\}$ 上几乎处处有：

$$F_\eta(y|\xi=x) = \lim_{\Delta x \to 0} P\{\eta \leq y | x - \Delta x < \xi \leq x + \Delta x\}$$

$$= \lim_{\Delta x \to 0} \frac{\dfrac{1}{2\Delta x}\int_{x-\Delta x}^{x+\Delta x}\int_{-\infty}^y f_{\xi,\eta}(u,v)\,dudv}{\dfrac{1}{2\Delta x}\int_{x-\Delta x}^{x+\Delta x}\int_{-\infty}^\infty f_{\xi,\eta}(u,v)\,dudv}$$

$$= \frac{\int_{-\infty}^y f_{\xi,\eta}(u,v)\,dudv}{\int_{-\infty}^\infty f_{\xi,\eta}(u,v)\,dudv} = \int_{-\infty}^y \frac{f_{\xi,\eta}(x,v)}{f_\xi(x)}\,dv$$

这里，$F_\eta(y|\xi=x)$ 只对于 $(x,y) \in G$ 有意义。但是只需稍加修正即可使它对一切 $y$ 和一切满足 $f_\xi(x) > 0$ 的 $x$ 有定义。为此，对于任意 $x \in \{x: f_\xi(x) > 0\}$，令：

$$f_\eta(y|\xi=x) = \frac{f_{\xi,\eta}(x,y)}{f_\xi(x)}, -\infty < y < \infty \tag{2.110}$$

$$F_\eta(y|\xi=x) = \int_{-\infty}^y f_\eta(y|\xi=x)\,dy, -\infty < y < \infty \tag{2.111}$$

对于任意固定的 $x \in \{x: f_\xi(x) > 0\}$，$f_\eta(y|\xi=x)$ 是一概率密度，而 $F_\eta(y|\xi=x)$ 是一分布函数。分别称 $f_\eta(y|\xi=x)$ 和 $F_\eta(y|\xi=x)$ 为 $\eta$ 关于 $\{\xi=x\}$ 的条件密度和条件分布函数。可以类似地定义 $\xi$ 关于 $\{\eta=y\}$ 的条件密度和条件分布函数 $f_\xi(x|\eta=y)$ 和 $F_\xi(x|\eta=y)$。

1. 密度的乘法公式。由条件密度 $f_\xi(x|\eta=y)$ 和 $f_\eta(y|\xi=x)$ 的定义，立即得密度的乘法公式：

$$f_{\xi,\eta}(x,y) = f_\xi(x)f_\eta(y|\xi=x) = f_\eta(y)f_\xi(x|\eta=y) \tag{2.112}$$

它是事件概率的乘法公式 $P(AB) = P(A)P(B|A) = P(B)P(A|B)$ 的类似形式。

2. 密度的贝叶斯公式。由条件密度的定义和乘法公式 (2.112)，立即得密度的贝叶斯公式：若 $f_\eta(y) > 0$，则：

$$f_\xi(x|\eta=y) = \frac{f_{\xi,\eta}(x,y)}{f_\eta(y)} = \frac{f_\eta(y|\xi=x)f_\xi(x)}{\int_{-\infty}^\infty f_\eta(y|\xi=x)f_\xi(u)\,du} \tag{2.113}$$

此为贝叶斯公式的类似形式。

## （二）离散型随机变量的条件分布

假设 $\xi$ 和 $\eta$ 是离散型随机变量，它们的联合分布 $p_{ij}(i=1,2,\cdots,j=1,2,\cdots)$ 为：

$$p_{ij} = P\{\xi = x_i, \eta = y_i\}, p_{ij} > 0$$

$$p_{ij} = P\{\xi = x_i\} = \sum_j p_{ij}$$

对于一切 $x_i$ 和 $y_i$，有：

$$P\{\xi = x_i, \eta = y_i\}$$

$$\frac{P\{\xi = x_i, \eta = y_i\}}{P\{\xi = x_i\}} = \frac{p_{ij}}{p_i} = \frac{p_{ij}}{\sum_j p_{ij}} \quad (2.114)$$

对于一切 $-\infty < y < \infty$，以及 $x_i$ ($i = 1, 2, \cdots$) 有：

$$F_\eta(y|\xi = x_i) = \frac{P\{\xi = x_i, \eta \leq y\}}{P\{\xi = x_i\}}$$

$$= \sum_{\{j: y_j \leq y\}} P\{\eta = y_j | \xi = x_i\}$$

$$= \frac{\sum_{\{j: y_j \leq y\}} p_{ij}}{\sum_{\{j\}} p_{ij}}$$

其中分子上对一切满足 $y_j \leq y$ 的 j 求和，而分母上对一切 j 求和。

### 三、条件分布的简单性质

#### （一）独立随机变量之间无条件性

假设 $\xi$ 和 $\eta$ 独立，那么 $F_\eta(y|\xi = x) = F_\eta(y)$。特别地，如果 $\xi$ 和 $\eta$ 是连续型的，则 $f_\eta(y|\xi = x) = f_\eta(y)$；如果 $\xi$ 和 $\eta$ 是离散型的，则 $P\{\eta = j|\xi = i\} = P\{\eta = y_i\}$。

#### （二）全概率公式

本章第一节中，在引入事件的条件概率的概念之后，证明了全概率公式。现在，我们考虑与随机变量的条件分布相联系的全概率公式，不过仅限于考虑离散型和连续型随机变量的情形。具体地说，

1. 如果 $\xi$ 和 $\eta$ 是离散型随机变量，它们的一切可能值的集合分别为 $X = \{x_i\}$ 和 $Y = \{y_i\}$，则对于任意事件 B，有：

$$P\{B\} = \sum_i P\{B|\xi = x_i\} P\{\xi = x_i\} \quad (2.115)$$

其中

$$P\{B|\xi = x_i\} = \sum_{i,j \in B} P\{\eta = y_i|\xi = x_i\}$$

2. 如果 $\xi$ 和 $\eta$ 是连续型随机变量，则对于任意事件 B，有：

$$P\{B\} = \int_{-\infty}^{\infty} P\{B|\xi = x\} f_i(x) dx \quad (2.116)$$

其中

$$P\{B|\xi = x\} = \int_B f_\eta(y|\xi = x)dy \tag{2.117}$$

### 四、随机变量关于事件的条件数学期望

由随机变量在某事件出现的条件下的条件分布,自然地引出随机变量在某事件出现的条件下的条件数学期望。

对于随机变量 $\xi$,若 $\int_{-\infty}^{\infty}|x|dF_\xi(x|B) < \infty$,则称

$$E(\xi|B) = \int_{-\infty}^{\infty} xdF_\xi(x|B) \tag{2.118}$$

为 $\xi$ 关于 $B$ 的条件数学期望。

特别地,如果 $\xi$ 有条件密度 $f_\xi(x|B)$,且

$$\int_{-\infty}^{\infty}|x|f_\xi(x|B)dx < \infty$$

则:

$$E(\xi|B) = \int_{-\infty}^{\infty} xf_\xi(x|B)dx \tag{2.119}$$

如果 $\xi$ 是离散型随机变量,它的一切可能值为 $x_1, x_2, \cdots$,而且

$$\sum_i |x_i|P\{\xi = x_i|B\} < \infty$$

则:

$$E(\xi|B) = \sum_i x_i P\{\xi = x_i|B\} \tag{2.120}$$

其次,利用条件数学期望可以定义随机变量 $\xi$ 关于事件 $B$ 的条件方差:

$$D(\xi|B) = E\{[\xi - E(\xi|B)]^2|B\} \tag{2.121}$$

下面,我们给出全数学期望公式(证明从略)。它在计算数学期望时很有用,并且全概率公式可以看做是它的特殊形式。

假设 $H_i$ ($i = 1, 2, \cdots$) 是有限个或可列无穷多个两两不相容的事件,$P(H_i) > 0$,而随机变量 $\xi$ 的数学期望存在且有限。那么,

(1) 如果 $\bigcup_i P(H_i) = B$,则:

$$P(B)E(\xi|B) = \sum_i E(\xi|H_i)P(H_i) \tag{2.122}$$

(2) $\bigcup_i P(H_i) = \Omega$,则:

$$E(\xi) = \sum_i E(\xi|H_i)P(H_i) \tag{2.123}$$

称 2.123 式为全数学期望公式。

由于对固定的事件 $B[P(B) > 0]$,$F_\xi(x|B)$ 具有(无条件)分布函数的一切性质,可见 $E(\xi|B)$ 具有(无条件)数学期望的一切性质。此外,如果 $\xi$ 与 $B$ 独立,则:

$$E(\xi|B) = E(\xi) \tag{2.124}$$

因为这时 $F_\xi(x|B) = F_\xi(x)$。

## 五、一随机变量关于另一随机变量的条件数学期望

假设 $\xi$ 和 $\eta$ 是同一概率空间上的两个随机变量。现在引进一个随机变量关于另一个随机变量的条件数学期望的概念。为此,首先通过条件分布函数,来定义一随机变量在另一随机变量取给定值的条件下的条件数学期望。

### (一) 随机变量 $\eta$ 关于 $\{\xi = x\}$ 的条件数学期望

对于随机变量 $\eta$,若 $\int_{-\infty}^{\infty} |y| dF_\eta(y|\xi = x) < \infty$,称

$$E(\eta|\xi = x) = \int_{-\infty}^{\infty} y dF_\eta(y|\xi = x) \tag{2.125}$$

为它关于 $\{\xi = x\}$ 的条件数学期望。

特别地,如果 $\xi$ 和 $\eta$ 是连续型随机变量,$f_\eta(y|\xi = x)$ 是 $\eta$ 关于 $\{\xi = x\}$ 的条件密度,且

$$\int_{-\infty}^{\infty} |y| f_\eta(y|\xi = x) dy < \infty$$

则:

$$E(\eta|\xi = x) = \int_{-\infty}^{\infty} y f_\eta(y|\xi = x) dy \tag{2.126}$$

类似地定义 $\xi$ 关于 $\{\eta = y\}$ 的条件数学期望 $E(\xi|\eta = y)$。

### (二) 随机变量 $\eta$ 关于随机变量 $\xi$ 的条件数学期望

$E(\eta|\xi = x) = \mu(x)$ 是 $x$ 的函数,因此 $\zeta = \mu(\xi) = E(\eta|\xi)$ 是一随机变量,而且它的值和概率分布完全决定于 $\xi$ 的值和概率分布。现在,我们引进一随机变量关于另一随机变量的条件数学期望,并且研究它作为随机变量所具有的基本性质。这里,仅限于讨论离散型和连续型两种重要情形。

1. 离散型。假设 $\xi$ 和 $\eta$ 都是离散型随机变量,$E|\eta| < \infty$。令 $\mu = \mu(x) = (\eta|\xi = x)$,$x \in X$,其中 X 是 $\xi$ 一切可能值的集合。那么,$\zeta = \mu(\xi) = E(\eta|\xi)$ 是离散型随机变量,当 $\xi = x$ 时,它取 $E(\eta|\xi = x)$ 为值。称随机变量 $\zeta = E(\eta|\xi)$ 为 $\eta$ 关于 $\xi$ 的条件数学期望。

2. 连续型。假设 $\xi$ 和 $\eta$ 都是连续型随机变量,$E|\eta| < \infty$。令 $\mu(x) = E(\eta|\xi = x)$,则 $\zeta = \mu(\xi) = E(\eta|\xi)$ 是一随机变量,当 $\xi = x$ 时,取 $E(\eta|\xi = x)$ 为值。
称随机变量 $\zeta = E(\eta|\xi)$ 为 $\eta$ 关于 $\xi$ 的条件数学期望。

### (三) 条件数学期望 $E(\eta|\xi)$ 的性质

1. $E(\eta|\xi)$ 以概率 1 具有无条件数学期望的一切性质。例如,以概率 1,有:

$$E(c|\xi) = c,(c \text{ 是常数})$$
$$E(\lambda\eta|\xi) = \lambda E(\eta|\xi),(\lambda \text{ 是常数})$$
$$E(\eta_1 + \eta_2|\xi) = E(\eta_1|\xi) E(\eta_2|\xi)$$
$$E(\eta|\xi) \geq 0, \text{ 若 } \eta \geq 0$$
$$E(\eta_1|\xi) \leq E(\eta_2|\xi), \text{ 若 } \eta_1 \leq \eta_2$$

$$E(\eta|\xi) \leqslant E(|\eta||\xi|) \qquad (2.127)$$

2. 如果 $\xi$ 和 $\eta$ 独立，则对于函数 $g(y)$，以概率 1，有：
$$E[g(\eta)|\xi] = Eg(\eta) \qquad (2.128)$$

3. 对于函数 $g(y)$ 和 $h(x)$，以概率 1，有：
$$E[h(\xi)g(\eta)|\xi] = h(\xi)E[g(\eta)|\xi] \qquad (2.129)$$

4. 全数学期望公式：对于函数 $g(y)$，有：
$$E\{E[g(\eta)|\xi]\} = E[g(\eta)] \qquad (2.130)$$

证明：我们仅就连续型情形证明所列举的性质。对于离散型情形证明方法类似。

令 $\Lambda = \{x : E(\eta|\xi = x) \text{ 存在且有极限}\}$。由 $E(\eta|\xi = x)$ 的性质，知 $P\{\xi \in \Lambda\} = 1$。

(1) 由于 $E(\eta|\xi = x) x \in \Lambda$，具有无条件数学期望的一切性质，而且 $P\{\xi \in \Lambda\} = 1$，故由 $P\{\xi \in \Lambda\} = 1$ 的定义知 1 成立。

(2) 由于 $\xi$ 和 $\eta$ 独立，故
$$E[g(\eta)|\xi] = \int_{-\infty}^{\infty} g(y) f_\eta(y|\xi = x) dy$$
$$= \int_{-\infty}^{\infty} g(y) f_\eta(y) dy = Eg(\eta)$$

从而对于任意 $x \in \Lambda$，有

于是，$\qquad P\{E[g(\eta)|\xi = x] = Eg(\eta)\} = P\{\xi \in \Lambda\} = 1$

(3) 易见，对于任意 $x \in \Lambda$，有
$$E[h(\xi)g(\eta)|\xi = x] = h(\xi)E[g(\eta)|\xi]$$

从而 2.129 式以概率 1 成立。

(4) 由于 $P\{\xi \in \Lambda\} = 1$，知
$$E\{E[g(\eta)|\xi]\} = \int_\Lambda E[g(\eta)|\xi = x] f_\xi(x) dx$$
$$= \int_\Lambda f_\xi(x) dx \int_{-\infty}^{\infty} g(y) f_\eta(y|\xi = x)$$
$$= \int_{-\infty}^{\infty} \int_{-\infty}^{\infty} g(y) f_{\xi,\eta}(x, y) dx dy$$
$$= \int_{-\infty}^{\infty} g(y) f_\eta(y) dy = Eg(\eta)$$

# 第三章

# 概率母函数和矩母函数

## 第一节 母 函 数

母函数又称生成函数，是某组有规律数据的一个简要的概括性表达式，在任何需要的时候，可以将它展开（为"幂级数"）来生成这组数据。

这样的函数主要用于处理随机变量分布，可以很容易地用来确定随机变量的分布及其各阶矩，可用于说明变量间的关系。此外，可以在探讨随机过程的有关问题中发挥重要作用。

以下是两个母函数的简单例子：

（1）针对数字

$$\frac{1}{8}、\frac{3}{8}、\frac{3}{8}、\frac{1}{8}$$

依此次序，我们可以构造出一个母函数：

$$\frac{1}{8} + \frac{3}{8}t + \frac{3}{8}t^2 + \frac{1}{8}t^3 = \frac{1}{8}(1+t)^3 \tag{3.1}$$

或者同样地，

$$\left(\frac{1}{2} + \frac{1}{2}t\right)^3 \tag{3.2}$$

通过（3.1）式或（3.2）式的展开式我们可以得到该多项式的各次项 $t^0$（$=1$）、$t^1$（$=t$）、$t^2$ 和 $t^3$ 的系数。

（2）针对数字

$$\frac{1}{2}、\frac{1}{4}、\frac{1}{8}、\frac{1}{16}\cdots$$

我们可以构造一个母函数：

$$\frac{1}{2} + \frac{1}{4}t + \frac{1}{8}t^2 + \frac{1}{16}t^3 + \cdots = \frac{1}{2}\left(1 + \frac{1}{2}t + \frac{1}{4}t^2 + \frac{1}{8}t^3 + \cdots\right)$$

$$= \frac{1}{2}\left(1 - \frac{1}{2}t\right)^{-1} \left(\text{如果} \left|\frac{t}{2}\right| < 1\right) \tag{3.3}$$

通过 3.3 式的展开式我们会得到 t 的不同次方的系数。

## 第二节 概率母函数

### 一、概率母函数的概念

从这个名称中我们可以得知，一个概率母函数（PGF）可用于生成概率，即生成与数值 $0,1,2,3,\cdots$ 相关联的概率，这个过程是通过计数变量（即：假设有非负整数值的离散变量）完成的。

设 X 为一计数变量，设取值 $0,1,2,3\cdots$ 的概率分别是 $p_0,p_1,p_2,p_3,\cdots$，针对上面的概率，我们构造一个母函数 $G(t)$，得：

$$G(t) = p_0 + p_1 t + p_2 t^2 + p_3 t^3 + \cdots$$

也就是：

$$G(t) = P(X=0) + P(X=1)t + P(X=2)t^2 + P(X=3)t^3 + \cdots \quad (3.4)$$

从中我们可以看出，$G(1)=1$ 和 $G(0)=P(X=0)$。

我们注意到 3.4 式是函数 $t^X$ 的期望值的表达式——它给出了一个概率母函数的定义：

对于一个计数变量 X，如果

$$G(t) = E(t^X) \quad (3.5)$$

存在，则称 G(t) 为 X 的概率母函数。

注意：G(t)至少在 $|t| \leq 1$ 时是确实存在的，且概率母函数是唯一的，也就是说，如果当两个计数变量有相同的概率分布时它们才会有相同的概率母函数。

上节例子中的（1）给出了 X 的概率母函数，X 可以代表扔三次硬币国徽朝上的次数。例子中的（2）给出了 X 的概率母函数，其中 X 的含义可以是如下的：在一系列独立的贝努里实验中，每次实验成功的概率 $P_{成功}=1/2$，X 代表第一次成功前失败的次数。

### 二、几个分布的概率母函数

下面我们将为在第二章提及的部分分布写出其概率母函数。

（一）均匀分布

$$P(X=x) = \frac{1}{k}, x = 1,2,3,\cdots,k$$

$$G(t) = E(t^X) = \frac{1}{k}(t + t^2 + \cdots + t^k)$$

$$= \frac{t}{k}(1 + t + \cdots + t^{k-1})$$

$$= \frac{t}{k}\frac{(1-t^k)}{(1-t)} \quad (t \neq 1) \quad (3.6)$$

## （二）二项分布 B (n, θ)（含 n = 1 时的贝努里分布）

$$P(X=x) = \binom{n}{x}\theta^x(1-\theta)^{n-x}, x = 1,2,3,\cdots,n$$

$$G(t) = \sum_{x=0}^{n}\binom{n}{x}(\theta t)^x(1-\theta)^{n-x} = [t\theta + (1-\theta)]^n \text{（二项分布展开式）} \tag{3.7}$$

## （三）负二项分布 NB (k, θ)（含 k = 1 时的几何分布）

为了计算方便，设 P (未发生) = $1 - \theta = \phi$。

$$P(X=x) = \binom{x-1}{k-1}t^x\theta^k\phi^{x-k}, x = k, k+1, k+2, \cdots$$

$$G(t) = \sum_{x=k}^{\infty}\binom{x-1}{k-1}t^x\theta^k\phi^{x-k} = (t\theta)^k\sum_{x=k}^{\infty}\binom{x-1}{k-1}(t\phi)^{x-k}$$

$$= (t\theta)^k(1-t\phi)^{-k} = \left(\frac{t\theta}{1-t\phi}\right)^k \tag{3.8}$$

注意：对于 $|t\phi| < 1$，即 $|t| < \frac{1}{\phi}$ 时这个概括是正确的。

## （四）泊松分布 Poisson (λ)

$$P(X=x) = \frac{\lambda^x \exp(-\lambda)}{x!}, x = 0,1,2,3,\cdots$$

$$G(t) = \frac{e^{-\lambda}\sum_{x=0}^{\infty}(\lambda t)^x}{x!} = \exp(-\lambda)\exp(\lambda t) = \exp[\lambda(t-1)] \tag{3.9}$$

### 三、矩的计算

概率母函数 $G(t)$ 并不是主要用于求矩，但我们可以用 $G(t)$ 来很方便地求出较低的阶矩。我们可以仅仅凭它求出均值 $\mu$ 和方差 $\sigma^2$（从而得出 $\sigma$）。

我们可以将函数 $t^X$ 展开如下（在点 t = 1 处用"泰勒展开式"）：

$$t^X = 1 + (t-1)X + \frac{(t-1)^2}{2!}X(X-1) + \frac{(t-1)^3}{3!}X(X-1)(X-2) + \cdots$$

所以，

$$G(t) = E(t^X)$$
$$= 1 + (t-1)E(X) + \frac{(t-1)^2}{2!}E[X(X-1)] + \frac{(t-1)^3}{3!}E[X(X-1)(X-2)] + \cdots$$

对 t 求微分，然后代入 t = 1，得：

$$G'(1) = E(x), 即 \mu = G'(1)$$

求二次微分，然后代入 t = 1，得到：

$$G''(1) = E[X(X-1)] = E(x^2) - E(x)$$

所以，

$$E(x^2) = G''(1) + G'(1) \tag{3.10}$$

由此可得 $\sigma^2$。

综上结论，我们可以得到：
$$\mu = G'(1) \tag{3.11}$$
$$\sigma^2 = G''(1) + G'(1) - [G'(1)]^2 \tag{3.12}$$

注意：一个更简单，但比较符合要求的方法是在"期望符号"内求微分如下：
$$G(t) = E(t^X)$$

所以，
$$G'(t) = E(Xt^{X-1})$$

同时，
$$G''(t) = E(X(X-1)t^{X-2})$$

所以，
$$G'(1) = E(x)$$
$$G''(1) = E[X(X-1)] \tag{3.13}$$

我们会用这些结论来证明上面的某些分布的均值和方差的表达式，对于这些分布来说这种方法便很简单。请记住 $G(1) = 1$。

（一）二项分布 B (n, θ)
$$G(t) = (\theta t + \phi)^n, \text{其中} \phi = 1 - \theta \tag{3.14}$$
$$G'(t) = n\theta(\theta t + \phi)^{n-1}$$
$$G''(t) = n(n-1)\theta^2(\theta t + \phi)^{n-2}$$
$$G'(1) = n\theta$$
$$G''(1) = n(n-1)\theta^2$$

所以，
$$\mu = n\theta$$
$$\sigma^2 = n(n-1)\theta^2 + n\theta - (n\theta)^2 = n\theta - n\theta^2 = n\theta\phi$$

（二）几何分布 Geometric (θ)
$$G(t) = \frac{\theta t}{(1-\phi t)}, \text{其中} \phi = 1 - \theta \tag{3.15}$$
$$\ln G(t) = \ln\theta + \ln t - \ln(1-\phi t)$$
$$\frac{G'(t)}{G(t)} = \frac{1}{t} + \frac{\phi}{(1-\phi t)}$$

所以，
$$G'(1) = 1 + \frac{\phi}{\theta} = \frac{1}{\theta}$$

$$\frac{G''(t)}{G(t)} - \left[\frac{G'(t)}{G(t)}\right]^2 = \frac{-1}{t^2} + \frac{\phi^2}{(1-\phi t)^2}$$

所以，
$$G''(1) - [G'(1)]^2 = -1 + \frac{\phi^2}{(1-\phi)^2} = \frac{(1-2\theta)}{\theta^2}$$

所以，
$$\mu = \frac{1}{\theta}, \quad \theta^2 = \frac{(1-2\theta)}{\theta^2} + \frac{1}{\theta} = \frac{(1-\theta)}{\theta^2} = \frac{\phi}{\theta^2}$$

## （三）泊松分布 Poisson（λ）

$$G(t) = \exp(-\lambda)\exp(\lambda t) \tag{3.16}$$

$$G'(t) = xG(t) \quad G'(1) = \lambda$$
$$G''(t) = \lambda G'(t) \quad G''(1) = \lambda^2$$

所以，

$$\mu = \lambda$$
$$\sigma^2 = \lambda^2 + \lambda - \lambda^2 = \lambda$$

**[例 3-1]** 为检查某一级别的非寿险业务中已经发生索赔的保单，采用了去年每份保单索赔次数的数据 X，其中 P（X = x）与均值为 λ 的泊松分布的概率成正比，但在"X = 0"的值不存在，该分布被称作截尾泊松分布（truncated Poisson distribution），即：

$$P(X = x) = \frac{k\lambda^x}{x!}, x = 1, 2, 3, \cdots$$

求出 X 的概率母函数（求出常数 k）和该分布的均值。

**解**：

$$G(t) = k\left(\lambda t + \frac{\lambda^2 t^2}{2!} + \frac{\lambda^3 t^3}{3!} + \cdots\right) = k\{\exp(\lambda t - 1)\}$$

由 G（1） = 1，得：

$$k = \frac{1}{\exp(\lambda) - 1}$$

且，

$$G(t) = \frac{\exp(\lambda t - 1)}{\exp(\lambda) - 1}$$

而

$$G'(t) = k\lambda\exp(\lambda t)$$

所以，

$$\mu = G'(1) = k\lambda\exp(\lambda) = \frac{\lambda}{1 - \exp(-\lambda)}$$

注意：①在截尾模型中

$$P(X = x) = \{1 - \exp(-\lambda)\}^{-1}\frac{\lambda^x \exp(-\lambda)}{x!}, x = 1, 2, 3, \cdots$$

它比正常的泊松分布模型中相应的概率多了系数$(1 - e^{-\lambda-1})$，并且 X 不再取 0 点的值。

②截尾泊松分布的均值也比正常的泊松分布的均值 λ 多了系数 $\{1 - \exp(-\lambda)\}^{-1}$。

**[例 3-2]** 设 X 服从均值为 5 的泊松分布，求 Y = 2X + 3 的概率母函数。

**解**：

$$G(t) = \exp[t(t-1)]$$

所以，

$$G_y(t) = t^3\exp[5(t^2 - 1)] = e^{-5}t^3\exp(5t^2)$$

注意：我们可将 $G_y(t)$ 展开为如下形式：

$$e^{-5}t^3\left[1+5t^2+\frac{(5t^2)^2}{2!}+\frac{(5t^2)^3}{3!}+\cdots\right]$$

$$=e^{-5}\left(t^3+5t^5+\frac{15t^7}{2}+\frac{125t^9}{3}+\cdots\right)$$

所以，以 $P(Y=9)$ 为例，$P(Y=9)$ 是 $t^9$ 的系数，即：

$$\frac{125e^{-5}}{6}$$

当然，

$$P(Y=9)=P(Y=3)=\frac{\exp(-5)5^3}{3!}=\frac{125e^{-5}}{6}$$

[例 3-3] 设 X 服从 B（n，θ）的二次分布，求 Y = n - X 的概率母函数。

解：

$$G(t)=(\theta t+\phi)^n$$

所以，

$$G_y(t)=t^n(\theta/t+\phi)^n=(\phi t+\theta)^n$$

所以，Y 服从二项分布 B（n，φ）。

注意：Y 表示 n 次实验中失败的次数。

下面的例子说明如何用一系列概率母函数建立一个"极限分布"。我们来考虑一个第二章中已讨论过的例子，即均值为 $n\theta$ 的二项分布 B（n，θ），当 n→∞ 时，其极限分布为一个均值为 λ 的泊松分布。

[例 3-4] 设 X 是一个二项分布变量 $B(n,\phi)$，设 $n\theta=\lambda$，用 n 和 λ 表示出 X 的概率母函数，并检验当 n→∞ 时它的极限。

解：在 $G(t)$ 中用 λ/n 代替 θ：

$$G(t)=(\theta t+1-\theta)^n=\left(\frac{\lambda t}{n}+1-\frac{\lambda}{n}\right)^n=\left[1+\frac{x}{n}\right]^n,\text{其中 }x=\lambda(t-1)$$

随着 n→∞，函数 $\left[1+\frac{x}{n}\right]^n\to e^x$，

所以，

$$G(t)\to E[\lambda(t-1)]$$

这就是服从均值为 λ 的泊松分布的随机变量的概率母函数。

## 第三节　矩　母　函　数

### 一、矩母函数的概念

从名字中就可得知，一个矩母函数（MGF）可用于生成（离散的或连续的）随机变量的各阶矩。

下面我们给出矩母函数（MGF）的完整的定义：

对于一个随机变量 X，如果其函数 exp (tX) 的数学期望 $M(t) = E[\exp(tX)]$ 存在，则称函数 $M(t)$ 为随机变量 $X$ 的矩母函数。

将指数函数展开为幂级数形式，并求其数学期望，我们会得到：

$$M(t) = 1 + tE(X) + \frac{t^2}{2!}E(X^2) + \frac{t^3}{3!}E(X^3) + \cdots \tag{3.17}$$

从中看到 X 的第 r 阶矩 $E(X^r)$ 即矩母函数 MGF 的幂级数展开式中 $t^r$ 的系数。

因此，欲求某一随机变量 X 的矩，可把矩母函数展开成幂级数展开式，并求出 t 的恰当次幂的系数。

另一种方法是对随机变量的矩母函数微分，并设 t = 0，即求矩母函数在 t = 0 处的导数，即可得到该随机变量的矩。这种方法对一、二阶矩是很方便的。

$$M(t) = 1 + tE(X) + \frac{t^2}{2!}E(X^2) + \frac{t^3}{3!}E(X^3) + \frac{t^4}{4!}E(X^4) + \cdots$$

$$M'(t) = E(X) + tE(X^2) + \frac{t^2}{2!}E(X^3) + \frac{t^3}{3!}E(X^4) + \cdots$$

$$\Rightarrow \quad M'(0) = E(X) \tag{3.18}$$

$$M''(t) = E(X^2) + tE(X^3) + \frac{t^2}{2!}E(X^4) + \cdots$$

$$\Rightarrow \quad M''(0) = E(X^2) \tag{3.19}$$

一般地，

$$E(X^r) = M^{(r)}(0) \tag{3.20}$$

所以矩可以通过对矩母函数微分并设 t = 0 求得。

注意：如果我们已知一个随机变量 X 的分布，我们至少在理论上可以计算出分布的所有阶矩，但是，如果已知某随机变量的各阶矩，能否求出其分布呢？

在一般情况下[①]，我们可以说如果一随机变量的所有阶矩都存在（并要满足一定的收敛条件），那么矩的序列会唯一决定 X 的分布。

进一步说，如果我们求出一个矩母函数，就必然有一个唯一的分布与之对应，这使得我们能把一个矩母函数看做一个特定分布时的矩母函数，在矩母函数与分布间有着一一对应关系。

[例 3 – 5] 设 X 为一个随机变量，其概率密度函数为：

$$f(t) = \frac{1}{2}\exp\{-|x|\}, \quad -\infty < x < +\infty$$

试推导出 X 的矩母函数，并借此求出 X 的标准差。

解：

该随机变量的概率密度函数有两个部分：

当 x > 0 时 $\qquad f(t) = \frac{1}{2}\exp(-x)$

---

① 这里的一般情况是指不做数学意义上的精密计算的情况。

当 x < 0 时
$$f(t) = \frac{1}{2}\exp(x)$$
所以,
$$2M(t) = \int_{-\infty}^{0} e^{(t+1)x}dx + \int_{0}^{\infty} e^{(t-1)x}dx$$

注意我们要求 t+1 > 0,使得第一个积分是有限的,t-1 < 0 是保证第二个积分是有限的。所以,
$$2M(t) = \frac{1}{t+1}(1-0) + \frac{1}{t-1}(0-1) = \frac{2}{1-t^2}, \text{当} -1 < t < 1$$

所以,
$$M(t) = (1-t^2)^{-1}, -1 < t < 1$$
$$M(t) = 1 + t^2 + t^4 + \cdots$$

所以,
$$E(X) = 0$$
$$E(X^2) = 2$$

所以,
$$\sigma^2 = 2, \sigma = \sqrt{2}$$

### 二、概率母函数与矩母函数的关系

对于一个概率母函数为 $G(t) = E(t^X)$ 的随机变量,我们可以求出它的矩母函数 $M(t) = [E(e^{tX})]$,只要用 $e^t$ 代替 $G(t)$ 中的 t 就可以了,即:
$$M(t) = G(e^t) \tag{3.21}$$

如此,我们可以得到如下的几个结果:

(一) 二项分布 $B(n, \theta)$
$$M(t) = (\theta t^t + \phi)^n = [1 + \theta(t^t - 1)]^n \tag{3.22}$$

其中 $\phi = 1 - \theta$。

(二) 负二项分布 $NB(k, \theta)$
$$M(t) = \left[\frac{\theta t^t}{1 - \phi e^t}\right]^k \tag{3.23}$$

当 $k = 1$ 时即为几何分布 $g(\theta)$。

(三) 泊松分布 Poisson $(\lambda)$
$$M(t) = \exp[\lambda(e^t - 1)] \tag{3.24}$$

### 三、几个分布的矩母函数

(一) 伽马分布 Gamma $(\alpha, \beta)$

求矩母函数,须在 0 到 ∞ 间对函数 $e^{tx}f(x)$ 求积分。通过积分变换 $y = (1/\beta - t)x$,我们可以得到:
$$\beta^\alpha \Gamma(\alpha) M(t) = \int_0^\infty \left(\frac{\beta}{1-\beta t}\right)^\alpha y^{\alpha-1} e^{-y} dy = \left(\frac{\beta}{1-\beta t}\right)^\alpha \Gamma(\alpha)$$

所以,

$$M(t) = (1-\beta t)^{-\alpha} \qquad (3.25)$$

这样，求 $\mu$ 和 $\sigma^2$ 就是一件很容易的事了。

$$M'(t) = \alpha\beta(1-\beta t)^{-\alpha-1}$$

所以，

$$E(X) = M'(0) = \alpha\beta$$
$$M''(t) = \alpha(\alpha+1)\beta^2(1-\beta t)^{-\alpha-2}$$

所以，

$$E(X^2) = M''(0) = \alpha(\alpha+1)\beta^2$$

因此，

$$\mu = \alpha\beta$$
$$\sigma^2 = \alpha(\alpha+1)\beta^2 - (\alpha\beta)^2 = \alpha\beta^2$$

在第二章我们曾提到指数分布和 $\chi^2$ 分布是伽马分布的两个特例：

即当 $\alpha=1$，$\beta=\theta$ 时的伽马分布为均值为 $\theta$ 的指数分布；

当 $\alpha=v/2$（v 为正整数），$\beta=2$ 时即为参数为 v 的 $\chi^2$ 分布。

所以均值为 $\theta$ 的指数分布的矩母函数为：

$$M(t) = (1-\theta t)^{-1} \qquad (3.26)$$

参数为 v 的 $\chi^2$ 分布的矩母函数是：

$$M(t) = (1-2t)^{-v/2} \qquad (3.27)$$

（二）正态分布 $(\mu, \sigma^2)$

根据矩母函数的概念，

$$M(t) = \int_{-\infty}^{+\infty} e^{xt} \frac{1}{\sqrt{2\pi}\sigma} e^{-\frac{1}{2}\left(\frac{x-\mu}{\sigma}\right)^2} dx = \frac{1}{\sqrt{2\pi}\sigma} \int_{-\infty}^{x} e^{-\frac{1}{2\sigma}[-2xt\sigma^2+(x-\sigma)^2]} dt$$

考虑到

$$-2xt\sigma^2 + (x-\mu)^2 = [x-(\mu+t\sigma^2)]^2 - 2\mu t\sigma^2 - t^2\sigma^4$$

则有：

$$M(t) = e^{\mu t + \frac{1}{2}t^2\sigma^2} \left\{ \frac{1}{\sqrt{2\pi}\sigma} \int_{-\infty}^{+\infty} e^{-\frac{1}{2}\left[\frac{x-(\mu+t\sigma^2)}{\sigma}\right]^2} dx \right\}$$

显然，上式中的后半部分是参数为 $\mu+t\sigma^2$ 和 $\sigma$ 的正态分布的密度函数在 $(-\infty, +\infty)$ 上的积分，根据密度函数的性质，该积分结果为 1，所以，

$$M(t) = e^{\mu t + \frac{1}{2}t^2\sigma^2} \qquad (3.28)$$

或写为：

$$M(t) = \exp\left(\mu t + \frac{1}{2}t^2\sigma^2\right)$$

展开得：

$$M(t) = 1 + \left(\mu t + \frac{1}{2}t^2\sigma^2\right) + \frac{\left(\mu t + \frac{1}{2}t^2\sigma^2\right)^2}{2!} + \cdots \qquad (3.29)$$

$E(X)$ 等于 t 的系数 $\mu$。这就证实了 $\mu$ 的确代表均值。$E(X^2)$ 等于 $\frac{t^2}{2!}$ 的系数 $\mu^2+\sigma^2$。

所以，
$$Var(X) = \mu^2 + \sigma^2 - \mu^2 = \sigma^2$$
这也证实了 $\sigma$ 确实代表标准差。

在应用中，需要经常用微分求 $E(X)$ 和 $E(X^2)$。注意：
$$\frac{dM(t)}{dt} = (\mu + t\sigma^2)M(t)$$

对于服从标准正态分布的随机变量 Z，有：
$$M_z(t) = \exp\left(\frac{t^2}{2}\right) = 1 + \frac{t^2}{2} + \frac{\left(\frac{1}{2}t^2\right)^2}{2!} + \cdots$$

因此，
$$E(Z) = 0$$
$$E(Z^2) = 1$$
$$E(Z^3) = 0$$
$$E(Z^4) = 3(t^4/4! \text{ 的系数})$$

由于 $X = \sigma Z + \mu$，所以，
$$E[(X-\mu)^3] = 0$$
$$E[(X-\mu)^4] = 3\sigma^4$$

### 四、随机变量线性函数的矩母函数

假设 X 的矩母函数为 $M(t)$，$Y = aX + b$，可以通过 X 的矩母函数计算 Y 的矩母函数 $M_Y(t)$，这是因为：
$$M_Y(t) = E(e^{tY}) = E[e^{t(aX+b)}] = e^{bt}E(e^{atX}) = e^{bt}M(at) \tag{3.30}$$

我们要做的就是在 X 的矩母函数中，用 $at$ 代替 $t$，并将结果乘以 $e^{bt}$。

**[例 3-6]** 一个保险公司收到的关于某种保单的咨询都要转给专门负责咨询的有关经理，咨询的结果是该经理向部分咨询者卖出了这种保单。设 X 是该经理卖出 3 张保单之前所接待的并且最终未购买保单的咨询者数目；假设每个咨询者与其他人是独立无关的，并且每个咨询者因咨询而最终购买了该保单的概率为 p。试求 X 的矩母函数，并用它求出 X 的均值和方差。

**解**：设 Y 表示该经理卖出 3 张保单时接待的咨询者总数，则 Y 服从参数为 3 和 p 的负二项分布 NB(3,p)，其矩母函数为：
$$\left(\frac{pe^t}{1-qe^t}\right)^3$$

其中 $q = 1 - p$。
$X = Y - 3$，所以 X 的矩母函数为：
$$M(t) = e^{-3t}\left(\frac{pe^t}{1-qe^t}\right)^3 = \left(\frac{pe^t}{1-qe^t}\right)^3 = p^3(1-qe^t)^{-4}$$

所以，
$$M'(t) = 3qp^3 e^t (1-qe^t)^{-4}$$

所以，
$$E(X) = M'(0) = \frac{3q}{p}$$
$$M''(t) = 3qp^3[e^t(1-qe^t)^{-4} + 4qe^{2t}(1-qe^t)^{-5}]$$
所以，
$$E(X^2) = M''(0) = \frac{3q(p+4q)}{p^2}$$
所以，
$$\mu = \frac{3q}{p}$$
$$\sigma^2 = \frac{3q(p+4q)}{p^2} - \frac{3q}{p^2} = \frac{3q}{p^2}$$

[例3-7] 证明一个正态分布的随机变量的线性函数是一个正态分布的随机变量。

解：设 X 服从正态分布 $N(\mu,\sigma^2)$，则：
$$M_X(t) = \exp\left(\mu t + \frac{1}{2}t^2\sigma^2\right)$$

设 $Y = aX + b$，那么，
$$M_Y(t) = e^{bt}M_X(at) = \exp(bt)\exp\left(\mu t + \frac{1}{2}t^2\sigma^2\right) = \exp\left[(a\mu + b)t + \frac{1}{2}t^2\sigma^2\right]$$

它是一个正态随机变量的矩母函数。所以，随机变量 Y 服从正态分布（均值为 $a\mu + b$，方差为 $a^2\sigma^2$，标准差为 $|a|\sigma$）。

下面两个重要的例子都说明了怎样用一系列矩母函数来建立一个"有限分布"——即在这两个例子中，矩母函数都趋近于一个极限，我们把这个极限做为标准正态分布变量的矩母函数。

[例3-8] 设随机变量 X 服从均值为 $\lambda$ 的泊松分布。证明其标准化后的变量的分布在 $\lambda \to \infty$ 时趋近于一个标准正态分布。

解：随机变量 X 的均值是 $\lambda$，方差是 $\lambda$，矩母函数是 $\exp[\lambda(e^t - 1)]$，

X 的标准化后的变量为：
$$Z = \frac{X - \lambda}{\sqrt{\lambda}} = \frac{X}{\sqrt{\lambda}} - \sqrt{\lambda}$$

所以，
$$M_Z(t) = \exp(-\sqrt{\lambda}t)\exp[\lambda(e^{t/\sqrt{\lambda}} - 1)]$$
$$\ln M_Z(t) = -\sqrt{\lambda}t + \lambda(e^{t/\sqrt{\lambda}} - 1)$$
$$= -\sqrt{\lambda}t + \lambda\left[\frac{t}{\sqrt{\lambda}} + \frac{1}{2}\left(\frac{t}{\sqrt{\lambda}}\right)^2 + c_1\left(\frac{t}{\sqrt{\lambda}}\right)^3 + c_2\left(\frac{t}{\sqrt{\lambda}}\right)^4 + \cdots\right]$$
$$= \frac{1}{2}t^2 + c_1\frac{t^3}{\sqrt{\lambda}} + c_2\frac{t^4}{\lambda} + \cdots$$

其中 $c_1$、$c_2$ 均为常数，是上式中相应的系数。

所以当 $\lambda \to \infty$ 时，

$$\ln M_Z(t) \to \frac{1}{2}t^2$$

也就是：
$$M_Z(t) \to \exp\left(\frac{1}{2}t^2\right)$$

这是一个服从标准正态分布变量的矩母函数。

因此当 $\lambda \to \infty$ 时 X 的标准化后的变量趋近于一个标准正态分布。

注意：这一结论意味着，当 $\lambda$ 充分大时，我们可以用标准正态分布做为 $Z = \frac{X}{\sqrt{\lambda}} - \sqrt{\lambda}$ 分布的近似值，因为 $X = Z\sqrt{\lambda} + \lambda$，所以我们可以认为：当 $\lambda$ 足够大时可以把泊松分布 $P(\lambda)$ 近似看做均值为 $\lambda$、方差为 $\lambda$ 的正态分布。

**[例 3-9]** 设 X 是一个服从二项分布 $B(n,\theta)$ 的随机变量，证明当 $n \to \infty$ 时，标准化后变量的分布趋近于标准正态分布。

**解**：X 的均值是 $n\theta$，方差为 $n\theta(1-\theta)$，矩母函数是 $M(t) = \{\theta e^t + (1-\theta)\}^n$

设 $Y = X - n\theta$，那么，
$$M_Y(t) = e^{-n\theta t}[\theta e^t + (1-\theta)]^n = \{e^{-\theta t}[\theta e^t + (1-\theta)]\}^n$$
$$= \left[\left(1 - \theta t + \frac{\theta^2 t^2}{2!} - \cdots\right)\left(1 + \theta t + \frac{\theta t^2}{2!} - \cdots\right)\right]^n$$
$$= \left[1 + \frac{1}{2}\theta(1-\theta)t^2 + 含\ t^3、t^4\ 的各项\right]^n$$

设 $Z = \dfrac{Y}{[n\theta(1-\theta)]^{1/2}}$，那么，
$$M_Z(t) = M_Y\left\{\frac{t}{[n\theta(1-\theta)]^{1/2}}\right\} = \left[1 + \frac{\frac{1}{2}t^2}{n} + 含\left(\frac{t}{\sqrt{n}}\right)^3、\left(\frac{t}{\sqrt{n}}\right)^4\ 的各项\right]^n$$

当 $n \to \infty$ 时，
$$M_Z(t) \to \exp\left(\frac{1}{2}t^2\right)$$

因此当 $n \to \infty$ 时，标准化后的变量趋近于一个标准正态分布。

注意：这一结论意味着对于 n 充分大时，我们可以用一个标准正态分布做为 $Z = \dfrac{X - n\theta}{[n\theta(1-\theta)]^{1/2}}$ 分布的近似值，反过来意味着我们可以用均值为 $n\theta$、方差为 $n\theta(1-\theta)$ 的正态分布来近似估计二项分布 $B(n,\theta)$。

## 第四节 独立随机变量的线性组合

在很多种情况下，我们不仅仅要求出线性组合 $Y = a_1 X_1 + a_2 X_2 + \cdots + a_n X_n$ 的均值和方差，还要求更多的东西。通常，Y 的母函数是一个更方便的

工具。在第三节,我们曾探讨过随机变量线性函数的矩母函数。本节,我们运用以概率母函数和矩函数为主的工具,研究独立随机变量的线性组合的分布。

我们先从研究独立随机变量之和的分布开始。

### 一、两个变量的和的分布——"卷积"

考虑两个离散随机变量的和,令
$$Z = X + Y$$
将$(X,Y)$的联合概率密度函数记为$f(x,y)$,则$P(Z=z)$可以通过$f(x,y)$对所有满足$x+y=z$的$(x,y)$求和来得到,即:
$$f_Z(Z) = \sum_x f(z, z-x)$$

现假设$Z$和$Y$为独立变量,则$f(x,y)$为两个边际概率密度函数的乘积,于是
$$f_Z(Z) = \sum_x f_X(x) f_Y(z-x) \tag{3.31}$$

用数学的语言来说,当一个函数$f_Z$能被表达为这种形式的和时,则$f_Z$称为函数$f_X$和$f_Y$的卷积。所以,$Z = X + Y$的概率密度函数即为$X$和$Y$的(边际)概率密度函数的卷积。

3.31式即为离散变量情况下卷积的定义。

假设$X$和$Y$是联合概率密度函数为$f(x,y)$的连续型随机变量,则相应表达式为:
$$f_Z(z) = \int_x f_X(x) f_Y(z-x) dx \tag{3.32}$$

3.32式为连续变量情况下卷积的定义。

卷积表达式涉及的求和或积分计算常常很麻烦,在实际中,这些表达式的应用有些不便。但是,第三章引入的母函数将对此有所贡献。使用基于母函数的相关运算方法一般来说简单得多。当然,只要能求得母函数。我们将在下面一节做进一步探讨。

### 二、随机变量线性组合的矩

为了方便描述随机变量线性组合的均值和方差,我们令
$$Y = a_1 X_1 + a_2 X_2 + \cdots + a_n X_n$$
则:
$$E(Y) = a_1 E(X_1) + a_2 E(X_2) + \cdots + a_n E(X_n)$$
于是,
$$Var(Y) = Cov(Y,Y) = Cov(a_1 X_1 + a_2 X_2 + \cdots + a_n X_n, a_1 X_1 + a_2 X_2 + \cdots + a_n X_n)$$
$$= \sum a_i^2 Cov(X_i, X_i) + 2 \sum \sum a_i a_j Cov(X_i, X_j) \quad (\text{对 } i < j)$$

在变量$X_1, X_2, \cdots, X_n$均两两不相关的情况下(它们相互独立的情况就更是这样了),我们有:

$$Var(Y) = \sum a_i^2 Var(X_i)$$

该结论可以表述为"独立变量的和的方差为方差的和"。

### 三、独立随机变量线性组合的概率母函数

**(一) 基本公式**

假设 X 和 Z 为独立的变量，其概率母函数分别为 $G_X(t)$ 和 $G_Z(t)$。令

$$Y = aX + bZ$$

由于

$$G_X(t) = E(t^X)$$

则：

$$G_Y(t) = E(t^Y) = E(t^{aX+bZ}) = E(t^{aX}t^{bZ}) = E(t^{aX})E(t^{bZ})$$

即：

$$G_Y(t) = G_X(t^a) G_Z(t^b) \tag{3.33}$$

在 Y = X + Z 的简单情况下，有：

$$G_Y(t) = G_X(t) G_Z(t) \tag{3.34}$$

即两个独立变量之和的概率母函数为两个概率母函数的乘积。

该结论可扩展到多于两个变量的情况。令

$$Y = X_1 + X_2 + \cdots + X_n$$

相互独立，其概率母函数为 $G_i(t)$，则：

$$G_Y(t) = G_1(t) G_2(t) \cdots G_n(t) \tag{3.35}$$

若求和式中的 $X_i$ 由 $cX_i$ 代替，则乘积中的 $G_i(t)$ 由 $G_i(t^c)$ 来代替。

若 $X_i$ 独立同分布，每一 $X_i$ 的概率母函数为 $G(t)$，而 $Y = X_1 + X_2 + \cdots + X_n$，则：

$$G_Y(t) = [G(t)]^n \tag{3.36}$$

最后这个结论能够帮助我们对已学过的一些重要分布的结构有更深刻的理解。

**(二) 变量间的关系**

1. 贝努里分布与二项分布。令 $X_i$ 为独立且服从参数为 $\theta$ 的贝努里分布的随机变量，$i = 1, 2, \cdots, n$，则每一 $X_i$ 具有概率母函数 $G(t) = \theta t + (1-\theta)$。于是 $Y = X_1 + X_2 + \cdots + X_n$ 的概率母函数为：

$$[\theta t + (1-\theta)]^n$$

显然，这是一服从二项分布 $B(n, \theta)$ 的概率母函数，于是，服从二项分布 $B(n, \theta)$ 的随机变量为 $n$ 个独立且服从参数为 $\theta$ 的贝努里分布的随机变量之和。

每一个服从贝努里分布的随机变量的均值为 $\theta$，方差为 $\theta(1-\theta)$，于是二项分布 $B(n, \theta)$ 的均值为 $(n\theta)$，方差为 $n\theta(1-\theta)$。

从实际应用意义上讲，$n$ 次试验中成功的次数为每次试验成功次数之和。

更进一步，两个独立且服从二项分布的随机变量，其一服从参数为 $(n, \theta)$

的二项分布 $B(n,\theta)$，另一服从参数为 $(m,\theta)$ 的二项分布 $B(m,\theta)$，则其和服从参数为 $(n+m,\theta)$ 的二项分布 $B(n+m,\theta)$。

2. 几何分布与负二项分布。令 $X_i$ 为独立且服从参数为 $\theta$ 的几何分布的随机变量，$i=1,2,\cdots,k$，于是每一 $X_i$ 的概率母函数为：

$$G(t) = \frac{\theta t}{1-(1-\theta)t}$$

则 $Y = X_1 + X_2 + \cdots + X_k$ 的概率母函数为：

$$\left[\frac{\theta t}{1-(1-\theta)t}\right]^k$$

这就是一服从参数为 $(k,\theta)$ 的负二项分布 $NB(k,\theta)$ 的随机变量的概率母函数。即，服从负二项分布 $NB(k,\theta)$ 的随机变量为 $k$ 个独立且服从参数为 $\theta$ 的几何分布随机变量之和。

每一服从几何分布随机变量的均值为 $1/\theta$，方差为 $(1-\theta)/\theta^2$，所以负二项分布 $NB(k,\theta)$ 的均值为 $k/\theta$，方差为 $k(1-\theta)/\theta^2$。

从实际应用意义上讲，共有 $k$ 次成功的试验，等于第一次成功的试验加上第二成功的试验，$\cdots$，加上第 $k$ 次成功的试验。

进一步地，两个独立负二项分布变量，其一服从负二项分布 $NB(k,\theta)$，另一服从负二项分布 $NB(m,\theta)$，则其和为服从参数为 $(k+m,\theta)$ 的负二项分布 $NB(k+m,\theta)$ 的随机变量。

3. 泊松分布。令 $X$ 和 $Z$ 为独立且服从参数为 $\lambda$ 和参数为 $r$ 的泊松分布的变量。于是，$X$ 和 $Z$ 概率母函数分别为：

$$G_X(t) = e^{\lambda(t-1)}, G_Z(t) = e^{r(t-1)},$$

并且 $X+Z$ 的概率母函数为：

$$e^{\lambda(t-1)} e^{r(t-1)} = e^{(\lambda+r)(t-1)}$$

这是一个服从参数为 $\lambda+r$ 的泊松分布的随机变量的概率母函数，$X$ 的均值等于方差等于 $\lambda$，$Z$ 的均值等于方差等于 $r$。二者之和 $Y$ 的均值等于方差等于 $\lambda+r$。于是，独立泊松变量之和仍为一泊松变量。

## 四、独立随机变量线性组合的矩母函数

### (一) 基本公式

假设 $X$ 和 $Z$ 为独立变量，其矩母函数分别为 $M_x(t)$ 和 $M_Z(b)$，令 $Y = aX + bZ$，由于

$$M_X(t) = E(e^{tX})$$

所以，

$$M_Y(t) = E(e^{tY}) = E(e^{t(aX+bZ)}) = E(e^{taX}e^{tbZ}) = E(e^{tbX})E(e^{tbZ})$$

即：

$$M_Y(t) = M_X(at)M_Z(bt) \qquad (3.37)$$

在简单求和 $Y = X+Z$ 的情况下，我们有：

$$M_Y(t) = M_X(t)M_Z(t) \tag{3.38}$$

即，两个独立变量之和的矩生成出数为单个变量的矩生成出数的乘积。

该结论可推广到多于两个变量的和的情形。令 $Y = X_1 + X_2 + \cdots + X_n$，这里 $X_i$ 相互独立，且矩生成函数为 $M_i(t)$，则：

$$M_Y(t) = M_1(t)M_2(t)\cdots M_n(t) \tag{3.39}$$

若和式中 $X_i$ 由 $cX_i$ 代替，则乘积中的 $M_i(t)$ 由 $M_i(ct)$ 代替。

此外，若各个 $X_i$ 独立同分布，每一个 $X_i$ 的矩母函数为 $M(t)$，且 $Y = X_1 + X_2 + \cdots + X_n$，则：

$$M_Y(t) = [M(t)]^n \tag{3.40}$$

（二）变量间的关系

1.指数分布与伽马分布。令 $X_i$ 为独立且服从参数为 β 的指数分布的随机变量，$i = 1, 2, \cdots, k$，则每一 $X_i$ 的矩母函数为：

$$M(t) = (1 - \beta t)^{-1}$$

于是，$Y = X_1 + X_2 + \cdots + X_k$ 的矩母函数为：

$$[(1 - \beta t)^{-1}]^k = (1 - \beta t)^{-k}$$

它即为服从参数为 $(k, \beta)$ 的伽马分布的随机变量的矩母函数。即，服从参数为 $(k, \beta)$ 的伽马分布的随机变量为 $k$ 个独立且服从参数为 β 的指数分布的随机变量之和。

每一服从指数分布的随机变量其均值为 β，方差为 $\beta^2$，于是服从参数为 $(k, \beta)$ 伽马分布的随机变量其均值为 $k\beta$，方差为 $k\beta^2$。

两个独立且服从参数分别为 $(\alpha, \beta)$ 和 $(\delta, \beta)$ 的伽马分布的随机变量，其和为服从参数为 $(\alpha + \delta, \beta)$ 的伽马分布的随机变量。

2.$\chi^2$ 分布。从上面结论中（β = 2）推出，两个独立且服从自由度分别为 n 和 m 的 $\chi^2$ 分布的随机变量之和为服从自由度为 n + m 的 $\chi^2$ 分布的随机变量。

3.正态分布。令 X 是服从正态分布的随机变量，其均值为 $\mu_X$，标准差为 $\sigma_X$，Z 也是服从正态分布的随机变量，其均值是 $\mu_Z$，标准差为 $\sigma_Z$。令 X、Z 相互独立，且 Y = X + Z，则 X 和 Z 的矩母函数分别为：

$$M_X(t) = e^{(\mu_X t + \frac{1}{2}\sigma_X^2 t^2)}$$

$$M_Z(t) = e^{(\mu_Z t + \frac{1}{2}\sigma_Z^2 t^2)}$$

于是和 Y = X + Z 的矩母函数为：

$$M_Y(t) = e^{(\mu_X t + \frac{1}{2}\sigma_X^2 t^2)} + e^{(\mu_Z t + \frac{1}{2}\sigma_Z^2 t^2)} = e^{(\mu_X + \mu_Z)t + \frac{1}{2}(\sigma_X^2 + \sigma_Z^2)t^2}$$

它是一正态变量的矩母函数，均值为 $M_Z + M_X$，方差为 $\sigma_Z^2 + \sigma_X^2$。于是，独立正态变量的和仍为一正态变量。

[例 3 – 10] 掷一均匀骰子，求掷五次后其总点数为 10 或 11 的概率。

解：令 $X_i$ 为第 i 掷的函数，i = 1, 2, 3, 4, 5，则 $X_i$ 的概率母函数为：

$$(t^1 + t^2 + \cdots + t^6)/6 = (t/6)(1 - t^6)(1 - t)^{-1}$$

所以 $Y = X_1 + X_2 + \cdots + X_5$（Y 为总点数）的概率母函数为：

$$(t/6)^5(1-t^6)^5(1-t)^{-5}$$
$$=(t/6)^5(1-5t^6-\cdots-t^{30})(1+5t+15t^2+35t^3+70t^4+126t^5+210t^6+\cdots)$$
$$P(Y=10)=\left(\frac{1}{6}\right)^5 126$$
$$P(Y=11)=\left(\frac{1}{6}\right)^5(210-5)=\left(\frac{1}{6}\right)^5 205$$

所以，$P(Y=10 \text{ 或 } 11)=(126+205)\times\left(\frac{1}{6}\right)^5=0.0426$

[例 3-11] A 类保单下的索赔数额服从正态分布，均值为 2500 元，标准差为 300 元，B 类保单下索赔数额也服从正态分布，均值为 3000 元，标准差 400 元，所有索赔数额都相互独立。

(1) 求 A 类保单下，4 次索赔的索赔额超过 10300 元的概率。

(2) 求 A 类保单下 4 次索赔的索赔额超过 B 类保单下，3 次索赔的索赔额的概率。

解：(1) 由于 A 类保单下，第 i 次索赔额服从均值为 2500 元，方差为 90000 元的正态分布，所以 4 次这样的相互独立的索赔额也服从正态分布，其均值为 $4\times 2500=10000$ 元，方差为 $4\times 90000=360000$ 元。

所以，$P(Z>10300)=P[z>(10300-10000)/360000^{1/2}]$
$$=P(z>0.5)=0.308$$

注意：整个索赔额是 4 个独立随机变量之和，比方说 $Z_1+Z_2+Z_3+Z_4$，每一 $Z_i$ 的方差为 90000 元，所以总索赔额方差为 $4\times 90000=360000$ 元。不应将该随机变量与 $4Z_i$（单个索赔额的 4 倍）混淆起来。$4Z_i$ 的方差为 $16\times 90000=1440000$ 元。

(2) B 类保单下，第 i 次索赔额服从均值为 3000 元，方差为 160000 元的正态分布，于是 3 个这样的独立索赔额 Y 也服从正态分布，其均值为 $3\times 3000=9000$ 元，方差为 $3\times 160000=380000$ 元。

Z、Y 相互独立，所以 Z-Y 服从正态分布，均值为 $10000-9000=1000$ 元，方差为 $360000+480000=840000$ 元（注意"+"号）。

所以，$P(Z>Y)=P(Z-Y>0)$
$$=P(z>(0-1000)/840000^{1/2})=P(z>-1.091)=0.862$$

[例 3-12] 一家保险公司在其海上保险业务中承保了 4 个较大的相互独立的风险，保险金额（万元）为：

| 风险 | A | B | C | D |
| --- | --- | --- | --- | --- |
| 保额 | 80 | 100 | 140 | 120 |

保险公司估计在下一年度内，每一风险下发生索赔的概率分别为 0.04，0.04，0.02，0.02。若针对某一特定风险的索赔的确发生，则该风险的保险金额将被支付，在针对该风险的下一次索赔将不被接受。

考虑下一年度的该业务量，并假定保险公司的估计是正确的。

(1) 计算以下的均值和方差：①发生的索赔数目；②发生的总索赔额。
(2) 求刚好发生一次索赔的概率。
(3) 假定刚好发生一次索赔，计算该次索赔额的均值，并对结果作一简单评论。

解：显然，服从贝努里分布的随机变量能理想地代表索赔数目和总索赔额。

(1) $X_A = \begin{cases} 1, & \text{若 } A \text{ 风险下产生索赔} \\ 0, & \text{否则} \end{cases}$

同样定义 $X_B$、$X_C$、$X_D$。

$$E(X_A) = 0.04, Var(X_A) = 0.04 \times 0.96$$

下同。

①索赔数 $N = X_A + X_B + X_C + X_D$，这些变量相互独立。

$$E(N) = E(X_A + X_B + X_C + X_D)$$
$$= 0.04 + 0.04 + 0.02 + 0.02$$
$$= 0.12$$
$$Var(N) = Var(X_A + X_B + X_C + X_D)$$
$$= 2(0.04 \times 0.96) + 2(0.02 \times 0.98)$$
$$= 0.116$$

所以，
$$SD(N) = 0.341$$

②总索赔额
$$C = 80X_A + 100X_B + 140X_C + 120X_D$$

有：
$$E(C) = 80 \times 0.04 + 100 \times 0.04 + 140 \times 0.02 + 120 \times 0.02 = 12.4(\text{万元})$$
$$Var(C) = (80^2 + 100^2)(0.04 \times 0.96) + (140^2 + 120^2)(0.04 \times 0.98) = 1296.16$$

所以，
$$SD(C) = 36.0(\text{万元})$$

(2) $P(N=1) = 2(0.04 \times 0.96 \times 0.98^2) + 2(0.02 \times 0.98 \times 0.96^2) = 0.1099$

(3) $P(\text{索赔为 A 风险} | N=1) = \dfrac{P(A \text{ 且非 } B \text{、非 } C \text{、非 } D)}{P(N=1)}$

$$= (0.04 \times 0.96 \times 0.98^2)/0.1099 = 0.3356$$

类似地，
$P(\text{索赔为 B 风险} | N=1) = 0.3356$

所以，$P(\text{索赔为 C 风险} | N=1) = P(\text{索赔为 D 风险} | N=1)$

$$= \frac{1}{2}(1 - 0.6712) = 0.1644$$

所以，$E(\text{索赔额} | N=1) = 180 \times 0.3356 + 260 \times 0.1644$
$$= 103.2(\text{万元})$$

$E(C) = 12.4$ 万元；$P(N=1)$ 仅为 0.11，但一旦一次索赔真的发生，

则预计的索赔额高达103.2万元。

[例3-13] 一组特定类保单下,索赔额(单位为100英镑)能由一参数为 $\alpha = 0.5$ 和 $\beta$ (其均值为 $\beta/2$) 的伽马变量来模拟,对20次索赔的一个随机样本,求在(1) $\beta = 2$;(2) $\beta = 4$ 的情况下总索赔额的分布的上5%点(已知:当Y服从 $\upsilon = 20$ 的 $\chi^2$ 分布,$P(Y > 31.41) = 0.05$)。

解:令 $Z_1, Z_2, \cdots, Z_z$ 为索赔额,它们相互独立,都服从参数 $\alpha = 0.5$ 和 $\beta$ 的伽马分布,于是其和 $S = \sum Z_i$ 服从参数 $\alpha = 10$ 和 $\beta$ 的伽马分布,矩母函数为 $M_S(t) = (1 - \beta t)^{-10}$,$Y = 2S/\beta$,则 $M_Y(t) = M_S(2t/\beta) = (1 - 2t)^{-10}$。所以Y服从 $\upsilon = 20$ 的 $\chi^2$ 分布。

(1) $Y = S$,则 $P(S > 31.41) = 0.05$,所以S的分布的上5%点为31.4(此时 $E(S) = 20$)。

(2) $Y = S/2$,则 $P(S/2 > 31.41) = 0.05$,即 $P(S > 62.82)$,所以S的分布的上5%点为62.8(此时,$E(S) = 40$)。

[例3-14] 回到上面例3-11中的A类索赔额,假设我们检查n个这样的独立索赔额,则n要多大时,才能保证被检验的n次索赔额都在2450和2550之间的概率至少为0.95?

解:令T为被检验的n次索赔额的总和,T服从均值为2500n,方差为90000n的正态分布。

对于均值要在2450和2550之间,则要求n的总和要在2450n和2550n之间。

于是:
$$P(2450n < T < 2550n) = P(-50n/300\sqrt{n} < z < 50n/300\sqrt{n})$$
$$= P(-\sqrt{n}/6 < z < \sqrt{n}/6),$$

要使此概率至少为0.95,则要求 $\sqrt{n}/6$ 至少为1.96 即 $\sqrt{n} > 11.76$ 即 $n > 138.3$。

所以我们要求n至少为139,才能保证索赔额均值在2450和2550间概率至少为0.95。

[例3-15] 一张"随机数字"表包括一系列数字,每一数字都为0,1,2,…9中的一个,表中每一条目都等可能地为这10个数字中的任何一个。

(1) 假设这些数字将被检验,直至得到第一个0,然后又接着检验,直至得到第一个1,如此重复,直到又得到第一个0,求所检验过的数字的均值和方差。

(2) 若检验数字直到0和1同时出现,而不管其先后次序,求被检验过的数字的均值、方差。

解:(1) 令X为得到"0"时检验过的数字个数,X服从参数为1/10的几何分布,均值为10,方差为90;令Y为接下来得到"1"时检验过的数字个数,Y也服从参数为1/10的几何分布,均值为10,方差为90。X、Y相互独立,则被检验过的数字总数为X + Y,其均值为10 + 10 = 20,方差为90 + 90 =

180。

(2) 令 X 为得到一个 "0" 或一个 "1" 时检验过的数字个数，X 服从参数为 1/5 的几何分布，其均值为 5，方差为 20；令 Y 为接下来得到其他指定数字时检验过的数字个数，则 Y 服从参数为 1/10 几何分布，均值为 10，方差为 90。X、Y 相互独立，则总共被检验过的数字个数为 X + Y，其均值为 5 + 10 = 15，方差为 20 + 90 = 110。

[例 3 – 16]  一个保险公司签发了两种不同类型的保单，对两类保单，其产生的索赔数服从参数 α 的泊松分布，并且任一索赔为第一种保单的概率为 p，任一索赔为第二种保单的概率为 1 – p，所有索赔均相互独立。可以证明，第一种保单产生的索赔数服从参数为 pα 的泊松分布，第二种保单产生的索赔数服从参数为 (1 – p)α 的泊松分布，而且它们相互独立。

(1) 假设一张第一种保单下产生的索赔数额恒为 $C_1$，一张第二种保单下产生的索赔数额恒为 $C_2$，求单位时间内总索赔数额的均值和方差的表达式。

(2) 从时间上任一点开始，求直到有两次索赔发生后所经历的时间的均值和方差。

(3) 假设 P = i，从时间上任一点开始，求直到两类保单都有索赔发生所经历的时间的均值和方差。

解：(1) 令 $Z_1$ 为单位时间内第一种保单的索赔数，则 $Z_1$ 服从均值为 pα 的泊松分布，类似地令 $Z_2$ 为单位时间内第二种保单的索赔数，$Z_2$ 服从均值为 (1 – p)α 的泊松分布，$Z_1$、$Z_2$ 相互独立。

令 Y 为总索赔数额，则 $Y = C_1 Z_1 + C_2 Z_2$

$$E(Y) = C_1 E(Z_1) + C_2 E(Z_2)$$
$$= C_1 p\alpha + C_2 (1 - p) \alpha$$
$$= \alpha [pC_1 + (1 - p) C_2]$$
$$Var(Y) = C_1^2 Var(Z_1) + C_2^2 Var(Z_2)$$
$$= C_1^2 p\alpha + C_2^2 (1 - p) \alpha$$
$$= \alpha [C_1^2 p + C_2^2 (1 - p)]$$

(2) 直到第二次索赔发生所经历的时间服从 α = 2，β = 1/2 的伽马分布，于是该段时间的均值为 2/α，方差 2/α²。

(3) 产生第一次索赔经历的时间服从均值为 1/2 的指数分布，从这一点出发，另一种保单产生的索赔数服从参数为 2/α 的泊松分布，于是另一种保单产生所需的额外时间服从均值为 2/α 的指数分布。

所以，

$$E(时间) = 1/\alpha + 2/\alpha = 3/\alpha$$
$$Var(时间) = (1/\alpha)^2 + (2/\alpha)^2 = 5/\alpha^2$$

# 第四章

# 大数定律和中心极限定理

概率统计是研究随机现象的统计规律性的科学。但随机现象的统计规律性，只有在相同条件下进行大量重复试验才能呈现出来。例如某事件发生的频率具有稳定性，是指当试验的次数无限增大时，在某种收敛意义下逼近某一常数。这就是所谓"大数定律"。没有这一定律，"概率"这一最基本概念将失去它的客观意义。同样，所谓某一实验可能发生的各种结果的频率分布近似于某一分布（如测量误差的分布近似于正态分布）也是针对某种极限意义而言的。没有"中心极限定理"，我们无从解释上述这种现象。

## 第一节 切比雪夫不等式

我们已经知道，一个随机变量离差平方的数学期望就是它的方差，而方差是用来描述随机变量取值的分散程度的。下面我们来研究随机变量的离差与方差之间的关系。

切比雪夫不等式：设随机变量 $\xi$ 有数学期望 $E(\xi)$ 及方差 $Var(\xi)$，则对于任给的 $\varepsilon > 0$，有：

$$P\{|\xi - E(\xi)| \geq \varepsilon\} \leq \frac{Var(\xi)}{\varepsilon^2} \tag{4.1}$$

或：

$$\{|\xi - E(\xi)| < \varepsilon\} \geq 1 - \frac{Var(\xi)}{\varepsilon^2} \tag{4.2}$$

证明：我们只就 $\xi$ 是连续型随机变量的情形加以证明。对于离散型随机变量也有同样的结果。

设 $\xi$ 的概率密度为 $f(x)$，连续型随机变量落在某区间的概率等于其概率密度在该区间的积分，所以得：

$$P\{|\xi - E(\xi)| \geq \varepsilon\} = \int_{|X-E(\xi)| \geq \varepsilon} f(x)dx$$

$$\leq \int_{|X-E(\xi)| \geq \varepsilon} \frac{(x - E(\xi))^2}{\varepsilon^2} f(x)dx \quad (因为 \frac{(x - E(\xi))^2}{\varepsilon^2} \geq 1)$$

$$\leqslant \frac{1}{\epsilon^2}\int_{-\infty}^{+\infty}(x-E(\xi))^2 f(x)dx$$

$$= \frac{1}{\epsilon^2}Var(\xi)$$

切比雪夫不等式给出在随机变量 $\xi$ 的分布未知的情况下,利用 $E(\xi)$ 及 $Var(\xi)$ 对事件 $\{|\xi-E(\xi)|\geqslant \varepsilon\}$ 的概率的估计方法。此外,由切比雪夫不等式易知,方差 $Var(\xi)$ 越小,随机变量 $\xi$ 的取值越集中,在数学期望 $E(\xi)$ 的附近。这进一步说明方差的概率意义——它刻划了随机变量取值的分散程度。

## 第二节 中心极限定理

正态分布在随机变量的一切可能的分布中,占有很重要的地位。在某些条件下,即使原来并不服从正态分布的一些独立的随机变量,它们的和的分布,当随机变量的个数无限增加时,也趋于正态分布。例如,测量某一物质的长度时,要受到观测人 $\xi_1$,测量时使用的度量工具的精度 $\xi_2$,当时的温度 $\xi_3$,以及其他随机因素的影响,因此得到的测量值 $\xi$ 是一个随机变量,$\xi$ 可以看成是相互独立的随机变量 $\xi_1,\xi_2,\xi_3\cdots$ 的和,即 $\xi = \sum_{i=1}^{n}\xi_i$。当 n 很大时,每个 $\xi_i$ 在总和中所起的作用是均匀且微小的,当 n 充分大时,总和 $\xi = \sum_{i=1}^{n}\xi_i$ 近似地服从正态分布。在概率论中,我们把研究在什么条件下,大量独立随机变量和的分布以正态分布为极限这一类定理称为中心极限定理。

一般说来,如果每一项偶然因素对总和的影响是均匀的、微小的,即没有一项起特别突出的作用,那么就可以断定这些大量独立的偶然因素的总和是近似地服从正态分布的。

为了叙述大数定律和中心极限定理,先介绍独立同分布随机变量序列的概念。

若随机变量 $\xi_1,\xi_2,\cdots,\xi_n\cdots(n\geqslant 1)$ 相互独立且所有的 $\xi_i$ 都具有相同的分布,则称随机变量序列 $\xi_1,\xi_2,\cdots,\xi_n,\cdots$ 是独立同分布随机变量序列。

### 一、独立同分布的中心极限定理

设 $\xi_1,\xi_2,\cdots,\xi_n,\cdots$ 是独立同分布随机变量序列,$E(\xi_i)=\mu$,$Var(\xi_i)=\sigma^2 \neq 0 (i=1,2,\cdots,n,\cdots)$,则随机变量

$$\eta_n = \frac{\sum_{i=1}^{n}\xi_i - n\mu}{\sqrt{n}\sigma}$$

的分布函数 $F_n(x)$,对任意 X 都有:

$$\lim_{n\to\infty} F_n(x) = \lim_{n\to\infty} P\{\eta_n \leq x\}$$

$$= \lim_{n\to\infty} P\left\{\frac{\sum_{i=1}^{n}\xi_i - n\mu}{\sqrt{n}\sigma} \leq x\right\}$$

$$= \int_{-\infty}^{x} \frac{1}{\sqrt{2\pi}} e^{\frac{t^2}{2}} dt \tag{4.3}$$

(证明从略)

定理说明，当具有同分布相互独立的随机变量的个数无限增大时，$\eta_n = \frac{\sum_{i=1}^{n}\xi_i - n\mu}{\sqrt{n}\sigma}$ 近似地服从标准正态分布，即 $\eta_n$ 的极限分布是标准正态分布。

在数理统计中我们将会看到，中心极限定理的是大样本统计推断的理论基础。

### 二、德莫佛—拉普拉斯定理

对于独立同分布的中心极限定理的特殊情况，下面介绍在实际中很有用处的二项分布的正态近似定理。

设随机变量 $\eta_n$ 服从二项分布 $B(n,p)(n=1,2,\cdots,0<p<1)$，则对于任意实数 x，有：

$$\lim_{n\to\infty} P\left\{\frac{\eta_n - np}{\sqrt{npq}} \leq x\right\} = \int_{-\infty}^{x} \frac{1}{\sqrt{2\pi}} e^{-\frac{t^2}{2}} dt \tag{4.4}$$

证明：我们可将 $\eta_n$ 看成是 n 个相互独立，均服从 0—1 分布的诸随机变量 $\xi_1,\xi_2,\cdots,\xi_n$ 之和，即：

$$\eta_n = \xi_1 + \xi_2 + \cdots + \xi_n$$

其中 $\xi_i(i=1,2,\cdots,n)$ 的分布律为：

$$P\{\varepsilon_i = k\} = p^k q^{1-k} \quad (k=0,1)$$

由于
$$E(\varepsilon_i) = p, Var(\varepsilon_i) = pq \quad (i=1,2,\cdots,n)$$

由 4.3 式得

$$\lim_{n\to\infty} P\left\{\frac{\eta_n - np}{\sqrt{npq}} \leq x\right\} = \lim_{n\to\infty} P\left\{\frac{\sum_{i=1}^{n}\varepsilon_i - np}{\sqrt{npq}} \leq x\right\}$$

$$= \int_{-\infty}^{x} \frac{1}{\sqrt{2\pi}} e^{-\frac{t^2}{2}} dt$$

4.4 式说明当 n 充分大小时，由服从二项分布的随机变量 $\eta_n$ 作出的随机变量 $\frac{\eta_n - np}{\sqrt{npq}}$ 近似地服从标准正态分布。

由德莫佛—拉普拉斯定理，对任意有限区间 (a,b]，有：

$$\lim_{n\to\infty} P\left\{a < \frac{\eta_n - np}{\sqrt{npq}} \leq b\right\} = \int_{a}^{b} \frac{1}{\sqrt{2\pi}} e^{-\frac{t^2}{2}} dt$$

因此当 n 很大时，二项分布可以用标准正态分布来作近似计算。

## 第三节 大数定律

下面的两个定理，分别反映了随机变量的算术平均及频率的稳定性，它们是大数定律的最简单的形式。研究大数定律，依概率收敛是一个基本概念，现在先介绍依概率收敛的概念。

设 $\eta_1, \eta_2, \cdots, \eta_n \cdots$ 是一个随机变量序列，a 是一个常数，若对于任意正数 $\varepsilon$，有：

$$\lim_{n \to \infty} P\{|\eta_n - a| < \varepsilon\} = 1$$

则称序列 $\eta_1, \eta_2, \cdots, \eta_n \cdots$ 依概率收敛于 a。

**定理** 设 $\xi_1, \xi_2, \cdots, \xi_n, \cdots$，相互独立，且具有相同的有限数期望和方差：$E(\xi_i) = \mu$，$Var(\xi_i) = \sigma^2 (i = 1, 2, \cdots)$，作前 n 个随机变量的算术平均：

$$\eta_n = \frac{1}{n} \sum_{i=1}^{n} \xi_i$$

则对于任意的 $\varepsilon > 0$ 有：

$$\lim_{n \to \infty} P\{|\eta_n - \mu| < \varepsilon\} = \lim_{n \to \infty} P\left\{\left|\frac{1}{n} \sum_{i=1}^{n} \xi_i - \mu\right| < \varepsilon\right\} = 1 \qquad (4.5)$$

证明：由于：

$$E\left(\frac{1}{n} \sum_{i=1}^{n} \xi_i\right) = \frac{1}{n} \sum_{i=1}^{n} E(\xi_i) = \frac{1}{n} n\mu = \mu$$

由切比雪夫不等式可得：

$$P\left\{\left|\frac{1}{n} \sum_{i=1}^{n} \xi_i - \mu\right| < \varepsilon\right\} \geq 1 - \frac{\delta^2/n}{\varepsilon^2}$$

在上式中令 $n \to \infty$，并注意到概率不能大于 1，即得：

$$\lim_{n \to \infty} P\left\{\left|\frac{1}{n} \sum_{i=1}^{n} \xi_i - \mu\right| < \varepsilon\right\} = 1$$

此定理说明，在独立同分布的条件下，当 n 很大时，随机变量 $\xi_1, \xi_2, \cdots, \xi_n$ 的算术平均 $\frac{1}{n} \sum_{i=1}^{n} \xi_i$ 接近于 $\xi_i$ 的数学期望 $E(\xi_1) = E(\xi_2) = \cdots = E(\xi_n) = \mu$，这种接近是概率意义下的接近。也就是独立同分布的随机变量的算术平均 $\frac{1}{n} \sum_{i=1}^{n} \xi_i$ 依概率收敛于它的数学期望。

**贝努利大数定理** 设 $n_A$ 是 n 次独立试验中事件 A 发生的次数，p 是事件 A 在每次试验中发生的概率，则对于任意正数 $\varepsilon$ 有：

$$\lim_{n \to \infty} P\left\{\left|\frac{n_A}{n} - P\right| < \varepsilon\right\} = 1$$

或

$$\lim_{n \to \infty} P\left\{\left|\frac{n_A}{n} - P\right| \geq \varepsilon\right\} = 0$$

证明：引入随机变量

$$\xi_i = \begin{cases} 0, \text{如果在第 } i \text{ 次试验中 A 不发生} \\ 1, \text{如果在第 } i \text{ 次试验中 A 发生} \end{cases} \quad (i=1,2,\cdots,n)$$

且
$$n_A = \xi_1 + \xi_2 + \cdots + \xi_n$$

由于 $\xi_i$ 只依赖于第 i 次试验，而各次试验是独立的，于是 $\xi_1$，$\xi_2$，$\cdots$，$\xi_n$，$\cdots$是相互独立的，又由于各 $\xi_i$ 均服从 0—1 分布，故有：

$$E(\xi_i) = p \quad Var(\xi_i) = p(1-p) \quad (i=1,2,\cdots,n)$$

由 4.5 式有：

$$\lim_{n \to \infty} P\left\{\left|\frac{1}{n}(\xi_1 + \xi_2 + \cdots + \xi_n) - p\right| < \varepsilon\right\} = 1$$

即：

$$\lim_{n \to \infty} P\left\{\left|\frac{n_A}{n} - p\right| < \varepsilon\right\} = 1$$

此定理表明事件 A 发生的频率 $\frac{n_A}{n}$ 依概率收敛于事件 A 的概率 p。定理以严格的数学形式表达了频率的稳定性，即当 n 很大时，事件 A 发生的频率与概率有较大偏差的可能性很小。这就是概率的统计定义的理论基础。在实际中，当试验次数很大时，便可用事件发生的频率来代替事件的概率。

# 第五章

# 统 计 推 断

统计推断的基本问题可以分为两大类，一类是估计问题，另一类是假设检验问题。本章的第一节将讨论抽样分布；第二、三节是参数估计，包括点估计和区间估计；之后是假设检验的主要内容；最后是一元线性回归。

## 第一节 抽样分布

### 一、总体和个体

#### （一）总体和个体

在数理统计中，把研究对象的全体称为总体，把组成总体的每个元素称为个体。总体中所含个体的数目称为总体容量，它可以是有限的，也可以是无限的，分别称为有限总体和无限总体。例如，要考察一批灯泡的寿命，则全体灯泡的寿命构成一个总体。再如，对某物体重量进行称量，若只作有限次称量，得到的是一个有限总体，但若一直称量下去，就可得到一个无限总体。当一个有限总体的容量相当大时，可以把它视为无限总体。

我们关心的不是每个个体的具体实物（如灯泡），而是能够表示总体特征的数量指标（如灯泡的寿命）和分布情况。如果把每个灯泡的寿命记为 X，则 X 是一个随机变量。我们感兴趣的是该随机变量 X 的分布，或至少知道它的期望、方差等数字特征或有关参数。

由于每个总体，也就是研究对象的某个数字特征都对应着一个随机变量，因此今后将直接用一个随机变量表示一个总体。若一个总体有两个数字特征，就用两个随机变量分别表示每个数字特征，且视为两个总体。因此，所谓总体就是一个具有特定分布的随机变量，随机变量的分布为总体的分布，对总体的统计推断，就是对随机变量分布情况的推断。

本书用 X，Y 等表示总体。

#### （二）样本、简单随机样本

为研究总体 X 的特性，最好是对每个个体进行观测或实验。但在实际中，往往是不允许的。比如，对于破坏性试验（如测试灯泡寿命），是不允许逐一对每个个体进行测试的。因此，人们只能从总体中抽出一部分个体进行观测，然后根据这组观测值推断总体的特性，由此引入样本的概念。

在总体 X 中随机抽取的 n 个个体 $X_1, X_2, \cdots, X_n$ 称为总体 X 的样本，样本中个体的数目 n 称为样本容量。在抽取之前，样本 $X_1, X_2, \cdots, X_n$ 是 n 个随机变量，亦可看成 n 维随机向量 $(X_1, X_2, \cdots, X_n)$。在抽取之后，样本 $X_1, X_2, \cdots, X_n$ 的观测值 $x_1, x_2, \cdots, x_n$，不再是随机变量而是一组具体数值，称为样本值。

在总体中，抽取样本的目的，是通过样本值的统计规律来推断总体 X 的特征。因此，我们自然希望抽取的样本尽可能地具有代表性，能够比较全面地反映总体的特性，并且便于用概率的理论进行推断，这就涉及到如何从总体中抽取样本的方法问题。为此，要求从总体中抽取的每个个体都是随机的，并且相互独立抽取。随机抽取样本，使每个 $X_i$（i = 1，2，$\cdots$，n）与总体 X 同分布，具有代表性；独立抽取，使 $X_1, X_2, \cdots, X_n$ 相互独立，具有独立性。

因此有：

**定义** 若取自总体 X 的样本 $X_1, X_2, \cdots, X_n$ 相互独立且与 X 有相同分布，则称 $X_1, X_2, \cdots, X_n$ 为取自总体 X 的简单随机样本，简称样本。

由于我们在本书中所讨论的都是简单随机样本，因此今后凡提到样本，均指简单随机样本。抽取简单随机样本的方法是：对于无限总体，只要随机抽取即可；对有限总体，采用有放回重复随机抽样，便可得到简单随机样本。对有限总体，由于有放回随机抽样很不方便，因此，当样本容量相对总体容量很小时，也可采用无放回随机抽样，将这样得到的样本也视为简单随机样本。样本容量 n 的大小，反映样本带来总体信息量的多少，当 n 较大时，将样本容量 n≥30 的样本称为大样本；n<30 的样本称为小样本。

根据定义，若总体 X 的分布已知，就可求出样本 $X_1, X_2, \cdots, X_n$ 的联合分布。

若总体 X 是连续型随机变量，其概率密度函数为 f(x)，则样本 $X_1, X_2, \cdots, X_n$ 的联合密度函数为：

$$f(x_1, x_2, \cdots, x_n) = f(x_1)f(x_2)\cdots f(x_n)$$
$$= \prod_{i=1}^{n} f(x_i) \qquad (5.1)$$

若总体 X 是离散型随机变量，其分布律为 $f(x) = P\{X = x\}$，则样本 $X_1, X_2, \cdots, X_n$ 的联合分布律为：

$$f(x_1, x_2, \cdots, x_n) = f(x_1)f(x_2)\cdots f(x_n)$$
$$= \prod_{i=1}^{n} f(x_i) \qquad (5.2)$$

### 二、统计量

在总体中抽取样本的目的是利用样本研究和推断总体的特性，当我们抽取样本后，样本所含的关于总体的信息本身往往不能直接反映出总体的特性。例如，估计一批灯泡的平均使用寿命，假设抽取了5个样本，样本观测值本身难以直接反映整批灯泡的寿命。而样本的均值 $\bar{x} = \frac{1}{n} \sum_{i=1}^{n} x_i$ 作为样本的平均使用寿命，可以反映整批灯泡的平均使用寿命。它综合了每个个体 $X_i$ 的信息来反映总体 X 的特性。

由此可知，在统计推断的实际应用中，很少直接利用样本观测值，而更多的是利用根据需要而构造的样本的函数——统计量。

**定义** 若 $X_1, X_2, \cdots, X_n$ 是取自总体 X 的一个样本，$G = G(X_1, X_2, \cdots, X_n)$ 是样本的连续函数，如果 $G = G(X_1, X_2, \cdots, X_n)$ 中不含未知参数，则称 $G(X_1, X_2, \cdots, X_n)$ 为统计量。

由定义可知，统计量是随机变量。样本的数字特征都是统计量。如果 $x_1, x_2, \cdots, x_n$ 是一组样本观测值，则 $G(x_1, x_2, \cdots, x_n)$ 是统计量 $G(X_1, X_2, \cdots, X_n)$ 的值，称为统计量的观测值。

常用的统计量有：

**（一）样本均值**

$$\overline{X} = \frac{1}{n} \sum_{i=1}^{n} X_i \tag{5.3}$$

**（二）样本方差**

$$S^2 = \frac{1}{n} \sum_{i=1}^{n} (X_i - \overline{X})^2 \tag{5.4}$$

或

$$S^2 = \frac{1}{n} \sum_{i=1}^{n} (X_i^2 - n\overline{X}^2) \tag{5.5}$$

**（三）样本标准差（样本均方差）**

$$S = \sqrt{S^2} = \sqrt{\frac{1}{n} \sum_{i=1}^{n} (X_i - \overline{X})^2} \tag{5.6}$$

**（四）样本修正方差**

$$S^{*2} = \frac{1}{n-1} \sum_{i=1}^{n} (X_i - \overline{X})^2 \tag{5.7}$$

更多的情况下使用样本修正方差，而不是样本方差，所以，在不至于发生混淆的情况下，有时 $S^{*2}$ 也记为 $S^2$，并且常常称之为样本方差。

**（五）样本修正标准差（样本修正均方差）**

$$S^* = \sqrt{\frac{n}{n-1} S^2} = \sqrt{\frac{1}{n-1} \sum_{i=1}^{n} (X_i - \overline{X})^2} \tag{5.8}$$

更多的情况下使用样本修正标准差，而不是样本标准差，所以，在不至于发生混淆的情况下，$S^*$ 也记为 $S$，并且常常称之为样本标准差。

**（六）样本 k 阶原点矩**

$$\alpha_k = \frac{1}{n} \sum_{i=1}^{n} X_i^k \quad (k = 1, 2, \cdots) \tag{5.9}$$

当 $k=1$ 时，一阶原点矩就是样本均值，即 $\alpha_1 = \overline{X}$。

## (七) 样本 k 阶中心矩

$$n_k = \frac{1}{n} \sum_{i=1}^{n} (X_i - \overline{X})^k \tag{5.10}$$

当 k = 2 时,二阶中心矩就是样本方差,即 $b_2 = S^2$。

### 三、样本均值的分布

以下给出来自正态总体的样本均值分布的几个性质。为了简捷,在此略去了证明过程。

**定理** 设 $X_1, X_2, \cdots, X_n$ 是 n 个相互独立的随机变量,$N_i \sim N(\mu_i, \sigma_i^2)(i = 1, 2, \cdots, n)$,若 $r = \sum_{i=1}^{n} k_i X_i$,则:

$$r \sim N\left(\sum_{i=1}^{n} k_i \mu_i, \sum_{i=1}^{n} k_i^2 \sigma_i^2\right)(k_i \text{ 不全为 } 0) \tag{5.11}$$

**推论** 若总体 $X \sim N(\mu, \sigma^2)$,$X_1, X_2, \cdots, X_n$ 是取自总体 X 的样本,$\overline{X} = \frac{1}{n} \sum_{i=1}^{n} X_i$,则:

(1) $$\overline{X} \sim N\left(\mu, \frac{\sigma^2}{n}\right) \tag{5.12}$$

(2) $$\frac{\overline{X} - \mu}{\sigma / \sqrt{n}} \sim N(0, 1) \tag{5.13}$$

**推论** 设总体 $X \sim N(\mu_1, \sigma_1^2)$,总体 $Y \sim N(\mu_2, \sigma_2^2)$,$X_1, X_2, \cdots, X_n$ 和 $Y_1, Y_2, \cdots, Y_m$ 是分别取自总体 X 和 Y 的样本,且两样本相互独立,

$$\overline{X} = \frac{1}{n} \sum_{i=1}^{n} X_i, \overline{Y} = \frac{1}{m} \sum_{i=1}^{m} Y_i$$

则:

$$\overline{X} - \overline{Y} \sim N\left(\mu_1 - \mu_2, \frac{\sigma_1^2}{n} + \frac{\sigma_2^2}{m}\right) \tag{5.14}$$

正态总体在统计中的地位十分重要,这是因为一方面符合客观实际;另一方面,许多总体近似服从正态分布。因此,在今后讨论中,经常假定总体服从正态分布。

### 四、$\chi^2$ 分布

若随机变量 X 的密度函数为:

$$f(x) = \begin{cases} \dfrac{1}{2^{\frac{n}{2}} \Gamma\left(\dfrac{n}{2}\right)} e^{\frac{n}{2}} x^{\frac{n}{2}-1} & (x > 0) \\ 0 & (x \leq 0) \end{cases} \tag{5.15}$$

其中 $\Gamma\left(\dfrac{n}{2}\right)$ 是 $\Gamma$ 函数,则称 X 服从自由度为 n 的 $\chi^2$ 分布,记 $X \sim \chi^2(n)$。$f(x)$ 的图形如图 5 - 1 所示。

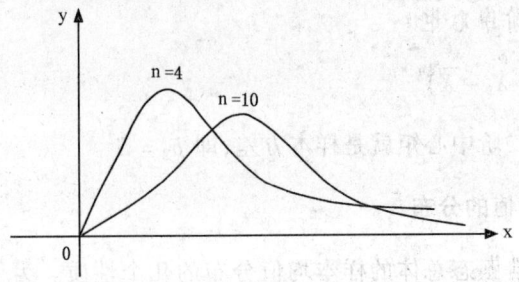

图 5-1

$\chi^2(n)$ 分布有下列性质：

(1) 若 $X \sim \chi^2(n)$，则：

$$E(X) = n, D(X) = 2n \tag{5.16}$$

(2) 若 $X \sim \chi^2(n_1)$，$Y \sim \chi^2(n_2)$，且 X 与 Y 相互独立，则：

$$X + Y \sim \chi^2(n_1 + n_2) \tag{5.17}$$

(3) 设随机变量 $X_1, X_2, \cdots, X_n$ 相互独立，且 $X_i \sim N(0,1)(i = 1, 2, \cdots, n)$，则 $\sum_{i=1}^{n} X_i^2$ 服从 n 个自由度的 $\chi^2$ 的分布，即：

$$\sum_{i=1}^{n} X_i^2 = \chi^2(n) \tag{5.18}$$

(4) 总体 $X \sim N(\mu, \sigma^2)$，$X_1, X_2, \cdots, X_n$ 是取自总体 X 的样本，则有：

$$\frac{1}{\sigma^2} \sum_{i=1}^{n} (X_i - \mu)^2 \sim \chi^2(n) \tag{5.19}$$

(5) 若总体 $X \sim N(\mu, \sigma^2)$，$X_1, X_2, \cdots, X_n$ 是取自总体 X 的样本，若：

$$\overline{X} = \frac{1}{n} \sum_{i=1}^{n} X_i, S^2 = \frac{1}{n} \sum_{i=1}^{n} (X_i - \overline{X})^2$$

则：

① $\dfrac{nS^2}{\sigma^2} = \dfrac{1}{\sigma^2} \sum_{i=1}^{n} (X_i - \overline{X})^2 \sim \chi^2(n-1) \tag{5.20}$

② $\overline{X}$ 与 $S^2$ 相互独立。

(证明从略)

关于 $\chi^2$ 分布，还有两点需要说明：

(1) 自由度。所谓自由度，可以理解为独立取值的变量个数，在 5.18 式中，$\sum_{i=1}^{n} X_i^2$ 服从 n 个自由度的 $\chi^2$ 分布，是因为 $\sum_{i=1}^{n} X_i^2$ 中的 n 个变量 $X_1, X_2, \cdots, X_n$ 都可以自由取值，有 n 个独立取值的变量，故 $\sum_{i=1}^{n} X_i^2$ 有 n 个自由度；而在 5.20 式中，$\sum_{i=1}^{n} (X_i - \overline{X})^2$ 只有 n-1 个自由度，这是因为 $\sum_{i=1}^{n} (X_i - \overline{X})^2$ 有 $\sum_{i=1}^{n} (X_i - \overline{X}) = 0$ 的线性约束，其中 n-1 个 $(X_i - \overline{X})$ 独立取值之后，第 n 个就

不能自由取值。因此，独立取值的变量个数是 $n-1$ 个，故 $\sum_{i=1}^{n}(X_i-\overline{X})^2$ 的自由度为 $n-1$。

（2）$\chi^2$ 分布的临界值。如果 $P\{\chi^2>\chi_\alpha^2(n)\}=\alpha(0<\alpha<1)$，则称 $\chi_\alpha^2(n)$ 为具有 n 个自由度 $\chi^2$ 分布的临界值。$\chi_\alpha^2(n)$ 除与自由度 n 有关外，还与 α 有关。α 是一个概率值（在假设检验中，称其为显著性水平），它表示服从 $\chi^2(n)$ 分布的随机变量取值大于 $\chi_\alpha^2(n)$ 的概率，见图 5-2。它是 $\chi_\alpha^2(n)$ 右边密度函数 f(x) 曲线下面阴影部分的面积。

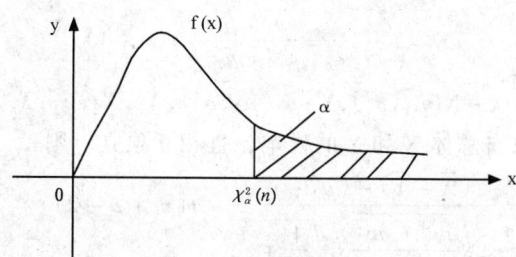

图 5-2

### 五、t 分布

**定义** 若随机变量 X 的密度函数为：

$$f(x)=\frac{\Gamma\left(\frac{n+1}{2}\right)}{\sqrt{n\pi}\,\Gamma\left(\frac{n}{2}\right)}\left(1+\frac{x^2}{n}\right)^{-\frac{n+1}{2}}\quad(-\infty<x<\infty) \tag{5.21}$$

则称 X 服从自由度为 n 的 t 分布，记为 X~t(n)。f(x) 的图形关于纵轴对称，见图 5-3。

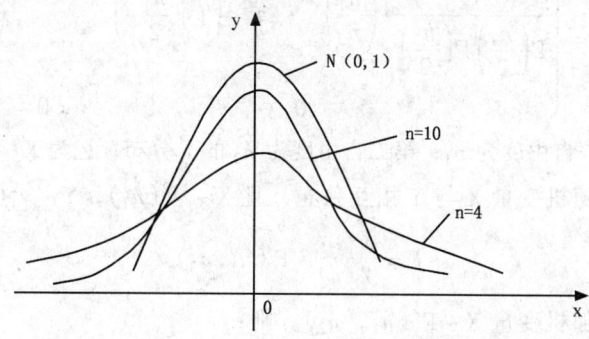

图 5-3

由图 5-3 可以看出，当 n 较小时，t 分布与正态分布相差较大；当 n 较大时，t 分布与标准正态分布非常接近。可以证明：

$$\lim_{n\to\infty}f(x)=\frac{1}{\sqrt{2\pi}}e^{-\frac{x^2}{2}}$$

因此，当 n 相当大时，t 分布可以近似地看成标准正态分布。

**定理** 若 $X \sim N(0,1)$,$Y \sim \chi^2(n)$,且 X 与 Y 相互独立,则:

$$T = \frac{X}{\sqrt{Y/n}} \sim t(n) \qquad (5.22)$$

**推论** 若总体 $X \sim N(\mu, \sigma^2)$,$X_1, X_2, \cdots, X_n (n \geq 2)$ 是取自总体 X 的样本,

$$\overline{X} = \frac{1}{n}\sum_{i=1}^{n} X_i, \quad S^2 = \frac{1}{n}\sum_{i=1}^{n}(X_i - \overline{X})^2$$

$$T = \frac{\overline{X} - \mu}{S/\sqrt{n-1}}$$

$$= \frac{\overline{X} - \mu}{S*/\sqrt{n}} \sim t(n-1) \qquad (5.23)$$

**推论** 若总体 $X \sim N(\mu_1, \sigma^2)$,$Y \sim N(\mu_2, \sigma^2)$,$X_1, X_2, \cdots, X_n$ 和 $Y_1, Y_2, \cdots, Y_m$ ($m, n \geq 2$) 分别是取自总体 X 和 Y 的样本,且相互独立,则:

$$\frac{(\overline{X} - \overline{Y}) - (\mu_1 - \mu_2)}{\sqrt{\frac{ns_1^2 + ms_2^2}{m+n-2}} \cdot \sqrt{\frac{1}{m} + \frac{1}{n}}} \sim t(m+n-2) \qquad (5.24)$$

(证明从略)

在推论中,若 m = 2,则:

$$T = \frac{(\overline{X} - \overline{Y}) - (\mu_1 - \mu_2)}{\sqrt{\frac{S_1^2 + S_2^2}{n-1}}} \sim t(2n-2)$$

### 六、F 分布

**定义** 若随机变量 X 的密度函数为:

$$f(x) = \begin{cases} \dfrac{\Gamma\left(\dfrac{n_1+n_2}{2}\right)}{\Gamma\left(\dfrac{n_1}{2}\right)\Gamma\left(\dfrac{n_2}{2}\right)} \cdot \left(\dfrac{n_1}{n_2}\right)^{\frac{n_1}{2}} \cdot x^{\frac{n_1}{2}-1}\left(1 + \dfrac{n_1}{2}x\right)^{1-\frac{n_1+n_2}{2}}, & x \geq 0 \\ 0, & x < 0 \end{cases} \qquad (5.25)$$

则称 X 服从第一自由度为 $n_1$,第二自由度为 $n_2$ 的 F 分布,记为 $X \sim F(n_1, n_2)$。

**定理** 若随机变量 X 与 Y 相互独立,且 $X \sim \chi^2(n_1)$,$Y \sim \chi^2(n_2)$,则:

$$F = \frac{X/n_1}{Y/n_2} \sim F(n_1, n_2) \qquad (5.26)$$

**推论** 若随机变量 $X \sim F(n_1, n_2)$,则:

$$\frac{1}{X} \sim F(n_2, n_1) \qquad (5.27)$$

**定理** 若总体 $X \sim N(\mu_1, \sigma_1^2)$,$Y \sim N(\mu_2, \sigma_2^2)$,$X_1, X_2, \cdots, X_{n_1}$ 和 $Y_1, Y_2, \cdots, Y_{n_2}$ 是分别取自总体 X 和 Y 的样本,且两样本相互独立,则:

$$\frac{(n_2 - 1)n_1 \sigma_2^2 S_1^2}{(n_1 - 1)n_2 \sigma_1^2 S_2^2} \sim F(n_1 - 1, n_2 - 1) \qquad (5.28)$$

(证明从略)

## 第二节 点 估 计

设总体 X 的分布函数的形式为已知,但它的一个或多个参数为未知,借助于总体 X 的一个样本来估计总体未知参数的值的问题称为参数的点估计问题。

设总体 X 的分布函数 $F(x;\theta)$ 的形式为已知,$\theta$ 是待估参数。$X_1,X_2,\cdots,X_n$ 是 X 的一个样本,$x_1,x_2,\cdots,x_n$ 是相应的一个样本值。点估计问题就是要构造一个适当的统计量 $\hat{\theta}(X_1,X_2,\cdots,X_n)$,用它的观察值 $\hat{\theta}(x_1,x_2,\cdots,x_n)$ 为 $\theta$ 的估计量,称 $\hat{\theta}(x_1,x_2,\cdots,x_n)$ 为 $\theta$ 的估计值。在不致混淆的情况下统称估计量和估计值为估计,并都简记为 $\hat{\theta}$。由于估计量是样本的函数,因此对于不同的样本值,$\theta$ 的估计值往往是不相同的。

例如,我们常用样本均值来估计总体均值。矩估计法和极大似然估计法是两种常用的构造估计量的方法。

### 一、矩估计法

设 $X$ 为连续型随机变量,其概率密度为 $f(x;\theta_1,\theta_2,\cdots,\theta_k)$,或 $X$ 为离散型随机变量,其分布律为 $P\{X=x\}=p(x;\theta_1,\theta_2,\cdots,\theta_k)$,其中 $\theta_1,\theta_2,\cdots,\theta_k$ 为待估参数,$X_1,X_2,\cdots,X_n$ 是来自 X 的样本,假设总体 $X$ 的前 k 阶矩:

$$\mu_l = E(X^l) = \int_{-\infty}^{\infty} x^l f(x;\theta_1,\theta_2,\cdots,\theta_k)dx \quad (\text{X 连续型})$$

$$\mu_l = E(X^l) = \sum_{x \in R_X} x^l p(x;\theta_1,\theta_2,\cdots,\theta_k)dx \quad (\text{X 离散型})$$

$$l = 1,2,\cdots,k$$

(其中 $R_X$ 是 x 可能取值的范围)存在。一般来说,它们是 $\theta_1,\theta_2,\cdots,\theta_k$ 的函数。基于样本矩:

$$A_l = \frac{1}{n}\sum_{i=1}^{n} X_i^l$$

依概率收敛于相应的总体矩 $\mu_l(l=1,2,\cdots,k)$,样本矩的连续函数依概率收敛于相应的总体矩的连续函数,我们就用样本矩作为相应的总体矩的估计量,而以样本矩的连续函数作为相应的总体矩连续函数的估计量。这种估计方法称为矩估计法。矩估计法的具体做法是:令

$$\mu_l = A_l, l = 1,2,\cdots,k$$

这是一个包含 k 个未知参数 $\theta_1,\theta_2,\cdots,\theta_k$ 的联立方程组,一般来说,可以从中解出 $\theta_1,\theta_2,\cdots,\theta_k$,此时,我们就用这个方程组的解 $\hat{\theta}_1,\hat{\theta}_2,\cdots,\hat{\theta}_k$ 分别作为 $\theta_1,\theta_2,\cdots,\theta_k$ 的估计值,这种估计量称为矩估计量。矩估计量的观察值称为矩估计值。

容易发现,总体均值与方差的矩估计量的表达式不因不同的总体分布而

异。

例如，$X \sim N(\mu, \sigma^2)$，$\mu, \sigma^2$ 未知，即得 $\mu$，$\sigma^2$ 和矩估计量为：

$$\hat{\mu} = \overline{X}, \hat{\sigma}^2 = \frac{1}{n}\sum_{i=1}^{n}(X_i - \overline{X})^2$$

### ■二、极大似然估计法

若总体 X 属离散型，其分布律 $P\{X=x\} = p(x;\theta), \theta \in \Theta$ 的形式为已知，$\theta$ 为待估参数，$\Theta$ 是 $\theta$ 可能取值的范围。设 $X_1, X_2, \cdots, X_n$ 是来自 X 的样本，则 $X_1, X_2, \cdots, X_n$ 的联合分布律为：

$$\prod_{i=1}^{n} p(x_i;\theta)$$

又设 $x_1, x_2, \cdots, x_n$ 是相应于样本 $X_1, X_2, \cdots, X_n$ 的一个样本值。易知样本 $X_1, X_2, \cdots, X_n$ 取到观察值 $x_1, x_2, \cdots, x_n$ 的概率，亦即事件 $\{X_1 = x_1, X_2 = x_2, \cdots, X_n = x_n\}$ 发生的概率为：

$$L(\theta) = L(x_1, x_2, \cdots, x_n; \theta) = \prod_{i=1}^{n} p(x_i;\theta), \theta \in \Theta \quad (5.29)$$

这一概率随 $\theta$ 的取值而变化，它是 $\theta$ 的函数。$L(\theta)$ 称为样本的似然函数。

由费歇（R.A.Fisher）引进的极大似然估计法，就是固定样本观察值 $x_1, x_2, \cdots, x_n$，在 $\theta$ 取值的可能范围 $\Theta$ 内挑选使概率 $L(x_1, x_2, \cdots, x_n; \theta)$ 达到最大的参数值 $\hat{\theta}$，作为参数 $\theta$ 的估计值。即取 $\hat{\theta}$ 使：

$$L(x_1, x_2, \cdots, x_n; \hat{\theta}) = \max_{\theta \in \Theta} L(x_1, x_2, \cdots, x_n; \theta) \quad (5.30)$$

这样得到的 $\hat{\theta}$ 与样本值 $x_1, x_2, \cdots, x_n$ 有关，常记为 $\hat{\theta}(x_1, x_2, \cdots, x_n)$，称为参数 $\theta$ 的极大似然估计值，而相应的统计量 $\hat{\theta}(X_1, X_2, \cdots, X_n)$ 称为参数 $\theta$ 的极大似然估计量。

若总体 X 属连续型，其概率密度 $f(x;\theta), \theta \in \Theta$ 的形式已知，$\theta$ 为待估参数，$\Theta$ 是 $\theta$ 可能取值的范围，设 $X_1, X_2, \cdots, X_n$ 是来自 X 的样本，则 $X_1, X_2, \cdots, X_n$ 的联合密度为：

$$\prod_{i=1}^{n} f(x_i;\theta)$$

设 $x_1, x_2, \cdots, x_n$ 是相应于样本 $X_1, X_2, \cdots, X_n$ 的一个样本值，则随机点 $(X_1, X_2, \cdots, X_n)$ 落在点 $(x_1, x_2, \cdots, x_n)$ 的邻域（边长分别为 $dx_1, dx_2, \cdots, dx_n$ 的 n 维立方体）内的概率近似地为：

$$\prod_{i=1}^{n} f(x_i;\theta) dx \quad (5.31)$$

其值随 $\theta$ 的取值而变化。与离散型的情况一样，我们取 $\theta$ 的估计值 $\hat{\theta}$ 使概率 5.31 式取到最大值，但因子 $\prod_{i=1}^{n} dx_i$ 不随 $\theta$ 而变，故只需考虑函数

$$L(\theta) = L(x_1, x_2, \cdots, x_n; \theta) = \prod_{i=1}^{n} f(x_i;\theta) \quad (5.32)$$

的最大值。这里 $L(\theta)$ 称为样本的似然函数。若：
$$L(x_1,x_2,\cdots,x_n;\hat{\theta})=\max_{\theta\in\Theta}L(x_1,x_2,\cdots,x_n;\theta)$$
则称 $\hat{\theta}(x_1,x_2,\cdots,x_n)$ 为 θ 的极大似然估计值，称 $\hat{\theta}(X_1,X_2,\cdots,X_n)$ 为 θ 的极大似然估计量。

在很多情形下，$p(x;\theta)$ 关于 θ 可微，这时 θ 常可从方程：
$$\frac{d}{d\theta}L(\theta)=0 \tag{5.33}$$
解得。又因 $L(\theta)$ 与 $\ln L(\theta)$ 在同一 θ 处取到极值，因此，θ 的极大似然估计 θ 也可以从方程：
$$\frac{d}{d\theta}\ln L(\theta)=0 \tag{5.34}$$
求得，而从后一方程求解往往比较方便。

极大似然估计法也适用于分布中含多个未知参数 $\theta_1,\theta_2,\cdots,\theta_k$ 的情况。这时，似然函数 L 是这些未知参数的函数。分别令
$$\frac{\partial}{\partial\theta_i}L=0,i=1,2,\cdots,k$$
若令
$$\frac{\partial}{\partial\theta_i}\ln L=0,i=1,2,\cdots,k$$
解上述由 k 个方程组成的方程组，即可得到各未知参数 $\theta_i(i=1,2,\cdots,k)$ 的极大似然估计值 $\hat{\theta}_i$。

此外，极大似然估计具有下述性质：设 θ 的函数 $u=u(\theta),\theta\in\Theta$ 具有单值反函数，$\theta=\theta(u),u\in U$。又设 $\hat{\theta}$ 是 X 的概率密度函数 $f(x;\theta)$（f 形式已知）中参数 θ 的极大似然估计，则 $\hat{u}=u(\hat{\theta})$ 是 $u(\theta)$ 的极大似然估计。

事实上，因为 $\hat{\theta}$ 是 θ 的极大似然估计，于是有：
$$L(x_1,x_2,\cdots,x_n;\hat{\theta})=\max_{\theta\in\Theta}L(x_1,x_2,\cdots,x_n;\theta)$$
其中 $x_1,x_2,\cdots,x_n$ 是 X 的一个样本值。考虑到 $\hat{u}=u(\hat{\theta})$，且有 $\hat{\theta}=\theta(\hat{u})$，上式可写成：
$$L(x_1,x_2,\cdots,x_n;\theta(\hat{u}))=\max_{\theta\in\Theta}L(x_1,x_2,\cdots,x_n;\theta(u))$$
这就证明了 $\hat{u}=u(\hat{\theta})$ 是 $u(\theta)$ 的极大似然估计。

当总体分布中含有多个未知参数时，也具有上述性质。

### ■三、估计量的评选标准

如前所述，对于同一参数，用不同的估计方法求出的估计量可能不相同。而且，很明显，原则上任何统计量都可以作为未知参数的估计量。我们自然会问，采用哪一个估计量为好呢？这就涉及到用什么样的标准来评估估计量的问题。下面介绍几个常用的标准。

#### （一）无偏性

估计量是随机变量，对于不同的样本值就会得到不同的估计值。估计值在未知参数真值左右徘徊，而它的数学期望等于未知参数的真值。这就导致无偏

性这个标准。

设 $X_1, X_2, \cdots, X_n$ 是总体 X 的一个样本。$\theta \in \Theta$ 是包含在总体 X 的分布中的待估参数，这里 $\Theta$ 是 $\theta$ 的取值范围。

若估计量 $\hat{\theta} = \hat{\theta}(X_1, X_2, \cdots, X_n)$ 的数学期望 $E(\hat{\theta})$ 存在，且对于任意 $\theta \in \Theta$ 有

$$E(\hat{\theta}) = \theta \tag{5.35}$$

则称 $\hat{\theta}$ 是 $\theta$ 的无偏估计量。

在科学技术中，$E(\hat{\theta}) = \theta$ 称为以 $\hat{\theta}$ 作为 $\theta$ 的估计的系统误差。无偏估计的实际意义就是无系统误差。

### （二）有效性

现在来比较参数 $\theta$ 的两个无偏估计量 $\hat{\theta}_1$ 和 $\hat{\theta}_2$，如果在样本容量 n 相同的情况下，$\hat{\theta}_1$ 的观察值较 $\hat{\theta}_2$ 更密集在真值 $\theta$ 的附近，我们就认为 $\hat{\theta}_1$ 较 $\hat{\theta}_2$ 理想。由于方差是随机变量取值与其数学期望的偏离程度的度量，所以无偏估计以方差小者为好。这就引出了估计量的有效性这一概念。

设 $\hat{\theta}_1 = \hat{\theta}_1(X_1, X_2, \cdots, X_n)$ 与 $\hat{\theta}_2 = \hat{\theta}_2(X_1, X_2, \cdots, X_n)$ 都是 $\theta$ 的无偏估计量，若有

$$Var(\hat{\theta}_1) < Var(\hat{\theta}_2)$$

则称 $\hat{\theta}_1$ 较 $\hat{\theta}_2$ 有效。

### （三）一致性

前面讲的无偏性与有效性都是在样本容量 n 固定的前提下提出的。我们自然希望随着样本容量的增大，一个估计量的值稳定于待估参数的真值。这样，对估计量又有下述一致性的要求。

设 $\hat{\theta}(X_1, X_2, \cdots, X_n)$ 为参数 $\theta$ 的估计量，若对于任意 $\theta \in \Theta$，当 $n \to \infty$ 时 $\hat{\theta}(X_1, X_2, \cdots, X_n)$ 依概率收敛于 $\theta$，则称 $\hat{\theta}$ 为 $\theta$ 的一致估计量。

由极大似然估计法得到的估计量，在一定条件下也具有一致性。

我们自然希望一个估计量具有一致性，不过估计量的一致性只有当样本容量相当大时，才能显示出优越性，这在实际中往往难以做到。因此，在实际中往往更多使用无偏性和有效性这两个标准。

## 第三节　区间估计

对于一个未知量，人们在测量或计算时，常不以得到近似值为满足，还需估计误差，即要求确切地知道近似值的精确程度（亦即所求真值所在的范围）。类似地，对于未知参数 $\theta$，除了求出它的点估计 $\hat{\theta}$ 外，我们还希望估计出一个范围，并希望知道这个范围包含参数 $\theta$ 真值的可信程度。这样的范围通常以区间的形式给出，同时还给出此区间包含参数 $\theta$ 真值的可信程度。这种形式的估计称为区间估计，这样的区间即所谓置信区间。

## 一、区间估计的概念

现在我们引入置信区间的定义:

设总体 X 的分布函数 $F(x;\theta)$ 含有一个未知参数 $\theta$,对于给定值 $\alpha(0<\alpha<1)$,若由样本 $X_1,X_2,\cdots,X_n$ 确定的两个统计量 $\underline{\theta}=\underline{\theta}(X_1,X_2,\cdots,X_n)$ 和 $\overline{\theta}=\overline{\theta}(X_1,X_2,\cdots,X_n)$ 满足:

$$P\{\underline{\theta}(X_1,X_2,\cdots,X_n)<\theta<\overline{\theta}(X_1,X_2,\cdots,X_n)\}=1-\alpha \tag{5.36}$$

则称随机区间 $(\underline{\theta},\overline{\theta})$ 是 $\theta$ 的置信度为 $1-\alpha$ 的置信区间,$\underline{\theta}$ 和 $\overline{\theta}$ 分别称为置信度为 $1-\alpha$ 的双侧置信区间的置信下限和置信上限,$1-\alpha$ 称为置信度。

5.36 式的意义如下:若反复抽样多次(各次得到的样本的容量相等,都是 n),每个样本值确定一个区间 $(\underline{\theta},\overline{\theta})$,每个这样的区间要么包含 $\theta$ 的真值,要么不包含 $\theta$ 的真值。按贝努利大数定理,在这样多的区间中,包含 $\theta$ 真值的约占 $100(1-\alpha)\%$,不包含 $\theta$ 真值的约占 $100\alpha\%$。例如,若 $\alpha=0.01$,反复抽样 1000 次,则得到的 1000 个区间中不包含 $\theta$ 真值的约为 10 个(参见图5-4)。

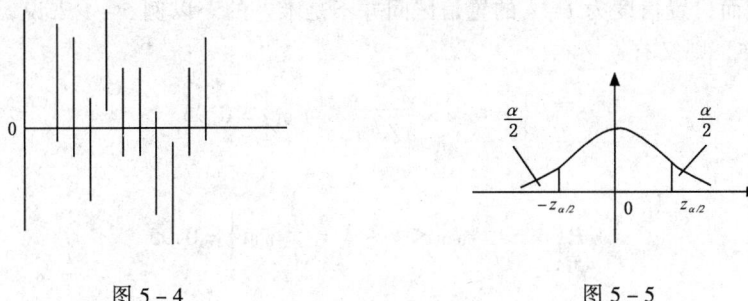

图 5-4      图 5-5

[**例 5-1**] 设总体 $X\sim N(\mu,\sigma^2)$,$\sigma^2$ 为已知,$\mu$ 为未知,设 $X_1,X_2,\cdots,X_n$ 是来自 X 的样本,求 $\mu$ 的置信度为 $1-\alpha$ 的置信区间。

解:我们知道 $\overline{X}$ 是 $\mu$ 的无偏估计,且有:

$$\frac{\overline{X}-\mu}{\sigma/\sqrt{n}}\sim N(0,1) \tag{5.37}$$

$\dfrac{\overline{X}-\mu}{\sigma/\sqrt{n}}$ 所服从的分布 $N(0,1)$ 是不依赖于任何未知参数的,按标准正态分布的上 $\alpha$ 分位点的定义,有(参见图 5-5):

$$P\left\{\left|\frac{\overline{X}-\mu}{\sigma/\sqrt{n}}\right|<z_{\alpha/2}\right\}=1-\alpha \tag{5.38}$$

即:

$$P\left\{\overline{X}-\frac{\sigma}{\sqrt{n}}z_{\alpha/2}<\mu<\overline{X}+\frac{\sigma}{\sqrt{n}}z_{\alpha/2}\right\}=1-\alpha \tag{5.39}$$

这样,我们就得到了 $\mu$ 的一个置信度为 $1-\alpha$ 的置信区间:

$$\left(\overline{X}-\frac{\sigma}{\sqrt{n}}z_{\alpha/2},\overline{X}+\frac{\sigma}{\sqrt{n}}z_{\alpha/2}\right) \tag{5.40}$$

这样的置信区间常写成

$$\left(\overline{X} \pm \frac{\sigma}{\sqrt{n}} z_{\alpha/2}\right) \tag{5.41}$$

如果取 $\alpha = 0.05$，即 $1 - \alpha = 0.95$，又若 $\sigma = 1$，$n = 16$，查表得 $z_{\alpha/2} = z_{0.025} = 1.96$。于是我们得到一个置信度为 0.95 的置信区间：

$$\left(\overline{X} \pm \frac{1}{\sqrt{16}} \times 1.96\right) \quad 即 \quad (\overline{X} \pm 0.49) \tag{5.42}$$

再者，若由一个样本值算得样本均值的观察值 $\bar{x} = 5.20$，则得到一个区间：

$$(5.20 \pm 0.49) \quad 即 \quad (4.71, 5.69)$$

注意，这已经不是随机区间了，但我们仍称它为置信度为 0.95 的置信区间，其含义是：若反复抽样多次，每个样本值（$n = 16$）按 5.42 式确定一个区间，按上面的解释，在这么多的区间中，包含 $\mu$ 的约占 95%，不包含 $\mu$ 的约占 5%。现在抽样得到区间 (4.71, 5.69)，则该区间属于那些包含 $\mu$ 的区间的可信程度为 95%，或"该区间包含 $\mu$"这一事实的可信程度为 95%。

然而，置信度为 $1 - \alpha$ 的置信区间并不是唯一的。以例 5-1 来说，若给定 $\alpha = 0.05$，则又有：

$$P\left\{-z_{0.04} < \frac{\overline{X} - \mu}{\sigma/\sqrt{n}} < z_{0.01}\right\} = 0.95$$

即：

$$P\left\{\overline{X} - \frac{\sigma}{\sqrt{n}} z_{0.01} < \mu < \overline{X} + \frac{\sigma}{\sqrt{n}} z_{0.04}\right\} = 0.95$$

故，

$$\left(\overline{X} - \frac{\sigma}{\sqrt{n}} z_{0.01}, \overline{X} + \frac{\sigma}{\sqrt{n}} z_{0.04}\right) \tag{5.43}$$

也是 $\mu$ 的置信度为 0.95 的置信区间，我们将它与 5.40 式中令 $\alpha = 0.05$ 所得的置信度为 0.95 的置信区间相比较，可知由 5.40 式所确定的区间的长度为 $2 \times \frac{\sigma}{\sqrt{n}} z_{0.025} = 3.92 \times \frac{\sigma}{\sqrt{n}}$，这一长度要比区间 5.43 式的长度 $\frac{\sigma}{\sqrt{n}}(z_{0.04} + z_{0.01}) = 4.08 \times \frac{\sigma}{\sqrt{n}}$ 短。置信区间短表示估计的精度高。故由 5.40 式给出的区间比 5.43 式为优。易知，像 N(0,1) 分布那样其概率密度的图形是单峰且对称的情况，当 n 固定时，以形如 5.40 式那样的区间其长度为最短，我们自然择用它。

在例 5-1 中，我们以 L 记置信区间 5.40 式的长度，即有：

$$L = \frac{2\sigma}{\sqrt{n}} z_{\alpha/2} \tag{5.44}$$

解出 n，得：

$$n = \left(\frac{2\sigma}{L} z_{\alpha/2}\right)^2 \tag{5.45}$$

我们看到区间长度 L 随 n 的增加而减少（当 $\alpha$ 给定时）。于是我们可以确定样本容量 n，使置信区间具有预先给定的长度。若希望区间长度小，n 就必须取得大。由于 L 与 $\sqrt{n}$ 成反比，例如 n 由 100 增至 400，L 才能减小一半。

## 二、正态总体均值与方差的区间估计

### (一) 单个总体 $N(\mu, \sigma^2)$ 的情况

设已给定置信度为 $1-\alpha$，并设 $X_1, X_2, \cdots, X_n$ 为总体 $N(\mu, \sigma^2)$ 的样本，$\overline{X}$，$S^2$ 分别是样本均值和样本方差。

1. 均值 $\mu$ 的置信区间。

(1) $\sigma^2$ 为已知，此时由例 5-1 采用 3.2 式的函数，已得到 $\mu$ 的置信度为 $1-\alpha$ 的置信区间为：

$$\left(\overline{X} \pm \frac{\delta}{\sqrt{n}} z_{\alpha/2}\right) \tag{5.46}$$

(2) $\sigma^2$ 为未知，此时不能使用 5.46 式给出的区间，因其中含未知参数 $\sigma$。考虑到 $S^2$ 是 $\sigma^2$ 的无偏估计，将 3.2 式中的 $\sigma$ 换成 $S=\sqrt{S^2}$，则：

$$\frac{\overline{X}-\mu}{S/\sqrt{n}} \sim t(n-1) \tag{5.47}$$

并且右边的分布 $t(n-1)$ 不依赖于任何未知参数，可得（参见图 5-6）：

$$P\left\{-t_{\alpha/2}(n-1) < \frac{\overline{X}-\mu}{S/\sqrt{n}} < t_{\alpha/2}(n-1)\right\} = 1-\alpha \tag{5.48}$$

即：

$$P\left\{\overline{X} - \frac{S}{\sqrt{n}} t_{\alpha/2}(n-1) < \mu < \overline{X} + \frac{S}{\sqrt{n}} t_{\alpha/2}(n-1)\right\} = 1-\alpha$$

于是得 $\mu$ 的置信度为 $1-\alpha$ 的置信区间为：

$$\left(\overline{X} \pm \frac{S}{\sqrt{n}} t_{\alpha/2}(n-1)\right) \tag{5.49}$$

在实际问题中，总体方差 $\sigma^2$ 未知的情况居多，故 5.49 式较 5.46 式有大的实用价值。

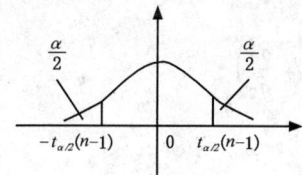
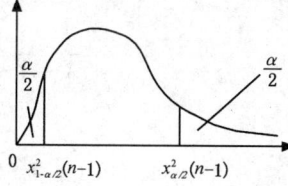

图 5-6　　　　　　　　　　图 5-7

2. 方差 $\sigma^2$ 的置信区间。此处，根据实际问题的需要，只介绍 $\mu$ 未知的情况。

$\sigma^2$ 的无偏估计为 $S^2$，则：

$$\frac{(n-1)S^2}{\sigma^2} \sim \chi^2(n-1) \tag{5.50}$$

并且上式右端的分布不依赖于任何未知参数。故有（参见图 5-7）：

$$P\left\{\chi^2_{1-\alpha/2}(n-1) < \frac{(n-1)S^2}{\sigma^2} < \chi^2_{\alpha/2}(n-1)\right\} = 1-\alpha \tag{5.51}$$

即
$$P\left\{\frac{(n-1)S^2}{\chi^2_{\alpha/2}(n-1)} < \sigma^2 < \frac{(n-1)S^2}{\chi^2_{1-\alpha/2}(n-1)}\right\} = 1-\alpha$$

这就是方差 $\sigma^2$ 的一个置信度为 $1-\alpha$ 的置信区间:

$$\left(\frac{(n-1)S^2}{\chi^2_{\alpha/2}(n-1)}, \frac{(n-1)S^2}{\chi^2_{1-\alpha/2}(n-1)}\right) \tag{5.52}$$

由 5.51 式，还容易得到标准差 $\sigma$ 的一个置信度为 $1-\alpha$ 的置信区间:

$$\left(\frac{\sqrt{n-1}\,S}{\sqrt{\chi^2_{\alpha/2}(n-1)}}, \frac{\sqrt{n-1}\,S}{\sqrt{\chi^2_{1-\alpha/2}(n-1)}}\right) \tag{5.53}$$

注意，在密度函数不对称时，如 $\chi^2$ 分布和 F 分布，习惯上仍取对称的分位点，如图 5-7 中的上分位点 $\chi^2_{1-\alpha/2}(n-1)$ 与 $\chi^2_{\alpha/2}(n-1)$ 来确定置信区间。但这样确定的置信区间的长度并不最短，因为在这里求最短置信区间的计算过于麻烦，一般是不去求的。

(二) 两个总体 $N(\mu_1, \sigma_1^2)$, $N(\mu_2, \sigma_2^2)$ 的情况

在实际中常遇到下面的问题：已知产品的某一质量指标服从正态分布，但由于原料、设备条件、操作人员不同，或工艺过程的改变等因素，引起总体均值、总体方差有所改变。我们需要知道这些变化有多大，这就需要考虑两个正态总体均值差或方差比的估计问题。

设已给定置信度为 $1-\alpha$，并设 $X_1, X_2, \cdots, X_{n_1}$ 是来自第一个总体的样本，$Y_1, Y_2, \cdots, Y_{n_2}$ 是来自第二个总体的样本，这两个样本相互独立。且设 $\overline{X}, \overline{Y}$ 分别为第一、二个总体的样本均值，$S_1^2, S_2^2$ 分别是第一、二个总体的样本方差。

1. 两个总体均值差 $\mu_1 - \mu_2$ 的置信区间。

(1) $\sigma_1^2, \sigma_2^2$ 均为已知。因 $\overline{X}, \overline{Y}$ 分别为 $\mu_1$、$\mu_2$ 的无偏估计，故 $\overline{X} - \overline{Y}$ 是 $\mu_1 - \mu_2$ 的无偏估计。由 $\overline{X}, \overline{Y}$ 的独立性以及 $\overline{X} \sim N(\mu_1, \sigma_1^2/n_1)$, $\overline{Y} \sim N(\mu_2, \sigma_2^2/n_2)$ 得:

$$\overline{X} - \overline{Y} \sim N\left(\mu_1 - \mu_2, \frac{\sigma_1^2}{n_1} + \frac{\sigma_2^2}{n_2}\right)$$

或:

$$\frac{(\overline{X} - \overline{Y}) - (\mu_1 - \mu_2)}{\sqrt{\frac{\sigma_1^2}{n_1} + \frac{\sigma_2^2}{n_2}}} \sim N(0,1) \tag{5.54}$$

即得 $\mu_1 - \mu_2$ 的一个置信度为 $1-\alpha$ 的置信区间为:

$$\left(\overline{X} - \overline{Y} \pm z_{\alpha/2}\sqrt{\frac{\sigma_1^2}{n_1} + \frac{\sigma_2^2}{n_2}}\right) \tag{5.55}$$

(2) $\sigma_1^2, \sigma_2^2$ 均为未知。此时，只要 $n_1, n_2$ 都很大（实际上一般大于 50 即可），则可得:

$$\left(\overline{X} - \overline{Y} \pm z_{\alpha/2}\sqrt{\frac{S_1^2}{n_1} + \frac{S_2^2}{n_2}}\right) \tag{5.56}$$

作为 $\mu_1 - \mu_2$ 置信度为 $1-\alpha$ 为未知。此由前面所述 t 分布的性质，得:

$$\frac{(\overline{X} - \overline{Y}) - (\mu_1 - \mu_2)}{S_w\sqrt{\frac{1}{n_1} + \frac{1}{n_2}}} \sim t(n_1 + n_2 - 2) \qquad (5.57)$$

从而可得 $\mu_1 - \mu_2$ 的一个置信度为 $1-\alpha$ 的置信区间为：

$$\left[\overline{X} - \overline{Y} t_{\alpha/2}(n_1 + n_2 - 2) S_w \sqrt{\frac{1}{n_1} + \frac{1}{n_2}}\right] \qquad (5.58)$$

此处 $\quad S_w = \dfrac{(n_1-1)S_1^2 + (n_2-1)S_2^2}{n_1 + n_2 - 2}, S_w = \sqrt{S_w^2} \qquad (5.59)$

2. 两个总体方差比 $\sigma_1^2/\sigma_2^2$ 的置信区间。我们仅讨论总体均值 $\mu_1$，$\mu_2$ 为未知的情况，由于：

$$(n_1 - 1)S_1^2/\sigma_1^2 \sim \chi^2(n_1 - 1)$$
$$(n_2 - 1)S_2^2/\sigma_2^2 \sim \chi^2(n_2 - 1)$$

且由假设知 $(n_1-1)S_1^2/\sigma_1^2$ 与 $(n_2-1)S_2^2/\sigma_2^2$ 相互独立。由 F 分布的定义，知：

$$\frac{S_1^2/\sigma_1^2}{S_2^2/\delta_2^2} = \frac{\dfrac{(n_1-1)S_1^2}{\sigma_1^2}/(n_1-1)}{\dfrac{(n_2-1)S_2^2}{\sigma_2^2}/(n_2-1)} \sim F(n_1-1, n_2-1) \qquad (5.60)$$

并且分布 $F(n_1-1, n_2-1)$ 不依赖任何未知参数。由此得：

$$P\left\{F_{1-\alpha/2}(n_1-1, n_2-1) < \frac{S_1^2/\sigma_1^2}{S_2^2/\sigma_2^2} < F_{\alpha/2}(n_1-1, n_2-1)\right\} = 1-\alpha \qquad (5.61)$$

即：

$$P\left\{\frac{S_1^2}{S_2^2}\frac{1}{F_{\alpha/2}(n_1-1, n_2-1)} < \frac{\sigma_1^2}{\sigma_2^2} < \frac{S_1^2}{S_2^2}\frac{1}{F_{1-\alpha/2}(n_1-1, n_2-1)}\right\} = 1-\alpha$$

$$(5.61)'$$

于是得 $\sigma_1^2/\sigma_2^2$ 的一个置信度为 $1-\alpha$ 的置信区间为

$$\left(\frac{S_1^2}{S_2^2}\frac{1}{F_{\alpha/2}(n_1-1, n_2-1)}, \frac{S_1^2}{S_2^2}\frac{1}{F_{1-\alpha/2}(n_1-1, n_2-1)}\right) \qquad (5.62)$$

### 三、(0-1) 分布参数的区间估计

设有一容量 $>50$ 的大样本，它来自 $(0-1)$ 分布的总体 X，X 的分布律为：

$$f(x;p) = p^x(1-p)^{1-x}, x = 0, 1 \qquad (5.63)$$

其中 p 为未知参数。现在来求 p 的置信度为 $1-\alpha$ 的置信区间。

已知 $(0-1)$ 分布的均值和方差分别为：

$$\mu = p, \sigma^2 = p(1-p) \qquad (5.63)'$$

设 $X_1, X_2, \cdots, X_n$ 是一个样本。因样本容量 n 较大，由中心极限定理，知：

$$\frac{\sum_{i=1}^{n} X_i - np}{\sqrt{np(1-p)}} = \frac{n\overline{X} - np}{\sqrt{np(1-p)}} \qquad (5.64)$$

近似地服从 $N(0,1)$ 分布，于是有：

$$P\left\{-z_{\alpha/2} < \frac{n\overline{X} - np}{\sqrt{np(1-p)}} < z_{\alpha/2}\right\} \tag{5.65}$$

而不等式:
$$-z_{\alpha/2} < \frac{n\overline{X} - np}{\sqrt{np(1-p)}} < z_{\alpha/2} \tag{5.66}$$

等价于:
$$(n + z_{\alpha/2}^2)p^2 - (2n\overline{X} + z_{\alpha/2}^2)p + n\overline{X}^2 < 0 \tag{5.67}$$

记:
$$p_1 = \frac{1}{2a}(-b - \sqrt{b^2 - 4ac}) \tag{5.68}$$

$$p_2 = \frac{1}{2a}(-b + \sqrt{b^2 - 4ac}) \tag{5.69}$$

此处 $a = n + z_{\alpha/2}^2$, $b = -(2n\overline{X} + z_{\alpha/2}^2)$, $c = n\overline{X}^2$。于是由 5.66 式得 p 的近似的、置信度为 $1-\alpha$ 的置信区间为 $(p_1, p_2)$。

### ■ 四、单侧置信区间

上述讨论中,对于未知参数 θ,我们给出两个统计量 $\underline{\theta}$、$\overline{\theta}$,得到 θ 的双侧置信区间 $(\underline{\theta}, \overline{\theta})$。但在某些实际问题中,例如,对于设备、元件的寿命来说,平均寿命长是我们所希望的,我们关心的是平均寿命 θ 的"下限";与之相反,在考虑产品的废品率 p 时,我们常关心参数 p 的"上限",这就引出了单侧置信区间的概念。

对于给定值 $\alpha(0 < \alpha < 1)$,若由样本 $X_1, X_2, \cdots, X_n$ 确定的统计量 $\underline{\theta} = \underline{\theta}(X_1, X_2, \cdots, X_n)$,满足:

$$P\{\theta < \underline{\theta}\} = 1 - \alpha \tag{5.70}$$

则称随机区间 $(\underline{\theta}, \infty)$ 是 θ 的置信度为 $1-\alpha$ 的单侧置信区间,$\underline{\theta}$ 称为置信度为 $1-\alpha$ 的单侧置信下限。

又若统计量 $\overline{\theta} = \overline{\theta}(X_1, X_2, \cdots, X_n)$,满足:

$$P\{\theta < \overline{\theta}\} = 1 - \alpha \tag{5.71}$$

也称随机区间 $(-\infty, \overline{\theta})$ 是 θ 的置信度为 $1-\alpha$ 的单侧置信区间,$\overline{\theta}$ 称为置信度为 $1-\alpha$ 的单侧置信上限。

例如对于正态总体 X,若均值 μ,方差 $\sigma^2$ 均为未知,设 $X_1, X_2, \cdots, X_n$ 是一个样本,由:

$$\frac{\overline{X} - \mu}{S/\sqrt{n}} \sim t(n-1) \quad \text{(参见图 5-8)}$$

$$P\left\{\frac{\overline{X} - \mu}{S/\sqrt{n}} < t(n-1)\right\} = 1 - \alpha$$

即:
$$P\left\{\mu > \overline{X} - \frac{S}{\sqrt{n}}t_\alpha(n-1)\right\} = 1 - \alpha$$

于是得到 μ 的一个置信度为 $1-\alpha$ 的单侧置信区间为:

$$\left(\overline{X} - \frac{S}{\sqrt{n}}t_\alpha(n-1), +\infty\right) \tag{5.72}$$

μ 的置信度为 $1-\alpha$ 的单侧置信下限为:

$$\mu = \overline{X} - \frac{S}{\sqrt{n}}t_\alpha(n-1) \tag{5.73}$$

又由：

$$\frac{(n-1)S^2}{\sigma^2} \sim \chi^2(n-1) \quad (见图 5-9)$$

$$P\left\{\frac{(n-1)S^2}{\delta^2} > \chi^2_{1-\alpha}(n-1)\right\} = 1-\alpha$$

$$P\left\{\sigma^2 < \frac{(n-1)S^2}{\chi^2_{1-\alpha}(n-1)}\right\} = 1-\alpha$$

于是得 $\sigma^2$ 的一个置信度为 $1-\alpha$ 的单侧置信区间为：

$$\left[0, \frac{(n-1)S^2}{\chi^2_{1-\alpha}(n-1)}\right] \tag{5.74}$$

$\sigma^2$ 的置信度为 $1-\alpha$ 的单侧置信上限为：

$$\sigma^2 < \frac{(n-1)S^2}{\chi^2_{1-\alpha}(n-1)} \tag{5.75}$$

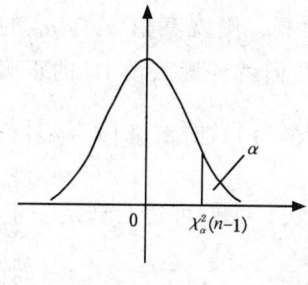

图 5-8

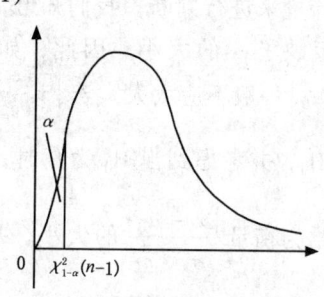

图 5-9

## 第四节 正态总体均值和方差的假设检验

### 一、假设检验

统计推断的另一类重要问题是假设检验问题。在总体的分布函数完全未知或知其形式，但不知其参数的情况，为了推断总体的某些性质，提出某些关于总体的假设。例如，提出总体服从泊松分布的假设；又如，对于正态总体提出数学期望等于 $\mu$ 的假设等。假设检验就是根据样本对所提出的假设作出判断：是接受，还是拒绝。这里，先结合例子来说明假设检验的基本思想和做法。

[例 5-2] 某车间用一台包装机包装葡萄糖。包得的袋装糖重是一个随机变量，它服从正态分布。当机器正常时，其均值为 0.5 公斤，标准差为 0.015 公斤。某日开工后为检验包装机是否正常，随机地提取它所包装的糖 9 袋，称得净重为（公斤）：

0.497  0.506  0.518  0.524  0.498  0.511  0.520  0.515  0.512

问机器是否正常?

解:以 $\mu$,$\sigma$ 分别表示这一天袋装糖重总体 $x$[①]的均值和标准差。由于长期实践数据表明标准差比较稳定,我们设 $\sigma = 0.015$,于是 $x \sim N(\mu, 0.015^2)$,这里 $\mu$ 未知。问题是根据样本值来判断 $\mu = 0.5$ 还是 $\mu \neq 0.5$。为此,我们提出假设:

$$H_0 : \mu = \mu_0 = 0.5$$

和

$$H_1 : \mu \neq \mu_0$$

这是两个对立的假设。然后,我们给出一个合理的法则,根据这一法则,利用已知样本作出判断是接受假设 $H_0$(即拒绝假设 $H_1$)还是拒绝假设 $H_0$(即接受假设 $H_1$)。如果作出的判断是接受 $H_0$,则认为 $\mu = \mu_0$,即认为机器工作是正常的,否则,则认为是不正常的。

由于要检验的假设涉及总体均值 $\mu$,故首先想到是否可借助样本均值 $\bar{x}$ 这一统计量来进行判断。我们知道,$\bar{x}$ 的无偏估计、$\bar{x}$ 的观察值的大小在一定程度上反映了 $\mu$ 的大小。因此,如果假设 $H_0$ 为真,则观察值 $\bar{x}$ 与 $\mu_0$ 的偏差 $|\bar{x} - \mu_0|$ 一般不应太大。若 $|\bar{x} - \mu_0|$ 过分大,我们就怀疑假设 $H_0$ 的正确性而拒绝 $H_0$,并考虑到当 $H_0$ 为真时,$\frac{\bar{x} - \mu_0}{\sigma/\sqrt{n}} \sim N(0, 1)$。而衡量 $|\bar{x} - \mu_0|$ 的大小可归结为衡量 $\frac{|\bar{x} - \mu_0|}{\sigma/\sqrt{n}}$ 的大小。基于上面的想法,我们可适当选定一正数 $k$,使当观察值 $\bar{x}$ 满足 $\frac{|\bar{x} - \mu_0|}{\sigma/\sqrt{n}} \geq k$ 时,就拒绝假设 $H_0$,反之,若 $\frac{|\bar{x} - \mu_0|}{\sigma/\sqrt{n}} < k$,就接受假设 $H_0$。

然而,由于作出判断的依据是一个样本,当实际上 $H_0$ 为真时仍可能作出拒绝 $H_0$ 的判断(这种可能性是无法消除的),这是一种错误,犯这种错误的概率记为:

$$P\{\text{拒绝 } H_0 | H_0 \text{ 为真}\}, \quad \text{或} \quad P_{\mu_0}\{\text{拒绝 } H_0\}, \quad \text{或} \quad P_{\mu \in H_0}\{\text{拒绝 } H_0\}$$

记号 $P_{\mu_0}\{\cdot\}$ 表示参数 $\mu$ 取 $H_0$ 时事件 $\{\cdot\}$ 的概率,$P_{\mu \in H_0}\{\cdot\}$ 表示 $\mu$ 取 $H_0$ 规定的值时事件 $\{\cdot\}$ 的概率。我们无法排除犯这类错误的可能性,因此自然希望将犯这类错误的概率控制在一定限度之内,即给出一个较小的数 $\alpha (0 < \alpha < 1)$,使犯这类错误的概率不超过 $\alpha$,即使得:

$$P\{\text{拒绝 } H_0 | H_0 \text{ 为真}\} \leq \alpha \tag{5.76}$$

引入上式后,就能确定 $k$ 了,事实上,因只允许犯这类错误的概率最大为 $\alpha$,令 5.76 式右端取等号,即令

$$P_{\mu_0}\left\{\left|\frac{\bar{x} - \mu_0}{\sigma/\sqrt{n}}\right| \geq k\right\} = \alpha$$

---

[①] 自本节开始,一般不区分随机变量及其观察值的记号,都用小写字母记之。

由于当 $H_0$ 为真时 $\dfrac{\bar{x}-\mu_0}{\sigma/\sqrt{n}} \sim N(0,1)$,由标准正态分布分位点的定义得:

$$k = z_{\alpha/2}$$

因而,若观察值满足:

$$\left|\dfrac{\bar{x}-\mu_0}{\sigma/\sqrt{n}}\right| \geqslant k = z_{\alpha/2}$$

则拒绝 $H_0$,而若:

$$\left|\dfrac{\bar{x}-\mu_0}{\sigma/\sqrt{n}}\right| < k = z_{\alpha/2}$$

则接受 $H_0$。

例如,在本例中取 $\alpha = 0.05$,则有 $k = z_{0.05/2} = z_{0.025} = 1.96$,又已知 $n = 9$,$\sigma = 0.015$,再由样本算得 $\bar{x} = 0.511$,即有:

$$\left|\dfrac{\bar{x}-\mu_0}{\sigma/\sqrt{n}}\right| = 2.2 > 1.96$$

于是拒绝 $H_0$,认为这天包装机工作不正常。

上例所采用的检验法是符合实际推断原理的。因通常 $\alpha$ 总是取得较小,一般取 $\alpha = 0.01$ 或 $0.05$。因而若 $H_0$ 为真,即当 $\mu = \mu_0$ 时,$\left\{\left|\dfrac{\bar{x}-\mu_0}{\sigma/\sqrt{n}}\right| \geqslant z_{\alpha/2}\right\}$ 是一个小概率事件,根据实际推断原理,就可以认为如果 $H_0$ 为真,则由一次试验得到的观察值 $\bar{x}$,满足不等式 $\left|\dfrac{\bar{x}-\mu_0}{\sigma/\sqrt{n}}\right| \geqslant z_{\alpha/2}$ 几乎是不会发生的。现在在一次观察中竟然出现了满足 $\left|\dfrac{\bar{x}-\mu_0}{\sigma/\sqrt{n}}\right| \geqslant z_{\alpha/2}$ 的 $\bar{x}$,则我们有理由怀疑原来的假设 $H_0$ 的正确性,因而拒绝 $H_0$。若出现的观察值 $\bar{x}$ 满足 $\left|\dfrac{\bar{x}-\mu_0}{\sigma/\sqrt{n}}\right| < z_{\alpha/2}$,此时没有理由拒绝假设 $H_0$,因此只能接受假设 $H_0$。

在上例的做法中,我们看到当样本容量固定时,选定 $\alpha$ 后,数 $k$ 就可以确定,然后按照统计量 $z = \dfrac{\bar{x}-\mu_0}{\sigma/\sqrt{n}}$ 的绝对值大于等于 $k$ 还是小于 $k$ 来作出决定。数 $k$ 是检验上述假设的一个临界值。如果 $|z| = \left|\dfrac{\bar{x}-\mu_0}{\sigma/\sqrt{n}}\right| \geqslant k$,则称 $\bar{x}$ 与 $\mu_0$ 的差异是显著的,这时拒绝 $H_0$;反之,如果 $|z| = \left|\dfrac{\bar{x}-\mu_0}{\sigma/\sqrt{n}}\right| < k$,则称 $\bar{x}$ 与 $\mu_0$ 的差异是不显著的,这时接受 $H_0$。数 $\alpha$ 称为显著性水平,上面关于 $\bar{x}$ 与 $\mu_0$ 有无显著差异的判断是显著性水平 $\alpha$ 之下作出的。

统计量 $z = \dfrac{\bar{x}-\mu_0}{\sigma/\sqrt{n}}$ 称为检验统计量。

前面的检验问题通常叙述成:在显著性水平 $\alpha$ 下检验假设

$$H_0 : \mu = \mu_0; \quad H_1 : \mu \neq \mu_0 \tag{5.77}$$

也常说成"在显著性水平 $\alpha$ 下,针对 $H_1$ 检验 $H_0$"。$H_0$ 称为原假设或零假设,

$H_1$ 称为备择假设。我们要进行的工作是，根据样本，按上述检验方法作出决定在 $H_0$ 与 $H_1$ 两者之间接受其一。

当检验统计量取某个区或 C 中的值时，我们拒绝原假设 $H_0$，则称区域 C 为拒绝域，拒绝域的边界点称为临界点。如在上例中拒绝域为 $|z| \geq z_{\alpha/2}$，而 $z = -z_{\alpha/2}$，$z = z_{\alpha/2}$ 为临界点。

由于检验法是根据样本作出的，总有可能作出错误的判断。如上面所说的那样，在假设 $H_0$ 实际上为真时，我们可能犯拒绝 $H_0$ 的错误，称这类"弃真"的错误为第 I 类错误；又当 $H_0$ 实际上不真时，我们也有可能接受 $H_0$，称这类"取伪"的错误为第 II 类错误。犯第 II 类错误的概率记为：

$$P\{接受 H_0 | H_0 不真\}, \quad 或 \quad P_{\mu \in H_1}\{接受 H_0\}$$

为此，在确定检验法则时，我们应尽可能使犯两类错误的概率都较小。但是，进一步讨论可知，一般来说，当样本容量固定时，若减少犯一类错误的概率，则犯另一类错误的概率往往增大。若要使犯两类错误的概率都减小，除非增加样本容量。在给定样本容量的情况下，一般来说，我们总是控制犯第 I 类错误的概率，使它小于或等于 $\alpha$，$\alpha$ 的大小视具体情况而定，通常 $\alpha$ 取 0.1、0.05、0.01、0.005 等值。这种只对犯第 I 类错误的概率加以控制，而不考虑犯第 II 类错误的检验问题，称为显著性检验问题。

形如 5.77 式中的备择假设 $H_1$，表示 $\mu$ 可能大于 $\mu_0$，也可能小于 $\mu_0$，称为双边备择假设，而称形如 5.77 式的假设检验为双边假设检验。有时，我们只关心总体均值是否增大，例如，试验新工艺以提高材料的强度，这时，所考虑的总体的均值应该越大越好，如果我们能判断在新工艺下总体均值较以往正常生产的大，则可考虑采用新工艺。此时，我们需要检验假设

$$H_0: \mu = \mu_0, \quad H_1: \mu > \mu_0 \tag{5.78}$$

(按通常可以理解的逻辑推断，我们在这里假定——新工艺不可能比旧的更差)。形如 5.78 式的假设检验，称为右边检验。类似地，有时我们需要检验假设

$$H_0: \mu = \mu_0, \quad H_1: \mu < \mu_0 \tag{5.79}$$

形如 5.79 式的假设检验，称为左边检验。右边检验和左边检验统称为单边检验。

下面来讨论单边检验的拒绝域。

设总体 $x \sim N(\mu, \sigma^2)$，$\sigma$ 为已知，$x_1, x_2 \cdots, x_n$ 是来自 x 的样本。给定显著性水平 $\alpha$。我们先来求检验问题

$$H_0: \mu = \mu_0, \quad H_1: \mu > \mu_0$$

的拒绝域。

取检验统计量 $z = \dfrac{\bar{x} - \mu_0}{\sigma/\sqrt{n}}$，当 $H_0$ 为真时，$z$ 不应太大，而在 $H_1$ 为真时 $z$ 往往偏大，因而拒绝域的形式为：

$$z = \dfrac{\bar{x} - \mu_0}{\sigma/\sqrt{n}} \geq k, \quad k \text{ 待定}$$

因为当 $H_0$ 为真时，$\dfrac{\bar{x}-\mu_0}{\sigma/\sqrt{n}} \sim N(0,1)$，由

$$P\{P\text{ 拒绝 }H_0 | H_0\text{ 为真}\} = P_{\mu_0}\left\{\dfrac{\bar{x}-\mu_0}{\sigma/\sqrt{n}} \geq k\right\} = \alpha$$

得 $k = z_\alpha$，故拒绝域为：

$$z = \dfrac{\bar{x}-\mu_0}{\sigma/\sqrt{n}} \geq z_\alpha \tag{5.80}$$

类似地，左边检验问题

$$H_0: \mu = \mu_0, \quad H_1: \mu < \mu_0$$

的拒绝域的形式为：

$$z = \dfrac{\bar{x}-\mu_0}{\sigma/\sqrt{n}} \leq k$$

其中 k 由下式确定：

$$P\{P\text{ 拒绝 }H_0 | H_0\text{ 为真}\} = P_{\mu_0}\left\{\dfrac{\bar{x}-\mu_0}{\sigma/\sqrt{n}} \leq k\right\} = \alpha$$

可得拒绝域为：

$$z = \dfrac{\bar{x}-\mu_0}{\sigma/\sqrt{n}} \leq -z_\alpha \tag{5.81}$$

综上所述，可处理参数的假设检验问题的步骤如下：
1. 根据实际问题的要求，提出原假设 $H_0$ 及备择假设 $H_1$；
2. 给定显著性水平 $\alpha$ 以及样本容量 n；
3. 确定检验统计量以及拒绝域的形式；
4. 按 $P\{$拒绝 $H_0 | H_0$ 为真$\} = \alpha$ 求出拒绝域；
5. 取样，根据样本观察值确定接受还是拒绝 $H_0$。

下面我们只讨论正态总体参数的假设检验问题。

### ■二、单个总体 $N(\mu, \sigma^2)$ 均值 $\mu$ 的检验

**（一）$\sigma^2$ 已知，关于 $\mu$ 的检验（z 检验）**

我们已经知道，针对正态总体 $N(\mu, \sigma^2)$，当 $\sigma^2$ 已知时，关于 $\mu = \mu_0$ 的三种假设检验问题 5.77 式、5.78 式和 5.79 式，都可以利用在 $H_0$ 为真时服从 $N(0,1)$ 分布的统计量 $z = \dfrac{\bar{x}-\mu_0}{\sigma/\sqrt{n}}$ 来确定拒绝域。该检验法称为 z 检验法。

进一步地，在例 5 - 2 中，我们可以将需要检验的问题，更合理地写成以下的形式：

$$H_0: \mu \leq \mu_0, \quad H_1: \mu > \mu_0 \tag{5.82}$$

进而求出其显著性水平为 $\alpha$ 的拒绝域。因为 $H_0$ 中的 $\mu$ 的全部都比 $H_1$ 中的 $\mu$ 要小，从直观上看，较合理的检验法则应是：若观察值 $\bar{x}$ 与 $\mu_0$ 过分大，即 $\bar{x} - \mu_0 > k$，则我们拒绝 $H_0$ 而接受 $H_1$，因此拒绝域的形式为：

$$\bar{x} - \mu_0 \geq k \quad (k\text{ 待定})$$

由标准正态分布的分布函数 $\phi(\cdot)$ 的单调性得到：

$$P\{\text{拒绝 } H_0 | H_0 \text{为真}\} = P_{\mu \leqslant \mu_0}(\bar{x} - \mu_0 \geqslant k)$$

$$= P_{\mu \leqslant \mu_0}\left(\frac{\bar{x} - \mu}{\sigma/\sqrt{n}} \geqslant \frac{\mu_0 + k - \mu}{\sigma/\sqrt{n}}\right)$$

$$= 1 - \varphi\left[\frac{(\mu_0 + k) - \mu}{\sigma/\sqrt{n}}\right]_{\mu \leqslant \mu_0}$$

$$= \varphi\left[\frac{\mu - (\mu_0 + k)}{\sigma/\sqrt{n}}\right]_{\mu \leqslant \mu_0}$$

$$\leqslant \varphi\left[\frac{\mu_0 - (\mu_0 + k)}{\sigma/\sqrt{n}}\right] = \varphi\left[\frac{-k}{\sigma/\sqrt{n}}\right]$$

所以要控制 $P\{\text{拒绝 } H_0 | H_0 \text{为真}\} \leqslant \alpha$，只需令

$$\varphi\left[\frac{-k}{\sigma/\sqrt{n}}\right] = \alpha$$

即得 $k = (\sigma/\sqrt{n})z_\alpha$，从而得假设检验问题 5.82 式的拒绝域为：

$$\bar{x} - \mu_0 \geqslant (\sigma/\sqrt{n})z_\alpha \quad \text{即} \quad \frac{\bar{x} - \mu_0}{\sigma/\sqrt{n}} \geqslant z_\alpha$$

这与上节中得到的检验问题 5.78 式的拒绝域 5.80 式是一致的。

比较正态总体 $N(\mu, \sigma^2)$ 在方差 $\sigma^2$ 已知时，对均值 $\mu$ 的两种检验问题

$$H_0: \mu = \mu_0, \quad H_1: \mu > \mu_0$$

和

$$H_0: \mu \leqslant \mu_0, \quad H_1: \mu > \mu_0$$

我们看到尽管两者原假设 $H_0$ 的形式不同，实际意义也不一样，但对于相同的显著性水平 $\alpha$，它们的拒绝域是相同的，因此遇到形如 5.82 式的假设检验问题，可归结为 5.78 式来讨论。对于下面将要讨论的有关正态总体的参数的检验也有类似的结果（参见表 5-1）。

表 5-1 　　　　　　　正态总体均值、方差的检验法（显著性水平为 $\alpha$）

| 序号 | 原假设 $H_0$ | 检验统计量 | $H_0$ 为真时统计量的分布 | 备择假设 $H_1$ | 拒绝域 |
|---|---|---|---|---|---|
| 1 | $\mu \leqslant \mu_0$<br>$\mu \geqslant \mu_0$<br>$\mu = \mu_0$<br>（$\sigma^2$ 已知） | $z = \dfrac{\bar{x} - \mu_0}{\sigma/\sqrt{n}}$ | $N(0,1)$ | $\mu > \mu_0$<br>$\mu < \mu_0$<br>$\mu \neq \mu_0$ | $z \geqslant z_\alpha$<br>$z \leqslant -z_\alpha$<br>$|z| \geqslant z_{\alpha/2}$ |
| 2 | $\mu \leqslant \mu_0$<br>$\mu \geqslant \mu_0$<br>$\mu = \mu_0$<br>（$\sigma^2$ 未知） | $t = \dfrac{\bar{x} - \mu_0}{S/\sqrt{n}}$ | $t(n-1)$ | $\mu > \mu_0$<br>$\mu < \mu_0$<br>$\mu \neq \mu_0$ | $t \geqslant t_\alpha(n-1)$<br>$t \leqslant -t_\alpha(n-1)$<br>$|t| \geqslant z_{\alpha/2}(n-1)$ |

续表

| 序号 | 原假设 $H_0$ | 检验统计量 | $H_0$ 为真时统计量的分布 | 备择假设 $H_1$ | 拒绝域 |
|---|---|---|---|---|---|
| 3 | $\mu_1 - \mu_2 \leq \delta$<br>$\mu_1 - \mu_2 \geq \delta$<br>$\mu_1 - \mu_2 = \delta$<br>($\sigma_1^2, \sigma_2^2$ 已知) | $z = \dfrac{\bar{x} - \bar{y} - \delta}{\sqrt{\dfrac{\sigma_1^2}{n_1} + \dfrac{\sigma_2^2}{n_2}}}$ | $N(0,1)$ | $\mu_1 - \mu_2 > \delta$<br>$\mu_1 - \mu_2 < \delta$<br>$\mu_1 - \mu_2 \neq \delta$ | $z \geq z_\alpha$<br>$z \leq -z_\alpha$<br>$\|z\| \geq z_{\alpha/2}$ |
| 4 | $\mu_1 - \mu_2 \leq \delta$<br>$\mu_1 - \mu_2 \geq \delta$<br>$\mu_1 - \mu_2 = \delta$<br>($\sigma_1^2 = \sigma_2^2 = \sigma^2$ 未知) | $z = \dfrac{\bar{x} - \bar{y} - \delta}{s_w \sqrt{\dfrac{1}{n_1} + \dfrac{1}{n_2}}}$<br>$s_w^2 = \dfrac{(n_1-1)s_1^2 + (n_2-1)s_2^2}{n_1 + n_2 - 2}$ | $t(n_1 + n_2 - 2)$ | $\mu_1 - \mu_2 > \delta$<br>$\mu_1 - \mu_2 < \delta$<br>$\mu_1 - \mu_2 \neq \delta$ | $t \geq t_\alpha(n_1+n_2-2)$<br>$t \leq -t_\alpha(n_1+n_2-2)$<br>$\|t\| \geq t_{\alpha/2}(n_1+n_2-2)$ |
| 5 | $\sigma^2 \leq \sigma_0^2$<br>$\sigma^2 \geq \sigma_0^2$<br>$\sigma^2 = \sigma_0^2$<br>($\mu$ 未知) | $\chi^2 = \dfrac{(n-1)s^2}{\sigma_0^2}$ | $\chi^2(n-1)$ | $\sigma^2 > \sigma_0^2$<br>$\sigma^2 < \sigma_0^2$<br>$\sigma^2 \neq \sigma_0^2$ | $\chi^2 \geq \chi_\alpha^2(n-1)$<br>$\chi^2 \leq \chi_{1-\alpha}^2(n-1)$<br>$\chi^2 \geq \chi_{\alpha/2}^2(n-1)$<br>$\chi^2 \leq \chi_{1-\alpha/2}^2(n-1)$ |
| 6 | $\sigma_1^2 \leq \sigma_2^2$<br>$\sigma_1^2 \geq \sigma_2^2$<br>$\sigma_1^2 = \sigma_2^2$<br>$\mu_1, \mu_2$ 未知 | $F = \dfrac{s_1^2}{s_2^2}$ | $F(n_1-1, n_2-1)$ | $\sigma_1^2 > \sigma_2^2$<br>$\sigma_1^2 < \sigma_2^2$<br>$\sigma_1^2 \neq \sigma_2^2$ | $F \geq F_\alpha(n_1-1, n_2-1)$<br>$F \leq F_{1-\alpha}(n_1-1, n_2-1)$<br>$F \geq F_{\alpha/2}(n_1-1, n_2-1)$<br>$F \leq F_{1-\alpha/2}(n_1-1, n_2-1)$ |

**(二) $\sigma^2$ 未知，关于 $\mu$ 的检验（$t$ 检验）**

设总体 x ~ N ($\mu$, $\sigma^2$)，其中 $\mu$，$\sigma^2$ 未知，我们来求检验问题

$$H_0: \mu = \mu_0, \qquad H_1: \mu \neq \mu_0$$

的拒绝域（显著性水平为 $\alpha$）。

设 $x_1, x_2, \cdots, x_n$ 是来自总体 x 的样本，由于 $\sigma^2$ 未知，现在不能利用 $\dfrac{\bar{x} - \mu_0}{\sigma/\sqrt{n}}$ 来确定拒绝域了。注意到 $S^2$ 是 $\sigma^2$ 的无偏估计，我们用 $S$ 来代替 $\sigma$，采用

$$t = \dfrac{\bar{x} - \mu_0}{\sigma/\sqrt{n}}$$

作为检验统计量。当 $|t| = \left|\dfrac{\bar{x} - \mu_0}{S/\sqrt{n}}\right|$ 过分大时就拒绝 $H_0$，拒绝域的形式为：

$$|t| = \left|\dfrac{\bar{x} - \mu_0}{\sigma/\sqrt{n}}\right| \geq k$$

根据 t 分布的相关性质，当 $H_0$ 为真时，$\dfrac{\bar{x} - \mu_0}{S/\sqrt{n}} \sim t(n-1)$，故由

$$P\{拒绝\ H_0 | H_0 为真\} = P_{\mu_0}\left\{\left|\dfrac{\bar{x} - \mu_0}{s/\sqrt{n}}\right| \geq k\right\} = \alpha$$

得 $k = t_{\alpha/2}(n-1)$，即得拒绝域为：

$$|t| = \left|\frac{\bar{x} - \mu_0}{S/\sqrt{n}}\right| \geq t_{\alpha/2}(n-1) \tag{5.83}$$

对于正态总体 $N(\mu, \sigma^2)$，当 $\sigma^2$ 未知时，关于 $\mu$ 的单边检验的拒绝域在表 5-1 中给出。上述利用 t 统计量得出的检验法称为 t 检验法。

在实际中，正态总体的方差常为未知，所以我们常用 t 检验法来检验关于正态均值的检验问题。

### 三、两个正态总体均值差的检验（t 检验）

我们还可以用 t 检验法检验具有相同方差的两正态总体均值差的假设。设 $x_1, x_2, \cdots, x_{n_1}$ 是来自正态总体 $N(\mu_1, \sigma^2)$ 的样本，$y_1, y_2, \cdots, y_{n_2}$ 是来自正态总体 $N(\mu_2, \sigma^2)$ 的样本，且设两样本独立，又分别记它们的样本均值为 $\bar{x}, \bar{y}$，记样本方差为 $s_1^2, s_2^2$。设 $\mu_1, \mu_2, \sigma^2$ 均为未知，要特别引起注意的是，在这里假设两总体的方差相等。现在来求检验问题

$$H_0: \mu_1 - \mu_2 = \delta, \quad H_1: \mu_1 - \mu_2 > \delta$$

（$\delta$ 为已知常数）的拒绝域。取显著性水平为 $\alpha$。

引用下述 t 统计量作为检验统计量：

$$t = \frac{(\bar{x} - \bar{y}) - \delta}{s_w \sqrt{\frac{1}{n_1} + \frac{1}{n_2}}}$$

其中：

$$s_w^2 = \frac{(n_1 - 1)s_1^2 + (n_2 - 1)s_2^2}{n_1 + n_2 - 2}$$

根据 t 分布的相关性质，当 $H_0$ 为真时，$t \sim t(n_1 + n_2 - 2)$。与单个总体的 t 检验法相仿，其拒绝域的形式为：

$$t = \frac{(\bar{x} - \bar{y}) - \delta}{s_w \sqrt{\frac{1}{n_1} + \frac{1}{n_2}}} \geq k$$

由

$$P\{\text{拒绝 } H_0 | H_0 \text{ 为真}\} \leq P_{\mu_1 - \mu_2 = \delta} \left\{ \frac{(\bar{x} - \bar{y}) - \delta}{s_w \sqrt{\frac{1}{n_1} + \frac{1}{n_2}}} \geq k \right\} = \alpha$$

可得 $k = t_\alpha(n_1 + n_2 - 2)$。于是得拒绝域为：

$$t = \frac{(\bar{x} - \bar{y}) - \delta}{s_w \sqrt{\frac{1}{n_1} + \frac{1}{n_2}}} \geq t_\alpha(n_1 + n_2 - 2) \tag{5.84}$$

关于均值差的其他两个检验问题的拒绝域在表 5-1 中已经给出。常用的是 $\delta = 0$ 的情况。

当两个正态总体的方差均为已知时，我们可用 $\mu$ 检验法来检验两正态总体均值差的假设问题，见表 5-1。

### 四、单个正态总体方差的假设检验

设总体 $x \sim N(\mu, \sigma^2)$，$\mu$ 和 $\sigma^2$ 均属未知，$x_1, x_2, \cdots, x_n$ 是来自 x 的样本。

要求检验假设（显著性水平为 α）
$$H_0: \sigma^2 = \sigma_0^2, H_1: \sigma^2 \neq \sigma_0^2$$
的拒绝域，其中，$\sigma_0^2$ 为已知常数。

由于 $S^2$ 是 $\sigma^2$ 的无偏估计，当 $H_0$ 为真时，比值 $\dfrac{S^2}{\sigma_0^2}$ 一般来说应在 1 附近摆动，而不应过分大于 1 或过分小于 1，根据 $\chi^2$ 分布的相关性质，当 $H_0$ 为真时：
$$\frac{(n-1)S^2}{\sigma_0^2} \sim \chi^2(n-1)$$

我们取
$$\chi^2 = \frac{(n-1)S^2}{\sigma_0^2}$$

作为检验统计量，如上所说知道上述检验问题的拒绝域具有以下的形式：
$$\frac{(n-1)S^2}{\sigma_0^2} \leq k_1 \quad \text{或} \quad \frac{(n-1)S^2}{\sigma_0^2} \geq k_2$$

此处 $k_1$，$k_2$ 的值由下式确定：
$$P\{拒绝\ H_0 \mid H_0 为真\}$$
$$= P_{\sigma_0^2}\left\{\left(\frac{(n-1)S_2}{\sigma_0^2} \leq k_1\right) \bigcup \left(\frac{(n-1)S_2}{\sigma_0^2} \geq k_2\right)\right\} = \alpha$$

为计算方便起见，习惯上取：
$$P_{\sigma_0^2}\left\{\frac{(n-1)S_2}{\sigma_0^2} \leq k_1\right\} = \frac{\alpha}{2}, \quad P_{\sigma_0^2}\left\{\frac{(n-1)S_2}{\sigma_0^2} \geq k_2\right\} = \frac{\alpha}{2}$$

故得 $k_1 = \chi^2_{1-\alpha/2}(n-1)$，$k_2 = \chi^2_{\alpha/2}(n-1)$。于是得拒绝域为：
$$\frac{(n-1)S_2}{\sigma_0^2} \leq \chi^2_{1-\alpha/2}(n-1) \text{或} \frac{(n-1)S_2}{\sigma_0^2} \geq \chi^2_{\alpha/2}(n-1) \quad (5.85)$$

上述检验法称为 $\chi^2$ 检验法。关于方差 $\sigma^2$ 的单边检验的拒绝域在表 5-1 中给出。

### ■ 五、两个正态总体方差的假设检验

设 $x_1, x_2, \cdots, x_{n_1}$ 是来自总体 $N(\mu_1, \sigma_1^2)$ 的样本，$y_1, y_2, \cdots, y_{n_2}$ 是来自总体 $N(\mu_2, \sigma_2^2)$ 的样本，且两样本独立。其样本方差分别为 $S_1^2$、$S_2^2$。且设 $\mu_1$、$\mu_2$、$\sigma_1^2$、$\sigma_2^2$ 均为未知。现在需要检验假设：
$$H_0: \sigma_1^2 \leq \sigma_2^2, \quad H_1: \sigma_1^2 > \sigma_2^2$$

由于 $S_1^2, S_2^2$ 的独立性及 $(n_i-1)S_i^2/\sigma_i^2 \sim \chi^2(n_i-1)$，$i=1, 2$，得知：
$$\frac{S_1^2/\sigma_1^2}{S_2^2/\sigma_2^2} \sim F(n_1-1, n_2-1) \tag{5.86}$$

故当 $H_0$ 为真时，即当 $\sigma_1^2 = \sigma_2^2$ 时有：
$$\frac{S_1^2}{S_2^2} \sim F(n_1-1, n_2-1)$$

我们取 $F = S_1^2/S_2^2$ 作为检验统计量，当 $H_0$ 为真时，$E(S_1^2) = \sigma_1^2 \leqslant \sigma_2^2 = E(S_2^2)$；而当 $H_1$ 为真时，由于 $E(S_1^2) = \sigma_1^2 > \sigma_2^2 = E(S_2^2)$，故 $F = S_1^2/S_2^2$ 有偏大的趋势，因此拒绝域的形式为：

$$\frac{S_1^2}{S_2^2} \geqslant k \tag{5.87}$$

$k$ 由下式确定：

$$P\{拒绝\ H_0 \mid H_0 为真\} = P_{\sigma_1^2 \leqslant \sigma_2^2}\left\{\frac{S_1^2}{S_2^2} \geqslant k\right\}$$

即有 $k = F_\alpha(n_1 - 1, n_2 - 1)$，于是拒绝域为：

$$\frac{S_1^2}{S_2^2} \geqslant F_\alpha(n_1 - 1, n_2 - 1) \tag{5.88}$$

上述检验法称为 F 检验法，关于 $\sigma_1^2$，$\sigma_2^2$ 的另外两个检验问题的拒绝域在表 5-1 中给出。

我们将关于正态总体均值、方差的检验法汇总于表 5-1 中，以便查用。

## 第五节 分布拟合检验

上述各种检验法都是在总体分布形式已知的前提下进行讨论的。但实践中有时不能预知总体服从什么类型的分布，这时就需要根据样本来检验关于分布的假设。本节介绍 $\chi^2$ 检验法和专用于检验分布是否为正态的"偏度、峰度检验法"。

### 一、$\chi^2$ 检验法

这种方法是在总体的分布为未知时，根据样本 $x_1, x_2, \cdots, x_n$ 来检验关于总体分布的假设：

$H_0$：总体 x 的分布函数为 $F(x)$   (5.89)

$H_1$：总体 x 的分布函数不是 $F(x)$   (5.90)

注意，若总体 x 为离散型，则假设 5.89 式相当于：

$H_0$：总体 x 的分布律为 $P\{x = t_i\} = P_i, i = 1, 2, \cdots$。   (5.91)

若总体 x 为连续型，则假设 5.90 式相当于：

$H_0$：总体 x 的概率密度为 $f(x)$   (5.92)

在用下述 $\chi^2$ 检验假设 $H_0$ 时，若在假设 $H_0$ 下 $F(x)$ 的形式已知，但其参数值未知，这时需要先用极大似然估计法估计参数，然后作检验。

$\chi^2$ 检验法的基本思想如下：将随机试验可能结果的全体 $\Omega$ 分为 k 个互不相容的事件 $A_1, A_2, \cdots, A_k (\sum_{i=1}^{k} A_i = \Omega, A_i A_j = \Phi, i \neq j, i, j = 1, 2, \cdots, k)$。于是在假设 $H_0$ 下，我们可以计算 $p_i = P(A_i)$ [或 $\hat{p}_i = \hat{p}(A_i)$]，$i = 1, 2, \cdots, k$。在 n 次试

验中，事件 $A_i$ 出现的频率 $f_i/n$ 与 $p_i$ 往往有差异，但一般来说，若 $H_0$ 为真，且试验的次数又甚多时，则这种差异不应该很大。基于这种想法，皮尔逊使用

$$\chi^2 = \sum_{i=1}^{k} \frac{(f_i - np_i)^2}{np_i} \left[ \text{或 } \chi^2 = \sum_{i=1}^{k} \frac{(f_i - n\hat{p_i})^2}{n\hat{p_i}} \right] \quad (5.93)$$

作为检验假设 $H_0$ 的统计量，并证明了以下的定理：

**定理** 若 n 充分大（$n \geq 50$），则当 $H_0$ 为真时（不论 $H_0$ 中的分布属什么分布），统计量 5.93 式总是近似地服从自由度为 $k-r-1$ 的 $\chi^2$ 分布，其中，r 是被估计的参数的个数。

于是，若在假设 $H_0$ 下算得 5.93 式有：

$$\chi^2 \geq \chi_\alpha^2(k-r-1) \quad (5.94)$$

则在显著性水平 $\alpha$ 下拒绝 $H_0$ 否则就接受 $H_0$。

$\chi^2$ 检验法是基于上述定理得到的，所以在使用时必须注意 n 要足够大，以及 $np_i$ 不太小。根据实践，要求样本容量 n 不小于 50，以及每一个 $np_i$ 都不小于 5，而且 $np_i$ 最好在 5 以上，否则应适当地合并 $A_i$，以满足这个要求。

## 二、偏度、峰度检验

根据中心极限定理的论述知道，正态分布随机变量较广泛地存在于客观世界，因此，当研究一连续型总体时，人们往往先考察它是否服从正态分布。上面介绍的 $\chi^2$ 检验法虽然是检验总体分布的较一般的方法，但用它来检验总体的正态性时，犯第 II 类错误的概率往往较大。为此，统计学家们对检验正态总体的种种方法进行了比较，认为正态性检验方法中，偏度、峰度检验法较为有效。

随机变量 x 的偏度和峰度指的是 x 的标准化变量 $[x - E(x)]/\sqrt{Var(x)}$ 的三阶中心矩和四阶中心矩：

$$v_1 = E\left\{ \left[ \frac{x - E(x)}{\sqrt{Var(x)}} \right]^3 \right\} = \frac{E\{[x - E(x)]^3\}}{[Var(x)]^{3/2}} \quad (5.95)$$

$$v_2 = E\left\{ \left[ \frac{x - E(x)}{\sqrt{Var(x)}} \right]^4 \right\} = \frac{E\{[x - E(x)]^4\}}{[Var(x)]^2} \quad (5.96)$$

在精算领域，偏度又常常称为偏斜系数，它可以很好地描述对称性或者说偏斜程度。

当随机变量 $x$ 服从正态分布时，$v_1, v_2$ 的矩估计分别是：

$$g_1 = B_3/B_2^{3/2}, \quad g_2 = B_4/B_2^2$$

其中 $B_k$ ($k=2,3,4$) 是样本 k 阶中心矩，并分别称 $g_1, g_2$ 为样本偏度和样本峰度。

若总体 $x$ 为正态变量，则可证当 n 充分大时，近似地有：

$$g_1 \sim N\left(0, \frac{6(n-2)}{(n+1)(n+3)}\right) \quad (5.97)$$

$$g_2 \sim N\left(3 - \frac{6}{n+1}, \frac{24n(n-2)(n-3)}{(n+1)^2(n+3)(n+5)}\right) \quad (5.98)$$

设 $x_1, x_2, \cdots, x_n$ 是来自总体 $X$ 的样本，现在检验假设：

$$H_0: X \text{ 为正态总体}$$

记：$\sigma_1 = \sqrt{\dfrac{6(n-2)}{(n+1)(n+3)}}, \sigma_2 = \sqrt{\dfrac{24n(n-2)(n-3)}{(n+1)^2(n+3)(n+5)}}$

$\mu_2 = 3 - \dfrac{6}{n+1}$，$U_1 = g_1/\sigma_1$，$U_2 = (g_2 - \mu_2)/\sigma_2$。当 $H_0$ 为真且 $n$ 充分大时，近似地有：

$$U_1 \sim N(0,1), \quad U_2 \sim N(0,1)$$

我们知道，样本偏度 $g_1$、样本峰度 $g_2$ 分别依概率收敛于总体偏度 $v_1$ 和总体峰度 $v_2$。因此当 $H_0$ 为真且 $n$ 充分大时，一般来说，$g_1$ 与 $v_1 = 0$ 的偏离不应太大，而 $g_2$ 与 $v_2 = 3$ 的偏离不应太大。故从直观来看，当 $|\mu_1|$ 或 $|\mu_2|$ 过大时就拒绝 $H_0$。取显著性水平为 $\alpha$，$H_0$ 的拒绝域为：

$$|\mu_1| \geq k_1, \text{ 或 } |\mu_2| \geq k_2 \tag{5.99}$$

其中 $k_1$，$k_2$ 由下两式确定：

$$P_{H_0}\{|\mu_1| > k_1\} = \dfrac{\alpha}{2}; P_{H_0}\{|\mu_2| > k_2\} = \dfrac{\alpha}{2}$$

这里记号 $P_{H_0}\{\cdot\}$ 表示当 $H_0$ 为真时事件 $\{\cdot\}$ 的概率，即有 $k_1 = z_{\alpha/4}$，$k_2 = z_{\alpha/4}$。于是得拒绝域为：

$$|\mu_1| \geq z_{\alpha/4} \text{ 或 } |\mu_2| \geq z_{\alpha/4} \tag{5.100}$$

下面来验证当 $n$ 充分大时上述检验法近似地满足显著性水平为 $\alpha$ 的要求。事实上当 $n$ 充分大时有：

$$P\{\text{拒绝 } H_0 | H_0 \text{ 为真}\} = P_{H_0}\{(|\mu_1| \geq z_{\alpha/4}) \cup |\mu_2| \geq z_{\alpha/4})\}$$

$$\leq P_{H_0}\{|\mu_1| \geq z_{\alpha/4}\} + P_{H_0}\{|\mu_2| \geq z_{\alpha/4}\} = \dfrac{\alpha}{2} + \dfrac{\alpha}{2} = \alpha$$

偏度、峰度检验法使用时样本容量以大于 100 为宜。

## 第六节　一元线性回归

一般来说，变量之间的关系可分为确定性的与非确定性的两种。确定性关系是指变量之间的关系可以用函数关系来表示。另一种非确定性的关系即所谓相关关系。例如人的身高与体重之间存在着关系，一般来说，人高一些，体重要重一些，但同样高度的人，体重往往不同。气象中的温度与湿度之间的关系也是这样。这是因为我们涉及的变量（如体重、温度）是随机变量，上面所说的变量关系是非确定性的。回归分析是研究相关关系的一种重要工具。

### 一、一元线性回归概述

设随机变量 $y$ 与 $x$ 之间存在着某种相关关系。这里，$x$ 是可以控制或可以精确观察的变量，如年龄、试验时的温度、施加的压力、电压与时间等。换句话说我们可以随意指定 n 个值 $x_1, x_2, \cdots, x_n$。因此我们把 $x$ 看成是普通的变量，而不是随机变量。

对于 $x$ 的每一确定值，随机变量 $y$ 有它的分布。若 $y$ 的数学期望存在，则其取值随 $x$ 的取值而定，即 $y$ 的数学期望是 $x$ 的函数，记为 $\mu_{y|x}$ 或 $\mu(x)$。$\mu(x)$ 称为 $y$ 关于 $x$ 的回归。由于 $\mu(x)$ 的大小在一定程度上反映在 $x$ 处随机变量 $y$ 的观察值的大小，因此如果能设法通过一组样本来估计 $\mu(x)$，那么，在一定条件下我们就能解决如下的问题：在给定的置信度下，估计出当 $x$ 取某一定值时，随机变量 $y$ 的取值情况，即所谓预测问题；以及在给定置信度下，控制自变量 $x$ 的取值范围，使 $y$ 在给定的范围内取值，即所谓控制问题。

我们对于 $x$ 的、取定的一组不完全相同的值 $x_1, x_2, \cdots, x_n$，作独立试验得到 n 对观察结果：

$$(x_1, y_1), (x_2, y_2), \cdots, (x_n, y_n)$$

这 n 对观察结果就是一个容量为 n 的样本。我们首先要解决的问题是如何利用样本来估计 $y$ 关于 $x$ 的回归 $\mu(x)$。为此，首先需要推测 $\mu(x)$ 的形式。在一些问题中，我们可以由专业知识知道 $\mu(x)$ 的形式。否则，我们可将每对观察值 $(x_i, y_i)$ 在直角坐标系中描出它的相应的点，这种图称为散点图。散点图可以帮助我们粗略地看出 $\mu(x)$ 的形式。

设 $y$ 关于 $x$ 的回归为 $\mu(x)$。利用样本来估计 $\mu(x)$ 的问题称为求 $y$ 关于 $x$ 的回归问题。特别，若 $\mu(x)$ 为线性函数：$\mu(x) = a + bx$，此时估计 $\mu(x)$ 的问题称为求一元线性回归问题。

我们假设对于 $x$（在某个区间内）的每一个值有：

$$y \sim N(a + bx, \sigma^2)$$

其中 $a$，$b$ 及 $\sigma^2$ 都是不依赖于 $x$ 的未知参数。对 $y$ 作这样的正态假设，相当于假设：

$$y = a + bx + \varepsilon, \varepsilon \sim N(0, \sigma^2) \tag{5.101}$$

其中未知参数 $a$，$b$ 及 $\sigma^2$ 都不依赖于 $x$。5.101 式称为一元线性回归模型。

如果由样本得到 5.101 式中 $a$，$b$ 的估计 $\hat{a}$，$\hat{b}$，则对于给定的 $x$，我们取 $\hat{y} \triangleq \hat{a} + \hat{b}x$ 作为 $\mu(x) = a + bx$ 的估计。方程

$$\hat{y} = \hat{a} + \hat{b}x$$

称为 $y$ 关于 $x$ 的线性回归方程或回归方程，其图形称为回归直线。

### 二、a，b 的估计

取 x 的 n 个不同全相同的值 $x_1, x_2, \cdots, x_n$ 作独立试验，得到样本 $(x_1, y_1), (x_2, y_2), \cdots, (x_n, y_n)$。由 5.101 式

$$y_i = a + bx_i + \varepsilon_i, \varepsilon_i \sim N(0, \delta^2), 各 \varepsilon_i 相互独立。 \tag{5.102}$$

于是 $\quad y_i \sim N(a + bx_i, \sigma^2), \quad i = 1, 2, \cdots, n$

且由 $y_1, y_2, \cdots, y_n$ 的独立性，知 $y_1, y_2, \cdots, y_n$ 的联合密度为：

$$L = \prod_{i=1}^{n} \frac{1}{\delta\sqrt{2\pi}} \exp\left[-\frac{1}{2\delta^2}(y_i - a - bx_i)^2\right]$$

$$= \left(\frac{1}{\delta\sqrt{2\pi}}\right)^n \exp\left[-\frac{1}{2\delta^2}\sum_{i=1}^{n}(y_i - a - bx_i)^2\right] \tag{5.103}$$

现用极大似然估计法来估计未知参数 a,b。对于任意一组观察值 $y_1, y_2, \cdots, y_n$，5.103 式就是样本的似然函数。显然，要 L 取最大值，只要 5.103 式右端方括弧中的平方和部分为最小，即只需函数

$$Q(a,b) = \sum_{i=1}^{n}(y_i - a - bx_i)^2 \tag{5.104}$$

取最小值。

取 Q 分别关于 a,b 的偏导数，并令它们等于 0：

$$\left.\begin{array}{l} \dfrac{\partial Q}{\partial a} = -2\sum_{i=1}^{n}(y_i - a - bx_i) = 0 \\ \dfrac{\partial Q}{\partial b} = -2\sum_{i=1}^{n}(y_i - a - bx_i)x_i = 0 \end{array}\right\} \tag{5.105}$$

得方程组：

$$\left.\begin{array}{l} na + \left(\sum_{i=1}^{n} x_i\right)b = \sum_{i=1}^{n} y_i \\ \left(\sum_{i=1}^{n} x_i\right)a + \left(\sum_{i=1}^{n} x_i^2\right)b = \sum_{i=1}^{n} x_i y_i \end{array}\right\} \tag{5.106}$$

5.106 式称为正规方程组。

由于 i 不全相同，正规方程组的系数行列式：

$$\left|\begin{array}{cc} n & \sum_{i=1}^{n} x_i \\ \sum_{i=1}^{n} x_i & \sum_{i=1}^{n} x_i^2 \end{array}\right| = n\sum_{i=1}^{n} x_i^2 - \left(\sum_{i=1}^{n} x_i\right)^2 = n\sum_{i=1}^{n}(x_i - \bar{x})^2 \neq 0$$

故 5.106 式有唯一的一组解。解得 b, a 的极大似然估计为：

$$\left.\begin{array}{l} \hat{b} = \dfrac{n\sum_{i=1}^{n} x_i y_i - \left(\sum_{i=1}^{n} y_i\right)}{n\sum_{i=1}^{n} x_i^2 - \left(\sum_{i=1}^{n} x_i\right)^2} = \dfrac{\sum_{i=1}^{n}(x_i - \bar{x})(y_i - \bar{y})}{\sum_{i=1}^{n}(x_i - \bar{x})^2} \\ \hat{a} = \dfrac{1}{n}\sum_{i=1}^{n} y_i - \dfrac{\hat{b}}{n}\sum_{i=1}^{n} x_i = \bar{y} - \hat{b}\bar{x} \end{array}\right\} \tag{5.107}$$

于是，所求的线性回归方程为：

$$\hat{y} = \hat{a} + \hat{b}x \tag{5.108}$$

若将 $\hat{a} = \bar{y} - \hat{b}\bar{x}$ 代入上式，则线性回归方程变为：

$$\hat{y} = \bar{y} + \hat{b}(x - \bar{x}) \tag{5.109}$$

5.109 式表明，对于样本观察值 $(x_1, y_1), (x_2, y_2), \cdots, (x_n, y_n)$，回归直线通过散点图的几何中心 $(\bar{x}, \bar{y})$。

今后我们将视方便程度而使用 5.107 式或 5.108 式。

为了计算上的方便，我们引入下述记号：

$$\left.\begin{array}{l} S_{xx} = \sum_{i=1}^{n}(x_i - \bar{x})^2 = \sum_{i=1}^{n}x_i^2 - \frac{1}{n}\Big(\sum_{i=1}^{n}x_i\Big)^2 \\ S_{yy} = \sum_{i=1}^{n}(y_i - \bar{y})^2 = \sum_{i=1}^{n}y_i^2 - \frac{1}{n}\Big(\sum_{i=1}^{n}y_i\Big)^2 \\ S_{xy} = \sum_{i=1}^{n}(x_i - \bar{x})^2(y_i - \bar{y})^2 = \sum_{i=1}^{n}x_iy_i - \frac{1}{n}\Big(\sum_{i=1}^{n}x_i\Big)\Big(\sum_{i=1}^{n}y_i\Big) \end{array}\right\} \quad (5.110)$$

这样，a, b 的估计可写成：

$$\left.\begin{array}{l} \hat{b} = \dfrac{S_{xy}}{S_{xx}} \\ \hat{a} = \dfrac{1}{n}\sum_{i=1}^{n}y_i - \Big(\dfrac{1}{n}\sum_{i=1}^{n}x_i\Big)\hat{b} \end{array}\right\} \quad (5.111)$$

### 三、$\sigma^2$ 的估计

$$\hat{y}_i \triangleq \hat{a} + \hat{b}x_i, \quad y - \hat{y}_i$$

称为 $x_i$ 处的残差，平方和

$$Q_e = \sum_{i=1}^{n}(y - \hat{y}_i)^2 = \sum_{i=1}^{n}(y_i - \hat{a} - \hat{b}x_i)^2 \quad (5.112)$$

称为残差平方和。

残差平方和服从分布：

$$\frac{Q_e}{\sigma^2} \sim \chi^2(n-2) \quad (5.113)$$

于是

$$E(Q_e/\sigma^2) = n - 2$$

即知

$$\hat{\sigma}^2 = \frac{Q_e}{n-2} \quad (5.114)$$

是 $\sigma^2$ 的无偏估计。

为了便于计算 $\hat{\sigma}^2$，我们将 $Q_e$ 作如下的分解：

$$\begin{aligned} Q_e &= \sum_{i=1}^{n}(y - \hat{y}_i)^2 = \sum_{i=1}^{n}\Big[y_i - \bar{y} - \hat{b}\Big(x_i - \sum_{i=1}^{n}\Big)\Big]^2 \\ &= \sum_{i=1}^{n}(y_i - \bar{y})^2 - 2\hat{b}\sum_{i=1}^{n}(x_i - \bar{x})(y_i - \bar{y}) + (\hat{b})^2\sum_{i=1}^{n}(x_i - \bar{x})^2 \\ &= S_{yy} - 2\hat{b}S_{xy} + (\hat{b})^2 S_{xx} \end{aligned}$$

由 5.111 式 $\hat{b} = S_{xy}/S_{xx}$，得 $Q_e$ 的一个分解式：

$$Q_e = S_{yy} - \hat{b}S_{xy} \quad (5.115)$$

# 第六章

# 风险模型

## 第一节 概述

### 一、预备知识

本章研究的风险模型，尤其是适用于短期保险合同的风险模型，是风险理论的核心内容，是非寿险精算的重要基础。

为了更清晰地描述本章模型的核心思想，以方便读者理解，同时也为了使其更具一般性，与实际应用的具体细节相比，我们对模型做了更一般性的抽象，或者说更标准化了。实践中需要针对具体情况，采用书中提及的方法或其他方式再对模型稍加细化即可。

本章所使用的超额损失再保险的定义都假设在一次单独索赔中，再保险人的责任没有上限。在实际中，再保险人会给每次单独索赔中的责任加一个上限。

在熟悉了本书第三章矩母函数的概念和性质之后，读者一定记得，对于某随机变量 X，如果其矩母函数存在，记为 $M(t)$，则对任何一个正整数 n 有：

$$\frac{d^n}{dt^n}M(t)\Big|_{t=0} = E(X^n) \tag{3.20}$$

由此可以推导出另一个重要的性质：对于 n = 2 和 3，有：

$$\frac{d^n}{dt^n}\log M(t)\Big|_{t=0} = E[X - E(X)]^n \tag{6.0}$$

（证明过程从略）。

$\log M(t)$ 称为 X 的累积母函数。我们常常更多地使用 6.0 式而不是 3.20 式。这是因为对一个随机变量来说，我们更感兴趣的是它的中心矩，而不是原点矩；而对于 n = 2 和 3，中心矩可由 6.0 式直接给出。

在第一章及第五章曾提及，为了考察一个随机变量的对称性或者偏斜程度，我们经常需要计算它的三阶矩，尤其是其偏斜系数。在此，我们重申第五章偏斜系数（见公式 5.95）的概念如下：随机变量 X 的偏斜系数 Sk(X) 定义为三阶中心矩与标准差立方的比值，即：

$$Sk(X) = \frac{E\{[x-E(x)]^3\}}{[Var(x)]^{3/2}} \qquad (5.95)$$

三阶中心矩的一个重要性质是，如果随机变量的分布是对称的（相对其均值），那么它的三阶中心矩为零，因此其偏斜系数也等于零。

在本章中我们要使用随机变量之和的分布函数。假设 $\{X_i\}_{i=1}^n$ 是一系列独立同分布的随机变量，其分布函数为 $F(x)$，那么 $\sum_{i=1}^n X_i$ 的分布函数表示为 $F^{n*}(x)$，则：

$$F^{n*}(x) = P(X_1 + X_2 + \cdots + X_n \leq x)$$

在本章中我们要经常运用各种期望的性质，尤其以下两个结果，对于任何两个随机变量 X、Y，当相应的数学期望和方差存在时，有：

$$E(X) = E[E(X|Y)]$$
$$Var(X) = E[Var(X|Y)] + Var[E(X|Y)]$$

## 二、基本模型

本章将要探讨一种适用于短期保险合同的模型。通常的多数非寿险合同可以看作是短期合同，例如汽车保险；也有一些寿险保单，例如团体寿险和一年期保单等也被视为短期合同。我们所说的短期保险合同的意思是：

1. 保单持续期限是固定的且期限相对较短，典型的是一年期的；
2. 保险公司向投保人收取一次保费；
3. 作为回报，保险人偿付在保险期限内由该保单引起的索赔；
4. 在保单期末，投保人可续保或不续保，如果续保，投保人应交的保费可以与上一期所支付的相同或不相同。
5. 保险人可以分保，即将一部分保费交给再保险人，作为回报，在一旦发生赔付的时候再保险人将根据双方同意的份额补偿保险人在保单期限内的部分理赔费用。

短期保险合同的一个重要特色是仅仅按相应保单在（短）期限内发生的索赔水平确定保费，也就是说，收取的保费恰好与该保单保险期间内的预期索赔额相等。与此不同的保单种类也很多，例如终身人寿保险，在一生中每年支付一定水平的年保费，在这种情形下，死亡率随着年龄的增长而增长，这意味着在早期的年份里的保费（水平）将超过足够弥补在这些年中的预期索赔额，所超过的金额将被作为准备金累积起来，用于在后来的年份里保费本身不足以满足预期索赔费用的情况。

在此，要特别明确的是，我们考虑的是弥补一项风险索赔或支出的短期保险合同。我们将风险特指为一个单独的保单或一组特定的保单，为了术语的简便起见，我们假定合同的期限是一年，当然它也可以是任何其他的较短的期限，例如 6 个月。随机变量 S 表示保险人在这一年里对这项风险所支付的索赔总额，我们将建立和研究随机变量 S 的模型，包括集合风险模型和个体风险模型。建立集合风险模型的第一步是用一年中的索赔次数（用随机变量 N 表示）和每次的索赔金额来表示 S。用随机变量 $X_i$ 表示第 $i$ 次索赔的索赔金额，则：

$$S = \sum_{i=1}^{N} X_i \tag{6.1}$$

这里如果 N 为 0，则总和 S 为 0。

对 S 的分解使我们有可能分别考虑索赔次数和索赔金额。这种作法的一个重要原因是影响索赔次数和索赔金额的因素可能大不相同。以汽车保险为例，某一天中持久的坏天气可以对索赔次数有显著的影响但对个体的索赔金额影响很小或没有影响；从另一角度讲，通货膨胀可以对修理汽车的费用有显著的影响，因此对个体的索赔金额的分布有很大影响，但对索赔次数的影响很小或无影响。

我们将要研究的问题是由 $N$ 和 $X_i$ 的矩和分布导出 $S$ 的矩和分布，我们将在有再保险和无再保险的情况下都这样做；我们还将研究再保险人相应的问题，即求出有关这项风险由再保险人在这一年里支付的索赔总额的矩和分布。

### 三、在基本模型中所做的抽象和概括

前面描述的短期保险的模型与实际的保险运作相比包含了一些抽象和概括，其中第一个是通常假定 $N$ 和 $X_i$ 的矩和（有时是）分布是确切已知的。而在实践中，它们可能是从一些有关的数据估计出来的。

另一个概括是我们假设理赔是在导致索赔的事故一发生就进行的。而在实践中，理赔至少会有短期的拖延，有些情况延期长达数年。尤其是当损失的情况难以确定时更是这样。例如，有时要由法庭决定。

通常模型不涉及任何费用，假设保费是用来支付保险金（索赔金额）和附加的利润。而在实践中，投保人支付的保费还包括附加的费用。用一种很简单的方式把费用包含在本模型中也是可能的，我们将在以后的内容中通过一个例子来说明具体做法。

影响长期保险的一个重要因素是利率。超额保费收入要进行投资以建立准备金。与长期保险相比，短期保险中的利息因素不那么重要，但仍是一个重要的性质。我们可以在短期保险模型中考虑利息因素，但通常都忽略它，至少是在初级的模型中忽略利息的影响。

### 四、符号和假定

在本章的风险模型中，我们做以下两个重要的假定：

1. 随机变量 $\{X_i\}_{i=1}^{n}$ 是独立同分布的；
2. 随机变量 $N$ 独立于 $\{X_i\}_{i=1}^{n}$。

上述假设意味着：

1. 索赔次数不受个体索赔金额的影响。
2. 一定的个体索赔金额不受任何其他个体索赔金额的影响。
3. 在保单的（较短的）期限内，个体索赔额的分布不变。

本书将假定所有的索赔金额都是非负的，因此对于 $x<0$，$P(X_i\leqslant x)=0$。

风险模型中的许多公式都是由 S、N 和 $X_i$ 的矩母函数求出的，为了方便，本书将用 MGF 代表矩母函数，其表达式分别写为 $M_S(t)$、$M_N(t)$ 和 $M_X(t)$，并且假定对于满足 t 大于 0 的某些值上述函数有意义。不能想当然地认为对于 t 的任意正值一定存在一个非负随机变量的矩母函数，例如，对于 t 的任何正值，帕累托分布和对数分布的矩母函数不存在。然而，不做上述假定，也可以运用矩母函数推出风险模型的有关公式，尽管不像这样容易。

我们用 G(x) 和 F(x) 分别表示 S 和 $X_i$ 的分布函数。即：

$$G(x)=P(S\leqslant x),\qquad F(x)=P(X_i\leqslant x)$$

为方便起见，我们经常假设 F(x) 的密度函数存在，我们将它表示为 f(x)。在该密度函数不存在的情况下，我们便认为 $X_i$ 服从一个离散的或连续与离散混合的分布，像

$$\int_0^\infty xf(x)\,dx$$

这样的表达式应当被适当地理解。其含义应当总是能从上下文中清楚地知道。

本书将用 $m_k$ 表示 $X_i$ 的 k 阶原点矩（k = 1,2,3,…），即：

$$m_k=E(X_i^k)$$

## 第二节　集合风险模型

我们现在考虑由随机变量 S 表示的一个风险的索赔总额。索赔总额是个体索赔额的简单加总。本节将涉及的内容是：1. 建立不确定索赔次数 N 的分布的一般模型；2. 引入当 N 服从泊松分布时 S 的复合泊松分布，并描述该分布的一个重要结果；3. 考察当 N 服从二项分布情况下 S 的复合分布；4. 考察当 N 服从负二项分布时 S 的复合分布；5. 研究保险人和再保险人分别在成数分保和超额损失再保险中的理赔总额的分布。

### 一、集合风险模型

第一节中我们已经约定，S 代表 N 个随机变量 $X_i$ 的总和，这里 $X_i$ 表示第 i 次索赔的金额，因此：

$$S=X_1+X_2+\cdots+X_N,$$

且 N = 0，则 S = 0。

注意我们研究的是由作为集合的风险单位中产生的索赔次数 N，而不是单个保单的索赔次数，这就使我们引入了称为"集合风险模型"的模型。通过这个模型，我们能够得出 S 的分布函数、均值、方差和矩母函数的一般表达式。

通过研究事件 $\{S\leqslant x\}$，我们能够得出 S 的分布函数 G(x) 的表达式，注意如果该事件发生，那么，下列事件中的一件，且只有一件必然发生：

## Chapter 6 风险统计模型

$\{S \leq x$ 且 $N = 0\}$ （即无索赔）

或 $\{S \leq x$ 且 $N = 1\}$ （即一次金额 $\leq x$）

或 $\{S \leq x$ 且 $N = 2\}$ （即两次总额 $\leq x$）

或 $\{S \leq x$ 且 $N = r\}$ （即 r 次索赔总额 $\leq x$）

依此类推，这些事件是彼此互斥和完备的，因此：

$$\{S \leq x\} = \bigcup_{n=0}^{\infty} \{S \leq x \text{ 且 } N = n\}$$

并且因此：

$$P\{S \leq x\} = \sum_{n=0}^{\infty} P\{S \leq x \text{ 且 } N = n\}$$

$$= \sum_{N=0}^{\infty} P\{N = n\} P\{S \leq x \text{ 且 } N = n\}$$

这里需注意，如果 $N = n$，那么 S 是 $\{X_i\}_{i=1}^{n}$ 的总和，其中 $\{X_i\}_{i=1}^{n}$ 是随机变量序列，n 是固定数字。因此：

$$P\{S \leq x \mid N = n\} = F^{n*}(x)$$

这里 $F^{n*}(x)$ 是分布函数 F(x) 的 n 重结合式。注意 $F^{1*}(x)$ 就是 $F(x)$。为方便起见，定义 $F^{n*}(x)$ 为：

$$F^{n*}(x) = \begin{cases} 1, & \text{对所有的非负 } x \\ 0, & \text{其他} \end{cases}$$

因此：

$$G(x) = \sum_{n=0}^{\infty} P(N = n) F^{n*}(x) \tag{6.2}$$

6.2 式是 S 的分布函数的一般表达式。我们没有确定 N 或 $X_i$ 的分布。

注意：当 $X_i$ 是分布于正整数的点上，对于 $x = 1, 2, 3, \cdots$，我们很容易计算 $P(S = x)$，因为：

$$P(S = x) = G(x) - G(x - 1)$$

$$= \sum_{n=0}^{\infty} P(N = n) \{F^{n*}(x) - F^{n*}(x - 1)\}$$

即：

$$P(S = x) = \sum_{n=0}^{\infty} P(N = n) f_x^{n*} \tag{6.3}$$

这里，

$$f_x^{n*} = F^{n*}(x) - F^{n*}(x - 1)$$

是 $\sum_{i=1}^{n} X_i$ 的概率密度函数。正如当 $X_i$ 是一个连续型变量那样，$P(S = 0) = P(N = 0)$。

在第三节中，我们将讨论近似地估计 G(x) 的方法。近似估计的过程中，需要知道 S 的矩。以下我们要讨论矩的问题。

我们运用以索赔次数 N 为条件的条件期望结论来计算 S 的矩，即利用下面的等式求出 E(S)：

$$E(S) = E[E(S|N)]$$

当 N = n 时，有：

$$E(S|N=n) = \sum_{i=1}^{n} E(X_i) = nm_1$$

因此：

$$E(S|N) = Nm_1$$

且：

$$E(S) = E(Nm_1) = E(N)m_1 \qquad (6.4)$$

6.4 式有一个很自然的解释，它说明索赔总额的期望是索赔次数的期望与个体索赔额的期望的乘积。

[例 6 – 1] 试推导出 Var(S) 的表达式。

解：运用本章初曾提到的等式：

$$\mathrm{Var}(S) = E[\mathrm{Var}(S|N)] + \mathrm{Var}[E(S|N)]$$

由于个体索赔金额是独立的，所以有：

$$Var(S|N=n) = Var\Big(\sum_{i=1}^{n} X_i\Big) = \sum_{i=1}^{n} Var(X_i) = n(m_2 - m_1^2)$$

这样一来，

$$Var(S|N) = N(m_2 - m_1^2)$$

因此：

$$Var(S) = E[N(m_2 - m_1^2)] + Var(Nm_1)$$

即：

$$Var(S) = E(N)(m_2 - m_1^2) + Var(N)m_1 \qquad (6.5)$$

与 E(S) 的表达式不同，6.5 式没有一个具体的关于实际意义的解释。只是 S 的方差可用 N 和 $X_i$ 的均值和方差表示出来。

运用条件期望的性质也可求出 S 的矩母函数。根据定义：

$$M_S(t) = E[\exp(tS)]$$

因此：

$$M_S(t) = E\{E[\exp(tS)|N]\} \qquad (6.6)$$

而，

$$E[\exp(tS)|N=n] = E[\exp(tX_1 + tX_2 + \cdots + tX_n)]$$

并且由于 $\{X_i\}_{i=1}^{n}$ 是相互独立的随机变量，有：

$$E[\exp(tX_1 + tX_2 + \cdots + tX_n)] = \prod_{i=1}^{n} E[\exp(tX_i)]$$

由于 $\{X_i\}_{i=1}^{n}$ 是相同分布的，它们有共同的矩母函数，即 $M_X(t)$，所以，

$$\prod_{i=1}^{n} E[\exp(tX_i)] = \prod_{i=1}^{n} M_X(t) = [M_X(t)]^n$$

因此：

$$E[\exp(tS)|N] = [M_X(t)]^N \qquad (6.7)$$

$$M_S(t) = E\{[M_X(t)]^N\} = E\{\exp\{N\log[M_X(t)]\}\}$$
$$= M_N\{\log[M_X(t)]\}. \tag{6.8}$$

这样一来，S 的矩母函数就用 N 和 $X_i$ 的矩母函数表达出来了。和前面的结果一样，我们并没有确定 N 和 $X_i$ 的分布。

6.4 式、6.5 式和 6.8 式十分重要。总结起来，即：
$$E(S) = E(N)m_1$$
$$Var(S) = E(N)(m_2 - m_1^2) + Var(N)m_1^2$$
$$M_S(t) = M_N\{\log[M_X(t)]\}$$

有种特殊的情况我们很感兴趣，这就是在所有的索赔额都是相同的情况时。例如，一个组一年期的定期寿险的组合，每份保险的保险金额相同。假设每次索赔的金额是 B 的概率为 1，即：
$$P(X_i = B) = 1$$

因此：
$$m_1 = B, m_2 = B^2$$

这样，S 分布在 0、B、2B…上。事实上，S = BN，因此：
$$P(S \leq Bx) = P(N \leq x)$$

并且，S 的分布即由 N 的分布而求得。6.4 式和 6.5 式给出了 S 的均值和方差。但是由于 S = BN，我们更容易地得出：
$$E(S) = E(N)B, \quad Var(S) = Var(N)B^2$$

S 的分布是典型的复合分布。当 N 服从不同的分布时，S 的分布情况不尽相同。下面，我们将分别探讨当 N 服从泊松分布、二项分布和负二项分布时的情况。

### ■二、复合泊松分布

#### （一）复合泊松分布索赔总额的数学期望、方差、偏斜系数

我们首先研究当 N 服从均值为 λ 的泊松分布时的索赔总额。N 服从均值为 λ 的泊松分布表示为 N ~ Poisson(λ) 或 N ~ P(λ)。我们说 S 服从参数为 λ 和 F(x) 的复合泊松分布。对于 N，我们有如下的结果：
$$E(N) = Var(N) = \lambda, \quad M_N(t) = \exp\{\lambda(e^t - 1)\}$$

注意书后附表中给出了这些结果。

我们可以把这些结果和前面的内容结合起来。由 6.4 式得 S 的均值为：
$$E(S) = \lambda m_1 \tag{6.9}$$

由 6.5 式得 S 的方差为：
$$Var(S) = \lambda(m_2 - m_1^2) + \lambda m_1^2$$

即：
$$Var(S) = \lambda m_2 \tag{6.10}$$

由 6.8 式得 S 的矩母函数为：
$$M_S(t) = \exp\{\lambda[M_X(t) - 1]\} \tag{6.11}$$

我们可以看出均值和方差的结果有非常简单的形式。注意 S 的方差是用 $X_i$ 在 0 点的二阶矩表示的（而不是用 $X_i$ 的方差表示的）。

[例 6-2] 试证：S 的三阶中心矩为 $\lambda m_3$。

证明：运用累积母函数 6.0 式，令 n = 3，即：

$$E[(S - \lambda m_1)^3] = \frac{d^3}{dt^3}\log M_S(t)\Big|_{t=0}$$

而

$$\log M_S(t) = \lambda[M_X(t) - 1]$$

所以，

$$\frac{d^3}{dt^3}\log M_S(t)\Big|_{t=0} = \lambda \frac{d^3}{dt^3}\log M_X(t)\Big|_{t=0} = \lambda m_3$$

即：

$$E[(S - \lambda m_1)^3] = \lambda m_3$$

说明：该结果显示出 S 的分布是正偏斜的，由于 $m_3$ 是 $X_i$ 在 0 点的三阶矩，而 $X_1$ 是一个取非负值的随机变量，所以它大于 0。注意 S 的偏斜：即使 $X_i$ 的分布是负偏斜的，S 的分布也是正偏斜的，系数是：

$$\frac{\lambda m_3}{(\lambda m_2)^{3/2}}$$

于是，随着 $\lambda \to \infty$，它趋于 0。因此对于 $\lambda$ 取较大值时，S 的分布几乎是对称的。

[例 6-3] 索赔总额 S 服从复合泊松分布，个体索赔额 $X_i$ 服从参数 $\mu = 3.91202, \sigma = 1.17741$ 的对数正态分布 $\text{Log}N(\mu, \sigma^2)$。计算当泊松分布的参数为 (a) 100 和 (b) 10 000 时 S 的均值、方差和偏斜系数。

解：我们需要先求出对数正态分布的前三个矩，当 $X_i$ 服从参数为 $\mu$ 和 $\sigma$ 的对数正态分布时，即 $Y_i = \log X_i$ 服从参数为 $\mu$ 和 $\sigma$ 的正态分布。由 $m_t$ 的定义，我们有：

$$m_t = E(X_i^t) = E(e^{\log X_i^t}) = E(e^{t\log X_i})$$
$$= E(e^{tY_i}) = M_Y(t) = \exp\left\{\mu t + \frac{1}{2}\sigma^2 t^2\right\}$$

于是：

$$m_1 = 100, \quad m_2 = 40\,000, \quad m_3 = 64\,000\,000$$

(a) 当 $\lambda = 100$ 时，

$$E(S) = 100 m_1 = 10^4$$
$$\text{Var}(S) = 100 m_2 = 4 \times 10^6$$
$$E\{[S - E(S)]^3\} = 64 \times 10^8$$

偏斜系数为：

$$\frac{64 \times 10^8}{(4 \times 10^6)^{3/2}} = 0.8$$

(b) 当 $\lambda = 10\,000$ 时

$$E(S) = 10^6$$
$$\text{Var}(S) = 4 \times 10^8$$
$$E\{[S - E(S)]^3\} = 64 \times 10^{10}$$

偏斜系数为：

$$\frac{64 \times 10^{10}}{(4 \times 10^8)^{3/2}} = 0.08$$

我们可以看出 $\lambda$ 取值的大幅度增长导致了 S 的偏斜系数的大幅度下降。

（二）复合泊松分布的可加性

复合泊松分布的一个很有用的性质是多个相互独立的服从复合泊松分布的随机变量，其总和也是一个服从复合泊松分布的随机变量。我们称该性质为复合泊松分布的可加性：

设 $S_1, S_2 \cdots S_n$ 是相互独立的随机变量，$S_i$ 服从参数为 $\lambda$ 和 $F_i(x)$ 的复合泊松分布。

令 $A = S_1 + S_2 + \cdots + S_n$，则随机变量 A 服从参数为 $\Lambda$ 和 $F(x)$ 的复合泊松分布，这里，

$$\Lambda = \sum_{i=1}^{n} \lambda_i$$

$$F(x) = \frac{1}{\Lambda} \sum_{i=1}^{n} \lambda_i F_i(x)$$

注解：这个结果说明 A 的泊松分布参数正好是 $\{S_i\}_{i=1}^{n}$ 的泊松分布参数的总和，分布 $F(x)$ 是 $\{F_i\}_{i=1}^{m}$ 的加权平均数，其权数与泊松分布参数成比例。

如果把 $S_i$ 看作是一年里由风险 i 产生的索赔总额，那么 A 就是在一年里由 n 个风险所产生的索赔总额。这样一来，一年里这 n 个风险所产生的索赔次数的分布服从参数为 $\Lambda$ 的泊松分布。也就是说，服从泊松分布的随机变量的总和，也是一个服从泊松分布的随机变量。这一结论是上述结论的一个特例。

要证明该结果，首先应注意到 $F(x)$ 是分布函数的加权平均数，并且它的权数都是正数，其总和为 1。这意味着 $F(x)$ 是一个分布函数并且该分布的矩母函数是：

$$M(t) \int_0^{\infty} \exp\{tx\} \frac{1}{\Lambda} \sum_{i=1}^{n} \lambda_i f_i(t) dx$$

其中，$f_i(t)$ 是分布函数 $F_i(x)$ 的密度函数。因此：

$$M(t) = \frac{1}{\Lambda} \sum_{i=1}^{n} \lambda_i \int_0^{\infty} \exp\{tx\} f_i(t) dx = \frac{1}{\Lambda} \sum_{i=1}^{n} \lambda_i M_i(t) \quad (6.12)$$

其中，$M_i(t)$ 是分布函数 $F_i(x)$ 的矩母函数。

令 $M_A(t)$ 表示 A 的矩母函数，则：

$$M_A(t) = E[\exp(tA)]$$
$$= E[\exp(tS_1 + tS_2 + \cdots + tS_n)]$$

根据 $\{S_i\}_{i=1}^{n}$ 的独立性，

$$M_A(t) = \prod_{i=1}^{n} E[\exp(tS_i)]$$

由于 $S_i$ 是服从复合泊松分布的随机变量，它的矩母函数是 6.12 式给出的形式，所以：
$$E(\exp\{tS_i\}) = \exp\{\lambda_i [M_i(t) - 1]\}$$

因此: $$M_A(t) = \prod_{i=1}^{n} \exp\{\lambda_i[M_i(t)-1]\} = \exp\{\sum_{i=1}^{n}\lambda_i[M_i(t)-1]\}$$
即: $$M_A(t) = \exp\{\Lambda[M(t)-1]\} \qquad (6.13)$$
其中,
$$\Lambda = \sum_{i=1}^{n}\lambda_i, \qquad M(t) = \frac{1}{\Lambda}\sum_{i=1}^{n}\lambda_i M_i(t)$$

通过分布函数与矩母函数之间的一对一的关系,6.13式告诉我们,随机变量 A 服从参数为 $\Lambda$ 的复合泊松分布,根据 6.12 式,个体索赔额的分布函数为 $F(x)$。

**[例 6-4]** 两项由 $S_1$ 和 $S_2$ 表示的风险的索赔总额的分布函数如下:

风险1:$S_1$ 服从参数为 100 的复合泊松分布且:
$$F_1(x) = 1 - \exp\{-x/\alpha\};$$
风险2:$S_2$ 服从参数为 200 的复合泊松分布,且:
$$F_2(x) = 1 - \exp\{-x/\beta\};$$
试求 $S_1 + S_2$ 的分布函数。

解:设 $A = S_1 + S_2$,根据复合泊松分布的可加性,A 服从参数为 300 和 $F(x)$ 的复合泊松分布,其中:
$$F(x) = 1 - \frac{1}{3}\exp\{-x/\alpha\} - \frac{2}{3}\exp\{-x/\beta\}$$

说明:$F(x)$ 是混合指数分布一个例子,我们可以按以下方式求解 A 的分布函数。索赔次数分布服从参数为 300 的泊松分布。有 1/3 的可能性个体索赔支付来源于服从参数为 $\alpha$ 的指数分布的随机变量,有 2/3 的可能性个体索赔支付来源于服从参数为 $\beta$ 的指数分布的随机变量。

复合泊松分布的可加性有一个最直接的用途,就是当每个 $S_i$ 都服从同样的参数 $\lambda$ 和 $F(x)$ 的复合泊松分布时,A 就服从参数为 $n\lambda$ 和 $F(x)$ 的复合泊松分布。

### 三、复合二项分布

在某些情况下,二项分布是我们在探讨索赔次数 N 时最自然的选择。例如:在一组包含 n 个被保险人的寿险保单下,如果我们假设每个被保险人的死亡率是相同的,并且这些人在死亡率方面是相互独立的,则每年死亡的人数服从二项分布。我们用符号 $N \sim b(n,q)$ 表示 N 服从该二项分布,其中 q 为每个人在该年的死亡率。我们将常用该分布的如下重要结果:
$$E(N) = nq$$
$$Var(N) = nq(1-q)$$
$$M_N(t) = (qe^t + 1 - q)^n$$

当 N 服从二项分布时,我们说 S 服从复合二项分布。为 N 选择二项分布,很重要一点是索赔次数有一个上限 n。

**[例 6-5]** 当 $N \sim b(n,q)$ 时,求出 S 的均值、方差和矩母函数用 n,q,

$m_1, m_2$ 和 $M_X(t)$ 表示的表达式。

解：根据 6.4 式和 6.5 式，可将均值和方差表示如下：

$$E(S) = nqm_1 \tag{6.14}$$

$$Var(S) = nq(m_2 - m_1^2) + nq(1-q)n_1^2$$
$$= nqm_2 - nq^2 m_1^2 \tag{6.15}$$

根据 6.8 式求出矩母函数：

$$M_S(t) = [qM_X(t) + 1 - q]^n$$

三阶中心矩是从累积母函数建立起来的（运用 6.15 式）：

$$\frac{d^3}{dt^3}\log M_S(t) = \frac{d^3}{dt^3} n\log[qM_X(t) + p] \quad 这里\ p = 1 - q$$

$$= \frac{d^2}{dt^2}\left\{nq\left[\frac{d}{dt}M_X(t)\right]\right\}[qM_X(t) + p]^{-1}$$

$$= \frac{d}{dt}\left\{nq\left[\frac{d^2}{dt^2}M_X(t)\right][qM_X(t) + p]^{-1} - b\left[q\frac{d}{dt}M_X(t)^2\right][qM_X(t)+p]^2\right\}$$

$$= nq\frac{d^3}{dt^2}M_X(t)[qM_X(t) + p]^{-1} - 3nq^2\frac{d^2}{dt^2}M_X(t)[qM_X(t)+p]^{-2}\frac{d}{dt}M_X(t)$$

$$+ 2n\left[q\frac{d}{dt}M_X(t)\right]^3[qM_X(t) + p]^{-3}$$

令 $t = 0$，得：

$$E[(S - nqm_1)^3] = nqm_3 - 3nq^2 m_2 m_1 + 2nq^3 m_1^3 \tag{6.16}$$

由 6.15 式我们可以得出，复合二项分布可能是负偏斜的。对这一事实的最简单的说明是当所有个体索赔额都是 B 时，则：

$$S = BN$$

且：

$$E\{[S - E(S)]^3\} = B^3 E\{[N - E(N)]^3\}$$

因此 S 的偏斜系数是 N 的偏斜系数的倍数，如果 $q > 0.5$，则 N 的二项分布是负偏斜的。

[例 6 - 6] 保险人有一个包含 100 个 1 年期定期寿险的组合，每份定期寿险的保险金额为 5 000 元，保险人假定被保险人的死亡率是相互独立的，每个被保险人的索赔概率为 0.002。

(a) 计算该组合索赔总额的均值、方差和偏斜系数；

(b) 计算索赔总额超过 5 000 元的概率。

解：(a) 由于个体索赔额是一个常量，

$$m_t = 5\,000^t$$

根据 6.16 式和 6.15 式：

$$E(S) = 100 \times 0.002 \times 5\,000 = 1\,000$$

$$Var(S) = 100 \times 0.002 \times 0.998 \times 5\,000^2 = 4\,990\,000$$

由于 $m_2 = m_1^2$，为计算 S 的三阶中心矩，我们考察：

$$m_t = 5\,000^t$$

由此得：
$$m_3 = m_1 m_2 = m_1^3 = 5\,000^3$$

运用 6.16 式，我们求出：
$$E[S - E(S)^3] = 1\,000 \times 0.002 \times 5\,000^3 \times (1 - 3 \times 0.002 + 2 \times 0.002^2)$$
$$= 2.48502 \times 10^{10}$$

偏斜系数为：
$$\frac{2.48502 \times 10^{10}}{(4.99 \times 10^6)^{3/2}} = 2.22935$$

该分布的正的偏斜系数反映出其小额索赔总额的较大概率和大额索赔总额的很小概率。例如，该组合的最大和最小支出分别是 500 000 元和 0 元，这两种支出的概率分别为 $0.002^{100}$ 和 $0.998^{100}$。

(b) 由：
$$P(S \leqslant 5\,000) = P(N \leqslant 1)$$
$$= 0.998^{100} + \binom{100}{1} 0.998^{99} 0.002$$
$$= 0.9826$$

可得：
$$P(S > 5\,000) = 0.0174$$

关于复合二项分布最后要说明的一点是：它没有与复合泊松分布的可加性相应的结论，但是，如果分别由 m 个相互独立风险产生的索赔总额 $S_i$ 都服从相同的复合二项分布，则：
$$A = S_1 + S_2 + \cdots + S_m$$

服从复合二项分布。这很容易看出，

因为： $$M_{S_i}(t) = [qM_X(t) + 1 - q]^n$$

所以： $$M_{A_i}(t) = [qM_X(t) + 1 - q]^{mn}$$

因此 A 服从复合二项分布，$N \sim b(mn, q)$。

## 四、复合负二项分布

我们对于索赔次数 N 所服从分布的最后一个选择是负二项分布。我们曾在第二章提到过负二项分布的概率分布率的两种形式 2.62 式和 2.65 式，在此，我们选择的是：

$$P(N = n) = \binom{k + N - 1}{n} p^k q^n \quad n = 0, 1, 2, \cdots$$

该分布的参数是 $k(>0)$ 和 p，这里 $p + q = 1$，$0 < P < 1$。我们用 NB(k,p) 表示该分布，当 $N \sim NB(k, p)$ 时：

$$E(N) = kq/p$$
$$Var(N) = kq/p^2$$
$$M_N(t) = \frac{p^k}{(1 - qe^t)^k}$$

在特殊情况 k = 1 时，我们得出几何分布。

对于索赔次数 N，负二项分布是在某些情况下用来替代泊松分布的。负二项分布的一个优于泊松分布之处是它的方差超过了它的均值，而泊松分布中这两个数值是相等的。因此，负二项分布可能更适合于样本方差超过样本均值的数据集合。在实践中经常是这种情况。后面我们将详细研究导致 N 服从负二分布的情形，当 N 服从负二项分布时，我们说 S 服从复合负二项分布。

当 N ~ NB(N,p) 时，根据 6.4 式、6.5 式和 6.8 式，我们能立即写下 S 的均值、方差和矩母函数的表达式：

$$E(S) = \frac{kq}{p}m_1$$

$$Var(S) = \frac{kq}{p}(m_2 - m_1^2) + \frac{kq}{p^2}m_1^2$$

$$= \frac{kq}{m^2} + \frac{kq^2}{p^2}m_1^2$$

$$M_S(t) = p^k / \{1 - qM_X(t)\}^k$$

和前面一样，我们能从 S 的累积母函数求出 S 的三阶中心矩，如下所示：

$$\frac{d}{dt}\log M_S(t) = \frac{d}{dt}\{k\log p - k\log[1 - qM_X(t)]\}$$

$$= \frac{kq}{1 - qM_X(t)} \cdot \frac{d}{dt}M_X(t)$$

因此：

$$\frac{d^2}{dt^2}\log M_S(t) = kq^2\left[\frac{d}{dt}M_X(t)\right]^2 \frac{1}{[1 - qM_X(t)]^2}$$

$$+ \frac{kq}{1 - qM_X(t)} \frac{d^2}{dt^2}M_X(t)$$

$$\frac{d^3}{dt^3}\log M_S(t) = 3kq^2\left(\frac{d}{dt}M_X(t)\right)\left(\frac{d^2}{dt^2}M_X(t)\right) \frac{1}{[1 - qM_X(t)]^2}$$

$$+ \frac{2kq^3}{[1 - qM_X(t)]^3}\left(\frac{d}{dt}M_X(t)\right)^3 + \frac{kq}{1 - qM_X(t)} \frac{d^3}{dt^2}M_X(t)$$

在三阶导数中，令 t = 0，得到：

$$E[S - E(S)]^3 = \frac{3kq^2 m_1 m_2}{p^2} + \frac{2kq^3 m_1^3}{p^3} + \frac{kqm_3}{p} \quad (6.17)$$

参数 $k$ 和 $p$ 是正的，F(x) 的矩也是。因此由 6.17 式可以得出复合负二项分布是正偏斜的。

**[例 6 - 7]** $\{S_i\}_{i=1}^n$ 是一系列独立的有相同分布的随机变量，每个 $S_i$ 服从参数为 k 和 p 的同样的复合负二项分布，个体索赔有分布函数 F(x)。令 $A = S_1 + S_2 + \cdots + S_N$，试求 A 的分布。

解：$S_i$ 的矩母函数是：

$$M_{S_i}(t) = \left(\frac{p}{1 - qM_X(t)}\right)^k, \quad 对于 i = 1,2,\cdots,n$$

根据 $\{S_i\}_{i=1}^n$ 的独立性：

$$M_A(t) = \prod_{i=1}^n M_{S_i}(t) = \left(\frac{p}{1-qM_X(t)}\right)^{nk}$$

因此 A 服从参数为 nk 和 p 的复合负二项分布，其个体索赔的分布函数为 F(x)。

### 五、在按比例和超额损失再保险下的索赔总额分布

在自留水平为 α 的按比例分保的情况下，对于发生的每次索赔，保险人支付的比例为 α，$0 \leq \alpha \leq 1$，再保险人支付的比例为 $1-\alpha$。也就是说，每当有索赔发生时，保险人和再保险人都要进行支付。因此与再保险人有关的索赔次数的分布一定与保险人有关的索赔次数的分布相等。保险人支付的个体索赔额是 $\alpha X_1$，再保险人支付的个体索赔额是 $(1-\alpha)X_1$。

[**例 6-8**] 一个风险的年索赔总额服从参数为 100 的复合泊松分布。个体索赔额服从均值为 500 的指数分布，该风险的保险人已经进行了比例分保，自留额为 0.8。求出这种安排下对保险人和再保险人的年索赔总额的分布，并计算这些分布的均值和方差。

解：$S_I$ 表示保险人除去净保险的索赔总额，那么 $S_I$ 服从泊松参数为 100 的复合泊松分布，对于每一次个体索赔，保险人将支付的是 $Y = 0.8X_i$，这里 $X_i$ 的分布函数为：

$$F(x) = 1 - \exp\{-0.002x\}, \quad X > 0$$

然后，

$$P\{Y \leq x\} = P\left\{X_i \leq \frac{x}{0.8}\right\} = 1 - \exp\{-0.0025x\}$$

因此 Y 服从均值为 400 的指数分布。该指数分布在 0 的二阶矩为 320 000，因此：

$$E(S_I) = 100 \times 400 = 40\ 000$$
$$Var(S_I) = 100 \times 320\ 000 = 32 \times 10^6$$

类似地，再保险人的年索赔总额用 $S_R$ 表示，它服从参数为 100 的复合泊松分布。个体索赔额服从均值为 100 的指数分布。因此：

$$E(S_R) = 100 \times 100 = 10\ 000$$
$$Var(S_R) = 100 \times 20\ 000 = 2 \times 10^6$$

注意：在本例里，由风险所产生的索赔总额的均值为 $100 \times 500 = 50\ 000$，通常

$$E(S) = E(S_I) + E(S_R)$$

是正确的，因为：

$$S = S_I + S_R$$

但是：

$$Var(S) \neq Var(S_I) + Var(S_R)$$

这在我们的意料之中,因为 $S_I$ 和 $S_R$ 不是互相独立的。

在超额损失分保的情况下,在自留额为 M 时,保险人对第 i 次索赔的赔付金额是:

$$Y_i = \min(X_i, M)$$

再保险人赔付的金额为:

$$Z_i = \max(0, X_i - M)$$

因此,保险人的赔付总额可被表示为:

$$S_I = Y_1 + Y_2 + \cdots + Y_n$$

而再保险人的赔付总额可被表示为:

$$S_R = Z_1 + Z_2 + \cdots + Z_n \tag{6.18}$$

例如,如果 $N \sim P(\lambda)$,$S_I$ 服从泊松参数为 $\lambda$ 的复合泊松分布,赔付的个体索赔额为 $Y_i$;类似地,$S_R$ 服从泊松参数为 $\lambda$ 的复合泊松分布,赔付的个体索赔额为 $Z_i$,但是,应注意如同通常情况下的情形,如果 $F(M) > 0$,则 $Z_i$ 取 0 值的概率非零。换句话说,我们把 0 作为再保险人可能的赔付额,从实践上看,$S_R$ 的这种定义是变了形的,保险人知道了 N 的观察值,而再保险人可能只知道在自留额 M 之上的索赔的次数,因为保险人可以只向再保险人通知超过自留额的索赔。

[例 6 – 9] 某风险的年索赔总额服从泊松参数为 10 的复合泊松分布,个体索赔额服从(0,2 000)上的均匀分布。保险人为该风险安排了自留额为 1 600 的超额损失分保。计算保险人和再保险人的赔付总额的均值和方差。

解:

$S_I$ 和 $S_R$ 所表示的概念同上。为计算 $E(S_I)$,需要计算 $E(Y_i)$:

$$E(Y_i) = \int_0^M xf(x)\,dX + MP(X_i > m)$$

这里 $f(x) = 0.0005$ 是 $U(0, 2\,000)$ 的密度函数,$M = 1\,000$,这使得:

$$E(Y_i) = \frac{0.0005 X^2}{2}\Big|_0^M + 0.2M = 960$$

因此:

$$E(S_I) = 10 E(Y_i) = 9\,600$$

欲求 $Var(S_I)$,须计算 $E(Y_i^2)$:

$$E(Y_i^2) = \int_0^M x^2 f(x)\,dx + M^2 P(X_i > M)$$

$$= \frac{0.0005}{2} x^3 \Big|_0^M + 0.2M^2$$

$$= 11\,946\,667$$

因此:

$$Var(S_I) = 10 E(Y_i^2) = 119\,466\,670$$

为求出 $E(S_R)$,注意该风险的预期年索赔总额为 10 000,因此

$$E(S_R) = 10\,000 - E(S_I) = 400$$

要求出 $Var(S_R)$，由下式求出 $E(Z_i^2)$：

$$E(Z_i^2) = \int_M^{2\,000} (x-M)^2 f(x)\,dx$$
$$= 0.0005\left(\frac{x^3}{3} - Mx^2 + M^2 x\right)\Big|_M^{2\,000}$$
$$= 10\,666.7$$

因此：

$$Var(S_R) = 10 E(Z_i^2) = 106\,667$$

作为 6.8 式的一个替换公式，我们能用下式表达再保险人的索赔总额：

$$S_R = W_1 + W_2 + \cdots + W_{N_R} \tag{6.19}$$

这里随机变量 $N_R$ 表示再保险人实际进行的支付的次数（非零）。

例如，假定在某一特定的年份里，例 6-9 中的风险导致了如下的 8 个索赔额：

403  1 490  1 948  443  1 866  1 704  1 221  823

则在 6.18 式中 N 的观察值为 8，第三次、五次、六次索赔额要求再保险人支付 348、266 和 104。在其他五次索赔中，再保险人支付的金额为 0。

在 6.19 式中，$N_R$ 的观察值为 3，$W_1$、$W_2$ 和 $W_3$ 的观察值分别是 348、266 和 104。注意在每种定义中，$S_R$ 的观察值是相同的（即 1 118）。

可以证明：当 W > 0 时，$W_i$ 的密度函数为：

$$P(w) = \frac{f(w+M)}{1 - F(M)}, \quad w > 0$$

要确定 6.19 式中给出的 $S_R$ 的分布，需要知道 $N_R$ 的分布。我们可以按照如下方法求出它。令：

$$N_R = I_1 + I_2 + \cdots + I_R$$

这里 N 表示由该风险带来的索赔的次数（和通常一样）。$I_j$ 是一个指示随机变量，如果在第 j 次索赔时再保险人进行（非零的）赔付，则 $I_j$ 的取值为 1；在其他情况下取值为 0。这样一来，$N_R$ 即代表了再保险人进行赔付的次数，由于只有 $X_j > M$ 时，$I_j$ 才能取值 1，所以：

$$P(I_j = 1) = P(X_j > M) = \pi$$

且：

$$P(I_j = 0) = 1 - \pi$$

进一步地，$I_j$ 有矩母函数：

$$M_I(t) = \pi \exp\{t\} + 1 - \pi$$

且由 6.18 式，$N_R$ 有矩母函数：

$$M_{N_R}(t) = M_N[\log M_I(t)]$$

[例 6-10] 在下列情况下，求出 $N_R$ 的分布：

(a) $N \sim P(\lambda)$；
(b) $N \sim b(n,q)$；
(c) $N \sim NB(k,p)$。

解：(a) 当 $N \sim P(\lambda)$ 时，

$$M_N(t) = \exp\{\lambda(e^t - 1)\}$$

因此:
$$M_{N_R}(t) = \exp\{\lambda[M_2(t) - 1]\}$$
$$= \exp\{\lambda(\pi e^t - \pi)\}$$
$$= \exp\{\lambda\pi(e^t - 1)\}$$

这是 $P(\lambda\pi)$ 分布的矩母函数,根据矩母函数的唯一性,可以确定,$N_R \sim P(\lambda\pi)$。

(b) 当 $N \sim b(n,q)$ 时,
$$M_N(t) = (qe^t + 1 - q)^n$$

且:
$$M_{N_R}(t) = [qM_I(t) + 1 - q]^n$$
$$= [q(\pi e^t - \pi) + 1 - q]^n$$
$$= (q\pi e^t + 1 - q\pi)^n$$

因此根据矩母函数的唯一性 $N_R \sim b(n, q\pi)$。

(c) 当 $N \sim NB(k,p)$ 时,
$$M_N(t) = \left(\frac{p}{1 - qe^t}\right)^k$$

且:
$$M_{N_R}(t) = \left[\frac{p}{1 - qM_I(t)}\right]^k$$
$$= \left[\frac{p}{1 - q(1 - \pi) - q\pi e^t}\right]^k$$
$$= \left[\frac{p^*}{1 - q^* e^t}\right]^k$$

这里,
$$q^* = \frac{q\pi}{1 - q + q\pi}$$

且:
$$p^* = 1 - q^*$$

因此根据矩母函数的唯一性,$N_R \sim NB(k, p^*)$。

让我们回到例 6-9 描述的风险,我们已经计算了再保险人索赔总额的均值和方差。根据 6.19 式,我们能够看出 (运用例 6-10 (a) 的结果) $S_R$ 服从泊松参数为 $0.2 \times 10 = 2$ 的复合泊松分布,个体索赔额 $W_i$ 有密度函数:
$$P(w) = \frac{f(w + M)}{1 - F(M)}$$

即 $W_i$ 服从在 (0, 400) 上的均匀分布,所以,
$$E(W_i) = 200$$
$$E(W_i^2) = 53\,333.33$$

由此得出：
$$E(S_R) = 2 \times 200 = 400$$
$$Var(S_R) = 2 \times 53\,333.33 = 106\,667$$
因此，有两种方法确定和计算 $S_R$ 的分布的值。

## 第三节 复合风险模型 G(x) 的计算

$G(x)$ 是集合风险模型中索赔总额的分布函数，本节中我们研究计算或近似计算 $G(x)$ 的方法。在某些情况下，可能非常容易地找出 $G(x)$：例如所有的索赔额都相等，但这些情况下的假设一般都非常严格，从而失去了实际意义。我们将探讨计算 $G(x)$ 的递推公式，并探讨通过正态分出近似求出 $G(x)$，最后，我们还将研究通过变形后的（转换）伽玛分布近似求出 $G(x)$。在探讨 $G(x)$ 计算方法的过程中，我们有时假定索赔次数和索赔额都是已知的，有时假定只有这些分布的一、二阶或三阶矩是已知的。

### 一、G(x) 的递推公式

在探讨 $G(x)$ 的递推公式过程中，我们假定所有的个体索赔额的分布 $F(x)$ 是正整数集合上的离散型分布。也就是说个体索赔额的可能值是 $1,2,3,\cdots$，从而索赔总额可能是 $0,1,2,3,\cdots$。在该假设下，个体索赔额的分布函数无密度函数（因为 $X_i$ 是离散型随机变量）。我们将使用个体索赔额和索赔总额各自概率分布率表示其相应的概率：

$$f_k = P(X_i = k) \quad k = 1,2,3,\cdots$$
$$g_k = P(S = k) \quad k = 0,1,2,\cdots$$

如果个体索赔额分布不是在正整数集合上的离散型分布（这种情况也可能发生），我们可以通过再离散分化的过程用一个离散型的分布来代替这个分布。

我们来看在一个特例中是如何做的。

我们用 $G(x)$ 来表示集合风险模型中索赔总额的分布函数，在该模型中个体索赔额具有指数分布，所以对于 $x \geq 0$：

$$F(x) = 1 - \exp\{-\lambda x\} \quad \text{及} \quad f(x) = \lambda \exp\{-\lambda x\}$$

在此，我们选择一个正数 $\beta$，并按如下方式定义一个新的独立同分布的随机变量的序列 $\{X_i^*\}_{i=1}^{\infty}$：

$$P\left(X_i^* = \frac{k}{\beta}\right) = P\left(\frac{k-1}{\beta} \leq X_i < \frac{k}{\beta}\right)$$
$$= \exp\left\{-\frac{k-1}{\beta}\right\} - \exp\left\{-\frac{k}{\beta}\right\} \quad k = 1,2,3,\cdots$$

所以如果 $X_i$ 取 $\frac{k-1}{\beta}$ 和 $\beta$ 之间的值，$X_i^*$ 就取值 $\frac{k}{\beta}$，我们可以发现 $X_i^*$ 是一个取离散值的随机变量，它的分布近似等于 $X_i$ 的分布；$\beta$ 的值越大，就越近似。现在定义另一个新的独立同分布的随机变量序列 $\{X_i^{**}\}$：

$$\{X_i^{**}\} = \beta X_i^*$$

所以 $\{X_i^{**}\}$ 是分布在正整数上的 $X^*$ 的再离散分化后的形式（因为这些随机变量都代表索赔额，从而用某种适当的货币单位来测量，另一种表达上述关系的方法是不考虑货币单位中因素 β 引起的变动，$\{X_i^{**}\}$ 和 $X_i^*$ 是一样的。举例来说，如果 $X_i^*$ 用元表示，β 为 100，那么 $\{X_i^{**}\}$ 就以分来表示）。现在，令 $G^{**}(x)$ 是我们开始计算的集合风险模型索赔总额的分布函数，其他条件与我们开始时的相同，除了个体索赔额具有 $\{X_i^{**}\}$ 的分布而不是 $X_i$ 的分布，那么 $G^{**}(x)$ 就满足我们的条件：索赔额应分布在正整数上，并且由于上述原因，对任何 x，

$$G(x) \approx G^{**}(x\beta)$$

现在我们再返回到计算 $G(x)$ 的问题。在我们的假设下，这就意味着计算 $k \leq x$ 时的 $g_k$，设：

1. 索赔次数的分布是已知的；
2. 个体索赔额（即 $f_k$）的分布是已知的。

原则上，计算 $g_k$ 的问题已由 6.3 式解决，即：

$$P(S = x) = \sum_{n=0}^{\infty} P(N = n) f_x^{n*} \tag{6.3}$$

这就像下面的例 6 – 11 所描述的：

[**例 6 – 11**] 试用 6.3 式推导出将 $g_k$ 用 $P(N = k)$ 和 $f_k (k = 1,2,3,4)$ 表示出来的公式。

解：首先注意，每一个体索赔额最小为 1，如果 $S = k$，那么索赔次数 N 不可能大于 k。特别地，

$$g_0 = P(S = 0) = P(N = 0)$$

还应注意到：仍是因为每一索赔额的最小值为 1，对任何正整数来说，在 6.3 式中和式的上限应是 x 而不是无穷大，所以 6.3 式变成：

$$P(S = x) = \sum_{n=0}^{x} P(N = n) f_x^{n*}$$

我们应该验证一下：

$$f_2^{2*} = f_1^2$$
$$f_3^{2*} = 2f_1 f_2$$
$$f_4^{2*} = 2f_1 f_3 + f_2^2$$
$$f_3^{3*} = f_1^3$$
$$f_4^{3*} = 3f_1^2 f_2$$
$$f_4^{4*} = f_1^4$$

以上述公式中的第三个为例。$f_x^{2*}$ 是两次索赔额的和为 x 的概率，由于两次的索赔额为 4，所以只有这么几种可能：或者第一次索赔额为 1，第 2 次为 3；或者是第一次是 3 而第二次是 1；或者是两次都是 2。在此，按 6.3 式可写

出：

$$g_1 = P(N=1)f_1$$
$$g_2 = P(N=1)f_2 + P(N=2)f_1^2$$
$$g_3 = P(N=1)f_3 + P(N=2)2f_1f_2 + P(N=3)f_1^3$$
$$g_4 = P(N=1)f_4 + P(N=2)(2f_1f_3 + f_2^2) + P(N=3)3f_1^2f_2 + P(N=4)f_1^4$$

这里，我们一定要明白它们之间的关系，如 $f_2^{2*}$ 和 $f_2^2$ 的关系，前者是 $(X_1 + X_2)$ 的概率，后者是 $[P(X_1 = 2)]^2$。

注意对于 $r<n$，$f_r^{n*}$ 将为 0，因为 $X_i$ 的最小值为 1，对其他的 r 值可能为 0，这取决于每个 $X_i$ 在可能值中的取值。

在实践中，6.3 式对于计算 $g_k$ 来说并不是一个有用的起点，因为如果 k 取值很大，即使有计算机的帮助，计算也很困难。因此需要一个更有效的方法，为此，我们探讨计算 $G(x)$ 的递推公式。在我们证明或表述公式以前，我们需要一个关于索赔次数 N 的分布的假设。我们用 $p_r$ 来表示 $P(N=r)$，并假设存在常数 a 和 b 使得：

$$p_r = \left(a + \frac{b}{r}\right)p_{r-1} \quad r = 1,2,3,\cdots \tag{6.20}$$

在第二节中所学的三种索赔次数分布都满足假设 6.20 式，就像在下面例中我们应当表明的那样。

[例 6 – 12] 证明：泊松分布、二项分布和负二项分布都满足假设 6.20 式，并且找出每种情况下 a,b 的表达式。

证明：①泊松分布 $P(\lambda)$：

$$p_r = \exp\{\lambda\}\frac{\lambda^r}{r!}$$

$$p_{r-1} = \exp\{-\lambda\}\frac{\lambda^{r-1}}{(r-1)!}$$

从而：
$$p_r = \frac{\lambda}{r}p_{r-1}$$

所以：
$$a = 0, \; b = \lambda$$

②二项分布 $b(n,q)$：

$$p_r = \frac{n!}{r!(n-r)!}q^r(1-q)^{n-r}$$

$$p_{r-1} = \frac{n!}{(r-1)!(n-r+1)!}q^{r-1}(1-q)^{n-r+1}$$

从而：
$$p_r = P_{r-1}\frac{q(n-r+1)}{(1-q)r}$$

所以：
$$a = \frac{-q}{1-q}, \; b = \frac{(n+1)q}{1-q}$$

③负二项分布 $NB(k,p)$：

$$p_r = \frac{(k+r-1)!}{r!(k-1)!}p^k(1-p)^r$$

$$p_{r-1} = \frac{(k+r-2)!}{(r-1)!(k-1)!}p^k(1-p)^{r-1}$$

所以: $$p_r = p_{r-1}\frac{k+r-1}{r}$$

所以: $$q = (1-p), b = (1-p)(k-1)$$

最后,我们来证明下述递推公式:

$$g_0 = p_0 \tag{6.21}$$

$$g_r = \sum_{j=1}^{r}\left(a + \frac{b_j}{r}\right)f_j g_{r-j} \qquad r = 1,2,\cdots \tag{6.22}$$

6.21 式是根据最小索赔额是 1 的事实,当且仅当没有发生索赔事件时,索赔总额为 1。

6.22 式的证明有点繁琐。为了证明它,我们得使用下列三个公式:对 n = 1,2,…

$$E\left[X_1 \mid \sum_{i=1}^{n} X_i = r\right] = \frac{r}{n} \tag{6.23}$$

$$E\left[X_1 \mid \sum_{i=1}^{n} X_i = r\right] = \sum_{j=1}^{n} j f_j \frac{f_{r-j}^{(n-1)*}}{f_r^{n*}} \tag{6.24}$$

$$p_n f_r^{n*} = \sum_{j=1}^{r-1}\left(a + \frac{b_j}{r}\right)f_j p_{n-1} f_{r-j}^{(n-1)*} \tag{6.25}$$

6.23 式和 6.24 式适用于任何使 $f_r^{n*}$ 不为 0 的 r 值;6.25 式适用于 r = 1,2,…,不论 $f_r^{n*}$ 是否为 0。

事实上,6.23 式具有对称性:$X_1, X_2, \cdots X_n$ 为相同分布的随机变量序列,所以如果知道它们的和是 r,那么它们中任何一个的期望值就一定是 $\frac{r}{n}$。

6.24 式的成立也不难理解,注意到 $\frac{f_j f_{r-j}^{(n-1)*}}{f_r^{n*}}$ 是在 $\sum_{j=1}^{n} X_j = r$ 时 $X_1 = j$ 的条件概率(不要忘了我们在 6.24 式中假设 $\sum_{j=1}^{n} X_j = r$ 的概率,即 $f_r^{n*} \neq 0$)。当 $\sum_{j=1}^{n} X_j = r$ 时,$X_1$ 的值不可能大于 r,所以 6.24 式的右侧就是在 $\sum_{j=1}^{n} X_j = r$ 时,$X_i$ 的任意取值与 $X_i$ 取该值的概率的乘积的总和。从而这与 6.24 式的左侧相等。

下面我们推导一下 6.25 式。首先注意 $f_r^{n*} = 0$ 的情况,此时 6.25 式成立。因为在这种情况下,对 j 的任意值 $(1,2,\cdots,r)$,$f_j$ 或者 $f_{r-j}^{(n-1)*}$ 为 0,或者二者都为 0。

现在假设 $f_r^{n*} \neq 0$,于是:

$$p_n f_r^{n*} = p_{n-1}\left(a + \frac{b}{n}\right)f_r^{n*} \qquad \text{使用(6.20 式)}$$

$$= p_{n-1}E\left(a + \frac{bX_1}{r} \mid \sum_{j=1}^{n} X_i = r\right)f_r^{n*} \qquad \text{使用(6.23 式)}$$

$$= p_{n-1} \sum_{j=1}^{r} \left( a + \frac{bj}{r} \right) f_j f_{r-j}^{(n-1)*} \qquad \text{使用(6.24式)}$$

$$= p_{n-1} \sum_{j=1}^{r-1} \left( a + \frac{bj}{r} \right) f_j f_{r-j}^{(n-1)*}$$

$$\text{（因为 } f_0^{(n-1)*} = 0\text{）}$$

最后我们推导 6.22 式。对于 $r = 1, 2, \cdots$

$$g_r = \sum_{n=1}^{\infty} p_n f_r^{n*} \qquad \text{使用（6.3式）}$$

$$= \sum_{n=1}^{\infty} p_{n-1} \sum_{j=1}^{r} \left( a + \frac{bj}{r} \right) f_j f_{r-j}^{(n-1)*} \qquad \text{使用（6.25式）}$$

$$= \sum_{j=1}^{r} \left( a + \frac{bj}{r} \right) f_j \sum_{n=1}^{\infty} p_{n-1} f_{r-j}^{(n-1)*}$$

$$= \sum_{j=1}^{r} \left( a + \frac{bj}{r} \right) f_j \sum_{n=0}^{\infty} p_n f_{r-j}^{(n-1)*}$$

$$= \sum_{j=1}^{r} \left( a + \frac{bj}{r} \right) f_j g_{r-j} \qquad \text{使用（6.3式）}$$

这样就证明了 6.22 式。

说明：

1. 注意在 N 服从泊松分布的特例中，

$$a = 0, b = \lambda$$

于是，公式简化为：

$$g_0 = e^{-\lambda}$$

$$g_r = \frac{\lambda}{r} \sum_{j=1}^{r} j f_j g_{r-j}$$

2. 公式是递推的，也就是说，为了计算给定 $r$ 值时的 $g_r$，应先用 6.21 式计算 $g_0$，然后利用 6.22 式计算 $g_1$，再利用 6.22 式中 $g_0$ 和 $g_1$ 计算 $g_2$ 及其他。

3. 在计算 $g_r$ 分布时，6.21 式和 6.22 式比第二节中 6.23 式有高得多的效率。这在用计算机运算时非常明显。

## 二、G(x) 的正态近似

计算 G(x) 的递推公式虽然是有效的，但也有些缺点。首先，虽然它在计算上比 6.23 式快得多，但是在实际应用中仍需要相当长的时间才能计算出 G(x) 的值。其次，除非已知或至少能相当精确地估计出 N 和 $X_i$ 的分布，否则不能使用该公式。

现在，我们假定关于 S 的全部已知信息或者能有把握估计的信息是 S 的均值和方差，因为许多不同的分布有着相同的均值和方差，所以单从这一信息无法计算 G(x)。在这种情况下计算 G(x) 的一个明显的方法是假设 S 近似地服从正态分布。再正式一些说，就是令 Φ(Z) 为标准正态分布的分布函数，也就是均值为 0、方差为 1 的正态分布的分布函数，即：

$$\Phi(Z) = \frac{1}{\sqrt{2\pi}} \int_{-\infty}^{z} e^{-\frac{x^2}{2}} dx$$

现在令 $\mu$、$\sigma^2$ 代表 S 的均值与方差。在探讨 G(x) 的正态近似中我们假设：S 近似服从的正态分布其均值为 $\mu$，方差为 $\sigma^2$。于是，对于所有的 x：

$$G(x) = P(S \leq X)$$
$$= P\left(\frac{S-\mu}{\sigma} \leq \frac{x-\mu}{\sigma}\right)$$
$$\approx \Phi\left(\frac{x-\mu}{\sigma}\right)$$

我们把这种采用正态分布作为 G(x) 的近似分布的方法称为正态近似。如此分析 S 的近似分布，其主要原因是：

1. 正态分布的概率值通过查统计表或通过标准的计算机软件包可以容易地获得。

2. 从 6.21 式中可知 S 是一些独立同分布的随机变量的和。根据中心极限定理，我们可以认为正态分布是一个不太差的选择。N（将求和的随机变量的个数）的（期望）值越大，其近似的精确度就越高。对复合泊松分布来说，$\lambda$ 的值越大，N 的期望值越大，S 的分布就变得越对称。

[例 6-13] S 服从复合泊松分布，参数为 $\lambda$ 和 F(x)，F(x) 是一个帕累托分布的分布函数，其参数为 4 和 3，假设 S 近似于正态分布，计算使下面各式成立的 $x$ 值：

(a) $P(S \leq x) = 0.95$；
(b) $P(S \leq x) = 0.99$。
（Ⅰ）$\lambda = 10$；　　（Ⅱ）$\lambda = 50$。

解：对一个参数为 4 和 3 的帕累托分布来说，查表可知：

$$E(X) = 1, \text{Var}(X) = 2,$$

于是：

$$m_1 = 1, \quad m_2 = 3$$

（Ⅰ）$\lambda = 10$

采用 6.9 式和 6.10 式得 S 的均值和方差分别是：

$$\mu = \lambda m_1 = 10, \quad \sigma^2 = \lambda m_2 = 30, \text{即 } \sigma = 5.447$$

因此：

$$P(S \leq x) \approx \Phi\left(\frac{x-10}{5.477}\right)$$

(a) 查表可得 $\Phi(1.645) = 0.95$，所以 $\frac{x-10}{5.477} = 1.645$

$$P(S \leq 19.01) \approx 0.95$$

即　$x = 19.01$

(b) 因为　　　　　　　$\Phi(2.326) = 0.99$

所以：

$$P(S \leq 22.74) \approx 0.99$$

即：
$$x = 22.74$$

（Ⅱ）$\lambda = 50$

现在 S 的均值和方差分别是 50 和 150，按照（Ⅰ）中的步骤，可以得到：

(a) $P(S \leq 70.15) \approx 0.95$

(b) $P(S \leq 78.49) \approx 0.99$

像正态近似这样简单的方法也必然有它的缺陷。其中之一是：不论 $\mu$ 或 $\sigma^2$ 为何值，正态近似会得出事件 $\{S > 0\}$ 有正的、非零的概率，虽然从 6.1 式和（所有索赔额均为非负值的）假设中我们可知这一概率应当为 0。

另一更重要的缺陷是：正态密度是对称的，即偏斜度为 0，而且它的右侧末端迅速趋向 0。这个末端就像 $\exp\left(\dfrac{-x^2}{2}\right)$ 一样变化，对许多均匀类型的保险来说，S 的分布有正的偏斜度（参考例 6-2 后的说明），且右侧末端拖得相当长，也就是说，非常高的索赔额具有一个相对高些的概率，对于这些类型的保险，正态近似趋于过低估计，当 x 值很大时的 $P(S > X)$。从保险人角度来看，这一特征不受欢迎，因为大额索赔在经济上非常重要。

我们看一下这两点与例 6-13 的关系。图 6-1 表明了 S 的分布函数在例 6-13（Ⅰ）中它的参数 $\lambda = 10$，通过再离散分化索赔额分布使用递推公式得到的分布函数以及通过正态近似求出的 S 的密度函数，可以发现，S 的密度的极右端要比正态近似的右侧末端平缓得多。图 6-2 显示了 $\lambda = 50$ 时相应的密度，在这一情况下，因索赔次数的预期值要大，正态近似就更接近于实际分布，像所预言的那样。例 6-13 中近似求得的正确值（"正确"的含义是指用递推公式计算出来的）如下：

（Ⅰ）$\lambda = 10$
$$P(S < 20.0) = 0.95 \quad P(S < 27.2) = 0.99$$

（Ⅱ）$\lambda = 50$
$$P(S < 71.6) = 0.95 \quad P(S < 83.9) = 0.99$$

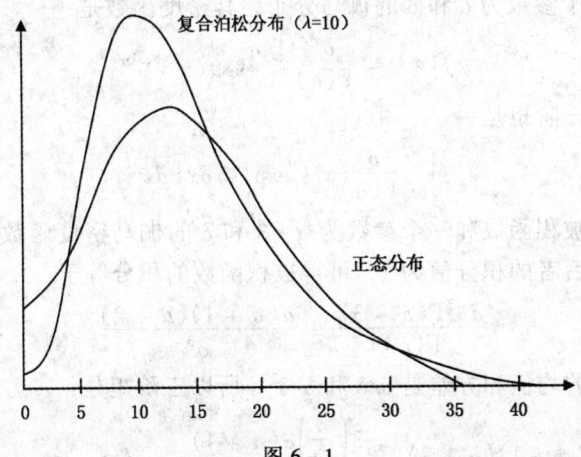

图 6-1

这些结果与我们在例 6-13 的答案中求的结果是一致的，即我们假设沿着右侧末端越往前，索赔次数的期望值就越低，正态近似就可能与实际差越大。

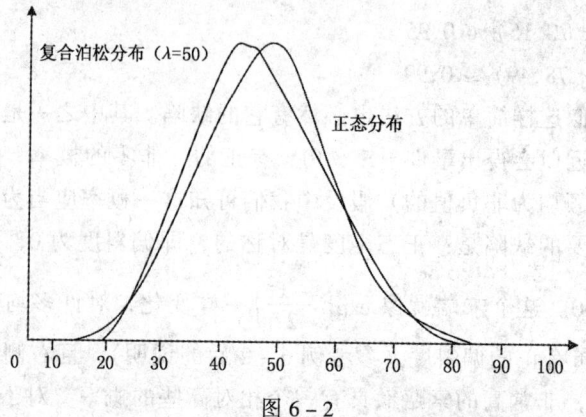

图 6-2

### 三、G(x) 的修正伽马近似

现在假设我们已知或有一定把握能够估计到 S 的一阶、二阶、三阶矩，而不只是前两阶矩。避免至少是过低估算末端概率问题的一个方法是采用修正的伽马分布作为 S 的近似分布。我们称之为修正的伽马近似。令 $\mu$、$\sigma^2$、$\beta$ 分别代表 S 的均值、方差和偏斜系数。在修正的伽马近似方法中，我们假设 S 与随机变量 k+Y 的分布大致相同，k 是一常数，Y 服从伽马分布，参数为 $\alpha$ 和 $\delta$。参数 k，$\alpha$ 和 $\delta$ 的选择是使 k+Y 与 S 有着相同的前三阶矩，注意，我们现在采用的随机变量，是一个服从伽马分布的随机变量 Y，经过由一个正的或负的 k 值修正后的随机变量 k+Y。修正的伽马分布之所以比正态近似更合适是因为伽马分布的偏斜度为正，就像在许多实际情况下 S 的分布一样。读者可以回想一下我们前面讨论过 S 的偏斜度。

[例 6-14] 试证参数为 $\alpha$ 和 $\delta$ 的伽马分布的偏斜系数是 $2/\sqrt{\alpha}$。

证明：对于参数为 $\alpha$ 和 $\delta$ 的伽马分布，其密度函数是：

$$f(x) = \frac{\delta^\alpha}{\Gamma(\alpha)} x^{\alpha-1} \exp\{-\delta x\}$$

所以在 0 点的三阶矩是：

$$\int_0^\infty \frac{\delta^\alpha}{\Gamma(\alpha)} x^{\alpha+2} \exp\{-\delta x\} dx$$

比较一下被积函数和一个参数为 $\alpha+3$ 和 $\delta$ 的伽马密度函数在 $(0, +\infty)$ 区间积分，而后者的积分值为 1，可得被积函数的积分等于：

$$\frac{\delta^{-3}\Gamma(\alpha+3)}{\Gamma(\alpha)} = \frac{\alpha(\alpha+1)(\alpha+2)}{\delta^3}$$

这一分布的均值和方差是 $\sigma/\delta$ 和 $\alpha/\delta^2$，所以三阶矩是：

$$\frac{\alpha(\alpha+1)(\alpha+2)}{\delta^3} - \frac{3\left(\frac{\alpha}{\delta}\right)\alpha(\alpha+1)}{\delta^2} + 2\left(\frac{\alpha}{\delta}\right)^3 = 2\frac{\alpha}{\delta^3}$$

所以偏斜系数为：

$$\frac{2\alpha/\delta_3}{(\alpha/\delta^2)^{3/2}} = \frac{2}{\sqrt{\alpha}}$$

令 S 和 k + Y 的均值方差和偏斜系数相等，得到如下三个公式：

$$\beta = \frac{2}{\sqrt{\alpha}}$$

$$\sigma^2 = \frac{\alpha}{\delta^2}$$

$$\mu = k + \frac{\alpha}{\delta}$$

在上述公式中 $\alpha$、$\delta$ 和 $k$ 的值可以通过 $\beta$、$\sigma^2$ 和 $\mu$ 的已知值计算出来。

用修正的伽马近似来代替正态近似，是因为这样求 $P(a < k + Y < b)$ 的值比求 $P(a < S < b)$ 的值要容易一些，伽马分布的概率在大多数计算机软件包里即可获得。在一些简单的案例中，还可能通过 $\chi^2$ 分布的概率表估计出伽马分布的概率。如果 Y 服从伽马分布 $Gamma(\alpha, \delta)$，并且 $2\delta$ 是一整数，那么 $2\delta Y$ 服从 $\chi^2_{2\alpha}$ 分布。这是我们经常用到的一个性质。即使 $2\alpha$ 不是整数，这仍然可以发挥作用，如下例。

[例 6 – 15] 同例 6 – 13，S 服从复合泊松分布，对于泊松参数 $\lambda$ 的每一个值，计算 S 的修正伽马近似的分布参数，并使用 $\chi^2$ 表估计 $x$ 值，使得：

(a) $P(S < x) = 0.95$；
(b) $P(S < x) = 0.99$。

解：第一步计算 $m_3$，$X_i$ 在 0 点的 3 阶矩，由公式可得：

$$m_3 = \int_0^\infty 4 \times 3^4 x^3 (3 + x)^{-5} dx$$

重复进行分部积分可得 $m_3 = 27$

由例 6 – 2 可知复合泊松分布的三阶矩是 $\lambda m_3$，从而它的偏斜系数是

$$\frac{\lambda m_3}{(\lambda m_2)^{3/2}}$$

（Ⅰ）$\lambda = 10$

修正伽马分布的参数的公式为：

$$1.643 = \frac{2}{\sqrt{\alpha}}$$

$$30 = \frac{\alpha}{\delta^2}$$

$$10 = \frac{\alpha}{\delta} + k$$

由此可验证：

$$\alpha = 1.481$$
$$\delta = 0.222$$
$$k = 3.333$$

此例中 $2\alpha = 2.962 \approx 3$，所以 $2\delta Y$ 与 $\chi_3^2$ 分布近似，从而：

$$P(S < x) \approx P(3.333 + Y < x)$$
$$= P[0.444Y < 0.444(x - 3.333)]$$
$$= P[\chi_3^2 < 0.444(x - 0.333)]$$

(a) 查表得 $\quad P(\chi_3^2 < 7.815) = 0.95$

所以： $\quad 0.444(x - 3.333) = 7.815$

即： $\quad x = 20.93$

(b) 查表 $\quad P(\chi_3^2 < 11.34) = 0.99$

所以： $\quad P(S < 28.87) \approx 0.99$

即： $\quad x = 28.87$

(Ⅱ) $\lambda = 50$

修正的伽马近似的参数如下：

$$\alpha = 7.407$$
$$\delta = 0.222$$
$$k = 16.67$$

此例中 $2\alpha = 14.814$，所以 $2\delta Y$ 介于 $\chi_{14}^2$ 分布与 $\chi_{15}^2$ 分布之间，查表可知：

$$F(\chi_{14}^2 < 23.68) = 0.95$$
$$P(\chi_{14}^2 < 29.14) = 0.99$$
$$P(\chi_{15}^2 < 25.00) = 0.95$$
$$P(\chi_{15}^2 < 30.58) = 0.99$$

使用线性差值法：

$$P(2\delta Y < 24.75) \approx 0.95$$
$$P(2\sigma Y < 30.31) \approx 0.99$$
$$24.75 = 0.814 \times 25.00 + (1 - 0.814) \times 23.68$$

因为：
$$P(S < X) \approx P[2\sigma Y < 2\delta(x - k)]$$

所以：
$$P(S < 72.4) \approx 0.95$$
$$P(S < 84.94) \approx 0.99$$

比较一下例 6-13 中由正态近似和修正的伽马近似估计的 S 的结果和例 6-13 的"正确值"，可以发现修正的伽马近似得出的结果更好。这是因为伽马分布的偏斜度为正，和 S 一样并且修正的伽马近似比正态近似需要更多的信息（即多需要一个矩）。图 6-3（$\lambda = 10$）和图 6-4（$\lambda = 50$）都表明了在例 6-13 和例 6-15 中研究的 S 和修正的伽马近似的密度。与图 6-1 和图 6-2 比较可以看到修正的伽马近似更精确，尤其在右侧末端。最后一点应注意的是，修正的伽马近似中，即使 S 分布在区间 [0, ∞)，k 有可能为负值。如果 k 为负，$P(S < 0)$ 的修正伽马近似为非零值，即使我们知道这个概率的实际值是 0，这是正态近似常有的情况。

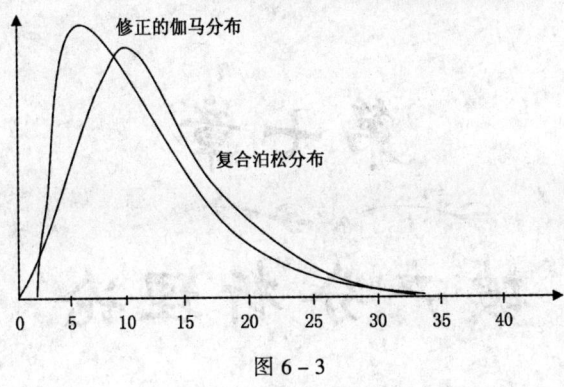

图 6-3

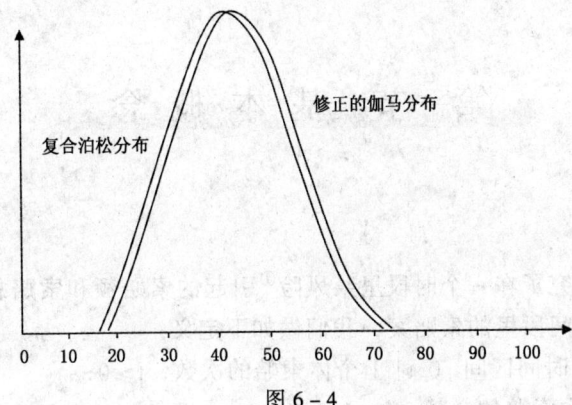

图 6-4

# 第七章

# 破产分析理论

## 第一节 基本概念

### 一、符号

我们已经研究了在一个时段里某风险[①]引起的索赔额和索赔总额。为了深入研究相连的时间段里的索赔案,我们做如下定义:

N(t)——在时间区间 $[0,t]$ 上个体索赔的次数,$t \geq 0$;

$X_i$——第 i 次索赔的金额,i = 1,2,3…;

S(t)——在时间区间 $[0,t]$ 上的索赔总额,$t \geq 0$。

$\{X_i\}_{i=1}^{\infty}$ 是一个随机变量序列,$\{N(t)\}_{t \geq 0}$ 和 $\{S(t)\}_{t \geq 0}$ 都是随机变量组,其中 $t \geq 0$;换句话说 $\{N(t)\}_{t \geq 0}$ 和 $\{S(t)\}_{t \geq 0}$ 为随机过程(Stochastic processes)。

于是:
$$S(t) = \sum_{i=1}^{N(t)} X_i$$

可以认为 N(t) 为 0 时 S(t) 也为 0,正如上面定义的那样,随机过程 $\{S(t)\}_{t \geq 0}$ 指的是某风险的索赔总额。随机变量 N(1) 和 S(1) 分别代表索赔次数和索赔总额是第一个时间单位内的索赔情况。这两个随机变量与第六章中的随机变量 N 和 S 是相对应的。

我们知道,承保这些风险的保险人要从投保人手中收取保费。为了方便,在本章的所有内容中,我们假定保费收入的收取是连续不断的,并且是均衡的。我们定义,c 表示单位时间内的费率,从而 $[0,t]$ 时段内保费总收入可表示为 ct,我们也一直假设 c 为正值。

### 二、余额过程

我们假定在时点 0 上,保险人已有一定金额的资本金,以应付一旦发生的

---

[①] 在精算语言里,风险(risk)一词常常指一系列保单。在本章里,我们所提到的风险,既可以指单独一张保单,也可指一类保单。

索赔。在此,我们把这部分资本金的金额称为初始余额,用 U 表示。我们将一直假定 U≥0,这种初始余额对保险人来说是必要的,因为未来保费收入本身可能不足以支付未来的赔款。在未来任何时点 t(t > 0) 上保险人的资产余额是个随机变量,因为保险人的余额取决于时间 t 之前的索赔情况。我们把时点 t 上的余额表示为 U(t),容易理解,U(t) 有如下形式的公式:

$$U(t) = U + ct - S(t)$$

这个公式的意思是:时点 t 上保险人的余额等于初始余额加上到时点 t 为止的保费收入再减去到时点 t 为止的索赔总额。应注意,初始余额和保费收入不是随机变量,因为它们在风险发生前就决定了。上述公式在 t≥0 时有效。容易理解:U(0) = U,对于给定的任意一个 t 值,U(t) 是一个随机变量,这是因为,S(t) 是一个随机变量。于是 $\{U(t)\}_{t≥0}$ 是一个随机过程,我们称之为余额过程。

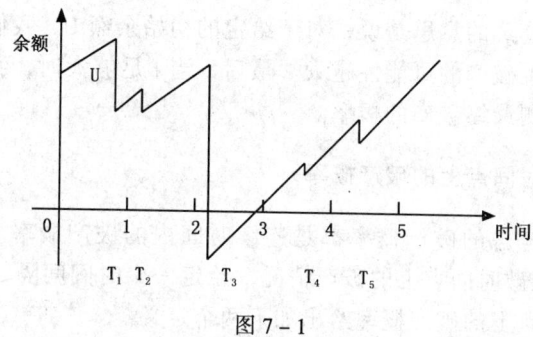

图 7-1

图 7-1 表示时点 $T_1$,$T_2$,$T_3$,$T_4$ 和 $T_5$ 上发生的余额索赔的典型结果。在这些时点上,余额由于索赔而很快减少,在两次索赔之间,余额在每一个单位时间内以均衡费率 c 增长。我们使用的保险人余额的这一模型是对实际业务做了很多简化之后的结果,正如针对其他复杂情况建立的模型一样。一些重要的简化有:我们假设赔案一发生就理赔,假设保险人的余额不获得利息。尽管有这些简化,这一模型仍能让我们对保险运作的实质做深入的理解。

■ 三、连续时间上的破产概率

从图 7-1 可以看出,由于索赔的发生,在 $T_3$ 时点上余额减少到小于 0。当余额低于 0 时,保险人的钱不够了,我们说破产发生了。在我们简化的模型中,保险人想控制破产发生的概率,想使其尽可能小,或至少在一定界限之下。我们可以认为,破产就意味着偿付能力的丧失,当然,这不是很精确,因为在实际中,判断一个保险公司是否偿付能力不足是一个很复杂的问题。我们可以从另一个角度来理解"破产"的概念:承保某风险后该业务"破产"的时刻,即指保险公司需要再提供更多的资本以应付该项余额小于 0 的困境。于是,破产概率是指在未来某一时刻,因索赔引起的余额小于 0 而导致保险公司不得不额外注入资本金的可能性。

现在让我们更确切一些定义如下两个概率:

$$\Psi(U) = P[U(t) < 0, 对任意的 t, 0 < t < \infty]$$
$$\Psi(U,t) = P[U(\tau) < 0, 对任意的 \tau, 0 < \tau < t]$$

$\Psi(U)$ 是（给定初始余额 U 的情况下）最终破产的概率，而 $\Psi(U,t)$ 是（给定初始余额 U 的情况下）在 t 时间内的破产概率。这两个概率有时候被分别称为在无限时间内的破产概率和在有限时间内的破产概率。这里我们给出这些概率的有关关系式：假设 $0 < t_1 < t_2 < \infty$，且 $0 \leq U_1 \leq U_2$，则有：

$$\Psi(U_2, t) \leq \Psi(U_1, t) \tag{7.1}$$
$$\Psi(U_2) \leq \Psi(U_1) \tag{7.2}$$
$$\Psi(U, t_1) \leq \Psi(U, t_2) \leq \Psi(U) \tag{7.3}$$
$$\lim_{t \to \infty} \Psi(U, t) = \Psi(U) \tag{7.4}$$

上述公式的意义是容易理解的：初始余额越大，破产就越不可能发生，无论是在一段确定的时间内，还是在无限的时间段内都是这样。这是前两个公式的意义。第三个公式的意思是说，对于给定的初始余额 U，我们检验破产所需的时段越长，发生破产的可能性越大。最后，当 t 足够大时，我们能根据一定时间内的概率推测最终破产的概率。

### 四、离散时间点上的破产概率

至此，我们考虑的破产概率都是连续时间内的破产概率。实际中，可能（或希望）得到离散时间点上的破产情况，给定一个时间间隔，间隔长度为 h，我们对离散时间点上的破产概率给出如下两个定义：

$$\Psi_h(U) = = P[U(t) < 0, 对于 t, 有 t = h, 2h, 3h, \cdots]$$
$$\Psi_h(U,t) = = P[U(\tau) < 0, 对于 \tau < t, 有 \tau = h, 2h, 3h, \cdots, t-h, t]$$

**注意**：为了方便，我们在定义 $\Psi_h(U,t)$ 时假定 t 是 h 的整数倍。

图 7-2 同图 7-1 一样表示破产理论，所不同的是图 7-2 是在离散时间点上进行检验。

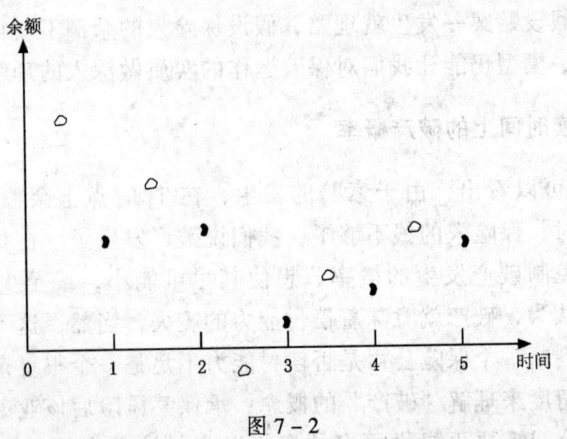

图 7-2

图中的黑点表示整数间隔（如 h = 1）的时间点上余额的价值，黑点和白点共同表示 $\frac{1}{2}$ 间隔的时间点上余额的价值。

从图 7-2 可以看出，在间隔为 h=1 时，破产未发生，在时间 5 之前，破产未发生，但在间隔为 $h=\frac{1}{2}$ 的时间点上，破产的确发生了。

下面列出了五种不同的间断时点的破产概率的关系，我们假设 $0 \leqslant U_1 \leqslant U_2$ 并且 $0 \leqslant t_1 \leqslant t_2 < \infty$。7.5 式、7.6 式、7.7 式及 7.8 式是 7.1 式、7.2 式、7.3 式及 7.4 式在间断时点上的表示形式，其解释是相似的。7.9 式的解释来源于图 7-2。

$$\Psi_h(U_2, t) \leqslant \Psi_h(U_1, t) \tag{7.5}$$

$$\Psi_h(U_2) \leqslant \Psi_h(U_1) \tag{7.6}$$

$$\Psi_h(U, t_1) \leqslant \Psi_h(U, t_2) \leqslant \Psi_h(U) \tag{7.7}$$

$$\lim_{t \to \infty} \Psi_h(U, t) \leqslant \Psi_h(U) \tag{7.8}$$

$$\Psi_h(U, t) \leqslant \Psi(U, t) \tag{7.9}$$

我们期望下述两关系式是正确的，因为在初始余额及考察时间 t 相同的情况下，通过间断时间点上的破产概率，应该能够按足够的近似水平得到连续时间内的破产概率。同时还需满足对破产的检验足够充分和 h 充分小两个条件：

$$\lim_{h \to 0^+} \Psi_h(U, t) \leqslant \Psi(U, t) \tag{7.10}$$

$$\lim_{h \to 0^+} \Psi_h(U) \leqslant \Psi(U) \tag{7.11}$$

出于篇幅的考虑，在此略去 7.10 式和 7.11 式的证明。

到目前为止，我们对 S(t) 的分布还未做任何假定，通过一些假定，我们可得到比本节的概括性结论更为详细的结论，这些假定将在下节中给出。

## 第二节 泊松分布和复合泊松分布

### 一、泊松过程

在本节中，我们对索赔次数过程 $[N(t)]_{t \geqslant 0}$ 及索赔额 $\{X_i\}_{i=1}^{\infty}$ 做了一些假定，既然我们计算时间索赔次数，索赔次数过程 $\{N(t)\}_{t \geqslant 0}$ 须满足如下条件：

(a) N(0) = 0，即在 0 时点无索赔；
(b) 对任何 t > 0, N(t) 必须是整数值；
(c) 当 S < t 时, $N(s) \leqslant N(t)$，即作为时间变量的函数，索赔额是非递减的；
(d) 当 S < t 时, N(t)—N(s) 表示时段 (s,t) 上发生的索赔次数。

(1) N(0) = 0，且 s < t 时, $N(s) \leqslant N(t)$；
(2) $P\{N(t+h) = r | N(t) = r\} = 1 - \lambda h + o(h)$
 $P\{N(t+h) = r+1 | N(t) = r\} = \lambda h + o(h)$
 $P\{N(t+h) = r+1 | N(t) = r\} = o(h)$
(3) 当 s < t, 在时段 (s,t) 内的索赔次数独立于 s 之前的所有索赔次数。

条件（2）表明在很短的时间间隔 h 之内，索赔次数只可能是 0 或 1，注意条件（2）还意味着在时间间隔之中，索赔件数与起始时点没有关系。

之所以把满足条件（1）到（3）的分布称为泊松分布，是因为对于 t 的给定值，随机变量 N(t) 服从参数为 $\lambda t$ 的泊松分布。证明如下：

给定 $P_n(t) = P[N(t) = n]$，我们证明：

$$P_n(t) = \exp\{-\lambda t\} \frac{(\lambda t)^n}{n!} \tag{7.12}$$

对于给定的 t > 0 和 h 的一个很小的正值，我们可以根据时点 t 上的索赔次数写出：

$$p_n(t+h) = p_{n-1}(t)[\lambda h + o(h)] + P_n(t)[1 - \lambda h + o(h)] + o(h)$$
$$= \lambda h P_{n-1}(t) + (1 - \lambda h) P_n(t) + o(h)$$

从而： $P_n(t+h) - p_n(t) = \lambda h p_{n-1}(t) p_n(t) + o(h) \quad (n = 1,2,3,\cdots) \tag{7.13}$

现在以 h 去除 7.4 式，并让 h 稳于 0，从而得出：

$$\frac{d}{dt} p_n(t) = \lambda [p_{n-1}(t) - p_n(t)] \tag{7.14}$$

当 n = 0，类似的分析可得出：

$$\frac{d}{dt} p_0(t) = -\lambda p_0(t) \tag{7.15}$$

为求得 $p_n(t)$ 我们引入概率母函数 G(s,t)：

$$G(s,t) = \sum_{n=0}^{\infty} s^n p_n(t)$$

因而：
$$\frac{d}{dt} G(s,t) = \sum_{n=0}^{\infty} s^n \frac{d}{dt} p_n(t)$$

如果我们以 $s^n$ 乘以 7.14 式并且把 n 的所有值代入后加总可得到：

$$\sum_{n=1}^{\infty} s^n \frac{d}{dt} p_n(t) = \lambda \sum_{n=0}^{\infty} s^n p_{n-1}(t) - \lambda \sum_{n=1}^{\infty} s^n p_n(t)$$

现在把上式加上 7.15 式得到：

$$\sum_{n=1}^{\infty} s^n \frac{d}{dt} p_n(t) = \lambda \sum_{n=0}^{\infty} s^n p_{n-1}(t) - \lambda \sum_{n=0}^{\infty} s^n p_n(t)$$

上式可写为：

$$\frac{d}{dt} G(s,t) = \lambda s G(s,t) - \lambda G(s,t)$$

或者类似的：

$$\frac{1}{G(s,t)} \frac{d}{dt} G(s,t) = \lambda(s-1) \tag{7.16}$$

既然 7.16 式的左边是 $\log_e G(s,t)$ 关于 t 的导数，我们可以把 7.16 式化为：

$$\log_e G(s,t) = \lambda t(s-1) + c(s)$$

这里，c(s) 是 s 的函数。

c(s) 可以通过以下的计算来确定：当 t = 0 时，$p_0(t) = 1$ 并且 $p_n(t) = 0 (n = 1,2,3,\cdots)$。从而 G(s,0) = 1 并且 $\log_e G(s,0) = 0 = c(s)$。

于是：

$$G(s,t) = \exp\{\lambda t(s-1)\}$$

这是参数为 $\lambda t$ 的泊松分布的概率母函数。因为概率母函数与分布函数存在一一对应关系,所以 $N(t)$ 分布是参数为 $\lambda t$ 的泊松分布。

在研究泊松分布的最后,我们考虑索赔的时间分布。

**[例 7-1]** 证明第一次索赔的时间分布是以 $\lambda$ 为参数的指数分布。

**解:** 我们令随机变量 $T_1$ 表示第一次索赔的时间,然后,对给定的任意 t 值,如 t 时点前无索赔发生,$T_1 > t$,从而:

$$P\{T > t\} = P(N(t) = 0) = \exp\{-\lambda t\}$$

并且:
$$P(T_1 \leq t) = 1 - \exp\{\lambda t\}$$

所以,$T_1$ 服从以 $\lambda$ 为参数的指数分布。

**[例 7-2]** 证明例 7-1 中所用的方法也可用于解决第一次之后的其他索赔时间的分布问题。

**解:** 对于 $i = 2,3,\cdots$,以随机变量 $T_i$ 表示第 $(i-1)$ 次索赔和第 $i$ 次索赔之间的时间长度,并且以 $T_1$ 表示第一次索赔前的时间(正如例 7-1 中),然后:

$$P\left\{T_{n+1} > t \mid \sum_{i=1}^{n} T_i = r\right\} = P\left\{\sum_{i=1}^{n+1} T_i > t + r \mid \sum_{i=1}^{n} T_i = r\right\}$$
$$= P\{N(t+r) = n \mid N(r) = n\}$$
$$= P\{N(t+r) - N(r) = 0 \mid N(r) = n\}$$

由在本节最初所假设的条件知:当 $s < t$ 时,在 $[s,t]$ 内的索赔次数独立于 s 之前的所有索赔次数,所以:

$$P\{N(t+r) - N(r) = 0 \mid N(r) = n\}$$
$$= P\{N(t+r) - N(r) = 0\}$$

于是:

$$P\{N(t+r) - N(r) = 0\} = P\{N(t) = 0\} = \exp\{-\lambda t\}$$

这是因为在长度为 r 的时间区间之中的索赔次数与该时间段从何时开始无关。

**[例 7-3]** 某一风险的索赔次数服从参数为 $\lambda$ 的泊松分布,在某一时点 t, $t > 0$,下次索赔前的时间分布如何?

**解:** 以 $\tau$ 表示时点 t 以前的最后一次索赔的时间(注意:在时点 t 之前如没有索赔则 $\tau = 0$),以 $T_\tau$ 和 $T_t$ 分别表示从 $\tau$ 和 t 开始到下次索赔的时间,从而 $T_\tau = T_t + t - \tau$,由例 7-2 可知,$T_\tau$ 的分布是参数为 $\lambda$ 的指数分布,于是:

$$P(T_t > S) = P(T_\tau > \tau - t + s \mid T_\tau > \tau - t)$$
$$= \frac{P(T_\tau > \tau - t + s)}{P(T_\tau > \tau - t)}$$
$$= \frac{\exp\{-\lambda(\tau - t + s)\}}{\exp\{-\lambda(\tau - t)\}} = \exp\{-\lambda s\}$$

因而 $T_t$ 还服从参数为 $\lambda$ 的指数分布,无论上一次索赔是在什么时间发生的(这一结果是由于指数分布所谓的"健忘"性而产生的)。

## 二、复合泊松过程

现在，我们将把描述索赔次数的泊松过程与索赔额的分布结合起来，以得到用于描述本节初定义的索赔总额的复合泊松过程。

我们做下列三个重要假设：

1. 随机变量 $\{X_i\}_{i=1}^{\infty}$ 是独立同分布的。
2. 对任意的 $t \geq 0$，随机变量 $\{X_i\}_{i=1}^{\infty}$ 与 $N(t)$ 相互独立。
3. 随机过程 $\{N(t)\}_{t \geq 0}$ 是泊松过程，其参数记为 $\lambda$。

前面我们已说明了，最后一项假设意味着对任何 $t \geq 0$，随机变量 $N(t)$ 都服从参数为 $\lambda t$ 的泊松分布，于是，

$$P[N(t) = k] = \exp\{-\lambda t\} \frac{(\lambda t)^k}{k!} \quad (\text{对 } k = 0,1,2,\cdots)$$

有了这些假设，索赔总额过程 $\{S(t)\}_{t \geq 0}$ 就可以叫泊松参数为 $\lambda$ 的复合泊松过程了。在第六章，我们已讨论了对一个随机变量的泊松参数为 $\lambda$ 的复合泊松分布，从以上的假设与复合泊松分布的假设之比较中，可以看到二者的关系：如果 $\{S(t)\}_{t \geq 0}$ 是泊松参数为 $\lambda$ 的复合泊松分布，那么，对于 $t$（大于等于 0）的一个固定值，$S(t)$ 服从泊松参数 $\lambda t$ 的复合泊松分布（注意用语的细微变化："泊松参数 $\lambda$" 变成 "泊松参数 $\lambda t$"，同时，"过程" 变为 "分布"）。

$X_i$ 的共同的分布函数仍将用 $F(x)$ 表示，并且在本章余下的部分中我们假定：

$$F(0) = 0$$

以便所有索赔余额均为正值，$X_i$ 的概率密度函数如果存在，将用 $f(x)$ 表示，而且 $X_i$ 的 $k$ 阶矩如果存在，将用 $m_k$ 表示，即：

$$m_k = E(X_i^k), \quad k = 1,2,3\cdots \tag{7.17}$$

无论 $X_i$ 的共同的矩母函数何时存在，我们都把 $r$ 点的 $X_i$ 的矩母函数记为 $M_X(r)$。对随机变量 $S(t)$ 的分布有一点值得注意（$t$ 是给定），如果 $X_i'$ 有连续的分布，那么 $S(t)$ 将有一种混合的分布：在 0 点有一个概率（与 $N(t) = 0$ 相对应），而在 $(0, \infty)$ 上有连续的分布。另一方面，如 $X_i'$ 服从正整数集上的离散型分布，$S(t)$ 将分布于非负整数上。由于对给定的 $t$ 值，$S(t)$ 服从复合泊松分布，所以，过程 $\{S(t)\}_{t \geq 0}$ 的均值为 $\lambda t\, m_1$，方差 $\lambda t\, m_2$，以及矩母函数为：

$$M_S(r) = \exp\{\lambda t [M_X(r) - 1]\}$$

在本章的以后内容中，我们将就保费收入率做如下假设：

$$c > \lambda m_1 \tag{7.18}$$

也就是说保险人的保费收入（每一单位时间）大于预计的赔款支出（每一单位时间），有时我们把 $c$ 写为：

$$c = (1 + \theta)\lambda m_1$$

$\theta(> 0)$ 是风险保费附加系数。

### 三、结论

为了方便,我们在此研究将在下一节用到的一个与 $M_X(r)$ 有关的结论。按前面的约定,$M_X(r)$ 为个体索赔额的矩母函数。

我们假设有某一数 $\gamma(0 < \gamma \leqslant \infty)$ 使 $M_X(r)$ 对所有 $r < \gamma$ 来说是有限的,并且

$$\lim_{r \to \gamma^-} M_X(r) = \infty \tag{7.19}$$

例如:如果 $X_i'$ 有一受特定数值限制的范围,那 $\gamma$ 将为 $\infty$。如 $X_i'$ 服从参数为 $\alpha$ 的指数分布,那 $\gamma$ 将等同于 $\alpha$。

在下一节中我们需要的结论是:

$$\lim_{r \to \gamma^-} [\lambda M_X(r) - cr] = \infty \tag{7.20}$$

如 $\gamma$ 是定值,7.20 式可由 7.19 式很快得出。现在来证明 $\gamma$ 是定值时,7.20 式成立。首先,我们应注意到存在一个正数,如 $\varepsilon$,使概率 $P(X_i > \varepsilon) > 0$,之所以如此是因为索赔金额都为正数,我们把这个概率定义为 $\pi$。那么:

$$M_X(r) \geqslant e^{r\varepsilon} \pi$$

因此:

$$\lim_{r \to \infty}[\lambda M_X(r) - cr] \geqslant \lim_{r \to \infty}(\lambda e^{r\varepsilon}\pi - cr) = \infty$$

[例 7 – 4] 复合泊松过程 $\{s(t)\}_{t \geqslant 0}$ 的泊松参数为 50,个体索赔额服从参数为 100 和 0.1 的伽玛分布:

(1) 求公式 7.19 式定义的参数 $\gamma$;
(2) 计算 $S(1)$ 的均值和方差;
(3) 计算 $S(2)$ 的均值和方差;
(4) 计算 $S(2) - S(1)$ 的均值和方差。

解:本书的附表中已经给出了伽马分布的均值、方差和矩母函数。对于参数为 100 和 0.1 的伽马分布,其均值、方差、矩母函数分别为:

均值:
$$\frac{100}{0.1} = 1\,000 (= m_1)$$

方差:
$$\frac{100}{0.1^2} = 10\,000$$

因而 0 点的二阶矩为:
$$10\,000 + (11\,000)^2 = 1\,010\,000 (= m_2)$$

矩母函数:
$$M_X(r) = \left(\frac{0.1}{0.1 - r}\right)^{100}$$

因而,对给定的 $t$,$S(t)$ 服从泊松参数为 $\lambda t$ 的复合泊松分布,由前面讲述的结论,我们可以得出:

$$E[S(t)] = \lambda t m_1 \tag{7.21}$$
$$Var[S(t)] = \lambda t m_2 \tag{7.22}$$

(1) 从以上的论述中可以看到,个体索赔额的矩母函数在 $r < 0.1$ 时是有

限的，因而由 7.19 式，γ 为 0.1。

(2) 和 (3) 用 7.21 式和 7.22 式并注意到 λ 等于 50：

$$E[S(1)] = 50 \times 1 \times 1\,000 = 50\,000$$
$$V[S(1)] = 50 \times 1 \times 1\,010\,000 = 50\,500\,000$$
$$E[S(2)] = 50 \times 2 \times 1\,000 = 100\,000$$
$$Var[S(2)] = 50 \times 2 \times 1\,010\,000 = 101\,000\,000$$

(IV) S(2) - S(1) 的均值可由下面求出：

$$E[S(2) - S(1)] = E[S(2)] - E[S(1)]$$
$$= 100\,000 - 50\,000 = 50\,000$$

然而，这一方法无法用来求方差，因为 S(1) 和 S(2) 是不独立的（注意：例如，到时点 1 为止发生的索赔次数 N(1) 影响了 S(1) 和 S(2) 的值)，S(2) 和 S(1) 可写成：

$$S(2) - S(1) = \sum_{i=N(1)+1}^{N(2)} X_1$$

其中，$N(1) = 0$，如果 $N(2) = 0$。

该公式中的求和是针对时点 1 和时点 2 之间的所有索赔而进行的，而且索赔次数服从参数为 50 的泊松分布。因而，S(2) - S(1) 服从泊松参数为 50 的复合泊松分布，而个体索赔额服从参数为 100 和 0.1 的伽马分布。由 7.22 式：

$$Var[S(2) - S(1)] = 50 \times 1 \times 1\,010\,000 = 50\,500\,000$$

注意：S(2) - S(1) 同 S 有相同的分布，更普遍地，同样可以证明对任何 t≥0，S(t + 1) - S(t) 与 S(1) 有相同的分布。

## 第三节 调整系数和兰德伯格不等式

兰德伯格不等式为非确定时间内破产概率 $\Psi(U)$ 提供了一个上限，这是破产分析理论中最著名的结论之一。我们还将在余额过程中引入一个重要参数——调整系数。

### 一、兰德伯格不等式

兰德伯格不等式即：

$$\Psi(U) \leqslant \exp\{-RU\} \tag{7.23}$$

这里 U 表示保险人的初始余额，R 是余额与序列有关的参数，称为调整系数，其数值取决于索赔总额的分布及保费费率，在定义 R 及给出兰德伯格系数之前，我们将说明这一结论的重要性及调整系数的一些特点。

图 7-3 显示了在索赔额呈均值为 1 的指数分布及在保费附加系数为 10% 时关于 U 的 $\exp\{-RU\}$ 和 $\Psi(U)$ 的曲线。可以看出，在 U 值很大时，$\Psi(U)$ 很接近上限，以致于：

$$\Psi(U) \approx \exp\{-RU\} \qquad (7.24)$$

在精算中，$\exp\{-RU\}$ 经常用作 $\Psi(U)$ 的近似值。

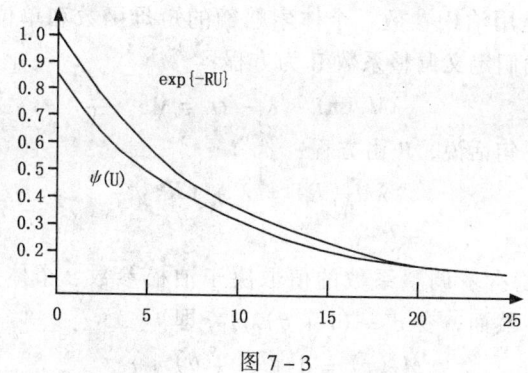

图 7－3

我们可以用 R 来衡量风险，R 值越大，$\Psi(U)$ 的上限越小。因而，R 增大时，$\Psi(U)$ 减小。R 是参数的函数，它影响着破产的概率。我们可以观察到 R 如何成为这些参数的一个函数，图 7－4 显示了 R 作为附加系数 $\theta$ 的一个函数的图像，当：

（1）索赔额服从均值为 10 的指数分布，

（2）所有索赔额为 10（图 7－4），

我们注意到在这两种情况下，R 是 $\theta$ 的增函数，因为我们期望 $\Psi(U)$ 是 $\theta$ 的减函数，所以这不足为奇，而且既然 $\Psi(U) \approx \exp\{-RU\}$，我们任何使 $\Psi(U)$ 递减的因素都会使 R 递增。

还注意到在索赔额服从指数分布时 R 的值小于所有索赔额为 10 时 R 的值。这一结论也不足为奇，两种索赔额分布有相同均值，但指数分布有较大的变动性，我们常会把更大的变动性与更大的风险联系起来，因而也应知道指数分布对应的 $\Psi(U)$ 有更大的值，及较小的 R 值。这个例子说明 R 受保费附加系数及个体索赔额分布的影响，现在我们来定义 R 并且证明：通常来说，R 囊括了影响余额过程的全部因素。

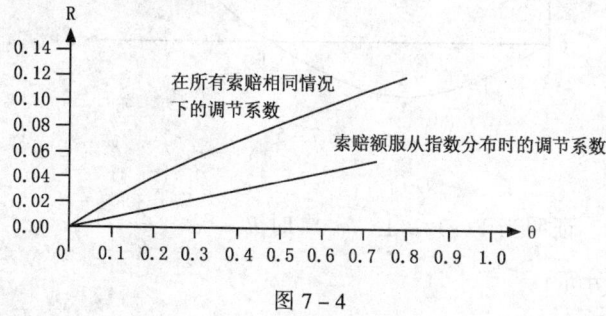

图 7－4

## 二、调整系数

余额过程取决于初始余额，取决于索赔总额序列，取决于保费费率。调整系数是与余额过程有关的一个参数，它考虑了以下两个因素：索赔总额和保费收入；这一调整系数是用来衡量余额过程风险的。当索赔总额是复合泊松分布时，调整系数 R 是用泊松参数、个体索赔额的矩母函数和单位时间里的保费收入来定义的。我们定义调整系数 R 为方程：

$$\lambda M_X(r) - \lambda - cr = 0 \tag{7.25}$$

的唯一正根。换一句话说，R 由方程：

$$\lambda M_X(R) = \lambda + CR \tag{7.26}$$

确定。

注意 7.25 式隐含着调整系数的值取决于泊松参数、个体索赔额的分布，取决于保费收入，然而，令 $c = (1+\theta)\lambda m_1$，即：

$$M_X(r) = 1 + (1+\theta)m_1 r$$

则 R 独立于泊松参数而只取决于附加系数 θ 和个体索赔额的分布，我们将在后面的内容中讨论这一点。

下面我们证明 7.25 式只有唯一正根。

假定 $g(r) = \lambda M_X(r) - \lambda - cr$ 并在区间 $[0, \gamma]$ 上考虑 $g(r)$ 的曲线，注意，$g(0) = 0$，并且在 $r = 0$ 点 $g(r)$ 是减函数，因为：

$$\frac{d}{dr}g(r) = \lambda \frac{d}{dr}M_X(r) - c$$

因而在 $r = 0$ 点 $g(r)$ 为 $\lambda m_1 - c$。后者根据 7.18 式的假设小于 0。

我们还可证明函数 $g(r)$ 有一个极点，该点是极小点并且 $g(r)$ 的曲线如图 7-5 所示，因而有唯一正数 R 满足 7.25 式。

7.25 式是 R 的约束方程，就某些形式的 F(x) 而言，可以较容易地求得 R。

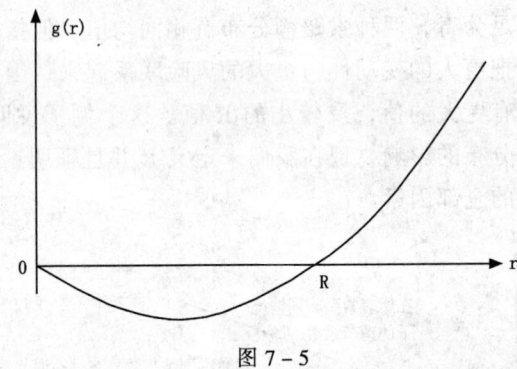

图 7-5

[**例 7-5**] 证明当 $F(x) = 1 - e^{-\alpha x}$ 时 $R = \alpha - \frac{\lambda}{c}$。

**解**：对该分布：

$$M_X(r) = \frac{\alpha}{\alpha - r}$$

所以：

$$\lambda + CR = \frac{\lambda \alpha}{\alpha - R}$$

$$\lambda\alpha - \lambda R + cR\alpha - cR^2 = \lambda\alpha$$

$$R^2 - \left(\alpha - \frac{\lambda}{c}\right)R = 0$$

$$R = \alpha - \frac{\lambda}{c} \tag{7.27}$$

因为 R 是 7.25 式的正根，如我们指定：

$$c = \frac{(1+\theta)\lambda}{\alpha}$$

则：

$$R = \frac{\alpha\theta}{1+\theta}$$

如我们需求出 R 的数值，则很有必要对 R 的值有一定的了解。下面用等式 7.26 来求得 R 的一个简单的上限：

$$\begin{aligned}\lambda + cR = \lambda M_X(R) &= \lambda\int_0^\infty e^{Rx}f(x)\,dx \\ &> \lambda\int_0^\infty \left(1 + Rx + \frac{1}{2}R^2x^2\right)f(x)\,dx \\ &= \lambda\left(1 + Rm_1 + \frac{1}{2}R^2m_2\right)\end{aligned}$$

从而：

$$(c - \lambda m_1)R > \frac{1}{2}\lambda R^2 m_2$$

即得：

$$R < \frac{2(c - \lambda m_1)}{\lambda m_2} \tag{7.28}$$

从而，当 $c = (1+\theta)\lambda m_1$ 时，

$$R < \frac{2\theta m_1}{m_2}$$

注意：如果 R 的值很小，它应该很接近这个上限，因为 $e^{Rx}$ 的近似值是较接近其精确值的。当存在一个个体索赔额的上限时，假如为 M，我们可求得 R 的一个下限。例如，假定个体索赔额均匀地分布于 (0,100) 上，则 M = 100。本结论可用与结论 7.28 式相同的方法证明。我们通过应用不等式：

$$\exp\{Rx\} \leqslant \frac{x}{M}\exp\{RM\} + 1 - \frac{x}{M} \qquad 0 \leqslant x \leqslant M \tag{7.29}$$

而求得下限。

[**例 7-6**]   证明不等式 7.29 式。

解：不等式可通过 $\exp\{RM\}$ 的级数展开式得证：

$$\begin{aligned}\frac{x}{M}\exp\{RM\} + 1 - \frac{x}{M} &= \frac{x}{M}\sum_{j=0}^\infty \frac{(RM)^j}{j!} + 1 - \frac{x}{M} \\ &= 1 + \sum_{j=0}^\infty \frac{R^j M^{j-1} x}{j!}\end{aligned}$$

$$\geqslant 1 + \sum_{j=1}^{\infty} \frac{(Rx)^j}{j!} \qquad 0 \leqslant x \leqslant M$$
$$= \exp\{Rx\}$$

**[例 7-7]** 用不等式 7.29 式证明：
$$R > \frac{1}{M}\log\left(\frac{c}{\lambda m_1}\right)$$

其中，个体索赔额为 (0, M) 上的连续分布。

解：首先是用于定义 R 的等式：
$$\lambda + cR = \lambda \int_0^M \exp\{Rx\}f(x)dx$$
$$\leqslant \lambda \int_0^M \left\{\frac{x}{M}\exp\{RM\} + 1 - \frac{x}{M}\right\}f(x)dx$$
$$= \frac{\lambda}{M}\exp\{RM\}m_1 + \lambda - \frac{\lambda}{M}m_1$$

变换后，得到：
$$\frac{c}{\lambda m_1} \leqslant \frac{1}{RM}\{\exp\{RM\} - 1\}$$
$$= 1 + \frac{RM}{2} + \frac{(RM)^2}{3!} + \cdots < \exp\{RM\}$$

从而得到所需的：
$$R > \frac{1}{M}\log\left(\frac{c}{\lambda m_1}\right)$$

**[例 7-8]** 试证所有索赔额的均值为 $E(X_i) = 10$，而保费附加系数为 $\theta = 10\%$ 时 R 值为 0.0188。

解：索赔额均值为 10，因而 $c = (1+\theta)\lambda m_1 = 11\lambda$，同时，$M_X(r) = \exp\{10r\}$，

因而 7.26 式变成：
$$\lambda + 11\lambda R = \lambda\exp\{10R\}$$

代入 R = 0.0188 即可完成证明。

通过截距 $\exp\{Rx\}$ 的扩展，我们可获得 R 的其他近似值，特别是当 R 很小时。见下例。

**[例 7-9]** 用近似等式 $\exp\{Rx\} \approx 1 + Rx + \frac{1}{2}(Rx)^2 + \frac{1}{6}(Rx)^3$
求当全部索赔金额的均值为 10 且费率附加系数为 10% 时 R 的近似值。

解：正如在例 7-4 中，确定 R 的等式是：
$$\lambda + 11\lambda R = \lambda\exp\{10R\}$$

用近似值代替 $\exp\{10R\}$ 得到：
$$\lambda + 11\lambda R = \lambda\left(1 + 10R + 50R^2 + \frac{1000R^3}{6}\right)$$

从而推得二次方程式：
$$R^2 + 0.3R - 0.006 = 0$$
其正根为 R = 0.0188。参考例 7-8，可知近似值在千分位是正确的。

也许有的读者可能奇怪，R 为何被叫作调整系数。事实上这仅仅是目前普遍的称法罢了。更早的时候，R 被称作保险人的偿付能力常数。

### 三、兰德柏格不等式的证明

我们已经熟悉，兰德柏格不等式即：
$$\psi(U) \leq \exp\{-RU\}$$
这里 U 是保险人的初始余额，R 是调整系数。现在我们来证明这一结论。

因为我们工作的时间是连续的，而且保费收入率是正的，破产只有在索赔时才可能发生，我们定义：$_n\psi(U)$ 为第 n 次索赔之前或当时的破产概率，于是：
$$\psi(U) = \lim_{n \to \infty} {}_n\psi(U)$$
须证明对全部 n 的值都有：
$$_n\psi(U) \leq \exp\{-RU\}$$
我们将用数学归纳法来证明。假定，对于 ≥1 的 n 值，
$$_n\psi(U) \leq \exp\{-RU\}$$
我们可以通过考虑第一次索赔的时间和金额来获得关于 $_n\psi(U)$ 的表达式。假设第一次索赔额发生在时点 t 上，这里 t>0，并且这一次索赔金额为 $x$，如果破产发生于第（n+1）次索赔之时或之前，那么以下两事件之一必然发生：

1. 破产发生于第一次索赔，以使 $x > U + ct$；或
2. 破产不在第一次索赔时发生，从而该次赔付后的余额为 $U + ct - x (\geq 0)$。我们把这赔付后的余额作为新的"初始余额"，在这新的"初始余额"的基础上，破产发生在下面的 n 次索赔中。

因为 $\{N(t)\}_{t \geq 0}$ 为泊松过程，第一次索赔的时间服从参数为 λ 的指数分布。因而，我们可认为 $\lambda e^{-\lambda t} dt$ 表示第一次索赔发生在时点 t 的概率，并由此得到：
$$_{n+1}\psi(U) = \int_0^\infty \lambda e^{-\lambda t} \int_{U+ct}^\infty f(x) \, dx \, dt$$
$$+ \int_0^\infty \lambda e^{-\lambda t} \int_0^{U+ct} f(x) {}_n\psi(U + ct - x) \, dx \, dt$$

其中第一项代表第一次索赔发生在时点 t 上，并且此次索赔导致破产，即索赔额超过初始余额 U 与到此为止的保费收入之和 ct，在这里我们用到了这样一个性质，就是任意点的索赔额与索赔发生的时间相互独立；第二项代表第一次索赔发生在时点 t 上，索赔额不足以引起破产，破产是在余额为 U+ct-x 之后的 n 次索赔中发生。我们在 (0, ∞) 上对 t 和 x 积分，按 x 的情况将区间分段，对所有可能的第一次索赔时间和所有可能的索赔额积分。

根据我们的假设:
$$_{n+1}\psi(U) \leq \exp\{-RU\}$$

所以:
$$_{n+1}\psi(U) \leq \int_0^\infty \lambda e^{-\lambda t} \int_{U+ct}^\infty f(x) \, dx dt$$
$$+ \int_0^\infty \lambda e^{-\lambda t} \int_0^{U+ct} f(x) e^{-R(U+ct-x)} \, dx dt$$

注意到当 $x > U+ct$ 时,$e^{-R(U+ct-x)} > 1$,有:
$$\int_{U+ct}^\infty f(x) \, dx \leq \int_{U+ct}^\infty e^{-R(U+ct-x)} f(x) \, dx$$

从而可以把这些积分合并,得到:
$$_{n+1}\psi(U) \leq \int_0^\infty \lambda e^{-\lambda t} \int_0^{U+ct} f(x) e^{-R(U+ct-x)} \, dx dt$$
$$= e^{-RU} \int_0^\infty \lambda e^{-(\lambda+cR)t} \int_0^\infty e^{-R(U+ct-x)} f(x) \, dx dt$$

因为:
$$\lambda M_x(R) = \lambda + cR,$$

积分等于1,从而:
$$_{n+1}\psi(U) \leq \exp\{-RU\}$$

现在,只要我们证明 n = 1 时结论是正确的,就完成了用数学归纳法证明的步骤。

正如上面所示,只有第一次索赔额超过 U + ct,这里 t 是第一次索赔额发生的时间,破产才发生在第一次索赔中,从而应用同样的方法:
$$\psi(U) = \int_0^\infty \lambda e^{-\lambda t} \int_{U+ct}^\infty f(x) \, dx dt$$
$$\leq \int_0^\infty \lambda e^{-\lambda t} \int_{U+ct}^\infty e^{-R(U+ct-x)} f(x) \, dx$$
$$\leq \int_0^\infty \lambda e^{-\lambda t} \int_0^\infty e^{-R(U+ct-x)} f(x) \, dx$$
$$= e^{-ru}$$

这就完成了归纳证明。

## 第四节 变化的参数值对有限和无限时间破产概率的影响

作为破产分析理论,我们应研究有限时间内破产概率是怎样随时间而变化的,也应研究初始余额、保费附加(loading)因素以及泊松参数是怎样影响有限和无限时间上的破产概率。我们通过引用过 $\psi(U)$ 的一个结论来开始我们的研究。

## 一、当 F(x) 服从指数分布时，$\psi(U)$ 的一个公式

当个体索赔数额服从均值为 1 的指数分布，保费附加系数为 $\theta$ 时，要描述 $\psi(U)$ 的公式是十分方便的。公式为：当 $F(x) = 1 - e^{-x}$ 时，有：

$$\psi(U) = \frac{1}{1+\theta} e^{-\frac{\theta U}{1+\theta}} \tag{7.30}$$

我们阐述这一结论是为了表明，对于这类特殊的分布，最终破产概率是怎样受参数值的变化所影响。

## 二、有限时间里的破产概率

到现在为止，我们考虑的都是在有限时间里的破产概率。然而，$\psi(U)$ 并非决定诸如保费附加系数或应有初始余额（对某一业务量）的最佳标准。原因在于，$\psi(U)$ 是假定保险人按无限期计划范围进行破产分析的。在实践中，假定保险人在有限计划范围里分析破产情况是更合理的。在这种情况下，$\psi(U,t)$，即在时间 t 之前的破产概率，是比 $\psi(U)$ 更好的决定保费附加系数的标准。

现在，我们开始讨论 $\psi(U,t)$。我们将不介绍任何新的理论，也不讨论怎样去获得 $\psi(U,t)$ 的数值。我们将用一系列的数字例子来描述 $\psi(U,t)$ 的特征，在一些情况下也是 $\psi(U)$ 的特征。在这些例子中，我们采用与前面相同的假设。特别地，我们将假定，索赔总额过程为一复合泊松过程。在下面的三、四、五中，我们将假设：

1. 索赔次数的泊松参数为 1。 (7.31)
2. 个体索赔额的预期值为 1。 (7.32)
3. 个体索赔服从指数分布。 (7.33)

假设 7.31 式的含义是，我们选择这样的时间单位，使得在一个单位时间内的索赔的预期次数为 1。于是 $\psi(U,500)$ 就是在一定期间内的破产概率（已给定初始余额），在这个期间内，我们预期有 500 次索赔。在这段时期内真正发生的索赔次数服从泊松分布（参数为 500），并能取任何非负整数值。

假设 7.32 式的含义是，我们已选择了货币单位，使其等于一次索赔的预期数额。于是 $\psi(20,500)$ 就是在给定初始余额为一次索赔的期望数额的 20 倍时，破产的概率（在我们预期有 500 次索赔的期间内）。

假设 7.33 式的含义是，采用指数分布作为个体索赔额的分布，这使我们可以运用上一节末和本节初的结论对这些例子计算 $\psi(U)$ 和 $\exp\{-RU\}$。

## 三、$\psi(U,t)$ 作为 t 的函数

图 7-6 画出了 $0 \leq t \leq 500$ 时，$\psi(15,t)$ 的图形，保费附加系数 $\theta$ 为 0.1，所以单位时间的保费收入为 $c = (1+\theta)$，E（索赔额）= 1.1。图 7-6 中同时还画出了 $\psi(15)$（虚线）和 $\exp(-15R)$（实线）。

后两个值在图上是两条平行于时间轴的线，因为它们的值独立于时间。

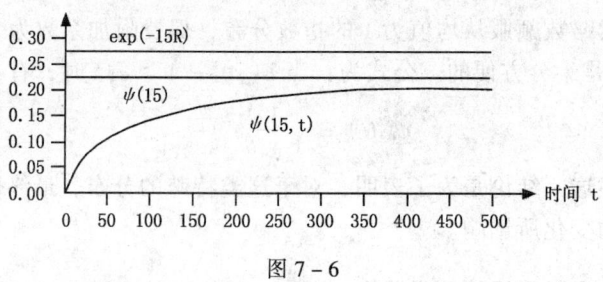

图 7－6

[例 7－10] 计算上述业务的 $\psi(15)$，及相应的 R 和 $\exp(-15R)$。

解：由于个体索赔服从指数分布，因此对 $\psi(U)$ 我们采用 7.30 式。在 7.30 式中令 $\theta = 0.1$，得：

$$\psi(15) = \frac{1}{1.1}\exp\left(-\frac{0.1}{1.1}15\right)$$
$$= 0.2325$$

R 的值为：

$$R = \frac{0.1}{1.1} = 0.0909$$

最后，我们有：

$$\exp\{-15R\} = 0.2557$$

对图 7－6，我们应注意到如下特征：

(1) $\psi(15,t)$ 为 t 的增函数（见第一节）。

(2) 对较小的 t 值，$\psi(15,t)$ 增长得很快，如在 t 从 25 增加到 50 时，$\psi(15,t)$ 的值增长一倍；t 从 50 增加到 100 时，$\psi(15,t)$ 的值达到 $\psi(15)$。

(3) 对 t 的较大的值，$\psi(15,t)$ 的值的增长的慢一些，并渐近地达到 $\psi(15)$。

### 四、作为初始余额的函数的破产概率

图 7－7 画出了在 $0 \leqslant t \leqslant 500$ 及初始余额为 15、20 和 25 时，$\psi(U,t)$ 的值。在图 7－6 中，保费附加系数为 0.1，对 U = 15，$\psi(U,t)$ 的图形如图 7－6 所示。

对图 7－7 我们应注意到如下特征：

(1) 对 t 的任何值的所有的曲线都具有相同的一般形状。

(2) U 的值减小，则 $\psi(U,t)$ 也减小。

(3) 当 t 增加时，三条曲线的每一条都达到一个渐近的极值（在图 7－6 的讨论中，已提到 U 等于 15 的情况），按同样的方法，我们应注意到 $\psi(20) = 0.1476$，$\psi(25) = 0.0937$。

7.2 式告诉我们，$\psi(U)$ 是 U 的一个不增函数。下例将讨论在个体索赔额服从指数分布的情况下，$\psi(U)$ 是 U 的一个严格递减的函数。

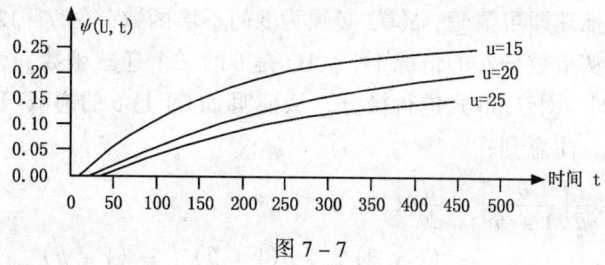

图 7-7

**[例 7-11]** 对 7.30 式进行微分，以证明 $\psi(U)$ 是 U 的一个递减函数。

解：对 $\psi(U)$ 的关于 U 的微分为：

$$\frac{d}{dU}\psi(U) = \frac{-\theta}{1+\theta}\psi(U)$$

由于 $\theta > 0$，所以上式小于 0。于是 $\psi(U)$ 是 U 的一个递减函数。这是一个比 7.2 式的一般陈述更为精确的表达。

我们直观上就应清楚，$\psi(U,t)$ 应该是 U 的一个递减函数（$\psi(U)$ 只是其一个特例）。U 的增加即代表保险人的余额的增加，而索赔额却无任何相应的增加。所以，U 的增加意味着保险人安全性的增加，也即减少了破产的可能性。

### 五、作为保费积累的函数的破产概率

图 7-8 画出了对 $0 \leqslant t \leqslant 500$ 以及对三个保费附加系数值 $\theta = 0.1$、0.2 和 0.3 时的 $\psi(15,t)$ 的值。$\theta = 0.1$ 时 $\psi(15,t)$ 的曲线图与 7-6 的曲线及图 7-7 中的相同。对图 7-8 我们应注意的特点是：

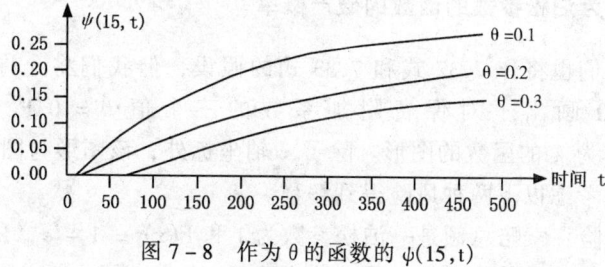

图 7-8 作为 $\theta$ 的函数的 $\psi(15,t)$

(1) $\psi(15,t)$ 的曲线都具有相同的一般形式。

(2) 对所有给定的值和 t，增加 $\theta$ 值，即使 $\psi(15,t)$ 的值减少；这实际上对 U 的任何值都是成立的，并且也是一个显然的结果，因为 $\theta$ 的增加相当于在索赔总额过程不发生改变的情况下保费收入率的增加。

(3) 我们可看到，对 $\theta = 0.2$ 和 0.3，在 t 大于 150 时，$\psi(15,t)$ 的值或多或少地有一定的稳定性（保持不变）。对 $t_1 \leqslant t_2$，$\psi(15,t_1) - \psi(15,t_1)$ 的差表示在 $t_1$ 和 $t_2$ 之间破产发生的概率。于是对 $\theta$ 的这些值（0.2 和 0.3），并且对于初始余额的值为 15 及如此的索赔总额过程，破产，若它终将发生的话，更可能在时间 150 前发生，即与在第 150 次索赔后发生破产的可能性相比，破产发生在第 150 次索赔发生之前的概率更大。我们将在例 7-12 之后的内容中讨论这一点。

通过一般推理即可清楚，$\psi(U)$ 必须为 $\theta$ 的不增函数。例 7-12 将说明，在个体索赔额服从指数分布的情况下，$\psi(U)$ 是 $\theta$ 的一个递减函数。

[例 7-12] 对 7.30 式进行微分，从证明 $\psi(U)$ 是 $\theta$ 的递减函数。

解：首先，注意到：

$$\frac{d}{d\theta}\left(\frac{\theta}{1+\theta}\right) = \frac{d}{d\theta}\theta(1+\theta)^{-1}$$
$$= (1+\theta)^{-1} - \theta(1+\theta)^{-2} = (1+\theta)^{-2}$$

于是：

$$\frac{d}{d\theta}\psi(U) = -(1+\theta)^{-1}\psi(U) - U(1+\theta)^{-2}\psi(U)$$

由于 $\theta$、$U$ 和 $\psi(U)$ 都是大于 0 的数，所以上式很明显小于 0 的，既然对所有的 0 值，该导数小于 0，所以 $\psi(U)$ 是 $\theta$ 的递减函数。

图 7-9 画出了作为 $\theta$ 的函数的 $\psi(10)$。

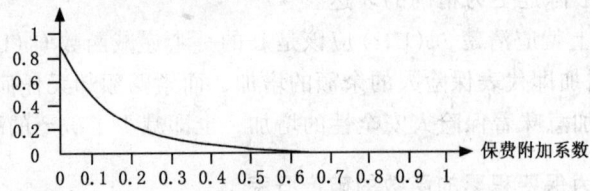

图 7-9 当个体索赔额服从均值为 1 的指数分布时，作为 $\theta$ 的函数 $\psi(10)$

### 六、作为泊松参数的函数的破产概率

在此，我们也将作 7.32 式和 7.33 式的假设，但我们将允许泊松参数变化。图 7-10 画出了对保费附加系数的三个值 $\theta = 0.1$、0.2 和 0.3，$\psi(15, 10)$ 作为 $\lambda$ 的函数的图形。除了 $x$ 轴坐标外，该图形与图 7-6 是相同的，这可通过考虑以下两种风险得到解释。

第 1 种风险：索赔总额是一泊松参数为 1 和 $F(x) = 1 - e^{-x}$ 的复合泊松过程，承保这种风险的单位时间的保费收入量 $c = (1 + \theta)$。

第 2 种风险：索赔总额仍是复合泊松过程，其泊松参数为 0.5，$F(x) = 1 - e^{-x}$，承保这种风险的单位时间的保费收入量是 $c = 0.5(1 + \theta)$。

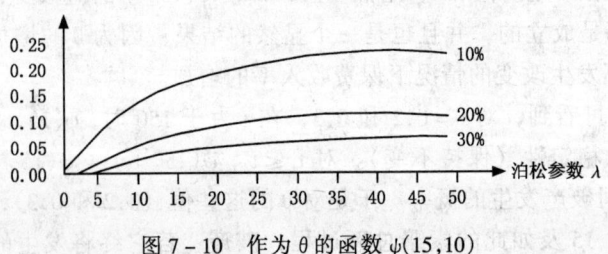

图 7-10 作为 $\theta$ 的函数 $\psi(15, 10)$

我们令单位时间为一年，可看到这两种风险的唯一区别是，在第 1 种风险下预期的索赔两倍于第 2 种风险下的索赔。这可从两种保费中得到反映。

如果时间单位为两年时，考虑第 2 种风险，则索赔总额分布和单位时间保费收入与第 1 种风险的相应参数相同。于是，在无限时间条件下，两种风险的破产概率是相同的。

图 7 – 11 所示的实线是 $\theta = 0.1$ 时，对第 1 种风险的余额过程的结果；虚线则是时间单位定为 2 年时，同样的余额过程。这表明，对第 1 种风险造成最终破产的余额过程的任何结果，同样将对第 2 种风险造成最终破产。对这两种风险来说，最终破产的概率是没有什么区别的，只是破产所需的时间（以年为单位）将有所不同。

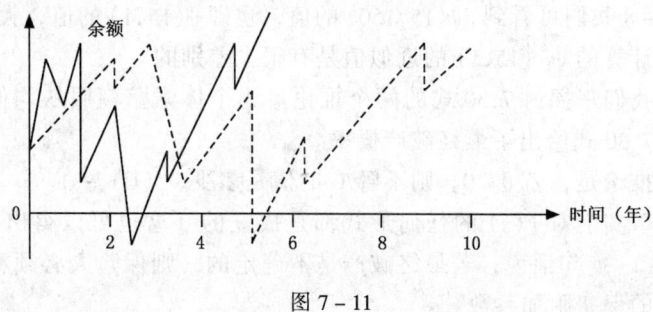

图 7 – 11

若用年数来衡量时间，对第 1 种风险，在时间 1 之前破产的概率与对第 2 种风险在时间 2 之前破产的概率是相同的。这也解释了为什么图 7 – 6 和图 7 – 10 所表示的是同一函数。例如，$\lambda = 50$ 时 $\psi(15,10)$ 的值（图 7 – 10）与 $\lambda = 1$ 时 $\psi(15,500)$ 的值（图 7 – 6）是相同的。

现在让我们来讨论我们在前面提到的：在 $\theta = 0.2$ 和 $0.3$ 时，对大于 150 的 $t$ 的值，$\psi(15,t)$ 的值或多或少地具有一定的稳定性（保持不变）。特别地，我们应注意保费附加系数为 0.2 这种情况。考虑另一索赔总额过程，它与本章所考虑的过程基本相同，只是它的泊松参数是 150 而不是 1（这个过程实际上与前面的过程一样，发生变化的是我们已改变了时间单位）。我们用 $\psi^*$ 表示第二个过程的破产概率，$\psi$ 年代表原来的过程的破产概率（与以前一样）。时间单位的改变意味着对任何 $t \geq 0$，$\psi^*(U,t) = \psi(U,150t)$

但它对最终破产概率毫无影响（在上述关系中令 $t = \infty$），于是：
$$\psi^*(U) = \psi(U)$$
前面提到的稳定性所说的要点的是：
$$\psi(15,150) \approx (\psi(15))$$
从上式及以前面两个关系式，我们可知：
$$\psi(15,1) \approx \psi^*(15).$$
用文字表述，这个关系式表示：对第二个过程，初始余额为 15，则在一个单位时间内破产的概率几乎等于（事实上是略小于）最终破产概率。这一结论在相当大的程度上取决于 $\psi^*(15,1)$ 是连续时间的破产概率这一事实。为理解这一点，考虑 $\psi_1^*(15,1)$，即第二个过程的余额在一单位时间末小于 0 的概率（即破产的概率）。我们用 $S^*(1)$ 来表示一个单位时间内的索赔总额，假定

$S^*(1)$ 服从正态分布,我们可大致计算出 $\psi_1^*(15,1)$。前面我们曾探讨过,个体索赔额服从均值为 1 的指数分布,以及在一个单位时间内索赔次数服从均值为 150 的泊松分布。我们即可得到:

$$E[S^*(1)] = 150 \quad 且 \quad Var[S^*(1)] = 300。$$

使用正态分布表:

$$\psi_1(15,1) = P[S^*(1) > 15 + 1.2 \times 150]$$
$$= P\{[S^*(1) - 150]/17.32 > 45/17.32\}$$
$$= 0.005$$

从图 7-8 我们可看到,$\psi(15,150)$ 的值,也即 $\psi(15,1)$ 的值,大概是 0.07,这与上面所计算的 $\psi_1^*(15,1)$ 的近似值是有很大差别的。

最后,我们来探讨 7.30 式的两个推论。当个体索赔额服从均值为 1 的指数分布时,7.30 式给出了最终破产概率。

第一个推论是,若 $\theta = 0$,则不管 U 的值是多少,$\psi(U) = 1$。

该结论事实上对 F(x) 的任何形式都是成立的(这也可以得出,若 $\theta < 0$,则 $\psi(U) = 1$)。换句话说,若最终破产是不确定的,则保险人必须在收取保费时有一个正的保费附加系数。

第二个推论是,在这一章里我们已假定了的,个人索赔额服从均值为 1 的指数分布。这一均值可用 10 000 元、100 或 100 000 元等单位来衡量。只要我们正确地指定货币单位,则指数分布的参数可设为 1 而不失一般性。用简单的话来说,当 U 为 1 元时破产的概率与 U 为 100 分时的破产概率是相同的。我们可以说,当 $F(x) = 1 - e^{-\alpha x}$ 时的 $\psi(U)$,与 $F(x) = 1 - e^{-x}$ 时的 $\psi(\alpha U)$ 是相等的。

换一句话说,若单位时间的期望索赔增加 $\alpha$ 倍,则最终破产概率若要不变的话,初始余额也必须增加 $\alpha$ 倍。

## 第五节 再保险与破产

### 一、再保险

一个保险人若想减少某风险的索赔总额的波动性,他可选择再保险。这是为了增加保险人的安全性,减少破产的概率。若一个再保险安排可最大限度地减少破产概率,则我们认为这是最佳的再保险安排。由于要求得破产概率的明确解是很困难的。我们将反过来考虑再保险对调整系数的影响。如果我们能找到使调整系数值为最大的再保险安排,则最终破产概率的上限将被压至最低。由于调整系数是风险的衡量尺度,使其最大化不失为一合理的目标。本节我们将考虑比例再保险和超赔再保险对调整系数的影响。

(一) 比例再保险

令随机变量 X 表示个体索赔额。在比例再保险的约定下,对发生在再保险合同期限内的每一次索赔，原保险人赔付占索赔额比例为 $\alpha$，这里 $0 \leq \alpha \leq 1$，而再保险人对每次索赔赔付占索赔额比例为 $1 - \alpha$。我们称 $\alpha$ 为自留额比例。原保险人的个体索赔额，除去再保险外，为 $Y = \alpha X$；再保险人承担的赔付额为 $Z = (1 - \alpha)X$。

### （二）超赔再保险

令随机变量 X 表示个体索赔额。在超赔再保险的约定下，假定每次索赔的自留额用 M 表示。若索赔额低于 M，则原保险人负责赔偿全部索赔；若索赔额为 M 或更多，则原保险人赔偿 M，再保险人负责赔偿超过 M 的那部分索赔。对随机变量 X，我们有：

原保险人赔偿　　　　　　$Y = \min(X, M)$　　　　　　　　　　及

再保险人赔偿　　　　　　$Z = \max(0, X - M)$。

## 二、在比例再保险下使调整系数最大化

首先让我们考虑比例再保险对原保险人的调整系数的影响。我们把在支付再保险费之前的单位时间的原保险人保费收入写作 $(1 + \theta)\lambda m_1$，这是针对一个服从复合泊松分布的索赔总额期望值所收取的保费，保费附加系数为 $\theta$。我们同时假定，再保险费由

$$(1 + \xi)(1 - \alpha)\lambda m_1$$

来计算。由于再保险人赔付支出占索赔总额的比例为 $1 - \alpha$，$(1 - \alpha)\lambda m_1$ 即表示单位时间内再保险人的期望索赔。于是，$\xi$ 为再保险人所用的保费附加系数。所以原保险人除去再保险外的保费收入为：

$$[(1 + \theta) - (1 + \xi)(1 - \alpha)]\lambda m_1 \tag{7.34}$$

我们同时假设 $\xi \geq \theta$。若这一假设不成立，则原保险人有机会将所有的风险转嫁给再保险人，同时还能获取一定利润。例如若 $\theta = 0.2$，$\xi = 0.1$，则原保险人可收到 $1.2\lambda m_1$ 的保险费。原保险人可将整个风险投保再保险，缴纳 $1.1\lambda m_1$ 再保险费，于是留下 $0.1\lambda m$ 作为利润。

对于原保险人的保费收入，除去再保险，若要为正，则我们要求：

$$1 + \theta > (1 + \xi)(1 - \alpha)$$

即：

$$\alpha > \frac{\xi - \theta}{1 + \xi}$$

但是，对原保险人存在一个更重要的约束。原保险人在单位时间里除去再保保费的保费收入净值必须超过单位时间内的预期索赔总额，否则最终破产将不可避免。除去再保险人将支付的索赔额，原保险人在单位时间的预期索赔总额为 $\alpha\lambda m_1$。于是，我们要求：

$$1 + \theta - (1 + \xi)(1 - \alpha) > \alpha$$

或：

$$\alpha > 1 - \frac{\theta}{\xi} \tag{7.35}$$

由于 $\theta \leq \xi$ 时 $1 - \theta/\xi \geq (\xi - \theta)(1 + \xi)$，7.35 式指定了原保险人的最小自留额水平，这也是我们的兴趣所在。若保费附加系数都相等，则 $\alpha = 0$。在这种情形下我们有一风险共摊安排，任何自留额水平都是可能的。但若 $\xi > \theta$，则原

保险人必须自留一部分风险。

[例 7-13] 当 $F(x) = 1 - e^{-0.1x}$，并且原保险人和再保险人都将 $\theta$ 作为保费附加系数时，求作为自留额比例 $\alpha$ 的函数的调整系数。

解：无再保险时原保险人的个人索赔服从参数为 0.1 的指数分布。$m_1 = 10$。注意到若 $Y = \alpha X$，则：

$$P\{Y \leq y\} = P\{x \leq y/\alpha\} = 1 - \exp(-0.1y/\alpha),$$

于是定义 R 的等式为：

$$\lambda + (1 + \theta)\lambda 10\alpha R = \lambda \int_0^\infty e^{Rx}(0.1/\alpha)e^{0.1x/\alpha}dx$$

$$\Rightarrow \quad 1 + (1 + \theta)10\alpha R = \frac{1}{1 - 10\alpha R} \tag{7.36}$$

$$\Rightarrow \quad R = \frac{\theta}{(1 + \theta)10\alpha} \quad \text{对 } 0 < \alpha \leq 1 \tag{7.37}$$

从例 7-5 中也可得到这一结论，在那里个体索赔额也服从指数分布。

在例 7-13 中我们可看到 R 为 $\alpha$ 的递减函数。这是有道理的，因为自留额越小，原保险人的风险也越少，所以我们就可预期 R 将随 $\alpha$ 增加而减少，破产概率 $\psi(U)$ 将随之增加。

现在我们研究一下 $\xi > \theta$ 时的情况。下面我们假设：

1. 个体索赔额分布为 $F(x) = 1 - e^{-0.1x}$；
2. 原保险人的保费附加系数为 $\theta = 0.1$。

首先假设再保险人的保费附加系数为 0.2，于是原保险人在单位时间内的净保费收入为 $(12\alpha - 1)\lambda$。7.35 式告诉我们，对每一索赔，原保险人必须自留至少 50%。所以我们将在间隔 [0.5, 1] 内找到能使 R 值最大的 $\alpha$ 的值。确定 R 的式子为：

$$\lambda + (12\alpha - 1)\lambda R = \frac{\lambda}{1 - 10\alpha R}$$

这是由 7.36 式得出的。于是：

$$R = \frac{2\alpha - 1}{10(12\alpha^2 - \alpha)} \quad 0.5 < \alpha \leq 1 \tag{7.38}$$

因为当保费附加系数相等时，调整系数取决于自留额水平。

[例 7-14] 求使 7.38 式的 R 达到最大值的 $\alpha$。

解：将 R 对 $\alpha$ 微分，得：

$$\frac{dR}{d\alpha} = \frac{20(12\alpha^2 - \alpha) - (2\alpha - 1)(24\alpha - 1)10}{100(12\alpha^2 - \alpha)^2}$$

显然对在 [0.5, 1] 内的 $\alpha$ 值，分母永远是正的，于是对这个函数在

$$20(12\alpha^2 - \alpha) = (2\alpha - 1)10(24\alpha - 1)$$

时将有一驻点（可能的极值点），即当：

$$24\alpha^2 - 24\alpha + 1 = 0$$

时，该二次方程的根为 0.9564 和 0.436，所以我们感兴趣的驻点是 0.9564。我们可验证以下数值：

| $\alpha$ | R |

| 0.5 | 0 |
| 0.9564 | 0.00911 |
| 1.0 | 0.00909 |

这表明，在 $[0.5,1]$ 内，R 在 0.9564 上有一最大值。

图 7-12 画出了对 $\alpha$ 大于 0.85 的区域，作为 $\alpha$ 的函数的 R。之所以选择这个范围的 $\alpha$ 值，是为了突出曲线的特征。虚线画出了 $\alpha = 1$（即无再保险）对 R 的值。

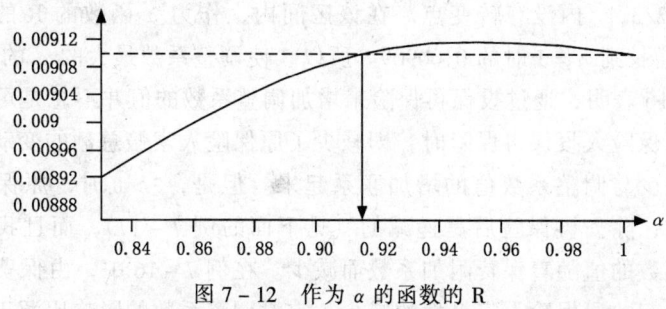

图 7-12  作为 $\alpha$ 的函数的 R

从图 7-12 我们可看出，$\alpha$ 的值有一个范围，$\beta < \alpha < 1$，只要自留额水平在这个范围内，调整系数的值就超过 $\alpha = 1$ 时调整系数的值。$\beta$ 的值可以这样计算：在 $\beta$ 点设定 R 的值，使之等于 $\beta = 0.9167$ 时的 R 值即 1，然后通过 7.38 式计算 $\beta$。图 7-12 的箭头表示 $\beta$ 的值。

要使调整系数最大，则最好的自留额水平 $\alpha = 0.9564$。但需注意，一种意义下的最优性并不意味着另一种意义下的最优性。例如，若原保险人不投保再保险，则单位时间内的预期利润为 $\theta\lambda m_1$（即 $\lambda$，因为 $\theta = 0.1$，$m_1 = 10$）。若原保险人投保了自留额水平为 0.9564 的再保险，则单位时间内的预期利润为 $0.9128\lambda$（即保费收入低于预期索赔额）。

**[例 7-15]** 试将单位时间内的预期利润用 $\alpha$ 和 $\lambda$ 表示出来。

解：我们已从 7.34 式计算出，$\theta = 0.1$，$\xi = 0.2$，$m_1 = 10$ 时，原保险人的净保费收入是 $(12\alpha - 1)\lambda$。原保险人单位时间内的预期索赔是 $10\alpha\lambda$。所以，单位时间内的预期利润是 $(2\alpha - 1)\lambda$。

这表明，单位时间内的预期利润是 $\alpha$ 的递增函数，而且，若原保险人要去选择 $\alpha$ 以使单位时间的预期利润最大，则选择应是 $\alpha = 1$。该例子说明了一个基本的观点——再保险水平是在安全和利润之间的权衡。

**[例 7-16]** 当再保险人的保费附加系数为 0.3 时，求使 R 最大的 $\alpha$ 值。

解：据 7.34 式，原保险人的净保费收入是 $(13\alpha - 2)\lambda$，所以定义 R 的等式即为：

$$\lambda + (13\alpha - 2)\lambda R = \frac{\lambda}{1 - 10\alpha R}$$

可推出：

$$R = \frac{3\alpha - 2}{101(12\alpha^2 - 2\alpha)} \qquad 0.67 < \alpha \leq 1$$

据 7.35 式，原保险人必须对每一索赔将留至少 2/3 的自留额，所以我们将在 [2/3, 1] 的范围内求使 R 最大的 $\alpha$ 值。求导可得：

$$\frac{dR}{d\alpha} = \frac{30(13\alpha^2 - 2\alpha) - (3\alpha - 2)10(26\alpha - 2)}{100(13\alpha^2 - 2\alpha)^2}$$

即：当 $39\alpha^2 - 52\alpha + 14 = 0$ 时，该二次方程式的根为 0.0820 和 1.2514，所以在区间 [2/3,1] 内没有转变点。在该区间内，作为 $\alpha$ 函数的 R 的值从 $\alpha = 2/3$ 时的 0 增长到 $\alpha = 1$ 时的 0.00909。所以，使调整系数最大的 $\alpha$ 的值是 1。

例 7 – 16 表明，通过投保再保险来增加调整系数的值并不总是可能的。注意到，当原保险人投保再保险时，即减少了原保险人索赔总额的变动性。我们将变动的减少与调整系数值的增加联系起来。但是，$\xi > \theta$ 时，原保险人的保费附加系数，除去再保险后是递减的（见下面的例 7 – 17），而且我们可以预计，调整系数的值随着保费附加系数而减少。在例 7 – 16 中，由保费附加系数的减小所引起的原保险人安全性的减少，它对调整系数的影响比源于再保险的所有 $\alpha$ 值的增加对调整系数的影响要大。

[**例 7 – 17**] 试说明原保险人（再保后的）净保费附加系数是 $\alpha$ 的增函数（参见 7.34 式）。

解：用单位时间内预期索赔去除单位时间内预期的利润可得到保费附加系数。单位时间内预期利润为：

$$[(1 + \theta) + (1 + \varepsilon)(1 + \alpha)]\lambda m_1 - \alpha\lambda m_1$$

于是保费附加系数为：

$$\theta' = \frac{[(1 + \theta) - (1 + \varepsilon)(1 - \alpha) - \alpha]}{\alpha} = \frac{\varepsilon - (\varepsilon - \theta)}{\alpha}$$

现在，由于 $\xi > 0$, $\frac{d\theta'}{d\alpha} = \frac{\varepsilon - \theta}{\alpha^2}$ 是正的。所以 $\theta'$ 为 $\alpha$ 的递增函数。于是，当自留额水平递增时，净保费附加系数也递增。

### 三、在超赔再保险下使调整系数最大

未来探讨超赔再保险对调整系数的影响。我们作如下假设：

1. X 表示一个个体索赔额；
2. 自留额水平为 M；
3. 单位时间原保险人保费收入（再保险之前）为 $(1 + \theta)\lambda m_1$；
4. 单位时间内再保险保费为 $(1 + \xi)\lambda E(Z)$，这里 $\xi(\geq \theta)$ 是再保险人保费附加系数，$Z = \max(0, X - M)$。

原保险人的个体索赔赔付的分布为 $Y = \min(X, M)$，而原保险人的保费收入除去再保险后是：

$$C^* = (1 + \theta)\lambda m - (1 + \xi)\lambda E(Z),$$

这使得定义 R 的式子变为：

$$\lambda + C^* R = \lambda\left\{\int_0^M e^{Rx}f(x)\,dx + e^{RM}[1 - F(M)]\right\}$$

这就是 7.26 式因超赔损失再保险的影响而具有截尾索赔额分布后的结果。为表明这点，考虑 $X \sim U(0,20)$ 的情况，于是对于 $0 < x < 20$，有 $f(x) = 0.05$。因此，对于 $0 < M \leqslant 20$：

$$E(Z) = \int_M^{20}(x - M)0.05\,dx$$
$$= 10 - M + 0.025M^2$$

且：

$$M_Y(R) = \int_0^M e^{Rx}0.05\,dx + e^{RM}(1 - 0.05M)$$
$$= \frac{0.05}{R}(e^{RM} - 1) + e^{RM}(1 - 0.05M)$$

给定 $\theta$ 和 $\xi$ 的值，该方程一定可以解出 R 的值。图 7-13 给出了 $\theta = \xi = 0.1$ 时，作为 M 的函数的 R。就像前面一样，当保费附加系数相等时，任何自留额水平都是可能的。R 是 M 的递减函数。在图 7-13 里，M 趋于 0 时，R 趋于 $\infty$。

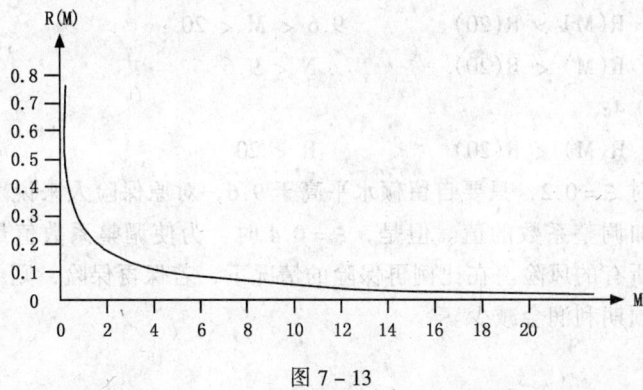

图 7-13

当 $0 < \xi$ 时，与前所述原因一样，有一最小自留额水平。例如，$\theta = 0.1$，$\xi = 0.2$ 时，原保险人的净保费收入为：

$$C^* = 11\lambda - 1.2\lambda(10 - M + 0.025M^2)$$

这必将超过无再保险时保险人预期的索赔。原保险人的期望净索赔为：

$$\lambda E(X) - \lambda E(Z)$$

即：

$$\lambda(M) - 0.025M^2$$

于是，我们要求：

$$-1 + 1.2M - 0.03M^2 > M - 0.025M^2$$
$$\Rightarrow \quad M^2 - 40M + 200 < 0$$
$$\Rightarrow \quad 5.8579 < M < 34.1421$$

所以，最小自留额水平为 5.8579。类似地，我们可得出当 $\xi = 0.4$ 时，最小自留额水平为 10。

图 7-14 画出了对如下 θ 和 ξ 的组合，作为 M 的函数的 R：
a) θ = 0.1，ξ = 0.2（实线），
b) θ = 0.1，ξ = 0.4（虚线）。

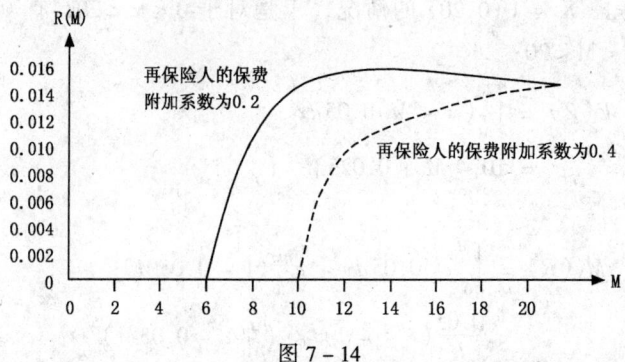

图 7-14

无再保险，即 M = 20 时，原保险人的调整系数为 0.0149，与再保险人的保费附加系数无关。从图 7-14 我们可看出，

对 ξ = 0.2：

$$R(M) > R(20) \quad\quad 9.6 < M < 20$$
$$R(M) < R(20) \quad\quad N < 9.6$$

对 ξ = 0.4：

$$R(M) < R(20) \quad\quad R < 20$$

所以，对 ξ = 0.2，只要自留额水平高于 9.6，对原保险人来说可通过投保再保险来增加调整系数的值。但是，ξ = 0.4 时，为使调整系数值最大，原保险人应自留所有的风险。在比例再保险的情况下，若保再保险，则单位时间内原保险人的预期利润会减少。

# 第八章

## 贝叶斯统计推断

古典估计方法前面已经讲过了，本章我们将探讨贝叶斯估计的方法。两种方法都涉及到给定某特定分布的一个随机样本进行参数估计，但它们是完全不同的统计学方法。

贝叶斯估计方法从根本上不同于古典估计方法之处，在于它认为参数 $\theta$ 是一个随机变量。回想前面对古典置信区间的阐述，在那里因为 $\theta$ 不是一个随机变量，我们不能说 $P(10.45<\theta<7.26)=0.95$。使用贝叶斯估计方法则不存在这个困难，对概率的表述可以涉及到参数 $\theta$ 的值。假设 $\underline{X}=(X_1,X_2,\cdots,X_n)$ 是由密度或概率函数 $f(x,\theta)$ 确定的总体的一个随机样本，要求估计 $\theta$。这里，我们探讨一种与矩估计法和极大似然估计法不同的估计方法。

## 第一节 先验分布和后验分布

由于参数 $\theta$ 是一个随机变量，它会有一个分布。关于 $\theta$ 的可能值，在搜集数据以前，我们可以使用已拥有的任何信息。这种信息量化后被表述为 $\theta$ 的先验分布。

在搜集了适当的数据以后，我们确定 $\theta$ 的后验分布，这形成了关于 $\theta$ 的论断的基础。

### 一、符号

因为 $\theta$ 是一个随机变量，按照惯例，我们本应该用大写字母 $\Theta$ 来表示它，将它的先验密度写作 $f_\Theta(\theta)$。然而，为了简单起见，我们将不区分 $\Theta$ 和 $\theta$，我们将先验密度用 $f(\theta)$ 简单地表示。注意：我们这里提到了密度，这意味着 $\theta$ 是连续的。在大多数情况下如此：即使一个随机变量 $X$ 是离散的，其概率密度或分布函数的参数，也将是一个连续区间上的变量。例如，服从二项分布或泊松分布的随机变量 $X$ 是离散的，其概率密度或分布函数的参数 $p$ 或 $\lambda$，分别是连续区间 $(0,1)$ 或 $(0,\infty)$ 上的变量。

我们用 $f(X|\theta)$ 表示总体的概率密度函数，而不使用先前的 $f(x,\theta)$，因

为它更清晰地代表给定 $\theta$ 时 $X$ 的条件分布。在 $f(\theta)$ 和 $f(X\mid\theta)$ 中使用同样的字母"$f$"应当不会引起混乱，$f(\cdot)$ 的自变量会明确它代表的是哪个分布。

在实践中，我们常常会有某个参数的先验分布。例如，假设 $\theta$ 是一个代表某索赔额分布的均值的参数，我们将使用索赔的一个随机样本估计 $\theta$。在收集样本数据之前，我们至少可能预计 $\theta$ 在 500 元到 1 000 元之间。因此有一种结合这些先验信息的方法是很吸引人的。

在另外一种情况下，我们要估计 $\theta$——在保险开始的 5 年内保单终止的概率。这要通过从 5 年或更多年之间的保单中抽取样本来估计。同样，在搜集数据之前，经验告诉我们 $\theta$ 大约在 $0.15+0.05$ 和 $0.9-0.05$ 之间。

也有一些情况，在这些情况中确实没有先验的信息，那么我们需要一个"非信息性"的先验分布。例如，如果 $\theta$ 是一个二项分布的参数——概率，我们没有任何关于 $\theta$ 的先验信息，那么以一个在 $(0,1)$ 上的均匀分布作为先验分布，看起来就比较合适。

前面提及均值预计在 500 元到 1 000 元之间的索赔额，要量化该情况下的先验信息，须选择合适的先验分布。例如，一个均值为 750，标准差为 100 的正态分布可能就很合适，因为它意味 $P(500<\theta<1\,000)=0.988$，而这可能与先验信息相符。然而，有时选择正态分布可能并不是最好的，后面我们将看到，某些时候像贝塔分布、伽玛分布等可能对某些估计目标更有用。因而，先验信息的量化涉及到那种分布下的参数选择。

### ■ 二、后验分布密度

假设 $\underline{X}$ 是由 $f(X\mid\theta)$ 确定的总体的一个随机样本，$\theta$ 有先验密度 $f(\theta)$。

我们如何确定 $f(\theta\mid\underline{X})$——给定 $\underline{X}$ 时 $\theta$ 的后验密度？答案主要来自于运用条件密度的基本定义：

$$f(\theta\mid\underline{X})=\frac{f(\theta,\underline{X})}{f(\underline{X})}=\frac{f(\underline{X}\mid\theta)f(\theta)}{f(\underline{X})}$$

注意，有的著作对此问题是以统计值而不是样本值 $\underline{X}$ 写出来的。在实践中，这两种是相等的，就像我们在后面的一些例题中将要看到的那样。

注意，$f(\underline{X})=\int f(\underline{X}\mid\theta)d\theta$，可以看出，这个结果像贝叶斯理论的一个连续型的表示形式。

常常用成正比的方法来表示后验密度，这样可以略去系数。注意 $f(\underline{X})$ 不涉及 $\theta$，仅仅是用于使之成为密度函数所需的适当常数，我们可以写成：

$$f(\theta\mid\underline{X})\propto f(\underline{X}\mid\theta)f(\theta)$$

这将大大简化求解后验分布的工作量。

注意到 $f(\underline{X}\mid\theta)$ 是样本值的联合密度，因此，后验密度与似然函数和先验密度的乘积成正比。

## 第二节 简单情况下后验分布的推导

下面是在某些给定先验分布的情况下推导后验分布的几个例子。

**[例 8-1]** 根据观察值 $X$,对二项分布的概率 $\theta$ 进行估计。已知 $\theta$ 的先验分布为具有参数 $\alpha$ 和 $\beta$ 的贝塔分布,求 $\theta$ 的后验分布的形式。

**解:**

先验分布:$f(\theta) \propto \theta^{\alpha-1}(1-\theta)^{\beta-1}$,省略常数 $\dfrac{\Gamma(\alpha+\beta)}{\Gamma(\alpha)\Gamma(\beta)}$

似然函数:$f(X|\theta) \propto \theta^{x}(1-\theta)^{(n-x)}$,省略常数 $C_n^x$

所以:
$$f(\theta|X) \propto \theta^{x}(1-\theta)^{(n-x)}\theta^{\alpha-1}(1-\theta)^{\beta-1}$$
$$= \theta^{x+\alpha-1}(1-\theta)^{n-x+\beta-1}$$

现在我们可以看出,若不考虑适当的比例常数,这就是一个参数为 $x+\alpha$ 和 $n-x+\beta$ 的贝塔分布的密度函数。因此我们可以得出结论:如果给定 $X$,$\theta$ 的后验分布就是这个贝塔分布。

注意:使用比例的方法比保留全部常数的方法要简单得多。

为什么选择贝塔分布作为先验分布?从某些方面来看,它是所有的标准分布中唯一可能的一般选择。因为 $\theta$ 是一个概率,它的范围为 (0,1)。像分布在 $(-\infty, \infty)$ 上的正态分布或分布在 $(0, \infty)$ 上的伽玛分布都不合适。

实际上,贝塔分布是二项分布情况下一个自然的选择。它是被称为具有先验分布的一个例子。注意似然函数作为 $\theta$ 的函数,它的结构是在 (0,1) 上的 $\theta^a(1-\theta)^b$。如果我们以相同的结构作为先验分布,那么后验分布也会有那样的结构。这里的结构是贝塔的先验分布,这就是共轭先验分布的特征。

注意在 (0,1) 上均匀分布是 $\alpha=1$ 和 $\beta=1$ 时的贝塔分布的一种特殊情况。这同前面提到的非信息性的情况是对应的。

**[例 8-2]** 从正态分布 $N(\mu, \sigma^2)$ 中取一个容量为 $n$ 的随机样本,这里 $\sigma$ 已知,但 $\mu$ 未知,因此必须估计。证明 $\mu$ 的共轭先验分布是正态分布。如果先验分布为 $N(\mu_0, \sigma_0^2)$,确定后验分布的参数。

**解:**

似然函数为 $f(\underline{X}|\theta) = \prod\limits_{i=1}^{n} \dfrac{1}{\sqrt{2\pi}\sigma} \exp\left\{-\dfrac{1}{2\sigma^2}(x_i-\mu)^2\right\}$

$\propto \exp\left\{-\dfrac{1}{2\sigma^2}(x_i-\mu)^2\right\}$

$\propto \exp\left\{-\dfrac{1}{2\sigma^2}\left(n\mu^2 - 2\mu\sum x_i\right)\right\}$

$\propto \exp\left\{-\dfrac{n}{2\sigma^2}(\mu-\overline{x})^2\right\}$

作为 $\mu$ 的函数，这个结构是正态分布密度函数的结构。因此共轭先验分布是正态分布。先验分布是：

$$N(\mu_0, \sigma_0^2)$$

所以：

$$f(\mu) \propto \exp\left\{-\frac{1}{2\sigma^2}(\mu - \mu_0)^2\right\}$$

$$\propto \exp\left\{-\frac{1}{2\sigma^2}(\mu^2 - 2\mu_0\mu)\right\}$$

所以：

$$f(\mu \mid \underline{X}) \propto \exp\left\{-\frac{n}{2\sigma^2}(\mu^2 - 2\overline{x}\mu)\right\} \exp\left\{-\frac{1}{2\sigma^2}(\mu^2 - 2\mu_0\mu)\right\}$$

$$= \exp\left\{-\frac{1}{2}\left(\frac{n}{\sigma^2} + \frac{1}{\sigma^2}\right)\mu^2 + \left(\frac{n\overline{x}}{\sigma^2} + \frac{\mu_0}{\sigma^2}\right)\mu\right\}$$

我们在最后处理"常数" R 时，实际上使用了一种比例的方法。

按传统的做法给定 $\underline{X}$ 时 $\mu$ 的后验分布是均值为 $\mu_1$，方差为 $\sigma_1^2$ 的正态分布，这里我们选择一种略为不同的方式（为后面使用方便）表示成：

$$\mu_1 = \frac{\frac{\overline{x}}{\sigma^2/n} + \frac{\mu_0}{\sigma^2}}{\frac{1}{\sigma^2/n} + \frac{1}{\sigma^2}} \text{ 和 } \sigma_1 = \frac{1}{\frac{1}{\sigma^2/n} + \frac{1}{\sigma^2}}$$

现在我们已经看到了二项分布/贝塔分布和正态分布/正态分布的情况。还有一种通常的应用，是泊松分布的情况，它的共扼先验分布是伽玛分布。

## 第三节 误差函数

获得 $\theta$ 的估计，必须明确误差函数。记 $g(\underline{X})$ 为 $\theta$ 的估计，则误差函数用于衡量当 $g(\underline{X})$ 作为 $\theta$ 的估计时发生的"误差"。希望可以找到这样一个误差函数，当估计完全正确时它为 0，也就是 $g(\underline{X}) = \theta$ 时它为 0；$g(\underline{X})$ 离 $\theta$ 越远，它的值越大。有一个经常使用的误差函数，称为二次平方误差。在实践中还使用另外两个误差函数。

贝叶斯估计就是与后验分布相类似的使预计误差最小的 $g(\underline{X})$。

通常最主要的误差函数是平方误差函数，定义为：

$$L(g(\underline{x}), \theta) = [g(\underline{x}) - \theta]^2$$

它与古典统计中均值的平方误差相类似。

第二个误差函数是绝对误差函数，定义为：

$$L(g(\underline{x}), \theta) = |g(\underline{x}) - \theta|$$

第三个误差函数是"0/1"或"非此即彼"误差函数，定义为：

$$L(g(\underline{x}), \theta) = \begin{cases} 0 & \text{如果 } g(\underline{x}) = \theta \\ 1 & g(\underline{x}) \neq \theta \end{cases}$$

这个函数并不随 $g(\underline{x})$ 离 $\theta$ 越远而增长。

下面比较这些函数的图形。要弄清楚哪个曲线代表的是哪个函数，注意它们中的每一个都能与任意常数相乘而不失一般性。

我们现在证明，通过依次将这些误差函数的预计误差最小化，得到的贝叶斯估计分别是后验分布的均值、中位数和众数。每个都能衡量后验分布的位置或大小。

后验分布预计误差（expected posterior loss）为：

$$EPL = E\{L[g(\underline{x}),\theta]\} = \int L[g(\underline{x}),\theta] f(\theta \mid \underline{x}) d\theta$$

**[例 8 – 3]** 证明由平方误差函数得出的贝叶斯估计是后验分布的均值。

解：为简单起见，我们用 g 代替 $g(\underline{x})$

因此
$$EPL = \int (g - \theta)^2 f(\theta \mid \underline{x}) d\theta$$

$$\frac{d}{dg} EPL = -2 \int (g - \theta) f(\theta \mid \underline{x}) d\theta$$

令上式等于 0，可得：

$$g \int f(\theta \mid \underline{x}) d\theta = \int \theta f(\theta \mid \underline{x}) d\theta$$

而 $\int f(\theta \mid \underline{x}) d\theta = 1$，所以：

$$g = \int \theta f(\theta \mid \underline{x}) d\theta = E(\theta \mid \underline{x})$$

很清楚这使得 EPL 最小。

所以，贝叶斯估计是后验分布的均值。

**[例 8 – 4]** 证明由绝对误差函数得出的贝叶斯估计是后验分布的中位数。

解：同样我们用 g 代替 $g(\underline{x})$

因此
$$EPL = \int |g - \theta| f(\theta \mid \underline{x}) d\theta$$

假设 $\theta$ 的范围是 $(-\infty, \infty)$，那么：

$$EPL = \int_{-\infty}^{g} (g - \theta) f(\theta \mid \underline{x}) d\theta + \int_{g}^{\infty} (\theta - g) f(\theta \mid \underline{x}) d\theta$$

所以：

$$\frac{d}{dg} EPL = \int_{-\infty}^{g} f(\theta \mid \underline{x}) d\theta - \int_{g}^{\infty} f(\theta \mid \underline{x}) d\theta$$

如果我们对它不熟悉，我们可以运用下面的这个结果：

$$\frac{d}{dg} \int_{a(y)}^{b(y)} f(x,y) dx = \int_{a(y)}^{b(y)} \frac{\partial}{\partial y} f(x,y) dx + b'(y) f[b(y), y] - a'(y) f[a(y), y]$$

令上式等于 0，可得：

$$\int_{-\infty}^{g} f(\theta \mid \underline{x}) d\theta = \int_{g}^{\infty} f(\theta \mid \underline{x}) d\theta$$

也就是：
$$P(\theta \leq g) = P(\theta \geq g)$$

这就确定了后验分布的中位数。

**[例 8 – 5]** 证明由"非此即彼"误差函数得出的贝叶斯估计是后验分布

的众数。

**解**：这里我们不能使用微分的方法，取而代之我们使用一种具有极限的自变量的直接方法。

考虑：

$$L(g(\underline{x}),\theta) = \begin{cases} 0 & \text{如果 } g-\varepsilon < \theta < g+\varepsilon \\ 1 & \text{否则} \end{cases}$$

于是，取极限 $\varepsilon \to 0$，这就趋向要求的误差函数。

$$EPL = 1 - \int_{g-\varepsilon}^{g+\varepsilon} f(\theta \mid \underline{x})d\theta = 1 - 2\varepsilon \cdot f(\theta \mid \underline{x}) \quad \varepsilon \text{ 极小}$$

当 $g$ 是 $f(\theta \mid \underline{x})d\theta$ 的众数时，上式达到最小。

# 第九章

# 置信度理论

置信度理论是作为一种短期保险合同的费率厘定方法在 20 世纪 20 年代发展起来的。随着与某一保险合同索赔有关的信息的更新，该合同的置信度保费将变化。置信度理论可以看作是一种厘定费率的经验方法。同时，它也应用于损失准备金等多个领域。

条件期望值的计算是置信度理论中的重要内容，为此，我们将要运用一些相关的性质或推论。

对任意的随机变量 $X$、$Y$ 和任意函数 $f$：

$$E[X] = E[E[X \mid Y]] \tag{9.1}$$

$$E[f(Y) \mid Y] = f[Y] \tag{9.2}$$

$$E[Xf(Y)] = E[E[Xf(Y) \mid Y]]$$
$$= E[f(Y)E[X \mid Y]] \tag{9.3}$$

9.1 式是我们熟悉的；9.2 式是显然的，如果给定 $Y = y$，那么 $f(Y)$ 的值即为 $f(y)$；9.3 式的前一个等式是 9.1 式的应用，第二个等式与 9.2 式类似，如果给定 $Y = y$，那么 $Xf(Y)$ 的值即为 $Xf(y)$，因此，对于 $Y$ 的任何值，$E[Xf(Y) \mid Y]$ 等于 $f(Y)E[X \mid Y]$。

本章将涉及的另一概念是条件独立性。如果两个随机变量 $X_1$、$X_2$ 在给定第三个随机变量 $Y$ 的情况下条件独立，那么：

$$E[X_1 X_2 \mid Y] = E[X_1 \mid Y] E[X_2 \mid Y] \tag{9.4}$$

这意味着 $X_1$、$X_2$ 与 $Y$ 有关，但是如果知道 $Y$ 的值，则 $X_1$、$X_2$ 是独立的，但这并不表示 $X_1$、$X_2$ 无条件独立的。无条件独立是指，在未给定 $Y$ 值时，$X_1$、$X_2$ 相互独立。条件独立的情况下，

$$E[X_1 X_2] \neq E[X_1] E[X_2]$$

# 第一节 基本思想

### 一、置信度保费公式

置信度保费公式的基本思想是很直观的。

[**例 9-1**] 假设某一小镇的地方当局经营十辆公共汽车已有多年。当局准备为这一车队投保明年的意外事故保险。现在需要计算这一保险的纯保费,即明年的预期索赔额。假设过去5年的数据显示,该车队每年平均索赔额为1 600元。此外我们还假设,整个国家的统计数据显示,地方政府每辆公共汽车平均索赔额为250元,也就是说十辆车的索赔总额应为2 500元。当然,2 500元是基于全国的大量统计数据计算的结果,其中许多车辆是在与本镇营运条件非常不同的情况下营运的。例如,在繁华的大城市或在偏僻的农村营运。

确定明年的纯保费,可以采用的方式包括以下两种极端情形:

(1) 选择1 600元,因为这是基于针对性较强的本地统计数据做出的选择,而2 500元,其针对性相对不足,较为不合适。

(2) 亦可选择2 500元,因为它基于更大量的统计数据推断出的,所以更稳定、更可靠。

在此将要探讨的置信度方法,是对这两种极端情况加权平均,即用下式计算纯保费:

$$Z \times 1\,600 + (1-Z) \times 2\,500$$

其中 $0 \leqslant Z \leqslant 1$。Z 称为置信度因子,假设 $Z=0.6$,则纯保费为1 960元。

现在我们用更正式的形式表示上述思想。假设我们要估计因某一风险引起的索赔额的预期值,或者是预期索赔次数。这里的某一风险是指一张保单或一组保单,这些保单通常是短期的,为简单起见,假设为一年期,尽管任何短期均可。假设:

$\overline{X}$ 是纯粹从风险本身估算的下一年度索赔额(或索赔次数)的预期值。

$\mu$ 是从辅助数据测算的下一年度索赔额(或索赔次数)的期望值。此处辅助数据是指从相近风险(未必相同)统计出的索赔数据。

则置信保费(或索赔额期望值)为:

$$Z\overline{X} + (1-Z)\mu \tag{9.5}$$

其中 $0 \leqslant Z \leqslant 1$,称为置信度因子。置信度保费公式的吸引力在于其形式简单、合理,易于理解。

### 二、置信度因子

置信度因子 Z 仅是一权重因子。它的值表示我们在估计下一年度索赔总额或索赔次数时，与 $\mu$ 相比较，我们对于 $\overline{X}$ 的置信程度。Z 值越大，我们对 $\overline{X}$ 的置信程度越高。

假设例 9-1 中已有的关于该车队的数据不止 5 年，比如，索赔额期望值仍为 1 600 元，但数据是 10 年而非 5 年的，那么与 2 500 元相比，我们认为 1 600 元的置信度比前面例子中更高。因而 Z 由 0.6 变为 0.75，由此得出置信度保费为 1 825 元。

又假设 1 600 元是由过去 5 年的索赔数据得出，而 2 500 元是由与该镇规模相仿的许多镇子的数据得出，这样 2 500 元的置信程度提高。而 1 600 元的置信程度降低，Z = 0.4，则置信度保费为 2 140 元。

最后，我们假设，2 500 元是由北京和上海这样的大城市统计数据得出，其他条件与例 9-1 相同。在这种情况下，2 500 元的相关性减小，因而 Z = 0.8，则置信度保费为 1 780 元。

从以上简单举例中可以看出，总的来说，置信度因子有以下特点：

1. 风险本身的数据越丰富，置信度因子的值越大； (9.6)
2. 辅助信息的数据越充分，置信度因子的值越小。 (9.7)

此外必须指出，尽管置信度因子 Z 的值反映了风险本身数据的有效性，但其值并不完全取决于风险本身的实际观测数据，即不完全取决于 $\overline{X}$。对于索赔总额或索赔次数的任意一个估计 $\phi$，只要在 $\overline{X}$ 和 $\mu$ 之间取值，可以写成 9.5 式的形式，只需：

$$Z = \frac{\phi - \mu}{\overline{X} - \mu} \tag{9.8}$$

事实上，

$$\begin{aligned} Z\overline{X} + (1-Z)\mu &= \frac{\phi - \mu}{\overline{X} - \mu}\overline{X} + \left(1 - \frac{\phi - \mu}{\overline{X} - \mu}\right)\mu \\ &= \frac{\phi - \mu}{\overline{X} - \mu}\overline{X} + \frac{\overline{X} - \phi}{\overline{X} - \mu}\mu \\ &= \frac{\phi\overline{X} - \phi\mu}{\overline{X} - \mu} \\ &= \phi \end{aligned}$$

前面介绍了一些重要思想，但也遗留许多重要问题，例如，如何衡量辅助信息的"相关性"？如何计算置信度因子 Z？这是置信度理论试图回答的主要问题。

我们从两个相似但略有不同的方法探讨置信度因子的计算，一是贝叶斯置信度的方法；二是完全依赖经验的贝叶斯置信度理论，我们把后者称之为经验贝叶斯置信度理论。

## 第二节　贝叶斯置信度

本节我们用贝叶斯置信度的方法研究置信度因子等问题。我们将探讨两个模型：泊松—伽马模型及正态—正态模型。这两个模型本身很有意义，而且体现了用贝叶斯置信度方法求解的思想，这一方法的优势在于用我们已经掌握的贝叶斯统计方法来解决某些问题。当然，贝叶斯置信度方法也是有其局限性的，我们将在本节末进行总结。

### 一、泊松—伽马模型

估计某一风险的索赔频率，即下一年索赔次数的期望值。这一问题可以归纳如下：

假设索赔次数服从参数为 $\lambda$ 的泊松分布，$\lambda$ 的值未知，但可通过一定的方式估计，例如："$\lambda$ 在 50 至 150 之间的可能性为 50%。" 更精确地，在获取任何有关该风险的有效数据前，已知 $\lambda$ 的值服从伽马分布 Gamma $(\alpha, \beta)$。现在，我们又有了过去 $n$ 年该风险的索赔次数的数据。

上述问题完全符合贝叶斯统计的框架，且可进一步抽象为：

随机变量 $X$ 表下一年度某一风险的索赔次数。 (9.9)

$X$ 的分布取决于某一固定参数 $\lambda$，但 $\lambda$ 值未知。 (9.10)

给定 $\lambda$，$X$ 的条件分布为以 $\lambda$ 为参数的泊松分布。 (9.11)

$\lambda$ 的先验分布为伽马分布 Gamma $(\alpha, \beta)$。 (9.12)

$x_1, x_2, \cdots, x_n$ 是以前 $n$ 年 $X$ 的观测值（我们以 $\underline{x}$ 表示）。 (9.13)

要解决的问题是在给定数据 $\underline{x}$ 的情况下估计 $\lambda$。我们采用的估计即贝叶斯估计，$\lambda$ 的估计值为 $E[\lambda \mid \underline{x}]$。

**[例 9-2]** (1) 试证明给定 $\underline{x}$ 时 $\lambda$ 的后验分布为 Gamma $(\alpha + \sum_{i=1}^{n} x_i, \beta + n)$；

(2) 将 $E[\lambda \mid \underline{x}]$ 用 $\alpha$、$\beta$、$\underline{x}$ 表示出来。

解：(1) 给定 $\underline{x}$，则 $\lambda$ 的后验密度与以下式成比例：

$$\left\{\prod_{i=1}^{n} e^{-\lambda} \frac{\lambda^{x_i}}{x_i!}\right\} \frac{\beta}{\Gamma(\alpha)} e^{-\beta\lambda} (\beta\lambda)^{\alpha-1} \tag{9.14}$$

现在我们略去一些不含 $\lambda$ 的项，则 $\lambda$ 与下式成比例：

$$\exp\{-(\beta + n)\lambda\} \lambda^{A-1} \tag{9.15}$$

其中：

$$A = \alpha + \sum_{i=1}^{n} x_i \tag{9.16}$$

由 9.15 式和 9.16 式可以得出：给定 $\underline{x}$ 时 $\lambda$ 的后验分布为 $\text{Gamma}(\alpha + \sum_{i=1}^{n} x_i, \beta + n)$。

(2) $E[\lambda \mid \underline{x}]$ 是 $\text{Gamma}(\alpha + \sum_{i=1}^{n} x_i, \beta + n)$ 的期望值，因此：

$$E[\lambda \mid \underline{x}] = \left(\alpha + \sum_{i=1}^{n} x_i\right) / (\beta + n) \tag{9.17}$$

我们可能会奇怪，至此尚未提及置信度理论。现在让我们进一步研究 9.17 式，索赔次数的均值观测值为 $\sum_{i=1}^{n} x_i / n$，而由伽马分布求得的均值为 $\alpha/\beta$，9.17 式可变化为：

$$E[\lambda \mid \underline{x}] = Z\left\{\sum_{i=1}^{n} x_i / n\right\} + (1 - Z)\alpha/\beta \tag{9.18}$$

其中：

$$Z = n/(\beta + n) \tag{9.19}$$

现假设没有任何有关风险本身的信息（即 $n = 0$），则 $Z = 0$，估计 $\lambda$ 时，有用的信息唯有 $\lambda$ 的先验分布，其均值为 $\alpha/\beta$。

另一方面，假若仅从历史数据估计 $\lambda$，其值为 $\sum_{i=1}^{n} x_i / n$。注意验证这是 $\lambda$ 的极大似然估计，并且它是观测值 $x_1, x_2, \cdots, x_n$ 的线性函数。

Z 值也取决于风险本身的数据 $n$，以及辅助信息的数据（通过 $\beta$ 值）。这证明了前面的结论，随着 $n$ 的增加，$\sum_{i=1}^{n} x_i / n$ 的样本误差下降，同时，$\beta$ 反映了 $\lambda$ 的分布的变动程度。因而 Z 反映了对 $\lambda$ 的两种估计的相对可靠程度。

从 9.18 式可以看出，$\lambda$ 是两个值的加权平均数，这两个值分别是：完全由风险本身数据估计的 $\lambda$ 值，以及由其他信息估计的 $\lambda$ 值。这完全是 9.5 式中的置信度估计。其中置信度因子 Z 不像前一节那样定义含糊，它精确地由 9.19 式决定。

## 二、泊松—伽马模型举例

在此，以 $\lambda$ 值为 150 的情况为例，对泊松—伽马模型做进一步的说明。$\lambda$ 值为 150，即每年索赔次数服从参数为 150 的泊松分布。在求解过程中，假设 $\lambda$ 值未知，我们仅知 $\lambda$ 服从 $\text{Gamma}(100, 1)$，进而可知该分布期望值为 100，标准差为 10。每年实际索赔次数如下：

| 年份 | 索赔次数 |
|---|---|
| 1 | 144 |
| 2 | 144 |
| 3 | 174 |
| 4 | 148 |
| 5 | 151 |

| | |
|---|---|
| 6 | 156 |
| 7 | 168 |
| 8 | 147 |
| 9 | 140 |
| 10 | 161 |

图 9 – 1 显示各年的置信度因子，图 9 – 2 说明 $\lambda$ 的先验分布为 Gamma(100,1) 时各年索赔次数的置信估计。下面的例题将显示置信度因子的计算过程。

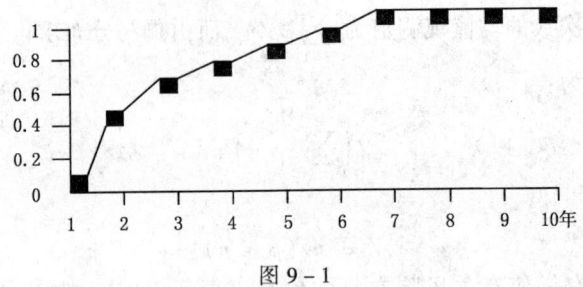

图 9 – 1

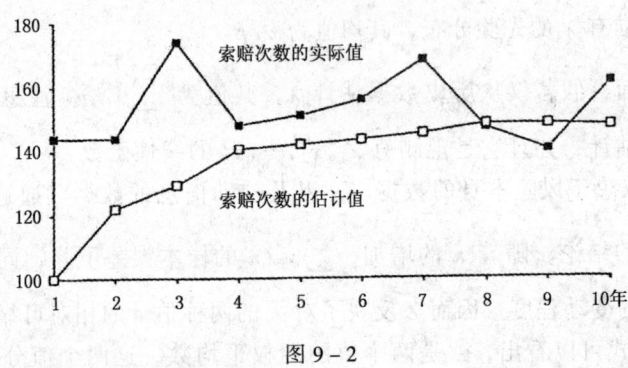

图 9 – 2

[**例 9 – 3**] 对于 Gamma (100, 1)，计算：

(1) 前 4 年的置信度因子；

(2) 第 9 年的预期索赔次数。

**解：**(1) 先验分布为 Gamma (100, 1)。

在第 1 年初，因为没有过去的数据，所以置信度因子为 0；

在第 2 年初，$\beta=1$，$n=1$ 为过去的数据，所以根据 9.19 式，$Z=0.5$；

在第 3 年初，$\beta=1$，$n=2$ 为过去的数据，所以根据 9.19 式，$Z=2/3$；

在第 4 年初，$\beta=1$，$n=3$ 为过去的数据，所以根据 9.19 式，$Z=0.75$；

类似地，可以求出各年度的置信度因子。参见图 9 – 1。

(2) 运用 9.18 式，用 8 年的数据，由 9.19 式得 $Z=0.889$，$\alpha/\beta=100$，$\left[\sum_{i=1}^{8} X_i/8\right]=154.0$，所以由 9.18 式，第 9 年的预期索赔次数为：

$0.889 \times 154.0 + (1-0.889) \times 100 = 148$。

通过观察图 9 – 1 和图 9 – 2 可以得出下列结论：

首先，由图 9 – 1 可知置信度因子随时间增大。这与前一节后半部分中的讨论是一致的。随着时间的推移，来自风险本身的数据增加，用来估计该风险索赔次数期望值的数据可靠性越来越大，因而置信度因子的值增大。从数学说，在本模型中 $Z = n/(\beta + n)$，对于任何 $\beta > 0$。随着 n 增大，Z 值也增大。

其次，由图 9-2 可知，最初估计值为 100，但实际值均在 150 左右，且在 10 年无一低于 140。图 9-2 显示估计值随时间增加而增加。直到第 8 年末达到实际水平，这一增加是因为权重的增加，置信度的增加。

现在假设 $\lambda$ 的先验分布为 Gamma(500,5) 而不是 Gamma(100,1)。图 9-3 和图 9-4 分别是置信度因子及索赔次数的图示。从图中可以看出在 Gamma(500,5) 分布情况下，置信度因子与索赔次数的特征与先验分布为 Gamma(100,1) 的情况不同，即置信度因子与索赔次数呈上升趋势。两种情况最大的区别在于在先验分布为 Gamma(500,5) 的情况下，置信度因子增加缓慢，从数学上说，这是因为前者比后者有更高的 $\beta$ 值。这一特性可以由置信度理论作如下解释：索赔次数的值取决于由 $\lambda$ 先验分布得出的期望值，在两种情况下 $\lambda$ 的期望值均为 100，但是 Gamma(500,5) 的均方差（$\sqrt{20} = 4.472$）小于 Gamma(100,1) 的均方差（10），可以将均方差的大小解释为我们最初估计索赔次数时的置信程度，均方差越小表示最初值的置信程度越高。于是，上述陈述可变为"均方差越小，$\lambda$ 先验分布所提供信息的相关性越大。"根据这种解释，我们期望一个较小的均匀差，以便得到较小的置信度因子。

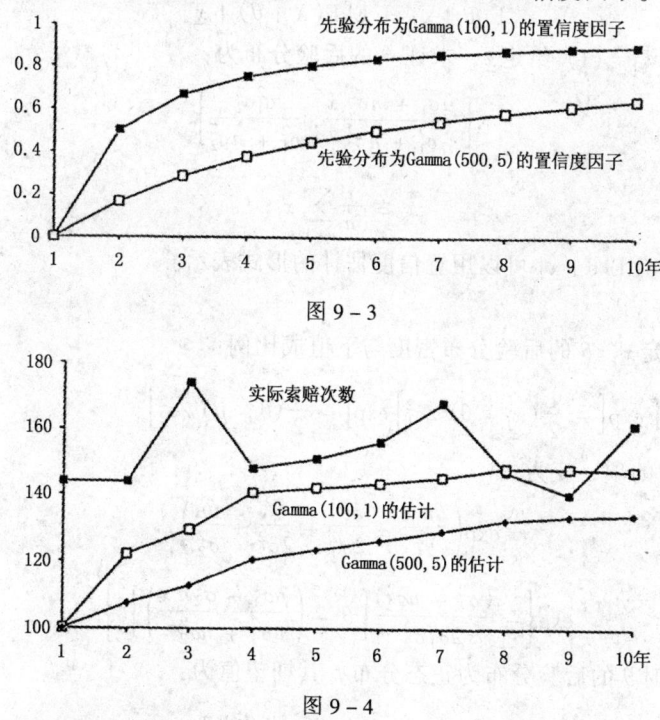

图 9-3

图 9-4

最后一点是关于求解下一年索赔次数的预期值。因为 X 表示下一年的索赔次数，因此有些读者容易简单地以为是求 $E[X]$，即 $E[X] = E[E[X|\lambda]] = E[\lambda] = \alpha/\beta$。

事实上，我们要求的是 $E[X|\underline{x}]$。

为了表示 $\alpha/\beta$ 不是所求值，我们只需回到图9-2。若 $\alpha/\beta$ 是答案，那么每年索赔次数均为100。这显然是一个很差的估算。

### 三、正态—正态模型

**(一) 一般模型**

这一模型要解决的问题是估计纯保费，即某一风险的预期索赔额。令随机变量 X 为某一风险下年索赔额，我们作以下假设：

X 的分布取决于一固定但未知的参数 $\theta$。 (9.20)

给定 $\theta$ 时 X 的条件分布为正态分布 $N(\theta, \sigma_1^2)$。 (9.21)

我们把 $\theta$ 作为一随机变量，通过通常的贝叶斯统计方法来探讨不确定的 $\theta$ 的值。 (9.22)

$\theta$ 的先验分布为正态分布 $N(\mu, \sigma_2^2)$。 (9.23)

已知 $\mu$，$\sigma_1$，$\sigma_2$ 的值。 (9.24)

已有 $n$ 个 X 的经验数据 $x_1, x_2, \cdots, x_n$，用 $\underline{x}$ 表示。 (9.25)

如果 $\theta$ 值已知，则纯保费为 $E[X|\theta]$，由9.21式知 $E[X|\theta] = \theta$。如同在泊松—伽马模型中探讨的一样，我们的问题是，给定 $\underline{x}$，求 $E[X|\theta]$。我们用贝叶斯统计方法求解，则：

$$E[\theta|\underline{x}] = E[E(X|\theta)|\underline{x}]$$

**[例9-4]** (1) 给定 $\underline{x}$，求证 $\theta$ 的后验分布为：

$$N\left[\frac{\mu\sigma_1^2 + n\sigma_2^2 \overline{x}}{\sigma_1^2 + n\sigma_2^2}, \frac{\sigma_1^2\sigma_2^2}{\sigma_1^2 + n\sigma_2^2}\right]$$

其中 $\overline{x} = \frac{1}{n}\sum_{i=1}^{n} x_i$；

(2) 证明 $E[\theta|\underline{x}]$ 可以用置信度估计的形式表示。

**解：**

(1) 给定 $\underline{x}$，$\theta$ 的后验分布密度与下值成比例：

$$\prod_{j=1}^{n} \exp\left[-\frac{1}{2}(x_j - \theta)^2/\sigma_1^2\right] \exp\left[-\frac{1}{2}(\theta - \mu)^2/\sigma_2^2\right] \quad (9.26)$$

去掉不含 $\theta$ 的项，变为：

$$\exp\left(\frac{\theta n \overline{x}}{\sigma_1^2} - \frac{n\theta^2}{2\sigma_1^2} - \frac{\theta^2}{2\sigma_2^2} + \frac{\theta\mu}{\sigma_2^2}\right)$$

即：

$$\exp\left\{-\frac{(\sigma_1^2 + n\sigma_2^2)}{2\sigma_1^2\sigma_2^2}\left[\theta - \left(\frac{\mu\sigma_1^2 + \sigma_2^2 n \overline{x}}{\sigma_1^2 + n\sigma_2^2}\right)\right]^2\right\}$$

此即给定 $\underline{x}$ 时 $\theta$ 的后验分布为正态分布，其期望值为：

$$E[\theta|\underline{x}] = \frac{\mu\sigma_1^2 + \sigma_2^2 n \overline{x}}{\sigma_1^2 + n\sigma_2^2}$$

方差为：

$$Var[\theta|\underline{x}] = \frac{\sigma_1^2\sigma_2^2}{\sigma_1^2 + \mu\sigma_2^2}$$

(2) 由 (1) 得：

$$E[\theta | \underline{x}] = \frac{\mu\sigma_1^2 + \sigma_2^2 n \bar{x}}{\sigma_1^2 + n\sigma_2^2}$$

$$= \frac{\sigma_1^2}{\sigma_1^2 + n\sigma_2^2}\mu + \frac{n\sigma_2^2}{\sigma_1^2 + n\sigma_2^2}\bar{x}$$

$$= Z\bar{x} + (1-Z)\mu \tag{9.27}$$

其中：

$$Z = \frac{n}{n + \sigma_1^2/\sigma_2^2} \tag{9.28}$$

9.27 式是 $E[\theta | \underline{x}]$ 的置信度估计，它是下列两个值的加数平均：(1) $\bar{x}$，风险本身的数据；(2) $\mu$，没有风险本身数据时的最佳估计值。

注意：与泊松—伽马模型相同，这里的仅仅基于风险本身数据的估计，是观测值的线性函数。

关于置信度因子 Z，有以下几点应当清楚性质：

(1) Z 总是介于 0 和 1 之间的，即 $0 \leqslant Z \leqslant 1$；

(2) Z 是 n 的增函数，它随 n 的增大而增大，这里的 n 即有效观测值或有效信息数据的个数；

(3) Z 是 $\sigma_2$ 的增函数，它随 $\sigma_2$ 的增大而增大。

这些性质与泊松—伽马分布模型一致。

**（二）正态—正态模型的进一步探讨**

前面的一般模型讨论了用贝叶斯统计方法计算正态—正态模型的纯保费。为了研究经验贝叶斯置信理论，我们考虑一种略有不同的方法来研究正态—正态模型。

同样，我们还是研究某一风险每年的索赔总额的期望值。令：

$$X_1, X_2, \cdots, X_n, X_{n+1}$$

为各年索赔总额，并假设：

$X_j$ 的分布取决于某一固定，但未知参数 $\theta$。 (9.29)

$X_j$ 服从参数为 $\theta$ 的正态分布 $N(\theta, \sigma_1^2)$。 (9.30)

给定 $\theta$，随机变量 $\{X_j\}$ 是独立的。 (9.31)

$\theta$ 的先验分布为 $N(\mu, \sigma_2^2)$。 (9.32)

已知 $X_1, X_2, \cdots, X_n$ 的观测值，欲据此估计第 $(n+1)$ 年的 X 值。 (9.33)

所有的假设与一般模型中完全相同，只是运用了略为不同的符号；而一般模型中 $X_1, X_2, \cdots, X_n$ 以 $x_1, x_2, \cdots, x_n$ 表示，因为当时假设 $x_1, x_2, \cdots, x_n$ 为已知，$X_{n+1}$ 用 X 表示。9.29 式、9.30 式、9.32 式假设均与一般模型中相同，9.33 式也只是 X 符号不同。唯一一个在一般模型中没有的假设是 9.31 式，但一般模型中隐含了 9.31 式假设，如果没有这一假设，就不可能导出 9.26 式。

现在我们来看看以上这些假设导出的一些结果。

给定 $\theta$ 时，随机变量 $\{X_j\}$ 为独立同分布的。 (9.34)

随机变量 $\{X_j\}$ 的分布是（无条件地）相同的。 (9.35)

随机变量 $\{X_j\}$ 不是（无条件）独立的。 (9.36)

9.34 式是 9.30 式的直接结果，即给定 $\theta$，每个 $X_j$ 的分布函数为 $N(\theta, \delta_1^2)$。9.35 式亦是 9.31 式的结果，可以更正式地将下列公式表示为 $X_j$ 的无条件分布函数：

$$P(X_j \leq y) = \int_{-\infty}^{\infty} \frac{1}{\sigma_2 \sqrt{2\pi}} \exp\left\{-\frac{(\theta - \mu)^2}{2\sigma_2^2}\right\} \Phi\left(\frac{y - \theta}{\sigma_1}\right) d\theta$$

其中，$\Phi(\cdot)$ 为标准正态分布的分布函数，$\Phi\left(\frac{y-\theta}{\sigma_1}\right)$ 即 $N(\theta, \sigma_1^2)$，为 $X \mid \theta$ 的分布函数；其余部分为 $N(\mu, \sigma_2^2)$ 的密度函数，即 $\theta$ 的密度函数。所以，该表达式即：

$$\int_{-\infty}^{\infty} f_\theta(\theta) F_{X\mid\theta}(y) d\theta$$

表达式对每一个 $j$ 的值均是相同的，所以 9.35 式是成立的。

9.36 式虽然没有那么显然，但下面的例子可以说明这一点。

**[例 9-5]** 设 $\mu$，$\sigma^2$ 为 $\theta$ 的先验分布的数学期望和方差，在给定 $\theta$ 的条件下，$X_1$、$X_2$ 是条件独立的。试将 $E(X_1 X_2)$ 表示为 $\mu$，$\sigma^2$ 的表达式，并证明 $X_1$、$X_2$ 不是无条件独立的。

**解：**

根据 9.1 式和 9.4 式，得：

$$\begin{aligned} E(X_1 X_2) &= E[E(X_1 X_2 \mid \theta)] \\ &= E[E(X_1 \mid \theta) E(X_2 \mid \theta)] \\ &= E(\theta^2) \quad [\text{因为 } E(X_1 \mid \theta) = E(X_2 \mid \theta) = \theta] \\ &= \mu^2 + \sigma^2 \end{aligned}$$

上述推导思路将在今后经常使用。

我们假设 $X_1$、$X_2$ 是无条件独立的，则：

$$E(X_1 X_2) = E(X_1) E(X_2)$$

运用公式：

$$E(X_1) = E[E(X_1 \mid \theta)] = E(\theta) = \mu$$

同样，

$$E(X_2) = \mu$$

所以：

$$E(X_1 X_2) = \mu^2 + \sigma^2 \neq E(X_1) E(X_2)$$

这表示 $X_1$、$X_2$ 不是无条件独立的。$X_1$、$X_2$ 的关系是：它们的均值来自相同的分布，但均值 $\theta$ 一旦已知，它们之间的关系就被打破；它们只是条件独立的。

### ■ 四、贝叶斯方法与置信度

在泊松—伽马模型和正态—正态模型中采用的基本方法是一致的，只是变量的概率分布不同。所采用的方法是：

1. 探讨的问题是索赔额或索赔次数的分布，我们的目的是在各种情况下估计分布中的某些参数或特征,如索赔次数或索赔额分布的期望值。

2. 之后我们在贝叶斯统计的思路下作了一些假设,例如,随机变量服从泊松分布,参数未知等等。

3. 以贝叶斯方法求解出特定数值。

4. 这一数值以置信度的方式表达(即以9.5式的形式表达)。

上述方法在这两个模型中的运用很成功,计算出了很精确的数据结果,并且导出了计算置信度因子的公式。但这一方法也有一定的缺陷。

第一个问题是必须用贝叶斯方法,具体而言必须已知先验分布及其参数,例如,尽管9.19式提供了一个计算置信度因子的公式,但公式中包含参数 $\beta$,我们没有讨论如何选定 $\beta$。而 $\beta$ 的选择体现了我们主观上对数据的置信度的承认程度。人们对这一方法的接受程度是不同的。

第二个问题是,即使可用贝叶斯方法求解,但其结果并不一定能表达为置信度表达式。下面的例子可以说明这一点。

[例 9-6] 已知各年索赔分布服从参数为 $\theta$ 的泊松分布,$\theta$ 值固定但未知,$\theta$ 服从 $[0,1]$ 上的均匀分布。令:$x_1,x_2,\cdots,x_n$ 为前 $n$ 年索赔次数的观测值,令:

$$\bar{x} = \frac{1}{n}\sum_{i=1}^{n} x_i$$

(1) 证明,后验分布的期望值为:

$$\frac{\int_0^1 e^{-n\theta}\theta^{n\bar{x}+1}d\theta}{\int_0^1 e^{-n\theta}\theta^{n\bar{x}}d\theta}$$

(2) 令 $a=5$,计算下列情况下 $\theta$ 的后验分布的期望值:

a) $\bar{x}=0$

b) $\bar{x}=0.2$

**解**:(1) $\theta$ 的先验分布密度函数为:

$$f(\theta) = 1 \qquad 0 \leq \theta \leq 1$$

似然函数为:

$$L(\theta) = \prod_{i=1}^{n}\{\exp(-\theta)\theta^{x_i}/x_i!\} = \frac{e^{-n\theta}\theta^{\sum_{i=1}^{n}x_i}}{\prod_{i=1}^{n}x_i!}$$

略去与 $\theta$ 无关的项,则后验分布有如下的比例关系式:

$$f(\theta\mid x) \propto e^{-n\theta}\theta^{\sum_{i=1}^{n}x_i} = e^{-n\theta}\theta^{n\bar{x}}$$

即后验分布与 $e^{-n\theta}\theta^{n\bar{x}}$ 成比例。

因此,$\theta$ 的后验分布的密度函数表达式为:

$$\frac{e^{-n\theta}\theta^{n\bar{x}}}{\int_0^1 e^{-ny}y^{n\bar{x}}dy}$$

则后验分布的期望值为：

$$\frac{\int_0^1 e^{-n\theta}\theta^{n\bar{x}+1}d\theta}{\int_0^1 e^{-n\theta}\theta^{n\bar{x}}d\theta}$$

(2) $a$) $n = 5$, $\bar{x} = 0$。

$$\int_0^1 e^{-5\theta}\theta d\theta = 0.03838$$

$$\int_0^1 e^{-5\theta}d\theta = 0.19865$$

将上述数字代入（1）中表达式，可得期望值为 0.19320。

$b$) $\int_0^1 e^{-5\theta}\theta^2 d\theta = 0.01401$

因此，期望值为 $0.01401/0.03838 = 0.36003$。

上述计算结果表明 $\theta$ 的期望值不能表示为 $Z\bar{x} + (1-Z)\mu$ 的形式。(9.37)
其中 $\mu$ 为 $\theta$ 的期望，即 $\mu = 0.5$，置信度因子 $Z$ 并不取决于 $\bar{x}$。为验证这一点，假设 $\bar{x} = 0$ 如（2）$a$），则期望为 0.19320，以 9.37 式计算出 $Z = 0.161360$；另一方面，若 $\bar{x} = 0.2$，如（2）$b$），则 $Z = 0.44990$，即 $n$ 固定时，$Z$ 随 $\bar{x}$ 变化而变化。

[例 9-6] 显示了用贝叶斯方法并非总能导出可用置信度形式表达的结果。

## 第三节 经验贝叶斯置信理论：模型 1

贝叶斯置信理论带来了大量不同复杂程度的模型开发。本书中我们只研究其中的两个。本节将研究最简单的一个模型，称之为模型 1。模型 1 能够很好地说明经验贝叶斯置信理论的基本思路。特别是，它说明了经验贝叶斯与置信理论的传统贝叶斯方法之间的相似与不同点。为了方便，我们把经验贝叶斯置信理论缩写为 EBCT。

### 一、模型 1：说明

我们先来考虑 EBCT 模型 1 的假设。我们还记得前一节中正态—正态模型中的假设，可以把 EBCT 模型看作是正态—正态模型的更普遍的形式。我们感兴趣的问题是估计某一风险的纯保费或可能的索赔频率。用 $X_1, X_2, \cdots$, 表示该风险在某一时期的索赔总额或索赔次数。更准确地说，我们的问题是，已知 $X_1, X_2, \cdots, X_n$ 的值，估计 $X_{n+1}$ 的预期值。今后我们用 $\underline{X}$ 表示 $X_1, X_2, \cdots, X_n$。

对于 EBCT 模型 1 我们做如下的假设：

每一 $X_j$ 的分布取决于某一参数 $\theta$，其值是确定的（对于所有的 $X_j$ 都一

样),但未知。 (9.38)

给定 $\theta$ 时,$X_j$ 为独立同分布的。 (9.39)

参数 $\theta$ 称为风险参数。它可能为一实数,也可能为更一般的数值,如一系列实数。

于是,有如下的结果:

随机变量 $\{X_j\}$ 服从同一分布。 (9.40)

但是,$X_j$ 并不是无条件独立的。 (9.41)

下面定义几个符号。定义 $m(\theta)$ 及 $S^2(\theta)$ 如下:

$$m(\theta) = E(X_j \mid \theta)$$
$$S^2(\theta) = Var(X_j \mid \theta)$$

对于 $m(\theta)$ 及 $S^2(\theta)$ 应注意两点。首先是,既然给定 $\theta$,$X_j$ 服从同一分布,那么如其符号显示,$m(\theta)$ 和 $S^2(\theta)$ 都与 $j$ 无关;其次,既然把 $\theta$ 当作随机变量,$m(\theta)$ 与 $S^2(\theta)$ 也都是随机变量。

若已知 $\theta$ 值及给定 $\theta$ 时 $X_j$ 的分布,在未来任何年份的预期索赔总额或预期索赔参数的很明显的估计将为 $m(\theta)$。由于我们假设 $\theta$ 未知,所以,我们的问题就是:

给定 $\underline{X}$ 时估计 $m(\theta)$ 的值。 (9.42)

我们把 EBCT 模型 1 和及正态—正态模型之间的相似点总结如下:

1. 两个模型中 $\theta$ 的作用相同,都是来刻画模型中的基本分布,如每年度业务的索赔总额分布。参见 9.29 式与 9.38 式。

2. $X_j$ 的无条件分布相同,它们都服从同一分布。参见 9.35 式、9.36 式、9.40 式及 9.41 式。

3. 给定 $\theta$ 时 $X_j$ 的(条件)分布也相同:在两种情况下均条件独立。参见 9.31 式、9.34 式与 9.39 式。

那么,两个模型间的不同点是什么呢?在本节开头时曾提到 EBCT 模型 1 可看作正态—正态模型的更普遍的形式。其与正态—正态的不同之处即更一般化的几点是:

1. 对于 EBCT 模型 1,$E(X_j \mid \theta)$ 是 $\theta$ 与 $m(\theta)$ 的某一函数,但对于正态—正态模型它只是 $\theta$。因此:

EBCT 模型中的 $Var[m(\theta)]$ 相当于正态—正态模型中的 $\delta_2^2[= Var(\theta)]$。

2. 对于 EBCT 模型 1,$Var(X_j \mid \theta)$ 是 $\theta$ 与 $S^2(\theta)$ 的函数,但对于正态—正态模型是一常数 $\delta_1^2$。因此:

EBCT 中的 $E[S^1(\theta)]$ 相当于正态—正态模型中的 $\delta_1^2(= E[Var(X_j \mid \theta)])$。

3. 正态—正态模型对于给定 $\theta$ 时 $X_j$ 及 $\theta$ 的分布均作了精确的假设,分别为 $N(\theta, \delta_1^2)$ 和 $N(\mu, \delta_2^2)$。EBCT 模型 1 对这些分布未作假设。

4. 风险参数 $\theta$ 对于正态—正态模型分布是实数,但对于 EBCT 模型 1 是个更一般的数值。

## 二、模型1：置信保费的推导

前面研究了 EBCT 模型 1 的假设及其与正态—正态模型的相似与不同之处。现在我们开始探讨 9.42 式中提出的问题，即给定 $\underline{X}$ 时估计 $m(\theta)$ 的值。

若用贝叶斯方法解决该问题，给定 $\underline{X}$ 时 $m(\theta)$ 的一个显然的估计是后验分布的均值：

$$E[m(\theta) \mid \underline{X}] \tag{9.43}$$

这个估计很明显，它是关于 $m(\theta)$ 的贝叶斯估计。9.43 式作为一个估计的问题在于，它并不总是可以得出用置信保费形式表达的结果，正如例 9-6 中发现的那样。我们想要的是 9.42 式中提出问题的答案，它正是置信公式 9.5 的所需形式。公式 9.5 涉及到一个基于风险本身数据的估计（表示为 $\underline{X}$），以及其他数值，$Z$ 和 $\mu$。在泊松—伽马模型和正态—正态模型中，估计 $\underline{X}$ 特别简单，因为它是观测值的线性函数。于是，我们很自然地选取最佳的线性函数进行估计。换言之，我们假设 $m(\theta)$ 的估计形式为：

$$a_0 + a_1 X_1 + a_2 X_2 + \cdots + a_n X_n \tag{9.44}$$

其中 $a_0, a_1, a_2, \cdots, a_n$ 是使如上形式的 $m(\theta)$ 的估计值为"最优"估计的常数。对于"最优"的涵义，一个合理的标准是选择常数以便 $m(\theta)$ 与其估计值，即 9.44 式的差额平方期望值最小。也就是说，我们可以采用如下的方法估计 $m(\theta)$：

考虑线性函数：

$$a_0 + a_1 X_1 + a_2 X_2 + \cdots + a_n X_n$$

选取适当的常数 $a_0, a_1, a_2, \cdots, a_n$ 使：

$$E\{[m(\theta) - a_0 - a_1 X_1 - a_2 X_2 - \cdots - a_n X_n]^2\} \tag{9.45}$$

最小。

为解决该问题，在 9.45 式中分别对 $a_0, a_1, a_2, \cdots, a_n$ 依次求偏导，并令每一导数为 0。为了进一步推导，我们还需要用到如下的几个性质：

(1) $E[X_j m(\theta)] = Var[m(\theta)] + \{E[(\theta)]\}^2$

(2) $E(X_j X_k) = Var[m(\theta)] + \{E[m(\theta)]\}^2$ 对于 $j \neq k$

(3) $E(X_j^2) = E[S^2(\theta)] + Var[m(\theta)] + (E[m(\theta)])^2 \tag{9.46}$

我们先来证明这三个性质一些结果，这要用到 9.1 式与 9.3 式。

证明：

(1) 利用 9.1 式及 9.3 式及 $m(\theta)$ 的定义，有：

$$\begin{aligned} E[X_j m(\theta)] &= E\{E[X_j m(\theta) \mid \theta]\} \\ &= E\{m(\theta) E[X_j \mid \theta]\} \\ &= E[m(\theta)^2] \\ &= Var[m(\theta)] + \{E[m(\theta)]\}^2 \end{aligned}$$

(2) 利用 9.1 式及给定 $\theta$，$X_j$ 与 $X_k$（对于 $j \neq k$）独立，有：

$$E(X_j X_k) = E[E(X_j X_k \mid \theta)]$$

$$= E[E(X_j \mid \theta) \cdot E[E(X_k \mid \theta)]$$
$$= E[m(\theta)m(\theta)]$$
$$= Var\{m(\theta)] + \{E[m(\theta)]\}^2$$

(3) 利用 9.1 式及 $S^2(\theta)$ 的定义：
$$E(X_j^2) = E[E(X_j^2 \mid \theta)]$$
$$= E\{[Var(X_j \mid \theta)] + E[E(X_j \mid \theta)^2]\}$$
$$= E\{S^2(\theta) + E[m(\theta)^2]\}$$
$$= E[S^2(\theta)] + Var[m(\theta)] + \{E[m(\theta)]\}^2$$

现在我们在 9.45 式中对 $a_0$ 求偏导，并令其为 0。即：
$$E\Big[m(\theta) - a_0 - \sum_{j=1}^n a_j X_j\Big] = 0$$

由 9.40 式，随机变量 $\{X_j\}$ 服从同一分布，可得：
$$a_0 = E[m(\theta)]\Big(1 - \sum_{j=1}^n a_j\Big) \tag{9.47}$$

再对 $a_k$ 求偏导并令其为 0，则：
$$a_k E\Big\{X_k\Big[m(\theta) - a_0 - \sum_{j=1}^n a_j X_j\Big]\Big\} = 0$$

即：
$$Var[m(\theta)] + \{E[m(\theta)]\}^2 - a_0 E[m(\theta)]$$
$$- \sum_{j=1}^n a_j \{Var[m(\theta)] + \{E[m(\theta)]\}^2\} - a_k E[s^2(\theta)] = 0$$

移项得：
$$a_k E[s^2(\theta)] = \Big(1 - \sum_{i=1}^n a_i\Big)\{Var[m(\theta)] + \{E[m(\theta)]\}^2\}$$
$$- a_0 E[m(\theta)] \tag{9.48}$$

当 $k = 1, 2, 3, \cdots, n$ 时，上式成立。也就是说，$a_k$ 不取决于 k 的值，并且
$$a_1 = a_2 = \cdots = a_n$$

记 $a_1$、$a_2$、$\cdots$、$a_n$ 的值为 Z/n，则：
$$Z = \sum_{i=1}^n a_j$$

于是，估计量可以写为：
$$a_0 + \sum_{i=1}^n a_j X_j = a_0 + Z\overline{X} \tag{9.49}$$

其中：
$$\overline{X} = \sum_{j=1}^n X_j / n$$

9.47 式与 9.48 式是目前两个未知量 $a_0$ 及 Z 的线性方程。由这两个方程可得：
$$a_0 = (1 - Z) E[m(\theta)] \tag{9.50}$$

$$Z = \frac{n}{n + E[S^2(\theta)]/Var[m(\theta)]} \tag{9.51}$$

因此,给定 $\overline{X}$ 估计 $m(\theta)$ 这一问题的解为 9.49 式的右边,其中 $a_0$ 与 $Z$ 由 9.50 式及 9.51 式分别给出。于是,给定 $\overline{X}$,由 EBCT 模型 1 估计 $m(\theta)$ 为:

$$(1 - Z)E[m(\theta)] + Z\overline{X}$$

其中:
$$\overline{X} = \sum_{j=1}^{n} X_j / n$$

且:
$$Z = \frac{n}{n + E[S^2(\theta)]/Var[m(\theta)]} \tag{9.52}$$

对于以上结果首先且最重要的一点是它是以置信估计形式表达的。换言之,9.49 式右边是 9.5 式的形式,其中:

$$E[m(\theta)] \text{ 相当于 } \mu, \sum_{j=1}^{n} X_j/n \text{ 即 } \overline{X}。$$

第二个应注意的是以上结果与正态—正态模型的结果相似之处,特别是,置信因子公式,即 9.28 与 9.51 式间的相似之处。9.51 式是 9.28 式的推广,因为考虑到本节第一部分末的讨论,可以认为 $E[s^2(\theta)]$ 与 $Var[m(\theta)]$ 分别是 $\sigma_1^2$ 与 $\sigma_2^2$ 的更普遍形式。EBCT 模型与正态—正态模型间的相似点前面已多次强调过了,在这里再出现如此的结果也就不奇怪了。

应注意的最后一点是 9.52 式给出的置信估计公式涉及到三个参数,$E[m(\theta)]$、$E[s^2(\theta)]$ 与 $Var[m(\theta)]$,我们一直把它们作为已知数处理。与贝叶斯置信方法不同,EBCT 模型不对风险参数 $\theta$ 的分布作任何假设,但我们仍须知道这三个参数的值。由于我们选择 9.44 式中 $a_0, a_1, \cdots, a_n$ 值的标准是使其与 $m(\theta)$ 的差额平方的期望值最小,因此这三个参数是与一阶和二阶矩相关,而不是更高阶矩或其他值相关。估计这些参数的方法在下面的部分进行讨论。

在进入下一部分以前,下面的这个例题可以帮助我们熟悉有关的技巧,并帮助理解前面讲述的思想。

**[例 9 – 7]** 令 $r_0, r_1, \cdots, r_n$ 为实数,考虑:

$$E\left\{\left\{E[m(\theta) | \underline{X}] - r_0 - \sum_{j=1}^{n} r_j X_j\right\}^2\right\} \tag{9.53}$$

(1) 证明 9.53 式可写作:

$$E\left\{\left[m(\theta) - r_0 - \sum_{j=1}^{n} r_j X_j\right]^2\right\} - 2E[AB] - E[A^2]$$

其中:
$$A = m(\theta) - E[m(\theta) | \underline{X}]$$

且:
$$B = E[m(\theta) | \underline{X}] - r_0 - \sum_{j=1}^{n} r_j X_j$$

(2) 证明:
$$E[AB] = 0$$

(3) 证明使 9.53 式最小的 $r_0, r_1, \cdots, r_n$ 的值是使 9.45 式最小的 $a_0, a_1, \cdots,$

$a_n$ 的值。

解：(1) 显然
$$E\left[\left(m(\theta) - r_0 - \sum_{j=1}^{n} r_j X_j\right)^2\right] = E[(A+B)^2]$$
展开平方式即得出所需要的形式。

(2) 利用 9.1 式：
$$E(AB) = E[E(AB \mid \underline{X})]$$
现在注意 B 为 $\underline{X}$ 的函数，因此，利用 9.3 式有：
$$E[A(AB \mid \underline{X})] = E[BE(A \mid \underline{X})]$$
但：
$$E(A \mid \underline{X}) = E\{m(\theta) - E[m(\theta) \mid \underline{X}] \mid \underline{X}\}$$
$$= E[m(\theta) \mid \underline{X}] - E[m(\theta) \mid \underline{X}] = 0$$
再次利用 9.3 式：
$$E\{E[m(\theta) \mid \underline{X}] \mid \underline{X}\} = E[m(\theta) \mid \underline{X}]$$
因此：
$$E[AB] = E[B \times 0] = 0$$
故得证。

(3) 由 (1) 及 (2) 部分的结果，可把 9.53 式写作：
$$E\left\{\left[m(\theta) - r_0 - \sum_{j=1}^{n} r_j X_j\right]^2\right\} - E(A^2)$$
注意 $E[A^2]$ 并非 $r_0, r_1, \cdots, r_n$ 的函数。这意味着使 9.53 式最小的 $r_0, r_1$, $\cdots, r_n$ 的值是使：
$$E\left\{\left[m(\theta) - r_0 - \sum_{j=1}^{n} r_j X_j\right]^2\right\}$$
最小的值。

而该表达式正是 9.45 式（只是用 $r$ 代表了 $a$）。这正是 (3) 所要证明的。

例 9-7 中有意思的一点是若我们去找出 $E[m(\theta) \mid \underline{X}]$ 的最优线性估计，而不是 $m(\theta)$ 的最优线性估计，我们可以得出同一答案。这一点并不奇怪。因为：

a) 本节中"最优"均意味着使差额平方的期望值最小；

b) $E[m(\theta) \mid \underline{X}]$ 是 $\underline{X}$ 的所有函数中 $m(\theta)$ 的最优估计，9.52 式给出了 $\underline{X}$ 所有线性函数中 $m(\theta)$ 的最优估计。

### ■ 三、模型 1：参数估计

为完成给定 $\underline{X}$ 时对 $m(\theta)$ 的估计，我们将探讨如何估计 $E[m(\theta)]$、$Var[m(\theta)]$ 与 $E[s^2(\theta)]$。为此需假设我们可从其他相似风险中得到数据，这些风险又不同于我们原来的风险。这要求我们更一般地提出问题，再作一些假设并稍微变动一下符号。前面的纯贝叶斯置信度方法与 EBCT 模型的重要区别之一是前者毋需数据来估计参数，后者却需要。

现在假设我们有意估计某一特定风险的纯保费或预期索赔参数。该风险是某集合中 N 个风险中的一个。这里的某集合是指以一定方式相关的不同风险的集合，后面还要对此做进一步的说明。简单起见，假设我们考察的特定风险是该集合中的风险号码为 1 的风险，记为风险 1。假设我们已知在过去几年的每一年这 N 个风险各自的索赔总额或索赔频率。用 $X_{ij}$ 表示在第 j 年 ($j = 1,2,\cdots,n$) 风险 $i(i = 1,2,\cdots,N)$ 的索赔总额或索赔次数。这些值列表如下：

表 9 – 1

| 风险号码 | 年 份 | | | |
|---|---|---|---|---|
| | 1 | 2 | …… | n |
| 1 | $X_{11}$ | $X_{12}$ | …… | $X_{1n}$ |
| 2 | $X_{21}$ | $X_{22}$ | …… | $X_{2n}$ |
| … | … | … | … | … |
| … | … | … | … | … |
| N | $X_{N1}$ | $X_{N2}$ | …… | $X_{Nn}$ |

表 9 – 1 中数据表示不同风险的观测值：第一行即风险 1 的数据，即是我们在本节第二部分中表示为 $\underline{X}$ 的一系列观测值。在此我们把那时的 $X_1, X_2, \cdots, X_n$ 表示成了 $X_{11}, X_{12}, \cdots, X_{1n}$。那时作的两个假设 9.38 式与 9.39 式，是关于当时考虑的单一风险的观测值之间的联系的。现在，我们对集合中 N 个风险中的每一个风险作完全同样的假设。这些假设在下面的 9.54 式与 9.55 式中给出。

对于风险 $i, i = 1, 2, \cdots, N$，每一 $X_{ij}(j = 1,2,\cdots,n)$ 的分布取决于参数 $\theta_i$ 的值，其值是确定的（对于每一 j 值均相同）但未知。 (9.54)

给定 $\theta_i$，$X_{ij}(i = 1,2,n)$ 为独立同分布的。 (9.55)

注意在本节的前两部分中表示为 $\theta$ 的风险参数现在表示为 $\theta_i$，这意味着不同风险的风险参数值不同。当然，与本节前两部分中相同，每一给定风险的参数值各年间并不发生改变。这两个假设告诉了我们表中各行的关系，却并未告诉我们任何不同行之间的关系，即集合中不同风险间的关系。关于集合中不同风险间的关系，我们作如下假设：

对于 $i \neq k$，$(\theta_i, X_{ij})$ 与 $(\theta_k, X_{km})$ 为独立同分布的。 (9.56)

该假设告诉我们表中各行相互独立。该假设的两个直接结果为：

对于 $i \neq k$，$X_{ij}$ 与 $X_{km}$ 为独立同分布的。 (9.57)

风险参数 $\theta_1, \theta_2, \cdots, \theta_N$ 为独立同分布的。 (9.58)

不同风险，即表中各行间的联系是风险参数，$\theta_1, \theta_2, \cdots, \theta_N$ 具有相同的分布。这意味着，若我们以某些方式知道了 $\theta_1, \theta_2, \cdots, \theta_N$ 的值，那么我们就知道了 $\theta$ 的共同分布的一些情况，因此我们就知道了 $\theta_1$ 的一些情况，至少知道其所服从的分布的一些情况。

函数 $m(\theta_i)$ 与 $S^2(\theta_i)$ 曾在前面介绍过。以下继续采用这些函数的定义，并将其用到集合中所有风险中，即有：

$$m(\theta_i) = E(X_{ij} \mid \theta_i)$$
$$S^2(\theta_i) = Var(X_{ij} \mid \theta_i)$$

注意,如同本节初,$E(X_{ij}|\theta_i)$ 与 $Var(X_j|\theta_i)$ 都与 j 无关,因为,给定 $\theta_i$,随机变量 $X_{i1},\cdots,X_{in}$ 服从同一分布。还应注意,由于 $\theta_1,\theta_2,\cdots,\theta_N$ 服从同一分布,$E[m(\theta_i)]$、$E[S^2(\theta_i)]$ 及 $Var[m(\theta_i)]$ 也与 i 无关。这些正是我们在本节前两部分中称为 $E[m(\theta)]$、$E[s^2(\theta)]$ 与 $Var[m(\theta)]$ 的参数,我们将用这些参数来对集合作出估计。

我们还需一些符号。我们将用 $\overline{X_i}$ 表示:
$$\sum_{i=1}^{n} X_{ij}/n$$
并用 $\overline{X}$ 表示:
$$\sum_{i=1}^{N} \overline{X_i}/N = \left[\sum_{i=1}^{N}\sum_{j=1}^{n} X_{ij}/(Nn)\right]$$

注意现在的 $\overline{X_1}$ 即本节前两部分的 $\overline{X}$。要了解现在的符号与前两部分符号 $\overline{X}$ 意思的不同。我们现在可用这个新符号来重新给出未来年度风险集合中风险 1 的纯保费或索赔次数的置信估计的公式如下:
$$(1 - Z)E[m(\theta)] + Z\overline{X_1}$$

其中:
$$\overline{X_1} = \sum_{j=1}^{n} X_{1j}/n \tag{9.59}$$

且:
$$Z = \frac{n}{n + E[S^2(\theta)]/Var[m(\theta)]}$$

要注意的是 9.59 式与 9.52 式是一样的,只是采用了符号 $\overline{X_1}$ 和 $X_{1j}$,而不是 $\overline{X}$ 与 $X_j$。

我们现在可以来估计 $E[m(\theta)]$、$E[s^2(\theta)]$ 与 $Var[m(\theta)]$。这些估计将为 $\{\{X_{ij}\}_{j=1}^{n}\}_{i=1}^{N}$ 的函数。

表 9-1 中每一行对应着 θ 的一固定值。记清这一点以及 $m(\theta_i)$ 与 $S^2(\theta_i)$ 的定义,$m(\theta_i)$ 与 $S^2(\theta_i)$ 的明显的估计分别为:
$$\overline{X_i} \qquad 及 \qquad (n-1)^{-1}\sum_{j=1}^{n}(X_{ij} - \overline{X_i})^2$$

现在,$E[m(\theta)]$ 是不同值的 θ 对应的 $m(\theta)$ 值(在 θ 分布上)的"平均值"。$E[m(\theta)]$ 的明显的估计是 $m(\theta_i)$ ($i=1,2,\cdots,N$) 的估计的平均值。换言之,$E[m(\theta)]$ 的估计是 $\overline{X}$。类似地,$E[S^2(\theta)]$ 是 $S^2(\theta)$ 的"平均值",因此,其明显的估计是 $S^2(\theta_i)$ 的估计的平均值,即:
$$N^{-1}\sum_{i=1}^{N}(n-1)^{-1}\sum_{j=1}^{n}(X_{ij} - \overline{X_i})^2$$

刚才对 $E[m(\theta)]$ 及 $E[S^2(\theta)]$ 作的估计是无偏估计。现在来对 $Var[m(\theta)]$ 进行估计。

对于表 9-1 中每一行,$\overline{X_i}$ 是 $m(\theta_i)$,$i=1,2,\cdots N$ 的估计。因此我们可能会

以为这些值的修正方差,即:

$$(N-1)^{-1}\sum_{i=1}^{N}(\overline{X_i}-\overline{X})^2$$

是 $\text{Var}[m(\theta)]$ 的明显的估计。但是,它是 $\text{Var}[m(\theta)]$ 的有偏估计。可证明 $\text{Var}[m(\theta)]$ 的无偏估计可按通常的做法由上述表达式除去一修正项来得出(证明从略)。

$\text{Var}[m(\theta)]$ 的无偏估计为:

$$(N-1)^{-1}\sum_{i=1}^{N}(\overline{X_i}-\overline{X})^2 - (Nn)^{-1}\sum_{i=1}^{N}(n-1)^{-1}\sum_{j=1}^{n}(X_{ij}-\overline{X_i})^2$$

我们把这些估计值总结如下:

| 参数 | 估计值 | |
|---|---|---|
| $E[m(\theta)]$ | $\overline{X}$ | (9.60) |
| $E[S^2(\theta)]$ | $N^{-1}\sum_{i=1}^{N}(n-1)^{-1}\sum_{j=1}^{n}(X_{ij}-\overline{X_i})^2$ | (9.61) |
| $\text{Var}[m(\theta)]$ | $(N-1)^{-1}\sum_{i=1}^{N}(\overline{X_i}-\overline{X})^2 - (Nn)^{-1}\sum_{i=1}^{N}(n-1)^{-1}\sum_{j=1}^{n}(X_{ij}-\overline{X_i})^2$ | (9.62) |

应注意的重要的实际的一点是,虽然 $\text{Var}[m(\theta)]$ 是非负参数(因为其为方差),9.62 式给出的估计值却可能为负。9.62 式是两项之差,每项均为非负,但其差未必。若在实际中,9.62 式得出一负值,一般的做法是估计 $\text{Var}[m(\theta)]$ 为 0。严格来讲,这意味着 $\text{Var}[m(\theta)]$ 的估计值为 0 和 9.62 式所给出的值中的较大者。虽然 9.62 式得出的是 $\text{Var}[m(\theta)]$ 的无偏估计,对 0 和 9.62 式所给出的值的较大者却不能得出无偏估计。然而,这一方法避免了对 $\text{Var}[m(\theta)]$ 的显然无意义的估计。

参数 $E[S^2(\theta)]$ 也须为非负,但其由 9.61 式给出的估计值却总是非负,所以 9.61 式毋需调整。

[例 9-8]

(1) 令 $W_1,\cdots,W_n$ 为一独立同分布的随机变量序列,其共同的方差为 $\sigma^2$。令

$$\overline{W} = \sum_{i=1}^{n}W_i/n$$

求证:

$$(n-1)^{-1}\sum_{i=1}^{n}(W_i-\overline{W})^2$$

是 $\sigma^2$ 的无偏估计。

(2) 证明 9.61 式是 $E[S^2(\theta)]$ 的无偏估计。

解:(1) 该部分仅要求证明样本方差是总体方差的无偏估计,这一结果在

本书的前面讲过。令 $\mu$ 表示 $W_i$ 的均值。此例的关键部分为：

$$E[(W_i - \mu)^2] = \sigma^2 \qquad (\text{定义})$$

$$E[\overline{W}] = \mu$$

$$E[(\overline{W} - \mu)^2] = \sigma^2/n$$

$$\sum_{i=1}^{n}(W_i - \overline{W})^2 = \sum_{i=1}^{n}[W_i - \mu - (\overline{W} - \mu)]^2$$

$$= \sum_{i=1}^{n}(W_i - \mu)^2 - n(\overline{W} - \mu)^2$$

现在对以上公式的两边同时求数学期望，有：

$$E\left[\sum_{i=1}^{n}(W_i - \overline{W})^2\right] = E\left[\sum_{i=1}^{n}(W_i - \mu)^2\right] - nE[(\overline{W} - \mu)^2]$$

$$= n\sigma^2 - n\sigma^2/n = (n-1)\sigma^2$$

两边同时除以 $(n-1)$ 即得所求。

(2) 给定 $\theta_i$，随机变量 $X_{i1}, \cdots, X_{in}$ 为独立同分布的，其共同方差为 $S^2(\theta_i) = S^2(\theta)$，应用 (1) 部分结论，有：

$$E\left[(n-1)^{-1}\sum_{i=1}^{n}(X_{ij} - \overline{X_i})^2 \mid \theta_i\right] = S^2(\theta_i)$$

由 9.1 式及该结果有：

$$E\left[N^{-1}\sum_{i=1}^{N}(n-1)^{-1}\sum_{i=1}^{n}(X_{ij} - \overline{X_i})^2\right]$$

$$= N^{-1}\sum_{i=1}^{N}E\left\{E\left[(n-1)^{-1}\sum_{j=1}^{n}(X_{ij} - \overline{X_i})^2\right] \mid Q_i\right\}$$

$$= N^{-1}\sum_{i=1}^{N}E[S^2(\theta_i)]$$

$$= E[S^2(\theta)]$$

即得证。

证明 9.60 式是 $E[m(\theta)]$ 的无偏估计非常容易。证明 9.62 式是 $Var[m(\theta)]$ 的无偏估计类似于例 9-8。现在我们用 9.51 式找出 EBCT 模型 1 的置信因子。该公式的不同部分有下列定义或解释：

N——关于风险的所有数据值数目；

$E[S^2(\theta)]$——某一风险历年数据值样本方差的平均值，即表 9-1 各行内的平均样本方差；

$Var[m(\theta)]$——不同风险平均数据值的方差，即表 9-1 中行之间的变化。

用 9.51 式找出 Z。我们可以看出：

(a) Z 总是在 0—1 之间。

(b) Z 是 n 的增函数。这预示着关于风险自身的数据越多，在计算纯保费或索赔次数的置信估计时，结果越可靠。

(c) Z 是 $E[S^2(\theta)]$ 的减函数，这预示着相对于 $Var[m(\theta)]$ 来说，$E[S^2(\theta)]$

的值越大,风险自身得出的数据相对于其他风险的数据越易变,也就是说越不可靠。

(d) Z 是 $\mathrm{Var}[m(\theta)]$ 的增函数。这意味着相对于 $\mathrm{E}[S^2(\theta)]$ 来说,$\mathrm{Var}[m(\theta)]$ 的值越大,不同风险之间的变动越厉害,因此其他风险越与所研究之风险有较大的区别,我们对来自其他风险的数据依赖性越差。

这些在前面泊松—伽马模型和正态—正态模型中已有论述。

细心的读者可能已发现了本节中似有矛盾。在第一节中称置信因子与来自该风险的数据不应相关。然而,这些数据已用来估计 $\mathrm{Var}[m(\theta)]$ 及 $\mathrm{E}[S^2(\theta)]$,后者的值又接着用来计算 Z。事实上,作为 9.59 式给出的置信因子 Z,原则上并不取决于来自该风险的实际数据。麻烦的是,Z 的公式涉及两个参数,$\mathrm{Var}[m(\theta)]$ 及 $\mathrm{E}[S^2(\theta)]$,它们的值未知但在实际中可由风险自身及集合中其他风险的数据估计出。

在通过一个例子结束关于 EBCT 模型 1 的研究之前,对该模型的假设还要进一步说明。我们已经假设不管是来自不同风险还是相同的风险,$X_{ij}$(无条件)服从相同的分布(参见 9.57)。若 $X_{ij}$ 来自同一风险 i,我们假设其无条件服从同一分布(参见 9.40 式),而在给定 $\theta_i$ 时其条件分布也是相同的(参见 9.39 式与 9.55 式)。于是 $\mathrm{E}(X_{ij}\mid\theta_i)$ 和 $\mathrm{Var}(X_{ij}\mid\theta_i)$ 均不取决于 j。这是在推导置信估计 9.59 式中唯一要求假设 $X_{ij}$ 服从同一分布的一步。事实上,我们可以用下列假设代替假设 9.56 与 9.57 及 9.58,仍能推出同样的置信估计:

给定 $\theta_i$,对于每一风险 $i(i = 1,2,\cdots,N)$,$X_{ij}(j = 1,2,\cdots,n)$ 是独立的。

(9.63)

对于 $i \ne k$,$(\theta_i, X_{ij})$ 与 $(\theta_k, X_{kl})$ 独立,且风险参数 $\theta_1, \theta_2, \cdots, \theta_N$ 也具有相同的分布。

(9.64)

对于每一风险 $i(i = 1,2,\cdots,N)$,$\mathrm{E}(X_{ij}\mid\theta_i)$ 和 $\mathrm{Var}(X_{ij}\mid\theta_i)$ 均与 j 无关。

(9.65)

这里的假设 9.63 与 9.64 是 9.55 与 9.56 的弱化。假设 9.65 式现在也须作为一个独立的假设,因为其并非 9.63 与 9.64 的结果。

可以证明本节的结果或公式丝毫不因这些更弱的假设而有所改变。我们在前面采用这些较强的假设,是因为它们更易于说明问题。而这里作更弱假设是因为它将帮助我们把 EBCT 模型 1 与下一节的 EBCT 模型 2 联系起来。

### 四、运用 EBCT 模型 1 的例子

我们将通过一数字例子来说明 EBCT 模型 1 的使用。我们也利用这个例子来对 EBCT 模型 1 作一些一般说明。

[例 9-9] 下述数据是某保险公司过去六个连续年度承保的五张工业火险单的索赔总额数据。这些数值已排除了通货膨胀的影响,单位为万元。

假设我们想计算未来年度第一号保单的置信保费。使用 EBCT 模型 1,为此,我们将对上述数据为样本值的随机变量作出些假设。这些假设为 9.54、9.55 与 9.56,其中暗含着假设 9.38 与 9.39。特别是,我们假设对于每一保单

索赔总额每年的分布相同（回忆本节第三部分的讨论，我们可将此假设弱化为：每一风险索赔总额的均值与方差每年不发生变化）。一旦通胀的影响消除了，这就可能是一个合理假设，只要保单的相关条件在过去六年保持不变（并且在计算下一年应收保费时假设保单的相关条件也不发生变化）。

| 保单号码 | 年份 | | | | | |
|---|---|---|---|---|---|---|
| | 1 | 2 | 3 | 4 | 5 | 6 |
| 1 | 103 | 73 | 32 | 102 | 78 | 87 |
| 2 | 112 | 138 | 29 | 93 | 104 | 71 |
| 3 | 135 | 155 | 121 | 123 | 77 | 134 |
| 4 | 91 | 106 | 109 | 111 | 116 | 81 |
| 5 | 67 | 133 | 65 | 93 | 118 | 89 |

1号保单在过去6年的平均索赔总额为：

$$(103 + 73 + \cdots + 87)/6 = 79.17$$

根据9.59式，我们知道未来年度纯保费的置信估计为：

$$(1 - Z)E[m(\theta)] + Z \times 79.17$$

其中：

$$Z = \frac{6}{6 + E[S^2(\theta)]/Var[m(\theta)]}$$

（注意9.59式中的 $n$ 是数据年份数而非集合中风险数）接下来只需应用9.60式、9.61式与9.62式到以上数据以估计 $E[m(\theta)]$、$E[S^2(\theta)]$ 及 $Var[m(\theta)]$。

第一步是对5张保单中的每一张计算 $\overline{X_i}$ 与 $(n-1)^{-1}\sum_{j=1}^{n}(X_{ij} - \overline{X_i})^2$ 的值。这些值的计算结果如下：

| 保单号码 | $\overline{X_i}$ | $(n-1)^{-1}\sum_{j=1}^{n}(X_{ij} - \overline{X_i})^2$ |
|---|---|---|
| 1 | 79.17 | 683 |
| 2 | 91.17 | 1 413 |
| 3 | 125.00 | 704 |
| 4 | 102.33 | 181 |
| 5 | 94.17 | 739 |

利用9.60式与9.61式估计 $E[m(\theta)]$ 与 $E[S^2(\theta)]$，即 $\overline{X_i}$ 与 $(n-1)^{-1}\sum_{j=1}^{n}(X_{ij} - \overline{X_i})^2$ 分别平均，因此：

$$E[m(\theta)] \approx (79.17 + \cdots + 94.17)/5 = 98.37$$
$$E[S^2(\theta)] \approx (683 + \cdots + 739)/5 = 744$$

为了用9.62式估计 $Var[m(\theta)]$，我们首先需计算 $\overline{X_i}$ 的5个值的样本方差；

计算后知该值为 291。运用 9.62 式后，有：
$$Var[m(\theta)] \approx 291 - 744/6 = 167$$
把这些估计值代入置信因子 Z 的公式，有：
$$Z \approx \frac{6}{6 + 744/167} = 0.574$$
所以，风险 1 未来年度的置信保费为：
$$0.426 \times 98.37 + 0.574 \times 79.15 = 87.35$$
即为 873 500 元。

我们可通过注意到置信因子 Z 的值对于集合中所有保单均相同，这是 EBCT 模型 1 的重要特征。这意味着我们可以非常简单地计算集合中其他一保单的置信保费。如保单 2 未来年度的置信保费：
$$0.426 \times 98.37 + 0.574 \times 91.17 = 94.24(万元)$$
分别计算后可得这些保单各年度整个置信保费如下：

| 保单数目 | 置信保费 |
| --- | --- |
| 1 | 873 500 元 |
| 2 | 942 400 元 |
| 3 | 1 136 600 元 |
| 4 | 1 006 400 元 |
| 5 | 959 600 元 |

若把这 5 个置信保费加以平均，可看出其为 983 700 元，即为 $E[m(\theta)]$ 的估计。这并非巧合！这些置信保费的平均可写作：
$$\sum_{j=1}^{5}[(1-Z) \times 98.37 + Z\overline{X_i}]/5$$
因为 $E[m(\theta)]$ 的估计值在此情况下 98.37 万元，是 $\overline{X_i}$ 的平均值，容易看出该表达式总等于 9.60 式中给出的 $E[m(\theta)]$ 的估计。

通过观察假设 9.56 中说明的不同风险是如何相关来解释这一结果。更非正式地，我们可以说该集合中的保单"彼此类似"。由此保险人可以合理地对未来年度每一保单收取同一保费。纯保费的明显的估计为 98.37 万元，是 30 个（排除通货膨胀因素后的）原始数据的平均值。然而，以上进行的置信度分析使保险人可对 5 张保单收取不同的纯保费。这些不同的纯保费反映了单个保单的经验数据的价值——$X_i$ 的值越大，置信保费越高——而保险人的总保费收入保持不变。

最后，我们探讨一下为什么要对这 5 张保单收取不同的保费。若不同保单索赔总额为独立同分布的，我们应对不同保单收取同一金额的纯保费。任何两张保单索赔经验的明显不同——本例中保单 3 比其他保单的索赔总额高——都可能预示着它们有着不同的分布，因为仅仅由于随机波动不应导致保费不同。这是保险的宗旨——在相同性质风险的集合里，风险除了随机波动之外不应当有什么不同的表现。EBCT 模型 1 的假设暗示着，不同保单的索赔经验不同，它们并不一定服从同一分布，即风险是不同的。保单之间的不同源于其风险参数 $\theta$ 的不同值。正是由此我们认为，此例中保单 1 对应了较好索赔经验，是由于该保单与集合中其他保单存在一些真正的不同。比如在保单 1 承保的大楼中工作的人们对于防火安全比在其他保单承保的大楼中工作的人们更为关心。这一不同在从风险本身得到数据前并不是显然的——参见 9.57 式——但我们因此将承认保单间不同的可能性，通过收取不同保费以反映独特的索赔经验，这些经验提供了风险性质不同的证据。

## 第四节 经验贝叶斯置信度理论：模型 2

本节我们将运用经验贝叶斯技术，建立更复杂、也更实用的一个模型，我们称之为经验贝叶斯置信度理论模型 2，简记为 EBCT 模型 2。步骤与模型 1 一样，首先提出问题并建立假定。问题即估计下一年的纯保费，预期索赔次数；建立的假定与模型 1 稍有不同。之后，将推导出纯保费和预期索赔次数的置信度估计。最后，探讨如何估计参数。

### 一、EBCT 模型 2：说明

我们的问题是，对于某一给定的风险，估计其下一年度的预期索赔总额，或预期索赔次数。令 $Y_1, Y_2 \cdots\cdots$ 代表给定风险在某些年份的索赔总额或索赔次数。假设，我们已知 $Y_1 \cdots\cdots Y_n$，要估计 $Y_{n+1}$ 的值。到此为止，与模型 1 的问题是相同的。与 EBCT 模型 1 不同的是，EBCT 模型 2 包括了另外的已知参数——风险量 $P_j$。$P_j$ 值测度第 j 年中的业务量。例如，$P_j$ 代表第 j 年承保某风险的保费收入或独立保单的数量。有一点需要注意的是我们假设已知第 n+1 年开始时 $P_{n+1}$ 的值。

下面，我们定义一个新的随机变量序列 $X_1、X_2\cdots$ 如下：
$$X_j = Y_j/P_j, \qquad j = 1,2,\cdots\cdots$$

随机变量 $X_j$ 表示第 j 年的索赔总额或索赔次数，这里的索赔数据是排除了不同年份的不同业务量因素的影响之后的标准化数据。

在 EBCT 模型 2 中我们作如下假设：

$X_j$ 的分布依赖于参数 $\theta$ 值，$\theta$ 对每个 j 相同但未知。 (9.66)

给定 $\theta$，$X_j$ 是独立的，但不必是相同分布的。 (9.67)

$E[X_j | \theta]$ 不依赖于 j。 (9.68)

$P_j V[X_j | \theta]$ 不依赖于 j。 (9.69)

与前一节相同，$\theta$ 是风险参数，它可能是一个实数，或更一般的数量，如实数向量。9.66 的假设是已知所有置信度理论的标准假设。9.67 的假设与

9.39 对应，但比 9.39 稍弱。9.67 不要求 $X_j$ 相同的条件分布（给定 θ），只须条件独立。在 EBCT 模型 2 中，没有关于 $X_j$ 的分布是无条件或给定 θ 时同分布的假设。

将上述假设与 9.63 式、9.64 式、9.65 式比较可以发现，如果 $P_j$ 等于 1，EBCT 模型 2 则与模型 1 一致。

定义 m(θ) 和 $S^2(θ)$ 为：

$$m(\theta) = E(X_j \mid \theta)$$

$$S^2(\theta) = P_j Var(X_j \mid \theta)$$

m(θ) 的定义与模型 1 相同，$S^2(θ)$ 则稍有不同。

为说明 9.68 式和 9.69 式的假设，我们看看这样的例子。假设我们考虑的风险是由许多每年不同数量的相互独立的保单构成，第 j 年的数量是 $P_j$。假设一张保单的索赔总额的均值为 m(θ)，方差为 $S^2(θ)$，其中 m(θ) 和 $S^2(θ)$ 是 θ 的函数，θ 是固定但未知的风险参数。令 $X_j$ 表示第 j 年所有有效保单的索赔总额，则有：

$$E(Y_j) = P_j m(\theta)$$

$$Var(Y_j) = P_j S^2(\theta)$$

$$E(X_j) = m(\theta)$$

$$P_j Var(X_j) = S^2(\theta)$$

可以发现，该例满足 9.68 式、9.69 式的假定。

### ■二、EBCT 模型 2：置信保费的推导

我们的问题在前一节已经提及了，即给定 $Y_1, Y_2, \cdots, Y_n$，估计 $Y_{n+1}$ 的期望值。现在更准确地表述一下。我们要估计的量是（给定 θ 时）$Y_{n+1}$ 的均值。这是由 $P_{n+1} m(\theta)$ 确定的。在我们的模型中 $P_{n+1}$ 作为第 n+1 年初的风险量是已知的，要解决的问题就是估计 m(θ)。已知数据是每年的 $Y_j$ 及相应的 $P_j$。为方便起见，将这些数据记作 <u>X</u>。和第三节相同，我们选择观测数据 $X_1, X_2, \cdots, X_n$ 的线性函数作为 m(θ) 的估计。这个线性函数作为 m(θ) 的最优估计，应与 m(θ) 的差额平方的期望值最小。有一点需要注意，$X_1, X_2, \cdots, X_n$ 的线性函数也是 $Y_1, Y_2 \cdots Y_n$ 的线性函数，因为 $Y_j$ 是 $X_j$ 与常数的乘积。总之，我们的问题是用以下函数估计 m(θ)：

$$a_0 + a_1 X_1 + a_2 X_2 + \cdots + a_n X_n$$

为此，选择适当的 $a_0, a_1, \cdots, a_n$，使：

$$E[E(m(\theta) - a_0 - a_1 X_1 - \cdots - a_n X_n)^2] \tag{9.70}$$

最小。

在形式上，该问题与模型 1 一样，尽管 $X_j$ 的定义和一些假设有所不同，但解决问题的方法是相同的。对 $a_0, a_1, \cdots, a_n$ 逐一微分并令每个导数为 0。与模型 1 类似，我们在这里也需要有一些与 9.46 式相似的性质，即：

(1) $E[X_j m(\theta)] = V[m(\theta)] + (E[m(\theta)])^2$

(2) $E[X_jX_k] = V[m(\theta)] + (E[m(\theta)])^2 \quad j \neq k$

(3) $E(X_j^2) = E[S^2(\theta)]/P_j + V[m(\theta)] + (E[m(\theta)])^2$ (9.71)

我们用与 9.46 式类似的证明方法证明这几个性质。

证明：

(1) 由 9.1 式、9.3 式和 $m(\theta)$ 的定义：

$$\begin{aligned}E[X_jm(\theta)] &= E\{E[X_jm(\theta) \mid \theta]\} \\ &= E\{m(\theta)E[X_j \mid \theta]\} \\ &= E\{[m(\theta)]^2\} \\ &= \mathrm{Var}[m(\theta)] + \{E[m(\theta)]\}^2\end{aligned}$$

(2) 我们知道，对于 $j \neq k$，给定 $\theta$ 时 $X_j$ 和 $X_k$ 是独立的。由 9.1 式：

$$\begin{aligned}E(X_jX_k) &= E[E(X_jX_k \mid \theta)] \\ &= E[E(X_j \mid \theta)E(X_k \mid \theta)] \\ &= E\{[m(\theta)]^2\} = \mathrm{Var}[m(\theta)] + \{E[m(\theta)]\}^2\end{aligned}$$

(3) 由 9.1 式和 $S^2(\theta)$ 的定义：

$$\begin{aligned}E(X_j)^2 &= E[E(X_j^2 \mid \theta)] \\ &= E\{\mathrm{Var}(X_j \mid \theta) + [E(X_j \mid \theta)]^2\} \\ &= E[S^2(\theta)]/P_j + E\{[m(\theta)]^2\} \\ &= E[S^2(\theta)]/P_j + V[m(\theta)] + \{E[m(\theta)]\}^2\end{aligned}$$

对 $a_0$ 微分：

$$\frac{\partial}{\partial \alpha_0}\{E[(m(\theta) - \alpha_0 - \alpha_1 X_1 - \cdots - \alpha_n X_n)^2]\} = 0$$

即：

$$E[m(\theta) - \alpha_0 - \alpha_1 X_1 - \cdots - \alpha_n X_n] = 0$$

得：

$$\alpha_0 = E[m(\theta)]\left(1 - \sum_{j=1}^{n}\alpha_j\right) \quad (9.72)$$

对 $a_k$ 微分：

$$\frac{\partial}{\partial \alpha_k}\{E[(m(\theta) - \alpha_0 - \alpha_1 X_1 - \cdots - \alpha_n X_n)^2]\} = 0$$

即：

$$E[X_km(\theta) - \alpha_0 - \alpha_1 X_1 - \cdots - \alpha_n X_n] = 0$$

整理上式：

$$\begin{aligned}Var[m(\theta)] + (E[m(\theta)])^2 - \alpha_0 E[m(\theta)] - \sum_{j=1}^{n}\alpha_j\{Var[m(\theta)]\} \\ + (E[m(\theta)])^2 - \alpha_k E[S^2(\theta)]P_k = 0\end{aligned}$$

进一步整理，得到：

$$\alpha_k = P_k Var[m(\theta)]\left(1 - \sum_{j=1}^{n}\alpha_j\right)/E[S^2(\theta)] \quad (9.73)$$

两边相加：

$$\sum_{k=1}^{n} \alpha_k = \sum_{j=1}^{n} P_j \Big(1 - \sum_{j=1}^{n} \alpha_j\Big) Var[m(\theta)] / E[S^2(\theta)]$$

解出 $\sum_{j=1}^{n} \alpha_j$ 并代入 9.72 式、9.73 式得：

$$\alpha_0 = \frac{E[m(\theta)] E[S^2(\theta)] / Var[m(\theta)]}{\sum_{j=1}^{n} P_j + E[S^2(\theta)] / Var[m(\theta)]} \tag{9.74}$$

$$\alpha_k = \frac{P_k}{\sum_{j=1}^{n} P_j + E[S^2(\theta)] / Var[m(\theta)]} \tag{9.75}$$

将 $a_0$ 和 $a_k$ 的值代入表达式：

$$a_0 + a_1 X_1 + a_2 X_2 + \cdots + a_n X_n$$

结果即为 $m(\theta)$ 的最优线性估计：

$$\frac{E[m(\theta)] E[S^2(\theta)] / Var[m(\theta)] + \sum_{j=1}^{n} Y_j}{\sum_{j=1}^{n} P_j + E[S^2(\theta)] / Var[m(\theta)]}$$

我们将该结果写为如下的形式：

$$Z \overline{X} + (1 - Z) E[m(\theta)]$$

其中：

$$\overline{X} = \sum_{j=1}^{n} P_j X_j / \sum_{j=1}^{n} P_j$$

$$Z = \frac{\sum_{j=1}^{n} P_j}{\sum_{j=1}^{n} P_j + E[S^2(\theta)] / Var[m(\theta)]} \tag{9.76}$$

这说明了与模型 1 结果的相同与不同之处。

需要注意有关解的几个方面：

（a）$a_k(k = 1, 2, \cdots, n)$ 的值不一定相同。这意味着模型 2 是不对称的。这是由于模型 2 的数据不对称，每年有不同的风险量。如果 $P_k$ 相等，即数据是对称的，则 $a_k$ 都相等，模型 1 便与模型 2 相同。

（b）如果 $P_k$ 都等于 1，9.76 式的解与 9.52 式相同。

（c）9.76 式的解有三个参数 $E[m(\theta)]$、$Var[m(\theta)]$ 和 $E[S^2(\theta)]$，下面将探讨这些参数的估计方法。

### 三、EBCT 模型 2：参数估计

估计模型 2 的参数 $E[m(\theta)]$、$Var[m(\theta)]$ 和 $E[S^2(\theta)]$ 的程序，与模型 1 中采用的程序相同。

假设我们关注的风险是 N 个风险的整体，过去 n 年的每一风险的数据也已经知道。这些数据包括索赔总额或索赔次数的取值和相应的风险量。令随机

变量 $Y_{ij}$ 表示在第三章风险 $z$ 的索赔总额或索赔次数，令 $P_{ij}$ 为相应风险量。对每个 $i$ 和 $j$，定义 $X_{ij} = Y_{ij}/P_{ij}$，下表总结了这些数据：

| 风险号码 | 年 份 | | | |
| --- | --- | --- | --- | --- |
| | 1 | 2 | …… | n |
| 1 | $Y_{11}, P_{11}$ | $Y_{12}, P_{12}$ | …… | $Y_{1n}, P_{1n}$ |
| 2 | $Y_{21}, P_{21}$ | $Y_{22}, P_{22}$ | …… | $Y_{2n}, P_{2n}$ |
| ⋮ | ⋮ | ⋮ | ⋮ | ⋮ |
| ⋮ | ⋮ | ⋮ | ⋮ | ⋮ |
| N | $Y_{N1}, P_{N1}$ | $Y_{N2}, P_{N2}$ | …… | $Y_{Nn}, P_{Nn}$ |

为简单起见，假设我们关注的风险是风险 1。这表明在本节前两部分中定义的 $Y_j$、$P_j$ 和 $X_j$ 分别为 $Y_{1j}$、$P_{1j}$ 和 $X_{1j}$。要解决的问题是估计 $X_{1,n+1}$ 的期望值。用 9.76 式给出的公式求解该问题，注意 $X_j$ 和 $P_j$ 现在用 $X_{1j}$ 和 $P_{1j}$ 表示。

其他风险数据仅仅是帮助我们估计参数 $E[m(\theta)]$、$Var[m(\theta)]$ 和 $E[S^2(\theta)]$。其他风险满足 9.66~9.69 的假设。这些假设是：

对于风险 $i$，每一 $X_{ij}$ 的分布依赖于参数 $\theta_i$，对于每个 $j$，它的取值是相同但未知的。 (9.77)

给定 $\theta_i$，$X_{ij}$ 是独立的（不必须同分布）。 (9.78)

存在函数 $m(\cdot)$ 使 $m(\theta_i) = E(X_{ij} \mid \theta_i)$。 (9.79)

存在函数 $S^2(\cdot)$ 使 $S^2(\theta_i) = P_{ij}Var(X_j \mid \theta_i)$。 (9.80)

这四个假设说明集合中的每一风险满足与特定风险相同的假定。下列两个假设表明集合中不同风险的联系。

作为随机变量的风险参数 $\theta_1, \theta_2, \cdots, \theta_N$ 是独立同分布的。 (9.81)

对于 $j \neq k$，$(\theta_i, X_{ij})$ 和 $(\theta_k, X_{km})$ 是独立的。 (9.82)

注意，由于 $\theta_i$ 是同分布的，$E[m(\theta_i)]$、$Var[m(\theta_i)]$ 和 $E[S^2(\theta_i)]$ 不依赖 $i$，因而我们可以将之记为 $E[m(\theta)]$、$Var[m(\theta)]$ 和 $E[S^2(\theta)]$。

我们定义如下出几个新的符号：

$$\overline{P_i} = \sum_{j=1}^n P_{ij} \tag{9.83}$$

$$\overline{P} = \sum_{j=1}^N \overline{P_i} \tag{9.84}$$

$$P^* = (Nn-1)^{-1} \sum_{i=1}^N \overline{P_i}(1 - \overline{P_i}/\overline{P}) \tag{9.85}$$

$$\overline{X_i} = \sum_{j=1}^n P_{ij}X_{ij} / \overline{P_i} = \sum_{j=1}^n P_{ij}X_{ij} / \sum_{j=1}^n P_{ij} \tag{9.86}$$

$$\overline{X} = \sum_{i=1}^N \overline{P_i}\,\overline{X_i} / \overline{P} = \sum_{i=1}^N \sum_{j=1}^n P_{ij}X_{ij} / \overline{P} \tag{9.87}$$

注意在 9.76 式中的 $\overline{X}$ 现在用 $\overline{X_1}$ 表示，而 $\overline{X}$ 有了不同的定义，还要注意 $\overline{X_i}$ 和

$\overline{X}$ 是 $X_{ij}$ 的加权平均，权数是风险量 $P_{ij}$。

使用新记号，我们可以重新写出纯保费或索赔额的公式：
$$Z\overline{X_1} + (1-Z)E[m(\theta)]$$

其中：
$$\overline{X_1} = \sum_{j=1}^{n} P_{1j}X_{1j} \Big/ \sum_{j=1}^{n} P_{1j}$$

$$Z = \frac{\sum_{j=1}^{n} P_{1j}}{\sum_{j=1}^{n} P_{1j} + E[S^2(\theta)]/Var[m(\theta)]} \tag{9.88}$$

可以看出，该公式与 9.76 式是相同的，只是用了新的符号表示。

现在我们给出以观测数据 $\{\{Y_{ij};P_{ij}\}_{j=1}^{n}\}_{i=1}^{N}$ 为基础的无偏估计。

| 参 数 | 估 计 | |
|---|---|---|
| $E[m(\theta)]$ | $\overline{X}$ | (9.89) |
| $E[S^2(\theta)]$ | $N^{-1}\sum_{i=1}^{N}(n-1)^{-1}\sum_{j=1}^{n}P_{ij}(X_{ij}-\overline{X_i})^2$ | (9.90) |
| $Var[m(\theta)]$ | $P^{*-1}\Big\{(Nn-1)^{-1}\sum_{i=1}^{N}\sum_{j=1}^{n}P_{ij}(X_{ij}-\overline{X})^2 - N^{-1}\sum_{i=1}^{N}(n-1)^{-1}\sum_{j=1}^{n}P_{ij}(X_{ij}-\overline{X_i})^2\Big\}$ | (9.91) |

对于这些估计，我们应注意：

(a) 与 EBCT 模型 1 完全相同。回顾 9.60 式、9.61 式和 9.62 式，如果 $P_{ij}$ 都等于 1，则两套估计是相同的。

(b) 尽管 $Var[m(\theta)]$ 肯定是非负的，但 9.91 式有可能是负的。在这种情况下，我们取 $Var[m(\theta)]$ 的估计为 0。这与模型 1 中讨论的情况类似。

(c) 9.89 式~9.91 式是无偏估计的。其证明与 9.60 式~9.62 式一样，但稍微麻烦些。复杂的原因是增加了风险量 $P_{ij}$，并且没有假定 $X_{ij}$ 是同分布的。

[例 9-10] 试证：

(1) $E(\overline{X_i}) = E[m(\theta)]$

(2) $E(\overline{X}) = E[m(\theta)]$

(3) $E(X_{ij}^2) = P_{ij}^{-1}E[S^2(\theta)] + (E[m(\theta)])^2$

(4) $E(\overline{X_i}^2) = \overline{P_i}^{-1}E[S^2(\theta)] + Var[m(\theta)] + (E[m(\theta)])^2$

(5) $E[S^2(\theta)] = E\Big[N^{-1}\sum_{i=1}^{N}(n-1)^{-1}\sum_{j=1}^{n}P_{ij}(X_{ij}-\overline{X_i})^2\Big]$

证明：(1) $E(\overline{X_i}) = E[E(\overline{X_i}|\theta_i)]$

$$= E\Big[E\Big(\sum_{j=1}^{n}P_{ij}X_{ij}\Big/\sum_{j=1}^{n}P_{ij}\Big|\theta_i\Big)\Big]$$

$$= \sum_{j=1}^{n}P_{ij}E[E(X_{ij}|\theta_i)]\Big/\sum_{j=1}^{n}P_{ij}$$

$$= \sum_{j=1}^{n} P_{ij} E[m(\theta_i)] / \sum_{j=1}^{n} P_{ij}$$
$$= E[m(\theta)]$$

其中，由于 $\theta_i$ 是同分布，$E[m(\theta_i)]$ 对所有 $i$ 都一样，可以写成 $E[m(\theta)]$。

(2) $\quad E(\overline{X}) = \sum_{i=1}^{N} \overline{P_i} E(\overline{X_i}) / \overline{P}$

$\qquad\qquad = \sum_{i=1}^{N} \overline{P_i} E[m(\theta)] / \overline{P} \qquad$ （根据 $(i)$）

$\qquad\qquad = E[m(\theta)] \qquad\qquad$ （根据 $\overline{P}$ 的定义）

这证明 9.89 式是 $E[m(\theta)]$ 的无偏估计

(3) 这部分与 9.71 式的 (3) 相同，证明也一样（注意 9.71 式中 $X_i$ 和 $P_j$ 现在记为 $X_{ij}$ 和 $P_{ij}$）。

(4) $\quad E(\overline{X_i}^2) = E[E(\overline{X_i}^2 \mid \theta_i)]$

$\qquad\qquad = E\{\mathrm{Var}(\overline{X_i} \mid \theta_i) + [E(\overline{X_i} \mid \theta_i)]^2\}$

$\qquad\qquad = E\{\sum_{j=1}^{n} P_{ij}^2 \mathrm{Var}(X_{ij} \mid \theta_i) \overline{P_i}^2 + \{E[m(\theta)]\}^2\}$

$\qquad\qquad = E[\sum_{j=1}^{n} P_{ij} S^2(\theta_i) / \overline{P_i}^2] + E\{E\{[m(\theta)]^2\}\}$

$\qquad\qquad = \overline{P_i}^{-1} E[S^2(\theta)] + \mathrm{Var}[m(\theta)] + \{E[m(\theta)]\}^2$

(5) 第一步证明：$\sum_{j=1}^{n} P_{ij}(X_{ij} - \overline{X_i})^2 = \sum_{j=1}^{n} P_{ij} X_{ij}^2 - \overline{P_i} \overline{X_i}^2$

由此有：

$E[N^{-1} \sum_{i=1}^{N} (n-1)^{-1} \sum_{j=1}^{n} P_{ij}(X_{ij} - \overline{X_i})^2]$

$= N^{-1} \sum_{i=1}^{N} (n-1)^{-1} [\sum_{j=1}^{n} P_{ij} E(X_{ij}^2) - \overline{P_i} E(\overline{X_i}^2)]$

$= N^{-1} \sum_{i=1}^{N} (n-1)^{-1} \sum_{j=1}^{n} \{E[S^2(\theta)] + P_{ij} \mathrm{Var}[m(\theta)] + P_{ij} \{E[m(\theta)]\}^2\}$

$\quad - E[S^2(\theta)] - \overline{P_i} \mathrm{Var}[m(\theta)] - \overline{P_i} \{E[m(\theta)]\}^2$

$= N^{-1} \sum_{i=1}^{N} (n-1)^{-1} \{(n-1) E[S^2(\theta)]\}$

$= E[S^2(\theta)]$

最后，关于在 EBCT 模型 1 和模型 2 中选择估计的标准问题做两点说明：

1. 在每种情况下，估计的唯一标准是无偏性。这是一个很低的标准，在某些情况下，并不是一个很好的标准。很多论文在探讨经验贝叶斯置信模型的最优估计，但至今为止，我们前面所探讨的模型仍然是最为人们所接受的估计。

2. 在前面的探讨中，我们假定有效数据的年份与集合中每一风险相同。在第三节、第四节中均记作 n，实际中，事情并非如此简单。仅仅是为方便起见才做如此假设。在有关数据的年份与风险不同的情况，要推出与 9.60 式、

9.61 式、9.62 式、9.89 式、9.90 式、9.91 式相应的公式,并不困难,只是较繁琐,不需要增加新的知识。在此就不做更细推演了。

### 四、运用 EBCT 模型 2 的实例

下面,我们通过一个例题总结一下对模型 2 的分析。

**[例 9 - 11]** 保险公司向具有相同车型的七家汽车出租公司签发了机动车保单。每家出租公司获得一张承保所有车辆的保单,期限一年。下列数据是每一家公司过去 5 年中每年的索赔总额 Y(单位是千元)和运营车辆的数目 P。

| 公司编号 | 年 份 | | | | |
|---|---|---|---|---|---|
| | 1 | 2 | 3 | 4 | 5 |
| | Y, P | Y, P | Y, P | Y, P | Y, P |
| 1 | 100, 80 | 57, 80 | 20, 83 | 180, 85 | 38, 85 |
| 2 | 2, 5 | 2, 5 | 0, 5 | 7, 5 | 1, 5 |
| 3 | 4, 20 | 12, 20 | 15, 20 | 0, 23 | 2, 26 |
| 4 | 5, 10 | 0, 10 | 1, 9 | 1, 9 | 4, 10 |
| 5 | 0, 15 | 3, 20 | 3, 25 | 0, 25 | 2, 30 |
| 6 | 6, 10 | 0, 11 | 0, 11 | 0, 11 | 12, 12 |
| 7 | 14, 30 | 4, 29 | 43, 29 | 7, 30 | 10, 30 |

首先,我们用 EBCT 模型 2 来计算第一家公司在第二年中纯保费,已知该公司拟在来年运营 87 辆汽车。为使用模型 2,必须假定所有假设都适用。比如,需要假设,对一个特定出租车公司,每年的索赔总额有相同的均值与方差;我们假设,通货膨胀的影响被忽略,或数据已经排除了通货膨胀的影响。在本节的以后内容中,我们假定 EBCT 模型 2 的假设均成立。

第一步是根据以上数据,计算出 $X_{ij}$ 的值,这里,$X_{ij} = Y_{ij}/P_{ij}$,结果如下:

| 公司编号 | 年 份 | | | | |
|---|---|---|---|---|---|
| | 1 | 2 | 3 | 4 | 5 |
| 1 | 1.2500 | 0.7125 | 0.2410 | 2.1176 | 0.4471 |
| 2 | 0.4000 | 0.4000 | 0.0000 | 1.4000 | 0.2000 |
| 3 | 0.2000 | 0.6000 | 0.7500 | 0.0000 | 0.0769 |
| 4 | 0.5000 | 0.0000 | 0.1111 | 0.1111 | 0.4000 |
| 5 | 0.0000 | 0.1500 | 0.1200 | 0.0000 | 0.0667 |
| 6 | 0.6000 | 0.0000 | 0.0000 | 0.0000 | 1.0000 |
| 7 | 0.4667 | 0.1379 | 1.4828 | 0.2333 | 0.3233 |

根据上面这张表中的结果和前一张表中的 $P_{ij}$ 的值，算出下列各值：

| 公司编号 | $\overline{P}_i$ | $\overline{X}_i$ | $\sum_{j=1}^{5} P_{ij}(X_{ij} - \overline{X}_i)^2$ | $\sum_{j=1}^{5} P_{ij}(X_{ij} - \overline{X})^2$ |
| --- | --- | --- | --- | --- |
| 1 | 413 | 0.9564 | 190.79 | 240.96 |
| 2 | 25 | 0.4800 | 5.84 | 6.25 |
| 3 | 109 | 0.3028 | 9.41 | 19.56 |
| 4 | 48 | 0.2292 | 1.80 | 8.69 |
| 5 | 115 | 0.0696 | 0.39 | 33.71 |
| 6 | 55 | 0.3273 | 9.71 | 14.04 |
| 7 | 148 | 0.5270 | 34.71 | 35.67 |

我们还需要的数据是：

$$\overline{P} = 913, \quad P^* = 19.65, \quad \overline{X} = 0.6079$$

这些数据是按 9.83 式、9.84 式、9.85 式、9.86 式和 9.87 式分别计算的。现在我们可以用公式 9.89 式、9.90 式来计算下列各估计量：

| 参 数 | 估 计 量 |
| --- | --- |
| $E[m(\theta)]$ | 0.6079 |
| $E[S^2(\theta)]$ | $(190.79 + \cdots + 34.71)/(7 \times 4) = 9.02$ |
| $\text{Var}[m(\theta)]$ | $[(240.96 + \cdots + 35.67)/34 - 9.02]/19.65 = 0.078$ |

我们现在已有了用 9.88 式计算第一家公司来年每单位风险量的置信保费的全部数据。置信因子：

$$Z = 413/(413 + 9.02/0.78) = 0.7812$$

因此单位风险量的置信保费是：

$$0.7812 \times 0.9564 + (9.02/0.078) = 0.8801,$$

已知该公司在来年中运营的车队共有 87 辆车，这意味着保费为：

$$0.8801 \times 87 = 76.568$$

即保费为 76 568 元。

进一步计算其他 6 家汽车出租公司来年的置信保费，各公司运营车辆数量如下：

| 公司编号 | 来年汽车数量 |
| --- | --- |
| 2 | 5 |
| 3 | 30 |
| 4 | 10 |
| 5 | 35 |
| 6 | 13 |
| 7 | 30 |

对所有公司，参数 $E[m(\theta)]$、$E[S^2(\theta)]$ 和 $Var[m(\theta)]$ 的估计是相同的。然而，置信因子对不同公司会有所不同。因为每家公司 $\sum_{j=1}^{5} P_{ij}$ 有不同的值，这与模型 1 的例子有所不同，在那里，置信因子对每一单位风险是相同的。问题的关键是：置信因子 Z 应该反映所能提供的数据，数据越多，Z 值越大。在模型 1 的例子中，数据数量等价于数据年份量，因此，置信因子对单位风险是相同的。在模型 2 中，数据数量用风险量之和来测度，$\sum_{j=1}^{n} P_{ij}$，观察 9.76 式和 9.88 式会发现，风险量总和越大置信因子值越大。

计算后，7 个公司的置信因子、每辆车保费、每公司保费列入下表：

| 公司编号 | 置信因子 | 每辆车保费（千元） | 来年车辆数（辆） | 每公司保费（元） |
|---|---|---|---|---|
| 1 | 0.7821 | 0.8801 | 87 | 76 568 |
| 2 | 0.1778 | 0.5852 | 5 | 2 926 |
| 3 | 0.4852 | 0.4599 | 30 | 13 797 |
| 4 | 0.2933 | 0.4968 | 10 | 4 968 |
| 5 | 0.4986 | 0.3395 | 35 | 11 883 |
| 6 | 0.3223 | 0.5175 | 13 | 6 728 |
| 7 | 0.5614 | 0.5625 | 30 | 16 875 |

# 第十章

# 无赔款优待

## 第一节 背景介绍

本章很多地方涉及投保人交纳保费的水平和被保险人索赔的金额或索赔概率。为了方便读者，本章将不严格区分投保人和被保险人的概念，无论描述保费水平还是索赔问题，统一称为投保人。

保险公司在确定一司机对一份汽车保单的应付保费时，会考虑诸如投保人的年龄、居住区域以及车型等因素，在该司机投保后的第一年，保险公司只会考虑以上的因素。但是，在接下去的年度里，保险公司还将考虑该司机在以前年度实际索赔的次数。

换言之，收取保费取决于索赔记录，这就是经验费率厘定的一例，对于此类费率的厘定，我们在探讨贝叶斯统计推断和置信度理论时已有过深入的讨论。

根据以前年度发生的索赔次数来确定保费，这个原则可以推出两个相类似的费率厘定法：无赔款优待法和奖罚金法（bornus-malus systems）。二者的唯一区别在于投保人在后者可能支付多于基础保费的保费，这就相当于负的折扣率。这在无赔款优待法中是不允许的。现在我们各自给出一个例子，其中0档对应的是标准保费（full premium）（见下表）。

| 无赔款优待档次（种类） | 折扣 |
| --- | --- |
| 0 | 0 |
| 1 | 25% |
| 2 | 40% |

在上面的无赔款优待法中，1档中的投保人只交纳标准保费的75%，而他在下一年度所属的档次则取决于他在该年度的索赔记录。

当然，如果一个投保人的索赔记录情况很糟糕的话，即使是在无赔款优待法下他也有可能要支付多于标准保费的保费。只是在奖罚金法中，保费的增加是按特定的公式化系统自动生成的，而不是凭空拍脑袋得出的。

| 奖罚金法档次 | 保险费（对标准保费的百分数） |
| --- | --- |
| -2 | 140% |
| -1 | 120% |
| 0 | 100% |
| 1 | 90% |
| 2 | 80% |
| 3 | 70% |

虽然本书只探讨无赔款优待法，但是我们可以了解它与奖罚金法的类似之处，投保人在决定是否提出赔偿要求时必须考虑该要求对下面年度里保费的影响，引入一个无赔款优待法的原因之一在于减少（不鼓励）小额索赔。如果赔款额小于由此引起的保费增加额，投保人是不会提出该索赔的。所以，无赔款优待法应该能够减少保险公司接到的小额索赔的个数，而这又会减少赔偿费，从而抵消了保费收入的减少，更重要的是，它会降低营业费用的支出，对于经营者来说，索赔越少，由于管理费而转嫁于投保人的保费部分就会越小。这样，公司的保费具有更强的竞争力。

总之，保险人在确定每个投保人的应付保费时，应尽量保证与其基本风险的紧密联系。事实上，确定每张保单的相关风险并不容易。保险人通常根据投保人的年龄、居住区域和车型诸如此类的因素来确定保费，尽管如此，保费仍不能精确刻画（度量）每一份保单的相关风险，人们认为无赔款优待法将有助于考虑以上已纳入考虑范畴的明显因素之外的风险。一个技术差的司机应该支付较多的保费，因为他很可能属于折扣较少的类别。但我们可以看到，无赔款优待法的实际作用并没有预想的大。

## 第二节 无赔款优待法的定义

### 一、折扣档次（种类）

现在我们探讨无赔款优待法的一个标准定义。无赔款优待法有两部分基本内容：折扣档次和档次间移动规则。此外，为了考查一无赔款优待法的性质，我们还需知道一投保人每年提出索赔的概率。

我们通过下面的例子，分析一下无赔款优待法的运行过程。

[例10-1] 假设一个无赔款优待系统，其中有3档优惠或折扣比例：

| 档次 | 折扣（%） |
| --- | --- |
| 0 | 0 |
| 1 | 25 |
| 2 | 40 |

在0档，投保人支付标准保费。标准保费是根据投保人年龄之类的风险因素确定的。为了简单起见，我们假定考虑一批在这些风险因素上类似的投保人，在这种情况下，对于该业务中的全部保单，标准保费是相同的。

在1档中，投保人只支付标准保费的75%，在2档时只支付60%即可。

如果一个投保人在一年中没有索赔，他将移动到下一个较大的折扣档次（或停在2档）。如果他一次或数次提出索赔，他将下降一档次（或停在0档）。

至此，我们完成了无赔款优待法的基本内容的描述，该描述兼有折扣档次和各档次之间的转换规则。为了考察该无赔款折扣法的性质，我们还需知道一个投保人每年提出或不提出索赔的概率。我们继续以例10-1中的无赔款优待法作为研究对象，在此假定投保人不作出索赔的概率为0.9。

## 二、转换矩阵

如果用更数学化的形式来表示无赔款优待法，对它的分析就会简单容易得多。

我们用 $\pi_i$ 表示处于 $i$ 档的投保人的预期比例，显然，$\pi_0 + \pi_1 + \pi_2 = 1$。我们也可以用向量 $\pi = (\pi_0, \pi_1, \pi_2)$ 来表示在折扣档次中的比例情况。

现在我们可以写出某年处于 $i$ 档的一投保人在下一年移至 $j$ 档的概率。例如，0档中的某人移至1档的概率是0.9，0档中的投保人停在0档的概率为0.1，如此类推，用一个转化概率矩阵来表示相应的概率是最方便的。

$$P = \begin{bmatrix} P_{00} & P_{01} & P_{02} \\ P_{10} & P_{11} & P_{12} \\ P_{20} & P_{21} & P_{22} \end{bmatrix}$$

[**例10-2**] 在例10-1中，假设每个司机无索赔的概率为0.9，试写出无赔款优待法的转化矩阵。

解：转化矩阵为

$$P = \begin{bmatrix} 0.1 & 0.9 & 0 \\ 0.1 & 0 & 0.9 \\ 0 & 0.1 & 0.9 \end{bmatrix}$$

可以写出任一个无赔款优待法的转化矩阵。

## 三、投保人的分布

我们可以用转化矩阵来估计每年每一折扣档中投保人的期望数，假定第1年所有的保单持有人都从0档开始，第2年我们可以预计10%的投保人仍处于

0档,同时90%的已移至1档,我们可以通过一般推理得之,但我们也可以由 $P$ 推出这个结论,在第1年,$\pi_0 = 1$,而各档比例由向量 $\underset{\sim}{\pi}^{(1)} = (1,0,0)$ 给出,第2年,各档的期望比例可以由 $\underset{\sim}{\pi}^{(1)}$ 和 $P$ 的乘积向量 $\underset{\sim}{\pi}^{(2)} = \underset{\sim}{\pi}^{(1)} P$ 给出。

[**例 10 - 3**] 对于例 10 - 1 和例 10 - 2 的无赔款优待法,试计算在第2年、第3年中各档投保人的期望比例。

解:

$$\underset{\sim}{\pi}^{(2)} = (1,0,0) \begin{bmatrix} 0.1 & 0.9 & 0 \\ 0.1 & 0 & 0.9 \\ 0 & 0.1 & 0.9 \end{bmatrix} = (0.1, 0.9, 0)$$

$$\underset{\sim}{\pi}^{(3)} = \underset{\sim}{\pi}^{(2)} P = (0.1, 0.9, 0) \begin{bmatrix} 0.1 & 0.9 & 0 \\ 0.1 & 0 & 0.9 \\ 0 & 0.1 & 0.9 \end{bmatrix}$$

$$= (0.1, 0.09, 0.81)$$

检验后可以看出这些就是我们通过一般推理所能得到的比例。容易发现,用数学公式来计算比例分布比用一般推理容易得多。

注意我们可以经常检验下式是否成立:

$$0.1 + 0.09 + 0.81 = 1$$

该等式应当总是成立的。这可以帮助判断计算的准确性。

## 第三节 稳定状态分析

### 一、分布平衡式

当 n 取更大值时,我们可以继续算出 $\underset{\sim}{\pi}(n)$,最终会发现 $\underset{\sim}{\pi}^{(n)}$ 的变化不是很大,在这种情况下,该无赔款优待法就达到了平衡或者是稳定状态,计算在稳定状态下各档中投保人的比例很有用,而这又很容易得到,因为比例向量将满足:

$$\underset{\sim}{\pi} P = \underset{\sim}{\pi}$$

可以看出,这是必须满足的,因为在稳定状态下各档中的比例不再随年度而变化,所以,

$$\underset{\sim}{\pi}^{(n+1)} = \underset{\sim}{\pi}^{(n)}$$

我们称这个稳定状态向量 $\underset{\sim}{\pi}$

$\underset{\sim}{\pi}^{(n+1)}$ 可以由 $\underset{\sim}{\pi}^{(n)}$ 推出,因为:

$$\underset{\sim}{\pi}^{(n+1)} = \underset{\sim}{\pi}^{(n)} P$$

令

$$\underset{\sim}{\pi}^{(n+1)} = \underset{\sim}{\pi}^{(n)} = \underset{\sim}{\pi}$$

则:

$$\underset{\sim}{\pi} = \underset{\sim}{\pi} P$$

这就是计算 $\underset{\sim}{\pi}^{(3)}$ 的一个可解方程。

[**例 10-4**] 为了说明稳定状态是如何确定的，我们通过前面第二节的例子来做说明。在该例中，按我们探讨的规律，$\underset{\sim}{\pi}$ 即：

$$(\pi_0, \pi_1, \pi_2) \begin{bmatrix} 0.1 & 0.9 & 0 \\ 0.1 & 0 & 0.9 \\ 0 & 0.1 & 0.9 \end{bmatrix} = (\pi_0, \pi_1, \pi_2)$$

的解。

我们可以得到同时成立的三个方程：

$$0.1\pi_0 + 0.1\pi_1 = \pi_0 \tag{10.1}$$

$$0.9\pi_0 + 0.1\pi_2 = \pi_1 \tag{10.2}$$

$$0.9\pi_1 + 0.9\pi_2 = \pi_2 \tag{10.3}$$

面对三个方程、三个未知数的情况，很容易理解，我们应该可以解出 $\pi_0$、$\pi_1$ 和 $\pi_2$。由方程 10.1 很容易得到：

$$\pi_1 = 9\pi_0 \tag{10.4}$$

由方程 10.2 得：

$$\pi_2 = 10\pi_1 - 9\pi_0 = 9\pi_1 \quad (\text{从方程 10.4 可得})$$

通过方程 10.3 也可以得出 $\pi_2 = 9\pi_1$，也就是说，这样是解不出方程的解了。问题在于三个方程中只有两个是线性无关的。但我们还知道：

$$\pi_0 + \pi_1 + \pi_2 = 1$$

这可以作为我们的第三个方程，由此得：$\pi_0 + 9\pi_0 + 81\pi_0 = 1$

所以：

$$\pi_0 = \frac{1}{91}$$

$$\pi_1 = \frac{9}{91}$$

$$\pi_2 = \frac{81}{91}$$

稳定状态是：

$$\left( \frac{1}{91}, \frac{9}{91}, \frac{81}{91} \right)$$

在这个业务连续运营若干年后，我们可以预计，约有 89% 的司机会处于最高的折扣档，约有 10% 的处于中等折扣档，约有 1% 将支付标准保费。

### ■二、业务责任的不均匀性

看好无赔款优待法的原因之一是它可以做到自动厘定费率，换言之，提出较少的赔款要求的投保人支出的保费要比提出较多的索赔的投保人要少。这显然是很有意义的。但是，对无赔款优待法的进一步考察之后，我们会看出，实际的运作情况并不是所期望的那样好。

为了说明这个现象,先假定投保人中既有技术好的司机,也有技术差的司机,并用例 10-1 中的无赔款优待法作例子。一个技术好的司机提出一次赔偿要求的概率是 0.1,而一个技术差的司机则为 0.2。我们已经得出了若干年后各档中我们期望的技术好的司机的比例分布,对于技术差的司机我们同样可以得到。

**[例 10-5]** 证明对于技术差的司机在稳定状态时的分布为 $\left(\dfrac{1}{21}, \dfrac{4}{21}, \dfrac{16}{21}\right)$。

这个例子是用于比较技术好的和技术差的司机支付的平均保费。既然技术差的司机作出了两倍于技术好的司机的赔偿要求,我们就会想到他的保费支付也应是后者的两倍甚至更多(根据平均标准,假定对于技术好的司机和技术差的司机,他们的索赔规模分布是相同的)。设标准保费为 C,一技术好的司机支付的平均保费为:

$$\frac{1}{91} \times C + \frac{9}{91} \times 0.75C + \frac{81}{91} \times 0.6C = 0.619C$$

而技术差的司机的保费平均支付为:

$$\frac{1}{21} \times C + \frac{4}{21} \times 0.75C + \frac{16}{21} \times 0.6C = 0.684C$$

这样一来,尽管技术差的司机可能提出赔偿要求的机率是技术好的司机的两倍,他们支付的保费却只是略高而已(平均而言)。

以上所述说明,无赔款优待法并不能提供完全行之有效的自动厘定费率法。很显然,保险人在对每张保单估价风险时必须考虑所有其他因素。理想化的情况是保险人希望能够对技术好和技术差的司机分门别类并各自收取不同的保费,既然完全依据外生变量对司机分门别类是不可能的,那么期望无赔款优待法可以自动做到该点就是不现实的了,因而保险人应利用其他的资料和信息,采用所有可能的方法和步骤来估价风险(评估风险)以保证保费的公平和竞争力。这将在未来的非寿险精算学习中作进一步的探究。

### 三、转换概率的计算

以上的 NCD 机制很直观。为了适应更为复杂的计算,我们应当更多地运用转换矩阵进行计算。通常假定索赔服从泊松过程。假设每年的索赔次数服从泊松分布,一个司机索赔 n 次的概率是:

$$\frac{\mu^n e^{-\mu}}{n!}$$

$\mu$ 是这个投保人每人索赔次数的预期值(数学期望)。例如,假设一个司机每次平均索赔 0.5 次,则他不索赔的概率是:

$$e^{-0.5} = 0.6065$$

索赔一次的概率是:

$$0.5 e^{-0.5} = 0.3033$$

索赔超过一次的概率是：
$$1 - 0.6065 - 0.3033 = 0.0902$$

[**例 10 – 6**] 一个承保机动车辆险的保险公司实行无赔款优待制，公司设计了 3 种折扣档次：0%、X% 和 2X%。公司规定：如果一位司机一年内不索赔，第 2 年他可享受高一级的折扣直至折扣率为 2X%；如果他一年内索赔，则他的折扣率将下降一档次直到为 0%。司机在 0% 折扣率下付的基本保费为 $C$，保险公司为 10 000 名司机承保了多年，5 000 名司机是每年不索赔概率为 0.9 的 "好司机"，剩下的是索赔率为 0.8 的 "差司机"。(1) 计算每个折扣档次中好司机与差司机的人数；(2) 如果好司机（作为一个整体）将支付差司机所支付保费的一半，证明 $X$ 将略小于 49%；(3) 假如 $X$ 如（2）所计算那样，求可使总保费收入达到每年 1 500 000 元时的 C 值。

**解**：设 $P$（不索赔）$= 1 - q$，$P$（索赔）$= q$ 转换矩阵为：
$$P = \begin{bmatrix} q & 1-q & 0 \\ q & 0 & 1-q \\ 0 & q & 1-q \end{bmatrix}$$

(1)
$$\pi P = \pi$$

给出了下面 3 个等式：
$$q\pi_0 + q\pi_1 = \pi_0$$
$$(1-q)\pi_0 + q\pi_2 = \pi_1$$
$$(1-q)\pi_1 + (1-q)\pi_2 = \pi_2$$

因而：
$$\pi_1 = \left(\frac{1-q}{q}\right)\pi_0$$

并且：
$$\pi_2 = \frac{1}{q}\left[\left(\frac{1-q}{q}\right)\pi_0 - (1-q)\pi_0\right] = \pi_0\left(\frac{1-q}{q}\right)^2$$

而：
$$\pi_0 + \pi_1 + \pi_2 = 1$$

即：
$$\pi_0 + \left(\frac{1-q}{q}\right)\pi_0 + \left(\frac{1-q}{q}\right)^2\pi_0 = 1$$

所以：
$$\pi_0 = \frac{q^2}{1 - q + q^2}$$

所以，好司机的人数（在 $q = 0.1$ 的情况下）在每档中的数学期望值为：
54.9    494.5    4 450.5

对于差司机而言，各档分别为：
238.1    952.4    3 809.5

(2) 好司机与差司机分别交付的总保费可由：

$$5\,000C\{\pi_0 + (1-X)\pi_1 + (1-2X)\pi_2\}$$

计算得出。

好司机交的总保费是：
$$55C(91 - 171X)$$

差司机交的总保费是：
$$238C(21 - 36X)$$

要使：
$$\frac{238C(21-36X)}{55C(91-171X)} > 2$$

可得：
$$X > 48.9\%$$

所以 $X$ 必须略小于 $49\%$，才可使好司机总共交纳的保费为差司机所交的一半。

(3) 总保费为：

$$55C(91-171X) + 238C(21-36X)$$
$$= 55 \times 7.381C + 238 \times 3.396C$$
$$= 1\,214.2C$$

所以：
$$C = \frac{1\,500\,000}{1\,214.2}$$

## 第四节　NCD 机制对索赔倾向的影响

### 一、转换概率的再估计

此前我们都假设，无论在哪一个折扣档次，一个司机索赔的概率都是一样的。实际上，在决定是否索赔时，投保人会考虑到他将交纳更多的保费。通过比较索赔发生后保费的变化可以看到这种情况。考虑我们在例一中看到的一个司机在 NCD 机制中交纳全额保费的情况。假设全额保费为 100，如果这一年（及以下的年份）他没有索赔，他在未来各年将交纳的保费分别为 75，60，60……；如果在这一年索赔（以下年份没有），他在未来各年将交纳的保费分别为 100，75，60……；他索赔后总共多交 40 的保费。我们可以计算出在其他折扣档次下的结果：

假设已在 25% 折扣档次交纳保费：
没有索赔，在未来各年将交纳的保费分别为：
$$60, 60, 60\cdots\cdots$$
索赔一次，在未来各年将缴纳的保费分别为：
$$100, 75, 60\cdots\cdots$$
差额为 55。

假设已在 40% 折扣档次交纳保费：

没有索赔，在未来各年将交纳的保费分别为：
$$60, 60 \cdots\cdots$$
索赔一次，在未来各年将交纳的保费分别为：
$$75, 60 \cdots\cdots$$
差额为 15。

很明显，在不同折扣条件下的投保人索赔的可能性不同。这些差额是通过考查未来几年所得到最大折扣实现的。投保人的眼光也许未必有这么远。他考虑的未来年数被称作他的"眼界"。我们也许可以认为，无须对保费做任何折扣。这对投保人决定是否索赔有一定影响，但不会改变我们求出的不同的折扣档次间的保费差额。

### 二、计算转换概率

我们现在应该清楚，投保人肇事的概率并不等同于索赔的概率。如果我们知道索赔数量的分布情况，我们就可以知道一次事故后索赔的概率。

例如，考虑一个折扣率为 25% 的投保人。他只在事故费用大于 55 元时索赔。如果 $X$ 是代表事故费用的随机变量，我们可得：
$$P(索赔事故) = P(X > 55)$$
为求得这个概率，我们必须先假定 $X$ 的分布。两种经常使用的分布分别是对数正态分布和帕累托分布（Pareto）。

$X$ 服从参数 $\mu$ 和 $\sigma^2$ 的对数正态分布，则：
$$\log X \sim N(\mu, \sigma^2)$$
注意：$\mu$ 和 $\sigma^2$ 是 $\log X$ 的均值和方差，而非 $X$ 的均值和方差。我们可以非常直观地得到所需概率：
$$P(X > 55) = P(\log X > \log 55) = 1 - \Phi\left(\frac{\log 55 - \mu}{\sigma}\right)$$
其中 $\Phi$ 是标准正态分布函数。

帕累托分布有两个参数 $\alpha$ 和 $\lambda$，所需概率是：
$$P(X > 55) = \left(\frac{\lambda}{\lambda + 55}\right)^{\alpha}$$
一般来说，事故后索赔的概率为：
对服从对数正态分布者：
$$P(X > x) = 1 - \Phi\left(\frac{\log x - \mu}{\sigma}\right)$$
对服从帕累托分布者：
$$P(X > x) = \left(\frac{\lambda}{\lambda + x}\right)^{\alpha}$$
这个概率可以被用于求出投保人索赔的概率，这又是转换矩阵所需的。
$$P(索赔) = P(索赔 | 事故) P(事故)$$
一般的事故发生概率可由泊松分布求得。

我们将通过下面的例子来说明 NCD 机制对投保人索赔倾向的影响。

[**例 10 – 7**]  某保险公司承保机动车辆险，公司实施无赔款优待，优待保费折扣率分别为 0%、25%、60%。每个投保人出险一次概率为 0.25，而出险两次及两次以上由于太小可看作 0。一年内若索赔，则下年折扣率下调一级直至 0%，一年内无索赔，则下年折扣率上调一级直至为 60%。一次事故后，维修费用（单位为元）服从参数为 $U=5$，$S=2$ 的对数正态分布。0% 折扣下的年保费为 500 元。投保人索赔只有当维修费用大于以下 a、b 两项的差额时发生：

(a) 索赔维修费的情况下，随后两年续保支付的保费总额。
(b) 无索赔情况下，随后两年续保支付的保费总额。
每一种情况下都假定在续保两年内无事故。
(1) 计算在每档折扣率下，投保人不索赔时的维修费。
(2) 计算在每档折扣率下，投保人事故后索赔的概率。
(3) 计算在每档折扣率下，投保人的比率，假定这些比率达到了一个稳定的状态。

解：(1) 我们依次考虑 3 个折扣档次：

①对于折扣率为 0% 的档次：

若索赔，则未来两年保费为 500 和 375；若无索赔，则未来两年保费为 375 和 200；差额为：

$$875 - 575 = 300$$

②对于折扣率为 25% 的档次：

若索赔，则未来两年保费为 500 和 375；若无索赔，则未来两年保费为 200 和 200；差额为 475。

③对于折扣率为 60% 的档次：

若索赔，保费为 375 和 200；若无索赔，保费为 200 和 200；差额为 175。

投保人在维修费小于差额时，不会索赔。

(2) $$P(索赔 \mid 事故) = P(维修费 > X)$$

X 为 (1) 中所求得的数额，假设 X 为维修费，则 X 服从对数正态分布：

$$\log X \sim N(\mu, \sigma^2)$$

因而我们可得到：

$$P(X > x) = P(\log X > \log x) = 1 - \Phi\left(\frac{\log x - \mu}{\sigma}\right)$$

对每个折扣档次，事故后索赔概率为：

①0% 折扣：

$$1 - \Phi\left(\frac{\log 300 - 500}{2}\right) = 1 - \Phi(0.352) = 0.363$$

②25% 折扣

$$1 - \Phi\left(\frac{\log 475 - 5}{2}\right) = 1 - \Phi(0.582) = 0.280$$

③60% 折扣

$$1 - \Phi\left(\frac{\log 175 - 5}{2}\right) = 1 - \Phi(0.082) = 0.467$$

(3) $\quad$ P(索赔) = P(索赔 | 事故)P(事故)

因而，转换矩阵为：

$$P = \begin{bmatrix} 0.09075 & 0.09025 & 0 \\ 0.07 & 0 & 0.93 \\ 0 & 0.11675 & 0.88325 \end{bmatrix}$$

$\underline{\pi}P = \underline{\pi}$ 的解即是稳定状态。所以给出下列方程：

$$\pi_0 + \pi_1 + \pi_2 = 1$$

即：

$$0.09075\pi_0 + 0.07\pi_1 = \pi_0 \tag{10.5}$$

$$0.90925\pi_0 + 0.11675\pi_2 = \pi_1 \tag{10.6}$$

$$0.93\pi_1 + 0.88325\pi_2 = \pi_2 \tag{10.7}$$

由 10.5 式得：

$$\pi_1 = 12.99\pi_0$$

由 10.7 式得：

$$\pi_2 = 7.966\pi_1 = 103.475\pi_0$$

且：

$$\pi_0 + \pi_1 + \pi_2 = 1$$

$$\pi_0 + 12.99\pi_0 + 103.475\pi_0 = 1$$

$$\pi_0 = 0.0085$$

$$\pi_1 = 0.1106$$

$$\pi_2 = 0.8809$$

# 第十一章

## 递推三角形

### 第一节 背 景

#### 一、递推三角形的起源

递推三角形产生于短期的保险业务。通常是一年期的非寿险业务，包括：汽车保险、财产损失保险、海上保险和一般责任保险。

对保险公司来说，在未来的一段时间里一旦出险索赔，则须予以赔付。把赔付额按保单签署后的年度来分别梳理清楚是很重要的。

保险公司在计算其已获得的盈利的时候需要了解它的赔付总额。然而，要得到准确的赔付总额可能要花好几年时间。有许多原因延误了总赔付的最终确定，下面的例子将具体说明这些原因。

在汽车保险中，当发生车祸时，保险公司会立即接到事故通知及索赔要求。但是，确定车辆损失、诉讼费用和人身伤亡等的最终估算值，可能要持续一段时间。也就是说，最后的赔付要经过一个延迟以后才能发生。

我们再来看责任保险中一个典型的延迟例子，即暴露在石棉中而导致的工伤索赔。保单签署的时候，保险公司接受了风险，危险是未知的。这种危险直到许多年后疾病发作，患者向保险公司提出索赔的时候才能确定。这种情况下索赔延迟发生直至索赔通知之时。现在，保险人通常考虑设置特殊的准备金来应付这些"潜在的"赔付。

很清楚，尽管保险公司不知道每一年总赔付的精确数据，但它必须尽可能有把握和精确地估计这个数据。我们应该一直清楚所得到的数据只是估计值。财务报表中包含一个准确的数据是必要的，但索赔或赔付的大小无法准确地在事前确定。这就需要有一个适当的估计以便清楚地显示出应提取的隐含着不确定性赔款的准备金。

既然估计保险公司将遇到的赔付总额是如此的必要，我们必须面对如何进行估计的问题。

赔付总额的估计，离不开赔付数据的描述，包括历史数据和估计出的数据。有好几种显示赔付数据的方法,它们分别强调了数据的各个不同方面。本章我们探讨的是在表格中以三角形的形式排列已有的数据,进而推算出未来的预期索赔数据。我们称之为递推三角形。

我们是想得到一个十分接近期望支出的估计值,还是更愿意选择安全性,明确我们得到的数值一定不低于实际发生的支出?显然第二种估计值将比第一种大,并且将反映出计算中的不确定性。这两种估算方式的选择取决于需要数据的人。一个财务人员可能会倾向于第一种估计,然而一个负责风险管理的人则更喜欢第二种。出于税收方面的考虑,保险公司也可能倾向于更高一点的数据(如果税务监察部门允许的话)。

本书探讨许多估计未来赔付总额的技术。我们应当一直清楚,各种估计方法所得到的数据只是未来支出的一个估计值,而不是"精确"的答案。

### 二、赔付数据的显示

我们采用的三角形排列方式,是最通行的一种方法。我们把保险公司承保了某项业务的年份叫做承保年度,从承保到发生赔付的年数叫延迟期或延期年度。我们把承保当年即发生的赔付视为第 0 个延期年度发生的赔付。赔付数据被分成承保年度和延期年度两部分。表 11-1 所示的三角形数据表是一个赔付数据按年度排列的例子:

表 11-1

| 承保年度 | 各延期年度的累积赔付额 | | | | |
|---|---|---|---|---|---|
| | 0 | 1 | 2 | 3 | 4 |
| 1987 | 786 | 1 410 | 2 216 | 2 440 | 2 519 |
| 1988 | 904 | 1 575 | 2 515 | 2 796 | |
| 1989 | 995 | 1 814 | 2 880 | | |
| 1990 | 1 220 | 2 142 | | | |
| 1991 | 1 182 | | | | |

给出的数据是发生的总赔付的累积额,它们已经在 1991 承保年度末编制出来。我们可以看到对 1991 承保年度只发生了第 0 个延期年度的赔付。而对于 1990 承保年度来说,则已发生了第 0 个和第 1 个延期年度的赔付,等等。

在确定 1991 年承保保单的未来各年度的赔付累积额的时候,保险公司可以通过和前几年所承保业务的赔付数据做比较来决定。一项业务承保之后,在未来的各延期年度中,其累积赔付额是逐年增长的。如果各年承保的业务其未来累积赔付额以一种近似的方式递增的话,我们就可以认为,1991 承保年度的累积赔付额 4 年后将达到 3 788,这个数据是假设 1991 承保年度和 1987 承保年度近似增长而得到的,其具体计算如下:

$$1\,182 \times \frac{2\,519}{786} = 3\,788$$

这未必是"最好"的估计，但是我们可以看出怎样可能通过比较现在和过去的数据来填充表 11-1 中右下部分的三角，这是本章的主要研究对象。我们可能已经意识到这只是确定诸准备金过程的一部分。特别地，我们更愿意使用另一种预测未来赔付额的方法。对 1987 承保年度来说，到第 4 个延期年度的累积赔付额达到了 2 519，然而，赔付可能以更快的速度增加，因此我们也要为这部分可能的赔付提取一些准备金。因此，需要做一些有关递推三角形模型如何持续的假设，以便对以后年份进一步进行预测。

## 第二节 运用递推因子进行预测

### 一、递推模型

估计未来赔付额的基本假设涉及到递推模型。最简单的假设是赔付在每个承保年度是以相似的方式出现的，我们可以看到如何用这种假设得到一种预测未来赔付额的方法。观察表 11-1 中 1987 承保年度的数据，很容易计算出累积赔付的增长比率，如表 11-2 所示：

表 11-2

| 承保年度 | 各延期年度的累积赔付额 | | | | |
|---|---|---|---|---|---|
| | 0 | 1 | 2 | 3 | 4 |
| 1987 | 786 | 1 410 | 2 216 | 2 440 | 2 519 |
| | | 1.794 | 1.572 | 1.101 | 1.032 |

数据是通过求累积赔付额的比率来计算的。因此：

$$1.794 = \frac{1\ 410}{786}$$

$$1.572 = \frac{2\ 216}{1\ 410}$$

等等。

我们可以用这些数据（比率）来计算第 4 个延期年度末的累积赔付额如下：

$$786 \times 1.794 \times 1.572 \times 1.101 \times 1.032 = 2\ 591$$

同样可以使用这些比率为 1991 承保年度计算出第 4 个延期年度的累积赔付额：

$$1\ 182 \times 1.794 \times 1.572 \times 1.101 \times 1.032 = 3\ 788$$

这和我们在上一节中没有使用中间比率得到的答案一致。是否有必要像我们在本节中那样运用所有的比率，或者是否我们可以仍旧用上一节中的简单些的方法？答案是：如果我们想把其他承保年度的信息结合起来的话，我们就必须运用所有这些比率。

我们可以计算出所有承保年度发生的累积赔付的比率。这些比率如表11-3所示:

**表11-3**

| 承保年度 | 各延期年度的累积赔付额 | | | | |
|---|---|---|---|---|---|
| | 0 | 1 | 2 | 3 | 4 |
| 1987 | 786 | 1 410 | 2 216 | 2 440 | 2 516 |
| | | 1.794 | 1.572 | 1.101 | 1.032 |
| 1988 | 904 | 1 575 | 2 515 | 2 796 | |
| | | 1.742 | 1.579 | 1.112 | |
| 1989 | 995 | 1 814 | 2 880 | | |
| | | 1.823 | 1.588 | | |
| 1990 | 1 220 | 2 142 | | | |
| | | 1.756 | | | |
| 1991 | 1 182 | | | | |

我们可以看到从1987到1990年,对每个承保年度来说我们得到的从第0个延期年度到第1个延期年度的累积赔付的增长比率是不同的。现在并不清楚为1991承保年度预测的未来赔付时运用哪一个比率正确的。如果选择一种比较保守的方法来估算的话,最好还是使用最高的比率,也就是1.823。

不过,某种平均的比率可能更为合适,可以用一个简单的算术平均数:

$$\frac{1.794 + 1.742 + 1.823 + 1.756}{4} = 1.779$$

这么做的缺点是没有考虑到发生更多赔付的年份提供了更多的信息这一因素。因此,赔付越多,我们从比率中得到的确定性就越高。这表明应该使用加权平均法,通常使用的权数是累积赔付额(见表11-4)。

**表11-4**

| 承保年度 | 比率 | 权数 |
|---|---|---|
| 1987 | 1.794 | 786 |
| 1988 | 1.742 | 904 |
| 1989 | 1.823 | 995 |
| 1990 | 2.756 | 1 220 |

$$\frac{1.794 \times 786 + 1.742 \times 904 + 1.823 \times 995 + 1.756 \times 1\ 220}{786 + 904 + 995 + 1\ 220} = 1.777 \quad (11.1)$$

这种估计表述递推模型比率的方法叫"链梯"技术。下节中将给出这种计算比率的最有效模式。

## 二、"链梯"技术

用来预测累积赔付额的这种比率通常称为递推因子或连接比率,链梯技术因此有时候也就叫做"连接比率"法。我们可以像前面那样,运用加权平均法来计算递推因子,不过计算可以更简单一些。我们再来看看前面已经计算过的从第0个延期年度到第1个延期年度的连接比率。

回想一下按以下方法计算的1987承保年度的比率:

$$1.794 = \frac{1\,410}{786}$$

其他承保年度间的比率也是以类似的方法得到的,因此等式11.1的分子可以写作:

$$\frac{1\,410}{786} \times 786 + \frac{1\,575}{904} \times 904 + \frac{1\,814}{995} \times 995 + \frac{2\,142}{1\,220} \times 1\,220$$
$$= 1\,410 + 1\,575 + 1\,814 + 2\,142$$

于是,递推因子可以用第0个延期年度和第1个延期年度的累积赔付额求得:

$$\frac{1\,410 + 1\,575 + 1\,814 + 2\,142}{786 + 904 + 995 + 1\,220}$$

这种方法的名字是根据这种与延期年度相联的梯形操作得来的。"链梯"技术的递推因子能够通过加总适当时期的数据求得,见表11-5:

表 11-5

| 承保年度 | 各延期年度的累积赔付额 | | | | |
|---|---|---|---|---|---|
| | 0 | 1 | 2 | 3 | 4 |
| 1987 | 786 | 1 410 | 2 216 | 2 440 | 2 519 |
| 1988 | 904 | 1 575 | 2 515 | 2 796 | |
| 1989 | 995 | 1 814 | 2 880 | | |
| 1990 | 1 220 | 2 142 | | | |
| 1991 | 1 182 | | | | |
| | $\frac{6\,941}{3\,905}$ | $\frac{7\,611}{4\,799}$ | $\frac{5\,236}{4\,731}$ | $\frac{2\,519}{2\,440}$ | |
| | = 1.777 | = 1.586 | = 1.107 | = 1.032 | |

我们以下述第二和第三个比率的计算来再次说明这些数据是如何计算的:

$$\frac{2\,216 + 2\,515 + 2\,880}{1\,410 + 1\,575 + 1\,814} = \frac{6\,711}{4\,799} = 1.586$$

$$\frac{2\,440 + 2\,796}{2\,216 + 2\,515} = \frac{5\,236}{4\,731} = 1.107$$

注意第一个表达式的分子和第二个表达式的分母都是来自第2个延期年度的数据。不同点只在于所运用的时期数不同。

我们已经计算了每个延期年度的递推因子,现在可以对以后各年度进行预测。

对 1991 年来说，累积赔付的预测如下：

$$1\,182 \times 1.777 = 2\,100$$
$$1\,182 \times 1.777 \times 1.586 = 3\,331$$
$$1\,182 \times 1.777 \times 1.586 \times 1.107 = 3\,688$$
$$1\,182 \times 1.777 \times 1.586 \times 1.107 \times 1.032 = 3\,806$$

对 1990 年而言，我们将从第 1 个延期年度的 2 142 开始并只用到后面三个连接率。检查一下我们是否得到了如表 11-6 所示的累积赔付预测结果：

表 11-6

| 承保年度 | 各延期年度的累积赔付额 | | | | |
|---|---|---|---|---|---|
| | 0 | 1 | 2 | 3 | 4 |
| 1987 | | | | | |
| 1988 | | | | | 2 885 |
| 1989 | | | | 3 188 | 3 290 |
| 1990 | | | 3 397 | 3 761 | 3 881 |
| 1991 | | 2 100 | 3 331 | 3 688 | 3 806 |

注意我们不能对第一承保年度进行任何预测，因为预测不能越过最长延期年度来进行。

[例 11-1] 运用链梯技术就表 11-7 给出的数据估计累积赔付额。

表 11-7

| 承保年度 | 各延期年度的累积赔付额 | | | | | |
|---|---|---|---|---|---|---|
| | 0 | 1 | 2 | 3 | 4 | 5 |
| 1986 | 1 215 | 2 874 | 2 913 | 3 814 | 3 819 | 3 901 |
| 1987 | 2 842 | 3 813 | 4 141 | 4 630 | 4 680 | |
| 1988 | 2 204 | 4 101 | 4 202 | 5 050 | | |
| 1989 | 3 476 | 4 814 | 4 984 | | | |
| 1990 | 3 974 | 5 214 | | | | |
| 1991 | 5 847 | | | | | |

公司需要估算出从 1987 到 1991 年间承保的业务在未来五年中将发生的赔付额，并为此进行一定的预留。

解：计算出递推因子如下：

$$1.518 \text{、} 1.041 \text{、} 1.199 \text{、} 1.007 \text{、} 1.021$$

累积赔付的预测如表 11-8：

表 11-8

| 承保年度 | 各延期年度的累积赔付额 | | | | | |
|---|---|---|---|---|---|---|
| | 0 | 1 | 2 | 3 | 4 | 5 |
| 1987 | | | | | | 4 778 |
| 1988 | | | | | 5 085 | 5 192 |
| 1989 | | | | 5 976 | 6 018 | 6 144 |
| 1990 | | | 5 428 | 6 508 | 6 553 | 6 691 |
| 1991 | | 8 876 | 9 240 | 11 078 | 11 156 | 11 390 |

各年的赔付估计可以通过估计的累积赔付的差得到，可计算出累积赔付的差如表 11-9：

表 11-9

| 承保年度 | 各延期年度的预计赔付额 | | | | | |
|---|---|---|---|---|---|---|
| | 0 | 1 | 2 | 3 | 4 | 5 |
| 1987 | | | | | | 98 |
| 1988 | | | | | 35 | 107 |
| 1989 | | | | 992 | 42 | 126 |
| 1990 | | | 214 | 1 080 | 45 | 138 |
| 1991 | | 3 029 | 364 | 1 838 | 78 | 234 |

下列数额应当做为以后五年每年的预留金额：

$3\,092 + 214 + 992 + 35 + 98 = 4\,368$

$364 + 1\,080 + 42 + 197 = 1\,593$

$1\,838 + 45 + 126 = 2\,009$

$78 + 138 = 216$

$234 = 234$

注意：每年要赔付的估计数额是通过加总斜边[①]上的数值得到的。在 1992 年里，公司将要赔付 1991 承保年度的第 1 个延期年度中的索赔，1990 承保年度的第 2 个延期年度中的索赔，如此类推。

### 三、模型检验

链梯技术最初是用来预测累积赔付的递推情况的，但是，它也可以用来检验这种方法是否合理地适用于已经发生的赔付金额。为了说明这一点，我们要看一看表 11-3 中的数据（我们还有机会检查它是否适于例 11-1 中的数据）。

为了检验链梯技术的有效程度，我们将采用 1987—1990 承保年度第 0 个延期年度的赔付额（见表 11-10）：

---

① 本章中将左下方至右上方的斜线和在其上下并与之平行的其他斜线统称为斜边。

表 11 - 10

| 1987 | 768 |
|---|---|
| 1988 | 904 |
| 1989 | 995 |
| 1990 | 1 220 |

前面计算出的连接比率是 1.777、1.586、1.107 和 1.032，运用这些数据，我们可以得到每一延期年度中累积赔付的预测值。我们特别感兴趣的是将这些数据与表 11 - 3 中的真实值进行比较。由此，表 11 - 11 给出了运用链梯技术得到的"拟合"值。

表 11 - 11

| 承保年度 | 各延期年度的累积赔付额 | | | | |
|---|---|---|---|---|---|
| | 0 | 1 | 2 | 3 | 4 |
| 1987 | 786 | 1 397 | 2 215 | 2 452 | 2 531 |
| 1988 | 904 | 1 606 | 2 548 | 2 820 | |
| 1989 | 995 | 1 768 | 2 804 | | |
| 1990 | 1 220 | 2 168 | | | |

我们现在来比较表 11 - 3 和表 11 - 11。当然，如果比较相应年度的索赔累积赔付的增量，即年内索赔额而不是索赔累积额则更好。这是一个更敏感的测试。表 11 - 12 中给出了各延期年度累积索赔的增量。

表 11 - 12

| 承保年度 | | 各延期年度的赔付额 | | | | |
|---|---|---|---|---|---|---|
| | | 0 | 1 | 2 | 3 | 4 |
| 1987 | 实际值 | 786 | 624 | 806 | 224 | 79 |
| | 拟合值 | 786 | 611 | 818 | 237 | 79 |
| | 误差 | — | 13 | -12 | -13 | 0 |
| 1988 | 实际值 | 904 | 671 | 940 | 281 | |
| | 拟合值 | 904 | 702 | 942 | 272 | |
| | 误差 | — | -31 | -2 | 9 | |
| 1989 | 实际值 | 995 | 819 | 1 066 | | |
| | 拟合值 | 995 | 773 | 1 036 | | |
| | 误差 | — | 46 | 30 | | |
| 1990 | 实际值 | 1 220 | 922 | | | |
| | 拟合值 | 1 220 | 948 | | | |
| | 误差 | — | -26 | | | |

可以认为，没有任何误差大到能够表明模型是不准确的。

### 四、推导递推因子的其他方法

需要注意的是链梯技术不是预测赔付额的唯一方法，而且这一方法所给出的也不是"正确"答案，它不过是估测方法。有测算递推因子的其他方法，其中最重要的是现代统计方法，不过其内容超过了本书的范围。根据其他信息也可以调整已计算出的递推因子，PSEUDO—BAYESIAN 方法即为一种最正规的方法，不过这通常只是一种特定的调整。有时有的因素会改变递推因子，比如改变会计方法或赔付管理会影响赔付的速度，这样会使递推因子变化，并且会很灵敏地反映到未来赔付额的预测值上。

### 五、损失赔付率

一个承保年度中发生的总赔付额除以总保费收入就是损失赔付率。

例如，设表 11 – 1 中给出的 1987 年的总保费收入为 2 454，则每个延期年度的赔付率如表 11 – 13 所示：

表 11 – 13

| 延期年度 | 0 | 1 | 2 | 3 | 4 |
|---|---|---|---|---|---|
| 赔付率 | 0.320 | 0.575 | 0.903 | 0.994 | 1.026 |

保费收入有时用于使每个承保年度"标准化"，这其中的原理是承保年度的数据发生变化应该仅源于承保业务量的变化，考虑这一变化会得到更精确的未来赔付的估计值。赔付次数也可用于将承保年度标准化。

[例 11 – 2] 用链梯技术测算表 11 – 1 给出的三角形中的未来赔付额，各年保费收入给出如表 11 – 14：

表 11 – 14

| 承保年度 | 保费收入 |
|---|---|
| 1987 | 2 454 |
| 1988 | 2 689 |
| 1989 | 2 714 |
| 1990 | 3 484 |
| 1991 | 3 720 |

注意要将预测出的赔付率转回为赔付总额。

解：

损失赔付率如表 11 – 15 所示：

表 11 – 15

| 承保年度 | 各延期年度的损失赔付率 | | | | |
|---|---|---|---|---|---|
| | 0 | 1 | 2 | 3 | 4 |
| 1987 | 0.320 | 0.575 | 0.903 | 0.994 | 1.026 |
| 1988 | 0.336 | 0.586 | 0.935 | 1.040 | |
| 1989 | 0.367 | 0.669 | 1.061 | | |
| 1990 | 0.350 | 0.615 | | | |
| 1991 | 0.318 | | | | |

因此，累积赔付额的比率为：

$$\gamma_4 = \frac{1.026}{0.994} = 1.0332$$

$$\gamma_3 = \frac{1.040 + 0.994}{0.903 + 0.935} = 1.1066$$

$$\gamma_2 = \frac{1.061 + 0.935 + 0.903}{0.575 + 0.586 + 0.669} = 1.5842$$

$$\gamma_1 = \frac{0.615 + 0.669 + 0.586 + 0.575}{0.320 + 0.336 + 0.367 + 0.350} = 1.7808$$

未来损失赔付率为：

1988 年：$1.040 \times 1.0322 = 1.073$

1989 年：第 3 个延期年度：$1.061 \times 1.1066 = 1.174$

第 4 个延期年度：$1.061 \times 1.1066 \times 1.0322 = 1.212$

依此类推。于是，有表 11 – 16 所示的结果：

表 11 – 16

| 承保年度 | 保费收入 | 各延期年度 | | | |
|---|---|---|---|---|---|
| | | 1 | 2 | 3 | 4 |
| 1988 | 2 689 | | | | 1.073 |
| 1989 | 2 714 | | | 1.174 | 1.212 |
| 1990 | 3 484 | | 0.974 | 1.078 | 1.113 |
| 1991 | 3 720 | 0.566 | 0.897 | 0.993 | 1.025 |

为转换成累积赔付额，需将因此得出的损失赔付率乘以保费收入（表 11 – 17）：

表 11 – 17

| 承保年度 | 各延期年度 | | | |
|---|---|---|---|---|
| | 1 | 2 | 3 | 4 |
| 1988 | | | | 2 885 |
| 1989 | | | 3 186 | 3 289 |
| 1990 | | 3 393 | 3 756 | 3 878 |
| 1991 | 2 106 | 3 337 | 3 694 | 3 813 |

于是，每年赔付额为表 11-18 所示：

表 11-18

| 承保年度 | 各延期年度 | | | |
|---|---|---|---|---|
| | 1 | 2 | 3 | 4 |
| 1988 | | | | 89 |
| 1989 | | | 306 | 103 |
| 1990 | | 1 251 | 363 | 122 |
| 1991 | 924 | 1 231 | 357 | 119 |

### 六、关于链梯技术的假设

链梯技术是基于每个承保年度都会有相同程度的未来进展情况。换言之，我们使用了相同的递推因子去反映了每个承保年度的未来赔付额。赔付发生的比率的变化只能由递推因子的"手工调整"来体现。

链梯技术常常被批评为过分的参数化。我们能很容易地理解过分参数化的效果。我们知道如果用的参数越少，结果就越光滑。设想让一条曲线通过一组点，我们用 2 个参数的话，会得到一条直线（真是太平滑了！）；我们用了 3 个参数的话，会得到一条变化更多的线——而更近似于观测值，等等。如果我们用了与观测中出现的一样多的参数时，这条线会过每一个观测值，而实际上我们没采用任何近似。

这对于我们作出的预测的稳定性有很大影响。当我们拿到用于预测赔付额三角形的又一年的数据时，我们要更新未来赔付额的预测。如果我们没有采用一个进行了很多近似的方法，那我们可能作出一个与我们前一个预测相比变化很大的预测，当然，这一变化必须经调整。也有可能更有利于我们的预测，尽管反映出的数据与实际业务中的真实情况有差异，却产生了相对来说一年比一年更稳定的预测。为了显示一下应用链梯技术的不稳定性，我们现在研究一个极端的例子，使用表 11-1 中的数据。

[例 11-3] 考虑表 11-1 中的数据。1991 承保年度的未来赔付额，第 0 个延期年度中为 1 182，假设这一数字是 2 182 而不是 1 182，重新计算未来赔付额的预测值。换句话说，就是用链梯技术计算下列三角形：

表 11-19

| 承保年度 | 各延期年度的累积赔付额 | | | | |
|---|---|---|---|---|---|
| | 0 | 1 | 2 | 3 | 4 |
| 1987 | 786 | 1 410 | 2 216 | 2 440 | 2 519 |
| 1988 | 904 | 1 575 | 2 515 | 2 796 | |
| 1989 | 995 | 1 814 | 2 880 | | |
| 1990 | 1 220 | 2 142 | | | |
| 1991 | 1 182 | | | | |

解：表 11-1 与表 11-19 的唯一差别在最后一行上。这对于应用链梯技术算出的任何一个递推因子的结果没有影响。当这些数据用于预测未来赔付额时只有最后一行受到影响。对于累积赔付额的预测变成了：

表 11-20

| 承保年度 | 各延期年度 | | | |
|---|---|---|---|---|
| | 1 | 2 | 3 | 4 |
| 1991 | 3 877 | 6 150 | 6 808 | 7 025 |

如果我们将这些数据与表 11-5 中的最后一行比较一下，我们会注意到它们都变动了同一个比率：$\dfrac{2\,182}{1\,182}$

这一变化反映在预测值的按比例发生的变化上，未采用近似手段。

最后一个假设是在链梯技术用于通货膨胀之时作出的。它假设通货膨胀不会影响到未来赔付额，这是一个不现实的假设，我们在下一节将对此进行更深入的讨论。当然，由于投资收入赔款准备金会加大，收入可以抵消通货膨胀的影响。考虑通货膨胀时最重要的是赔付额的膨胀。因此，即使我们使用一个衡量全面的通货膨胀的标准尺度，而赔付额受通货膨胀的影响很可能是很不同的。例如，一个法庭裁定就可以影响赔付额的大小。

在本节的最后，我们考虑一下链梯技术中使用的数学模型。在很大程度上，我们已经将其作为预测赔付额的方法简单介绍了。如果我们想更深入了解这一方法，我们就必须在一个更正式的数学框架中研究它。与其他方法作比较及考虑我们的预测中可能出现的错误是十分有用的，这会有助于我们理解链梯技术作出的假设。

假设在第 i 年承保年度的第 j 个延期年度内增加的赔付额可以表示为：$U_iS_j$。注意这一符号表示的是新增的赔付额而不是累积的赔付。用递推三角形这一模型可以写成下列形式：

表 11-21

| 承保年度 | 各延期年度的损失赔付额 | | | | |
|---|---|---|---|---|---|
| | 0 | 1 | 2 | 3 | 4 |
| | $U_0S_0$ | $U_0S_1$ | $U_0S_2$ | $U_0S_3$ | $U_0S_4$ |
| | $U_1S_0$ | $U_1S_1$ | $U_1S_2$ | $U_1S_3$ | |
| | $U_2S_0$ | $U_2S_1$ | $U_2S_2$ | | |
| | $U_3S_0$ | $U_3S_1$ | | | |
| | $U_4S_0$ | | | | |

假设 $S_0 + S_1 + S_2 + S_3 + S_4 = 1$。

$S_j$ 可以解释为在第 j 个延期年度中发生的赔付占总赔付额（一直统计到观察到的最近一个延期年度）的比率。我们会看到每个承保年度的流量模式被假设成相同的了：使用了相同的一组参数 $S_0$，$S_1$，$S_2$，$S_3$，$S_4$。

## 第三节 针对通货膨胀的调整

### 一、考虑了通货膨胀调因素的链梯技术

通货膨胀影响到每个日历年度的赔付额和累积赔付额，这体现在递推三角形中的数额。我们再看一下表 11-1，容易理解，对应于日历年 1991 年的赔付数据为右下方的斜边上的数据，即 1991 承保年度的第 0 个延期年度的累积赔付额、1990 承保年度的第 1 个延期年度的累积赔付额、1989 承保年度的第 2 个延期年度的累积赔付额、1988 承保年度的第 3 个延期年度的累积赔付额和 1987 承保年度的第 4 个延期年度的累积赔付额。见表 11-22、表 11-23：

表 11-22

| 承保年度 | 延期年度 |
| --- | --- |
| 1991 | 0 |
| 1990 | 1 |
| 1989 | 2 |
| 1988 | 3 |
| 1987 | 4 |

同样地，其他日历年度的赔付额或累积赔付额对应于三角形中的其他斜边。当对通货膨胀作调整时，我们要考虑每一年的支付额，而不是累积额。第一步是根据累积总额计算增加的支付总额，即各行之间的差。我们在上一节中作过相同的工作，我们可以将表 11-23 与表 11-12 比较一下。

表 11-23 给出了对应于表 11-1 的增长的赔付额。

表 11-23

| 承保年度 | 各延期年度的损失赔付额 | | | | |
| --- | --- | --- | --- | --- | --- |
| | 0 | 1 | 2 | 3 | 4 |
| 1987 | 786 | 624 | 806 | 224 | 79 |
| 1988 | 904 | 671 | 940 | 281 | |
| 1989 | 995 | 819 | 1 066 | | |
| 1990 | 1 220 | 922 | | | |
| 1991 | 1 182 | | | | |

假设年通货膨胀率如表 11-24：

表 11-24

| | |
|---|---|
| 1988 | 5.1% |
| 1989 | 6.4% |
| 1990 | 7.3% |
| 1991 | 5.4% |

这些比率是每年 6 月 30 日计算好的。假设赔付均匀地在每一年中发生。我们现在可以计算一个指标来将过去的所有支付额都转化为 1991 年的价格。表 11-25 给出了用于调整通货膨胀的指标值：

表 11-25

| 承保年度 | 各延期年度 | | | | |
|---|---|---|---|---|---|
| | 0 | 1 | 2 | 3 | 4 |
| 1987 | 1.265 | 1.203 | 1.131 | 1.054 | 1.000 |
| 1988 | 1.203 | 1.131 | 1.054 | 1.000 | |
| 1989 | 1.131 | 1.054 | 1.000 | | |
| 1990 | 1.054 | 1.000 | | | |
| 1991 | 1.000 | | | | |

我们现在可以用通货膨胀因子（表 11-25 中的）来调整赔付数据（表 11-23 中的），我们通过简单地逐项相乘来完成。表 11-26 给出了经过通货膨胀因子调整的增长的赔付额。

表 11-26

| 承保年度 | 各延期年度 | | | | |
|---|---|---|---|---|---|
| | 0 | 1 | 2 | 3 | 4 |
| 1987 | 994 | 751 | 912 | 236 | 79 |
| 1988 | 1 088 | 759 | 991 | 281 | |
| 1989 | 1 125 | 863 | 1 066 | | |
| 1990 | 1 286 | 992 | | | |
| 1991 | 1 182 | | | | |

我们现在可以直接地给出一个经过通货膨胀因子调整的累积赔付额表了，对这个我们可以直接应用链梯技术。

表 11-27

| 承保年度 | 各延期年度的累积赔付额 ||||| 
|---|---|---|---|---|---|
| | 0 | 1 | 2 | 3 | 4 |
| 1987 | 994 | 1 754 | 2 657 | 2 893 | 2 972 |
| 1988 | 1 088 | 1 847 | 2 838 | 3 119 | |
| 1989 | 1 125 | 1 988 | 3 054 | | |
| 1990 | 1 286 | 2 208 | | | |
| 1991 | 1 182 | | | | |

[例 11-4] 用链梯技术对表 11-27 进行未来赔付额的预测。

解：递推因子为：

$(1\ 745 + 1\ 847 + 1\ 988 + 2\ 208)/(994 + 1\ 088 + 1\ 125 + 1\ 286) = 1.733$

$(2\ 657 + 2\ 838 + 3\ 054)/(1\ 745 + 1\ 847 + 1\ 988) = 1.532$

$(2\ 893 + 3\ 119)/(2\ 657 + 2\ 838) = 1.094$

$2\ 972/2\ 893 = 1.027$

表 11-28 给出了累积赔付额的预测。

表 11-28

| 承保年度 | 各延期年度的累积赔付额 |||| 
|---|---|---|---|---|
| | 1 | 2 | 3 | 4 |
| 1988 | | | | 3 203 |
| 1989 | | | 3 341 | 3 431 |
| 1990 | | 3 383 | 3 701 | 3 801 |
| 1991 | 2 048 | 3 138 | 3 433 | 3 526 |

## 二、对未来通货膨胀的调整

表 11-28 给出的累积赔付额的预测值并未考虑未来的通货膨胀。为了预测实际支付额，我们将假设未来的通货膨胀水平。再一次，有必要使用赔付额而不是累积赔付额。探讨未来通货膨胀的方法与处理过去的通货膨胀的方法类似。

[例 11-5] 计算表 11-28 中的数据，给出累积总额的预测。假设未来通货膨胀率恒为 10%（在 6 月 30 日）。

解：用于调整未来通货膨胀的因子给出如表 11-29：

表 11-29

| 承保年度 | 各延期年度 | | | |
|---|---|---|---|---|
| | 1 | 2 | 3 | 4 |
| 1988 | | | | 1.100 |
| 1989 | | | 1.100 | 1.210 |
| 1990 | | 1.100 | 1.210 | 1.331 |
| 1991 | 1.100 | 1.210 | 1.331 | 1.464 |

增长的赔付额的预测值（未经通货膨胀调整）给出如表 11-30。这些是在表 11-28 中可以找到的。

表 11-30

| 承保年度 | 各延期年度 | | | |
|---|---|---|---|---|
| | 1 | 2 | 3 | 4 |
| 1988 | | | | 84 |
| 1989 | | | 287 | 90 |
| 1990 | | 1 175 | 318 | 100 |
| 1991 | 866 | 1 090 | 295 | 93 |

现在我们可以把这些预测值和表 11-29 中的通货膨胀因子乘起来：

表 11-31

| 承保年度 | 各延期年度 | | | |
|---|---|---|---|---|
| | 1 | 2 | 3 | 4 |
| 1988 | | | | 92 |
| 1989 | | | 316 | 109 |
| 1990 | | 1 293 | 385 | 133 |
| 1991 | 953 | 1 319 | 393 | 136 |

表 11-31 中给出的增长的赔付的预测值，现在可以用来计算累积的链式（CHAINS）预测值，可以将之与表 11-6 中的预测值相比较。

表 11-32

| 承保年度 | 各延期年度 | | | |
|---|---|---|---|---|
| | 1 | 2 | 3 | 4 |
| 1988 | | | | 3 211 |
| 1989 | | | 3 370 | 3 479 |
| 1990 | | 3 501 | 3 886 | 4 019 |
| 1991 | 2 135 | 3 454 | 3 847 | 3 983 |

### 三、分离技术（The separation Technique）

前面，我们用假定的通货膨胀因子来调整数据。通货膨胀因子是一种外生变量，与赔付数据完全不同。然而，由于我们可以使用通货膨胀因子来使赔付数据受通货膨胀的影响更明确化，利用这些数据来进行估计判断将更具实用性。这就是分离技术的目的所在。附加通货膨胀因子的模型结构与链梯技术的内涵相同。在上一节中，递增赔付模型被定义为：$U_iS_j$。

这个模型构成链梯技术的基础，当我们加入了通货膨胀因子，我们就可以沿斜边来调整数据。就像下面这样在模型中编入一个参数：

$$U_iS_j\lambda_{i+j}$$

不要忘记这种模型是赔付额模型，而不是累积赔付额模型。

作为递增数据的纯粹的三角形可以被编写成如表11-33。

表 11-33

| 承保年度 | 各延期年度 | | |
|---|---|---|---|
| | 0 | 0 | 0 |
| 1987 | $U_0S_0\lambda_0$ | 1987 $U_0S_0\lambda_0$ | 1987 $U_0S_0\lambda_0$ |
| 1988 | $U_1S_0\lambda_1$ | 1988 $U_1S_0\lambda_1$ | 1988 $U_1S_0\lambda_1$ |
| 1989 | $U_2S_0\lambda_2$ | 1989 $U_2S_0\lambda_2$ | 1989 $U_2S_0\lambda_2$ |
| 1990 | $U_3S_0\lambda_3$ | 1990 $U_3S_0\lambda_3$ | 1990 $U_3S_0\lambda_3$ |
| 1991 | $U_4S_0\lambda_4$ | 1991 $U_4S_0\lambda_4$ | 1991 $U_4S_0\lambda_4$ |

当我们在使用通货膨胀因素调整链梯技术时，我们假设相应年度的通货膨胀因子为 $\lambda_0, \lambda_1, \lambda_2, \lambda_3, \lambda_4$。分离技术的目的是从数据中估计出这些参数。为了达到这个目的，有必要从模型中去掉另一套参数。要想知道这如何完成，我们可以看没有通货膨胀调整因素的第一个承保年度。模型是 $U_0S_0$，$U_0S_1$，$U_0S_2$，$U_0S_3$，$U_0S_4$。如果我们将各项求和（注意到这是一个赔付额模型），就可以得到全部赔付额。注意从我们所考虑的这几年数据中只能看到递推至最后一年的赔付额。在这种情况下，全部赔付额是指4个延期年度的全部赔付。虽然有很多根据趋势所作预测不止4年的，但那是另一个问题。现在将模型中的赔付额求和：

$$U_0S_0 + U_0S_1 + U_0S_2 + U_0S_3 + U_0S_4 = U_0(S_0 + S_1 + S_2 + S_3 + S_4)$$
$$= U_0$$

这表明 $U_0$ 代表在第一个承保年度业务的未来全部赔款。同样地，$U_i$ 则代表在第 i 个承保年度业务的未来全部赔款。为了估计通货膨胀系数，我们必须将 $U_i$ 从模型中去掉。这就需要作一个简单的假设。我们假设 $U_i$ 是与在第 i 年度发生赔付的次数成比例的。很显然，赔付的发生次数事先是不知道的。然而，对于赔付次数的估计要比对全部赔付额的估计容易。这时，我们假设已经估计出每一张年度的赔付次数。

[**例 11-6**] 我们再考虑一下表 11-19 中的数据,假设每个承保年度的赔付次数如表 11-34:

表 11-34

| 承保年度 | 保费收入 |
| --- | --- |
| 1987 | 351 |
| 1988 | 387 |
| 1989 | 405 |
| 1990 | 452 |
| 1991 | 430 |

每次赔付的平均支付额可以从表 11-23 的数据里划分这些赔付次灵敏中获得,表 11-35 给出平均赔付支付:

表 11-35

| 承保年度 | 各延期年度 | | | | |
| --- | --- | --- | --- | --- | --- |
| | 0 | 1 | 2 | 3 | 4 |
| 1987 | 2.239 | 1.778 | 2.296 | 0.638 | 0.225 |
| 1988 | 2.336 | 1.734 | 2.429 | 0.726 | |
| 1989 | 2.457 | 2.022 | 2.632 | | |
| 1990 | 2.699 | 2.040 | | | |
| 1991 | 2.749 | | | | |

现在我们探讨如何利用分离技术来估计参数。我们将从观察模型开始,探讨这种估计产生的过程。下面我们将介绍一个简单的算法。

模型可被显示成如表 11-36 所示。注意我们已经省略了与赔付额和赔付次数有关的常数,因为它在所有条件下都相同,在表 11-35 的数据中,模型给出了平均赔付数目。

表 11-36

| 承保年度 | 各延期年度 | | | | |
| --- | --- | --- | --- | --- | --- |
| | 0 | 1 | 2 | 3 | 4 |
| 1987 | 0 | 1 | 2 | 3 | 4 |
| 1988 | $S_0\lambda_0$ | $S_1\lambda_1$ | $S_2\lambda_2$ | $S_3\lambda_3$ | $S_4\lambda_4$ |
| 1989 | $S_0\lambda_1$ | $S_1\lambda_2$ | $S_2\lambda_3$ | $S_3\lambda_4$ | |
| 1990 | $S_0\lambda_2$ | $S_1\lambda_3$ | $S_2\lambda_4$ | | |
| 1991 | $S_0\lambda_3$ | $S_1\lambda_4$ | | | |

考虑斜边方向的总和及各栏的总和。
斜边方向的总和:

$$S_0\lambda_0$$
$$(S_0 + S_1)\lambda_1$$
$$(S_0 + S_1 + S_2)\lambda_2$$
$$(S_0 + S_1 + S_2 + S_3)\lambda_3$$
$$(S_0 + S_1 + S_2 + S_3 + S_4)\lambda_4$$

各栏的总和：

$$S_0(\lambda_0 + \lambda_1 + \lambda_2 + \lambda_3 + \lambda_4)$$
$$S_1(\lambda_1 + \lambda_2 + \lambda_3 + \lambda_4)$$
$$S_2(\lambda_2 + \lambda_3 + \lambda_4)$$
$$S_3(\lambda_3 + \lambda_4)$$
$$S_4\lambda_4$$

由于 $\quad S_0 + S_1 + S_2 + S_3 + S_4 = 1$

我们可以从数据中估计出最后一个斜边方向的总和等于 $\lambda_4$。

现在看最后一栏的总和。我们已经估计出 $\lambda_4$，所以我们可以利用该数据估计出 $S_4$。现在再看倒数第二个斜边方向上的总和。由：

$$S_0 + S_1 + S_2 + S_3 + S_4 = 1$$

即： $\quad S_0 + S_1 + S_2 + S_3 = 1 - S_4$。

我们已经估计出 $S_4$，所以我们可以用数据估计出 $\lambda_3$，现在我们可以看下一栏的总和并估计出 $S_3$ 等等，以此类推。下面，我们以例题来说明分离技术的全部过程。

[**例 11-7**] 使用分离技术计算例 11-6 中的数据

解：斜边方向上的总和为：

$$2.239,$$
$$4.114,$$
$$6.487,$$
$$7.788,$$
$$8.372$$

各栏总和：

$$12.480,$$
$$7.574,$$
$$7.357,$$
$$1.364,$$
$$0.225$$

从最后一个斜边方向上的总和估计出：

$$\hat{\lambda}_4 = 8.372$$

这里，^ 符号用于表示估计值。

从最后一栏总和可以估计出：

$$\hat{S}_4 = \frac{0.225}{\hat{\lambda}_4}$$

从倒数第二个斜边方向上的总和可估计出：

$$\hat{\lambda}_3 = \frac{7.788}{1 - \hat{S}_4}$$

从倒数第二栏总和估计出：

$$\hat{S}_3 = \frac{1.364}{8.004 + 8.372} = 0.083$$

等等。

继续这个过程。注意：$S_0 + S_1 + S_2 = 1 - S_3 - S_4$。

具体计算如下所示：

$$\hat{\lambda}_2 = \frac{6.487}{1 - 0.083 - 0.027} = 7.289$$

$$\hat{S}_2 = \frac{7.357}{7.289 + 8.004 + 8.372} = 0.311$$

$$\hat{\lambda}_1 = \frac{4.114}{1 - 0.083 - 0.027 - 0.311} = 7.157$$

$$\hat{S}_1 = \frac{7.574}{7.157 + 8.372 + 7.289 + 8.004 + 8.372} = 0.246$$

$$\hat{\lambda}_0 = \frac{2.239}{1 - 0.083 - 0.027 - 0.311 - 0.246} = 6.724$$

$$\hat{S}_0 = \frac{12.480}{6.724 + 7.157 + 8.372 + 7.289 + 8.004 + 8.372} = 0.332$$

核对一下 $\hat{S}_0 + \hat{S}_1 + \hat{S}_2 + \hat{S}_3 + \hat{S}_4 = 1$ 是很有帮助的。在这个例子中，由于近似计算的原因，相加的结果为 0.999。利用计算机采用更精确的计算过程可以更正此结果。就我们的目的来说，我们将接受这种近似计算带来的误差。当然，我们利用这些数字来估计未来赔付时，很小的近似误差是可以接受的。

现在我们可以用估计的参数来预测一个"相应"数值的表。这些赔付数额使用了估计的参数值。表 11-37 中列出了乘以赔付次数前的模型下的相应数值。

表 11-37

| 承保年度 | 各延期年度 | | | | |
|---|---|---|---|---|---|
| | 0 | 1 | 2 | 3 | 4 |
| 1987 | 2.232 | 1.760 | 2.267 | 0.664 | 0.226 |
| 1988 | 2.376 | 1.793 | 2.489 | 0.695 | |
| 1989 | 2.420 | 1.969 | 2.604 | | |
| 1990 | 2.657 | 2.060 | | | |
| 1991 | 2.780 | | | | |

就像一、二、三节中我们所作的那样，我们可以比较表 11-37 和表 11-35，估计一下模型与数据的相符程度。

估计了参数值后，我们现在需要预测一下未来赔付额。换句话说，我们需要根据趋势预测下三角形。不巧的是，我们所估计的参数不足以进行预测。我们需要 $\lambda_5$、$\lambda_6$、$\lambda_7$、$\lambda_8$ 四个值。未来赔付额的三角模型可以如表 11-38 所示：

表 11-38

| 承保年度 | 各延期年度 | | | | |
|---|---|---|---|---|---|
| | 0 | 1 | 2 | 3 | 4 |
| 1988 | | | | | $S_4\lambda_5$ |
| 1989 | | | | $S_3\lambda_5$ | $S_4\lambda_6$ |
| 1990 | | | $S_2\lambda_5$ | $S_3\lambda_6$ | $S_4\lambda_7$ |
| 1991 | | $S_1\lambda_5$ | $S_2\lambda_6$ | $S_3\lambda_7$ | $S_4\lambda_8$ |

由于我们没有直接的数据，我们所作的是观察 $\lambda$ 模型，并尽量根据趋势预测。$\lambda$ 的估计值可以被转变成为一系列的赔付通货膨胀数据。这些可能更容易递推。

[**例 11-8**] 由例 11-7 中导出的参数估计值是：

$\hat{\lambda}_0 = 6.724$，$\hat{\lambda}_1 = 7.157$，$\hat{\lambda}_2 = 7.289$，$\hat{\lambda}_3 = 8.004$，$\hat{\lambda}_4 = 8.372$

把这些变为年赔付通货膨胀率序列，并扩展此序列来预测到 $\lambda_8$。

解：通货膨胀率可以通过相连的参数比率取得（见表 11-39）。

表 11-39

| $\hat{\lambda}_0$ | 6.724 | |
|---|---|---|
| $\hat{\lambda}_1$ | 7.157 | 1.064 |
| $\hat{\lambda}_2$ | 7.289 | 1.018 |
| $\hat{\lambda}_3$ | 8.004 | 1.098 |
| $\hat{\lambda}_4$ | 8.372 | 1.046 |

这样赔付通货膨胀率变化范围从 1.8% 到 9.8%，我们假定未来的膨胀率为 5.5%，这大约为上述通货膨胀率的平均值。我们可以根据估计值试用其他通货膨胀率进行估计。通过相连年份乘以 1.055，我们可以得到所需的预测参数如表 11-40：

表 11-40

| $\hat{\lambda}_4$ | 8.372 |
|---|---|
| $\hat{\lambda}_5$ | 8.832 |
| $\hat{\lambda}_6$ | 9.318 |
| $\hat{\lambda}_7$ | 9.813 |
| $\hat{\lambda}_8$ | 10.371 |

[**例 11-9**] 利用例 11-8 中预测的参数推测未来赔付额。

解：表 11-38 中包含了未来赔付额的模型，估计参数值为：

$$\hat{S}_1 = 0.246$$
$$\hat{S}_2 = 0.311$$
$$\hat{S}_3 = 0.083$$
$$\hat{S}_4 = 0.027$$

我们还可以用例 11-8 中的预测值，作出以下估计（见表 11-41）：

表 11-41

| 承保年度 | 各延期年度 | | | | |
|---|---|---|---|---|---|
| | 0 | 1 | 2 | 3 | 4 |
| 1988 | | | | | 0.238 |
| 1989 | | | | 0.733 | 0.252 |
| 1990 | | | 2.747 | 0.773 | 0.265 |
| 1991 | | 2.173 | 2.898 | 0.816 | 0.280 |

最后我们可以乘上例 11-6 中所给的赔付次数获得未来赔付额的预测值（见表 11-42）。

表 11-42

| 承保年度 | 各延期年度 | | | | |
|---|---|---|---|---|---|
| | 0 | 1 | 2 | 3 | 4 |
| 1988 | | | | | 92 |
| 1989 | | | | 297 | 102 |
| 1990 | | | 1 242 | 349 | 120 |
| 1991 | | 934 | 1 246 | 351 | 120 |

# 附　录

## 附录 I　常见随机变量分布

### 一、常见的离散型随机变量的分布

1. 离散型均匀分布（Uniform distribution（discrete））

参数：$\quad a,b,h$，其中，$a<b, h>0, b-a$ 为 $h$ 的倍数

分布率：$\quad P(X=x) = \dfrac{h}{b-a+h}, x = a, a+h, a+2h, \cdots, b-h, b$

数学期望：$\quad E(X) = \dfrac{a+b}{2}$

方差：$\quad Var(X) = \dfrac{1}{12}(b-a)(b-a+2h)$

概率母函数：$\quad G(t) = \dfrac{h}{b-a+h}\dfrac{t^{b+h}-t^a}{t^h-1}$

矩母函数：$\quad M(t) = \dfrac{h}{b-a+h}\dfrac{e^{(b+h)t}-e^{at}}{e^{ht}-1}$

对于均匀分布的简单形式：

$$P(X=x) = \dfrac{1}{k}, x=1,2,3,\cdots,k$$

即 $a=1, b=k, h=1$ 的情况，此时，

$$G(t) = \dfrac{t}{k}\dfrac{(1-t^k)}{(1-t)} \quad (t \neq 1)$$

数学期望：$\quad E(X) = \dfrac{k+1}{2}$

方差：$\quad Var(X) = \dfrac{1}{12}(k^2-1)$

概率母函数：$\quad G(t) = \dfrac{t}{k}\dfrac{(1-t^k)}{(1-t)} \quad (t \neq 1)$

矩母函数：$\quad M(t) = \dfrac{1}{k}\dfrac{(e^{kt}-1)e^t}{e^t-1}$

2. 贝努里分布（Bernoulli distribution）

参数： $\theta$，其中，$0 < \theta < 1$

分布率： $P(X = x) = \theta^x(1 - \theta)^{1-x}, x = 0,1, 0 < \theta < 1$

数学期望： $E(X) = \theta$

方差： $Var(X) = \theta(1 - \theta)$

概率母函数： $G(t) = 1 - \theta + \theta t$

矩母函数： $M(t) = 1 - \theta + \theta e^t$

3. 二项分布（Binomial distribution），记 $X \sim B(n,p)$

参数： $n,p$，其中，$n$ 为正整数，$0 < p < 1, q = 1 - p$

分布率： $P(X = x) = C_n^x p^x q^{n-x}, \quad x = 0,1,\cdots,n$

数学期望： $E(X) = np$

方差： $Var(X) = npq$

概率母函数： $G(t) = (q + pt)^n$

矩母函数： $M(t) = (q + pe^t)^n$

偏斜系数： $Sk(X) = \dfrac{q - p}{\sqrt{npq}}$

最可能值： 当 $(n+1)p$ 为整数时，最可能值 $k_0$ 有两个：

$$k_0 = (n+1)p \text{ 和 } k_0 = (n+1)p - 1$$

当 $(n+1)p$ 不是整数时，最可能值为：

$$k_0 = [(n+1)p]$$

其中 $[(n+1)p]$ 表示数 $(n+1)p$ 的整数部分（即不超过 $(n+1)p$ 的最大整数）。

4. 负二项分布（Negative binomial distribution），记 $X \sim NB(n,p)$

参数： $k,p$，其中，$k$ 为已知正整数，$0 < p < 1, q = 1 - p$

分布率： $P(X = x) = C_{k-1}^{x-1} p^k q^{x-k}, \quad x = k, k+1, k+2, \cdots$

数学期望： $E(X) = \dfrac{k}{p}$

方差： $Var(X) = \dfrac{kq}{p^2}$

概率母函数： $G(t) = \left(\dfrac{pt}{1 - qt}\right)^k$

矩母函数： $M(t) = \left(\dfrac{pe^t}{1 - qe^t}\right)^k$

偏斜系数： $Sk(X) = \dfrac{2 - p}{\sqrt{kp}}$

5. 几何分布（Geometric distribution）

参数： $p, 0 < p < 1, q = 1 - p$

分布率： $P(X = x) = pq^{x-1}, \quad x = 1, 2, 3, \cdots$

数学期望： $E(X) = \dfrac{1}{p}$

方差： $Var(X) = \dfrac{q}{p^2}$

概率母函数： $G(t) = \dfrac{pt}{1 - qt}$

矩母函数： $M(t) = \dfrac{pe^t}{1 - qe^t}$

偏斜系数： $Sk(X) = \dfrac{2 - p}{\sqrt{p}}$

6. 泊松分布（Poisson distribution），记为 $X \sim Poi(\lambda)$ 或 $X \sim Poisson(\lambda)$

参数： $\lambda$，其中，$\lambda > 0$

分布率： $P(X = x) = \dfrac{\lambda^x e^{-\lambda}}{x!}, \quad x = 0, 1, 2, \cdots$

数学期望： $E(X) = \lambda$

方差： $Var(X) = \lambda$

概率母函数： $G(t) = e^{\lambda(t-1)}$

矩母函数： $M(t) = e^{\lambda(e^t - 1)}$

偏斜系数： $Sk(X) = \dfrac{1}{\sqrt{\lambda}}$

7. 超几何分布

参数： $N, M, n$，其中，$0 \leqslant n \leqslant N, 0 \leqslant M \leqslant N$，且均为整数

当 $m < n$，规定 $C_m^n = 0$

分布率： $P(X = x) = \dfrac{C_M^x C_{N-M}^{n-x}}{C_N^n}, \quad x = 0, 1, 2, \cdots, n$

数学期望： $E(X) = n\dfrac{M}{N}$

方差： $Var(X) = n\dfrac{N - n}{N - 1}\dfrac{M(N - M)}{N^2}$

特别地，若 $n$ 是一个固定的正整数，且当 $N \to \infty$ 时，$\dfrac{M}{N} \to p$，则：

$$\lim_{N \to \infty} \dfrac{C_M^x C_{N-M}^{n-x}}{C_N^n} = C_n^x p^x (1 - p)^{n-x} \quad (x = 0, 1, \cdots, n)$$

二、常见的连续型随机变量的分布

1. 标准正态分布（Standard normal distribution），记做 $X \sim N(0, 1)$

参数： 无

概率密度函数： $f(x) = \dfrac{1}{\sqrt{2\pi}} e^{-\frac{x^2}{2}}, \quad (-\infty < x < +\infty)$

数学期望： $E(X) = 0$

方差: $Var(X) = 1$

矩母函数: $M(t) = e^{\frac{1}{2}t^2}$

2. 正态分布 (Standard normal distribution), 记做 $X \sim N(\mu, \sigma^2)$

参数: $\mu, \sigma^2$, 其中, $\sigma > 0$

概率密度函数: $f(x) = \dfrac{1}{\sqrt{2\pi}\sigma} e^{-\frac{(x-\mu)^2}{2\sigma^2}}$, $(-\infty < x < +\infty)$

数学期望: $E(X) = \mu$

方差: $Var(X) = \sigma^2$

矩母函数: $M(t) = e^{\mu t + \frac{1}{2}t^2\sigma^2}$

3. 指数分布 (Exponential distribution)

参数: $\lambda$, 其中, $\lambda > 0$

概率密度函数: $f(x) = \lambda e^{-\lambda x}, x > 0$

分布函数: $F(x) = 1 - e^{-\lambda x}$

数学期望: $E(X) = \dfrac{1}{\lambda}$

方差: $Var(X) = \dfrac{1}{\lambda^2}$

矩母函数: $M(t) = \left(1 + \dfrac{t}{\lambda}\right)^{-1}$

高阶矩: $E(X^r) = \dfrac{\Gamma(1+r)}{\lambda^r}, r = 1, 2, 3, \cdots$

偏斜系数: $Sk(X) = 2$

4. 伽马分布 (Gamma distribution), 记为 Gamma $(\alpha, \beta)$

(1) 形式1:

参数: $\alpha, \beta$, 其中, $\alpha > 0, \beta > 0$

概率密度函数: $f(x) = \begin{cases} \dfrac{1}{\beta^\alpha \Gamma(\alpha)} x^{(\alpha-1)} e^{-x/\beta}, & x > 0 \\ 0, & \text{其他} \end{cases}$

其中, $\Gamma(\alpha) = \int_0^\infty y^{\alpha-1} e^{-y} dy$, 下同

数学期望: $E(X) = \alpha\beta$

方差: $Var(X) = \alpha\beta^2$

矩母函数: $M(t) = (1 - \beta t)^{-\alpha}$

高阶矩: $E(X^r) = \dfrac{\Gamma(\alpha+r)}{\Gamma(\alpha)} \beta^r, r = 1, 2, 3, \cdots$

偏斜系数: $Sk(X) = \dfrac{2}{\sqrt{\alpha}}$

(2) 形式2:

参数: $\alpha, \lambda$, 其中, $\alpha > 0, \lambda > 0$

概率密度函数： $f(x) = \begin{cases} \dfrac{\lambda^\alpha}{\Gamma(\alpha)} x^{(\alpha-1)} e^{-\lambda x}, & x > 0 \\ 0, & \text{其他} \end{cases}$

分布函数： 当 $2\alpha$ 为整数时，$2\lambda X \sim \chi^2_{2\alpha}$

数学期望： $E(X) = \dfrac{\alpha}{\lambda}$

方差： $Var(X) = \dfrac{\alpha}{\lambda^2}$

矩母函数： $M(t) = (1 - \beta t)^{-\alpha}$

高阶矩： $E(X^r) = \dfrac{\Gamma(\alpha + r)}{\Gamma(\alpha)\lambda^r}, \quad r = 1,2,3,\cdots$

偏斜系数： $Sk(X) = \dfrac{2}{\sqrt{\alpha}}$

(3) 指数分布和 $\chi^2$ 分布是伽马分布的两个特例。

当 $\alpha = 1$，$\beta = \theta$ 时的伽马分布为均值为 $\theta$ 的指数分布；

当 $\alpha = v/2$（$v$ 为正整数），$\beta = 2$ 时即为参数为 $v$ 的 $\chi^2$ 分布。

5. $\chi^2$ 分布（Chi-square）（卡方分布）

伽马分布 Gamma$(\alpha, \beta)$ 当 $\alpha = v/2$（$v$ 为正整数），$\beta = 2$ 时的特殊形式，即参数为 $v$ 的 $\chi^2$ 分布。

6. 均匀分布（Uniform distribution），记为 U$(a, b)$

参数： $a, b$，其中，$a < b$

概率密度函数： $f(x) = \dfrac{1}{b - a}, \quad a < x < b$

分布函数： $F(x) = \dfrac{x - a}{b - a}$

数学期望： $E(X) = \dfrac{a + b}{2}$

方差： $Var(X) = \dfrac{1}{12}(b - a)^2$

高阶矩： $E(X^r) = \dfrac{1}{b - a} \dfrac{1}{r + 1}(b^{r+1} - a^{r+1}), \quad r = 1,2,3,\cdots$

矩母函数： $M(t) = \dfrac{1}{b - a} \dfrac{1}{t}(e^{bt} - e^{at})$

7. $\beta$ 分布（Beta distribution），记为 B$(\alpha, \beta)$

参数： $\alpha, \beta$，其中，$\alpha > 0$，$\beta > 0$

概率密度函数： $f(x) = \dfrac{\Gamma(\alpha + \beta)}{\Gamma(\alpha)\Gamma(\beta)} x^{\alpha-1}(1 - x)^{\beta-1}, \quad 0 < x < 1$

数学期望： $E(X) = \dfrac{\alpha}{\alpha + \beta}$

方差： $Var(X) = \dfrac{\alpha\beta}{(\alpha + \beta)^2(\alpha + \beta + 1)}$

高阶矩： $E(X^r) = \dfrac{\Gamma(\alpha + \beta)\Gamma(\alpha + r)}{\Gamma(\alpha)\Gamma(\alpha + \beta + r)}, \quad r = 1,2,3,\cdots$

偏斜系数： $Sk(X) = \dfrac{2(\beta - \alpha)}{(\alpha + \beta + 2)} \sqrt{\dfrac{\alpha + \beta + 1}{\alpha\beta}}$

8. 对数正态分布

参数：$\mu, \sigma^2$，其中，$\sigma > 0$

概率密度函数：$f(x) = \dfrac{1}{\sqrt{2\pi}\sigma} \dfrac{1}{x} e^{-\dfrac{(\log x - \mu)^2}{2\sigma^2}}, x > 0$

数学期望：$E(X) = e^{\mu + \frac{1}{2}\sigma^2}$

方差：$Var(X) = e^{2\mu + \sigma^2}(e^{\sigma^2} - 1)$

高阶矩：$E(X^r) = e^{\mu \cdot r + \frac{1}{2}r^2\sigma^2}, r = 1, 2, 3, \cdots$

偏斜系数：$Sk(X) = (e^{\sigma^2} + 2)\sqrt{e^{\sigma^2} - 1}$

9. 帕累托分布（Pareto distribution）（2个参数）

参数：$\alpha, \lambda$，其中，$\alpha > 0, \lambda > 0$

概率密度函数：$f(x) = \dfrac{\alpha \lambda^{\alpha}}{(\lambda + x)^{\alpha + 1}}, x > 0$

分布函数：$F(x) = 1 - \left(\dfrac{\lambda}{\lambda + x}\right)^{\alpha}$

数学期望：$E(X) = \dfrac{\lambda}{\alpha - 1}, \alpha > 1$

方差：$Var(X) = \dfrac{\alpha \lambda^2}{(\alpha - 1)^2(\alpha - 2)}, \alpha > 2$

高阶矩：$E(X^r) = \dfrac{\Gamma(\alpha - r)\Gamma(1 + r)}{\Gamma(\alpha)} \lambda^r, r = 1, 2, 3, \cdots, r < \alpha$

偏斜系数：$Sk(X) = \dfrac{2(\alpha + 1)}{(\alpha - 3)} \sqrt{\dfrac{\alpha - 2}{\alpha}}, \alpha > 3$

10. 广义帕累托分布（Pareto distribution）（3个参数）

参数：$\alpha, \lambda, k$，其中，$\alpha > 0, \lambda > 0, k > 0$

概率密度函数：$f(x) = \dfrac{\Gamma(\alpha + k) \lambda^{\alpha} x^{k-1}}{\Gamma(\alpha)\Gamma(k)(\lambda + x)^{\alpha + k}}, x > 0$

数学期望：$E(X) = \dfrac{k\lambda}{\alpha - 1}, \alpha > 1$

方差：$Var(X) = \dfrac{k(k + \alpha - 1)\lambda^2}{(\alpha - 1)^2(\alpha - 2)}, \alpha > 2$

高阶矩：$E(X^r) = \dfrac{\Gamma(\alpha - r)\Gamma(k + r)}{\Gamma(\alpha)\Gamma(k)} \lambda^r, r = 1, 2, 3, \cdots, r < \alpha$

11. 韦伯分布（Weibull distribution）

参数：$c, \gamma$，其中，$c > 0, \gamma > 0$

概率密度函数：$f(x) = c\gamma x^{\gamma - 1} e^{-cx^{\gamma}}, x > 0$

分布函数：$F(x) = 1 - e^{-cx^{\gamma}}$

高阶矩：$E(X^r) = \Gamma\left(1 + \dfrac{r}{\gamma}\right) \dfrac{1}{c^{r/\gamma}}, r = 1, 2, 3, \cdots$

12. 波尔分布（Burr distribution）

参数：$\alpha, \lambda, \gamma$，其中，$\alpha > 0, \lambda > 0, \gamma > 0$

概率密度函数：$f(x) = \dfrac{\alpha\gamma\lambda^{\alpha}x^{\gamma-1}}{(\lambda + x^{\gamma})^{\alpha+1}}, x > 0$

分布函数：$F(x) = 1 - \left(\dfrac{\lambda}{\lambda + x^{\gamma}}\right)^{\alpha}$

高阶矩：$E(X^r) = \Gamma\left(\alpha - \dfrac{r}{\gamma}\right)\Gamma\left(1 + \dfrac{r}{\gamma}\right)\dfrac{\lambda^{r/\gamma}}{\Gamma(\alpha)}, r = 1,2,3,\cdots, r < \alpha\gamma$

## 附录Ⅱ 概率分布表

**附表1** 二项分布表

$$P\{X \leqslant x\} = \sum_{k=0}^{x} \binom{n}{k} p^k (1-p)^{n-k}$$

| n | x | \multicolumn{13}{c}{p} |
|---|---|---|---|---|---|---|---|---|---|---|---|---|---|---|
|   |   | 0.001 | 0.002 | 0.003 | 0.005 | 0.01 | 0.02 | 0.03 | 0.05 | 0.10 | 0.15 | 0.20 | 0.25 | 0.30 |
| 2 | 0 | 0.9980 | 0.9960 | 0.9940 | 0.9900 | 0.9801 | 0.9604 | 0.9409 | 0.9025 | 0.8100 | 0.7225 | 0.6400 | 0.5625 | 0.4900 |
| 2 | 1 | 1.0000 | 1.0000 | 1.0000 | 1.0000 | 0.9999 | 0.9996 | 0.9991 | 0.9975 | 0.9900 | 0.9775 | 0.9600 | 0.9375 | 0.9100 |
| 3 | 0 | 0.9970 | 0.9940 | 0.9910 | 0.9851 | 0.9703 | 0.9412 | 0.9127 | 0.8574 | 0.7290 | 0.6141 | 0.5120 | 0.4219 | 0.3430 |
| 3 | 1 | 1.0000 | 1.0000 | 1.0000 | 0.9999 | 0.9997 | 0.9988 | 0.9974 | 0.9928 | 0.9720 | 0.9393 | 0.8960 | 0.8438 | 0.7840 |
| 3 | 2 |  |  |  | 1.0000 | 1.0000 | 1.0000 | 1.0000 | 0.9999 | 0.9990 | 0.9966 | 0.9920 | 0.9844 | 0.9730 |
| 4 | 0 | 0.9960 | 0.9920 | 0.9881 | 0.9801 | 0.9606 | 0.9224 | 0.8853 | 0.8145 | 0.6561 | 0.5220 | 0.4096 | 0.3164 | 0.2401 |
| 4 | 1 | 1.0000 | 1.0000 | 0.9999 | 0.9999 | 0.9994 | 0.9977 | 0.9948 | 0.9860 | 0.9477 | 0.8905 | 0.8192 | 0.7383 | 0.6517 |
| 4 | 2 |  |  | 1.0000 | 1.0000 | 1.0000 | 1.0000 | 0.9999 | 0.9995 | 0.9963 | 0.9880 | 0.9728 | 0.9492 | 0.9163 |
| 4 | 3 |  |  |  |  |  | 1.0000 | 1.0000 | 0.9999 | 0.9995 | 0.9984 | 0.9961 | 0.9919 |
| 5 | 0 | 0.9950 | 0.9900 | 0.9851 | 0.9752 | 0.9510 | 0.9039 | 0.8587 | 0.7738 | 0.5905 | 0.4437 | 0.3277 | 0.2373 | 0.1681 |
| 5 | 1 | 1.0000 | 1.0000 | 0.9999 | 0.9998 | 0.9990 | 0.9962 | 0.9915 | 0.9774 | 0.9185 | 0.8352 | 0.7373 | 0.6328 | 0.5282 |
| 5 | 2 |  |  | 1.0000 | 1.0000 | 1.0000 | 0.9999 | 0.9997 | 0.9988 | 0.9914 | 0.9734 | 0.9421 | 0.8965 | 0.8369 |
| 5 | 3 |  |  |  |  | 1.0000 | 1.0000 | 1.0000 | 0.9995 | 0.9978 | 0.9933 | 0.9844 | 0.9692 |
| 5 | 4 |  |  |  |  |  |  |  |  | 1.0000 | 0.9999 | 0.9997 | 0.9990 | 0.9976 |
| 6 | 0 | 0.9940 | 0.9881 | 0.9821 | 0.9704 | 0.9415 | 0.8858 | 0.8330 | 0.7351 | 0.5314 | 0.3771 | 0.2621 | 0.1780 | 0.1176 |
| 6 | 1 | 1.0000 | 0.9999 | 0.9999 | 0.9996 | 0.9985 | 0.9943 | 0.9875 | 0.9672 | 0.8857 | 0.7765 | 0.6554 | 0.5339 | 0.4202 |
| 6 | 2 |  |  | 1.0000 | 1.0000 | 1.0000 | 0.9998 | 0.9995 | 0.9978 | 0.9842 | 0.9527 | 0.9011 | 0.8306 | 0.7443 |
| 6 | 3 |  |  |  |  |  | 1.0000 | 1.0000 | 0.9999 | 0.9987 | 0.9941 | 0.9830 | 0.9624 | 0.9295 |
| 6 | 4 |  |  |  |  |  |  |  | 1.0000 | 0.9999 | 0.9996 | 0.9984 | 0.9954 | 0.9891 |
| 6 | 5 |  |  |  |  |  |  |  |  | 1.0000 | 1.0000 | 0.9999 | 0.9998 | 0.9993 |
| 7 | 0 | 0.9930 | 0.9861 | 0.9792 | 0.9655 | 0.9321 | 0.8681 | 0.8080 | 0.6983 | 0.4783 | 0.3206 | 0.2097 | 0.1335 | 0.0824 |
| 7 | 1 | 1.0000 | 0.9999 | 0.9998 | 0.9995 | 0.9980 | 0.9921 | 0.9829 | 0.9556 | 0.8503 | 0.7166 | 0.5767 | 0.4449 | 0.3294 |
| 7 | 2 |  | 1.0000 | 1.0000 | 1.0000 | 1.0000 | 0.9997 | 0.9991 | 0.9962 | 0.9743 | 0.9262 | 0.8520 | 0.7564 | 0.6471 |
| 7 | 3 |  |  |  |  |  | 1.0000 | 1.0000 | 0.9998 | 0.9973 | 0.9879 | 0.9667 | 0.9294 | 0.8740 |
| 7 | 4 |  |  |  |  |  |  |  | 1.0000 | 0.9998 | 0.9988 | 0.9953 | 0.9871 | 0.9712 |
| 7 | 5 |  |  |  |  |  |  |  |  | 1.0000 | 0.9999 | 0.9996 | 0.9987 | 0.9962 |
| 7 | 6 |  |  |  |  |  |  |  |  |  | 1.0000 | 1.0000 | 0.9999 | 0.9998 |
| 8 | 0 | 0.9920 | 0.9841 | 0.9763 | 0.9607 | 0.9227 | 0.8508 | 0.7837 | 0.6634 | 0.4305 | 0.2725 | 0.1678 | 0.1001 | 0.0576 |
| 8 | 1 | 1.0000 | 0.9999 | 0.9998 | 0.9993 | 0.9973 | 0.9897 | 0.9777 | 0.9428 | 0.8131 | 0.6572 | 0.5033 | 0.3671 | 0.2553 |
| 8 | 2 |  | 1.0000 | 1.0000 | 1.0000 | 0.9999 | 0.9996 | 0.9987 | 0.9942 | 0.9619 | 0.8948 | 0.7969 | 0.6785 | 0.5518 |
| 8 | 3 |  |  |  |  | 1.0000 | 1.0000 | 0.9999 | 0.9996 | 0.9950 | 0.9786 | 0.9437 | 0.8862 | 0.8059 |
| 8 | 4 |  |  |  |  |  |  | 1.0000 | 1.0000 | 0.9996 | 0.9971 | 0.9896 | 0.9727 | 0.9420 |
| 8 | 5 |  |  |  |  |  |  |  |  | 1.0000 | 0.9998 | 0.9988 | 0.9958 | 0.9887 |
| 8 | 6 |  |  |  |  |  |  |  |  | 1.0000 | 0.9999 | 0.9996 | 0.9987 |
| 8 | 7 |  |  |  |  |  |  |  |  |  |  | 1.0000 | 1.0000 | 0.9999 |
| 9 | 0 | 0.9910 | 0.9821 | 0.9733 | 0.9559 | 0.9135 | 0.8337 | 0.7602 | 0.6302 | 0.3874 | 0.2316 | 0.1342 | 0.0751 | 0.0404 |
| 9 | 1 | 1.0000 | 0.9999 | 0.9997 | 0.9991 | 0.9966 | 0.9869 | 0.9718 | 0.9288 | 0.7748 | 0.5995 | 0.4362 | 0.3003 | 0.1960 |

续表1

| $n$ | $x$ | \multicolumn{13}{c}{$p$} | | | | | | | | | | | | |
|---|---|---|---|---|---|---|---|---|---|---|---|---|---|---|
| | | 0.001 | 0.002 | 0.003 | 0.005 | 0.01 | 0.02 | 0.03 | 0.05 | 0.10 | 0.15 | 0.20 | 0.25 | 0.30 |
| 9 | 2 | | 1.0000 | 1.0000 | 1.0000 | 0.9999 | 0.9994 | 0.9980 | 0.9916 | 0.9470 | 0.8591 | 0.7382 | 0.6007 | 0.4628 |
| 9 | 3 | | | | | 1.0000 | 1.0000 | 0.9999 | 0.9994 | 0.9917 | 0.9661 | 0.9144 | 0.8343 | 0.7297 |
| 9 | 4 | | | | | | | 1.0000 | 1.0000 | 0.9991 | 0.9944 | 0.9804 | 0.9511 | 0.9012 |
| 9 | 5 | | | | | | | | | 0.9999 | 0.9994 | 0.9969 | 0.9900 | 0.9747 |
| 9 | 6 | | | | | | | | | 1.0000 | 1.0000 | 0.9997 | 0.9987 | 0.9957 |
| 9 | 7 | | | | | | | | | | | 1.0000 | 0.9999 | 0.9996 |
| 9 | 8 | | | | | | | | | | | | 1.0000 | 1.0000 |
| 10 | 0 | 0.9900 | 0.9802 | 0.9704 | 0.9511 | 0.9044 | 0.8171 | 0.7374 | 0.5987 | 0.3487 | 0.1969 | 0.1074 | 0.0563 | 0.0282 |
| 10 | 1 | 1.0000 | 0.9998 | 0.9996 | 0.9989 | 0.9957 | 0.9838 | 0.9655 | 0.9139 | 0.7361 | 0.5443 | 0.3758 | 0.2440 | 0.1493 |
| 10 | 2 | | 1.0000 | 1.0000 | 1.0000 | 0.9999 | 0.9991 | 0.9972 | 0.9885 | 0.9298 | 0.8202 | 0.6778 | 0.5256 | 0.3828 |
| 10 | 3 | | | | | 1.0000 | 1.0000 | 0.9999 | 0.9990 | 0.9872 | 0.9500 | 0.8791 | 0.7759 | 0.6496 |
| 10 | 4 | | | | | | | 1.0000 | 0.9999 | 0.9984 | 0.9901 | 0.9672 | 0.9219 | 0.8497 |
| 10 | 5 | | | | | | | | 1.0000 | 0.9999 | 0.9986 | 0.9936 | 0.9803 | 0.9527 |
| 10 | 6 | | | | | | | | | 1.0000 | 0.9999 | 0.9991 | 0.9965 | 0.9894 |
| 10 | 7 | | | | | | | | | | 1.0000 | 0.9999 | 0.9996 | 0.9984 |
| 10 | 8 | | | | | | | | | | | 1.0000 | 1.0000 | 0.9999 |
| 10 | 9 | | | | | | | | | | | | | 1.0000 |
| 11 | 0 | 0.9891 | 0.9782 | 0.9675 | 0.9464 | 0.8953 | 0.8007 | 0.7153 | 0.5688 | 0.3138 | 0.1673 | 0.0859 | 0.0422 | 0.0198 |
| 11 | 1 | 0.9999 | 0.9998 | 0.9995 | 0.9987 | 0.9948 | 0.9805 | 0.9587 | 0.8981 | 0.6974 | 0.4922 | 0.3221 | 0.1971 | 0.1130 |
| 11 | 2 | 1.0000 | 1.0000 | 1.0000 | 1.0000 | 0.9998 | 0.9988 | 0.9963 | 0.9848 | 0.9104 | 0.7788 | 0.6174 | 0.4552 | 0.3127 |
| 11 | 3 | | | | | 1.0000 | 1.0000 | 0.9998 | 0.9984 | 0.9815 | 0.9306 | 0.8389 | 0.7133 | 0.5696 |
| 11 | 4 | | | | | | | 1.0000 | 0.9999 | 0.9972 | 0.9841 | 0.9496 | 0.8854 | 0.7897 |
| 11 | 5 | | | | | | | | 1.0000 | 0.9997 | 0.9973 | 0.9883 | 0.9657 | 0.9218 |
| 11 | 6 | | | | | | | | | 1.0000 | 0.9997 | 0.9980 | 0.9924 | 0.9784 |
| 11 | 7 | | | | | | | | | | 1.0000 | 0.9998 | 0.9988 | 0.9957 |
| 11 | 8 | | | | | | | | | | | 1.0000 | 0.9999 | 0.9994 |
| 11 | 9 | | | | | | | | | | | | 1.0000 | 1.0000 |
| 12 | 0 | 0.9881 | 0.9763 | 0.9646 | 0.9416 | 0.8864 | 0.7847 | 0.6938 | 0.5404 | 0.2824 | 0.1422 | 0.0687 | 0.0317 | 0.0138 |
| 12 | 1 | 0.9999 | 0.9997 | 0.9994 | 0.9984 | 0.9938 | 0.9769 | 0.9514 | 0.8816 | 0.6590 | 0.4435 | 0.2749 | 0.1584 | 0.0850 |
| 12 | 2 | 1.0000 | 1.0000 | 1.0000 | 1.0000 | 0.9998 | 0.9985 | 0.9952 | 0.9804 | 0.8891 | 0.7358 | 0.5583 | 0.3907 | 0.2528 |
| 12 | 3 | | | | | 1.0000 | 0.9999 | 0.9997 | 0.9978 | 0.9744 | 0.9078 | 0.7946 | 0.6488 | 0.4925 |
| 12 | 4 | | | | | | 1.0000 | 1.0000 | 0.9998 | 0.9957 | 0.9761 | 0.9274 | 0.8424 | 0.7237 |
| 12 | 5 | | | | | | | | 1.0000 | 0.9995 | 0.9954 | 0.9806 | 0.9456 | 0.8822 |
| 12 | 6 | | | | | | | | | 0.9999 | 0.9993 | 0.9961 | 0.9857 | 0.9614 |
| 12 | 7 | | | | | | | | | 1.0000 | 0.9999 | 0.9994 | 0.9972 | 0.9905 |
| 12 | 8 | | | | | | | | | | 1.0000 | 0.9999 | 0.9996 | 0.9983 |
| 12 | 9 | | | | | | | | | | | 1.0000 | 1.0000 | 0.9998 |
| 12 | 10 | | | | | | | | | | | | | 1.0000 |
| 13 | 0 | 0.9871 | 0.9743 | 0.9617 | 0.9369 | 0.8775 | 0.7690 | 0.6730 | 0.5133 | 0.2542 | 0.1209 | 0.0550 | 0.0238 | 0.0097 |
| 13 | 1 | 0.9999 | 0.9997 | 0.9993 | 0.9981 | 0.9928 | 0.9730 | 0.9436 | 0.8646 | 0.6213 | 0.3983 | 0.2336 | 0.1267 | 0.0637 |
| 13 | 2 | 1.0000 | 1.0000 | 1.0000 | 1.0000 | 0.9997 | 0.9980 | 0.9938 | 0.9755 | 0.8661 | 0.6920 | 0.5017 | 0.3326 | 0.2025 |
| 13 | 3 | | | | | 1.0000 | 0.9999 | 0.9995 | 0.9969 | 0.9658 | 0.8820 | 0.7473 | 0.5843 | 0.4206 |
| 13 | 4 | | | | | | 1.0000 | 1.0000 | 0.9997 | 0.9935 | 0.9658 | 0.9009 | 0.7940 | 0.6543 |
| 13 | 5 | | | | | | | | 1.0000 | 0.9991 | 0.9925 | 0.9700 | 0.9198 | 0.8346 |
| 13 | 6 | | | | | | | | | 0.9999 | 0.9987 | 0.9930 | 0.9757 | 0.9376 |
| 13 | 7 | | | | | | | | | 1.0000 | 0.9998 | 0.9988 | 0.9944 | 0.9818 |

续表2

| n | x | \multicolumn{13}{c}{p} |
| | | 0.001 | 0.002 | 0.003 | 0.005 | 0.01 | 0.02 | 0.03 | 0.05 | 0.10 | 0.15 | 0.20 | 0.25 | 0.30 |
|---|---|---|---|---|---|---|---|---|---|---|---|---|---|---|
| 13 | 8 | | | | | | | | | | 1.0000 | 0.9998 | 0.9990 | 0.9960 |
| 13 | 9 | | | | | | | | | | | 1.0000 | 0.9999 | 0.9993 |
| 13 | 10 | | | | | | | | | | | | 1.0000 | 0.9999 |
| 13 | 11 | | | | | | | | | | | | | 1.0000 |
| 14 | 0 | 0.9861 | 0.9724 | 0.9588 | 0.9322 | 0.8687 | 0.7536 | 0.6528 | 0.4877 | 0.2288 | 0.1028 | 0.0440 | 0.0178 | 0.0068 |
| 14 | 1 | 0.9999 | 0.9996 | 0.9992 | 0.9978 | 0.9916 | 0.9690 | 0.9355 | 0.8470 | 0.5846 | 0.3567 | 0.1979 | 0.1010 | 0.0475 |
| 14 | 2 | 1.0000 | 1.0000 | 1.0000 | 1.0000 | 0.9997 | 0.9975 | 0.9923 | 0.9699 | 0.8416 | 0.6479 | 0.4481 | 0.2811 | 0.1608 |
| 14 | 3 | | | | 1.0000 | 0.9999 | 0.9994 | 0.9958 | 0.9559 | 0.8535 | 0.6982 | 0.5213 | 0.3552 |
| 14 | 4 | | | | | | 1.0000 | 1.0000 | 0.9996 | 0.9908 | 0.9533 | 0.8702 | 0.7415 | 0.5842 |
| 14 | 5 | | | | | | | | 1.0000 | 0.9985 | 0.9885 | 0.9561 | 0.8883 | 0.7805 |
| 14 | 6 | | | | | | | | | 0.9998 | 0.9978 | 0.9884 | 0.9617 | 0.9067 |
| 14 | 7 | | | | | | | | | 1.0000 | 0.9997 | 0.9976 | 0.9897 | 0.9685 |
| 14 | 8 | | | | | | | | | | 1.0000 | 0.9996 | 0.9978 | 0.9917 |
| 14 | 9 | | | | | | | | | | | 1.0000 | 0.9997 | 0.9983 |
| 14 | 10 | | | | | | | | | | | | 1.0000 | 0.9998 |
| 14 | 11 | | | | | | | | | | | | | 1.0000 |
| 15 | 0 | 0.9851 | 0.9704 | 0.9559 | 0.9276 | 0.8601 | 0.7386 | 0.6333 | 0.4633 | 0.2059 | 0.0874 | 0.0352 | 0.0134 | 0.0047 |
| 15 | 1 | 0.9999 | 0.9996 | 0.9991 | 0.9975 | 0.9904 | 0.9647 | 0.9270 | 0.8290 | 0.5490 | 0.3186 | 0.1671 | 0.0802 | 0.0353 |
| 15 | 2 | 1.0000 | 1.0000 | 1.0000 | 0.9999 | 0.9996 | 0.9970 | 0.9906 | 0.9638 | 0.8159 | 0.6042 | 0.3980 | 0.2361 | 0.1268 |
| 15 | 3 | | | | 1.0000 | 1.0000 | 0.9998 | 0.9992 | 0.9945 | 0.9444 | 0.8227 | 0.6482 | 0.4613 | 0.2969 |
| 15 | 4 | | | | | | 1.0000 | 0.9999 | 0.9994 | 0.9873 | 0.9383 | 0.8358 | 0.6865 | 0.5155 |
| 15 | 5 | | | | | | | 1.0000 | 0.9999 | 0.9978 | 0.9832 | 0.9389 | 0.8516 | 0.7216 |
| 15 | 6 | | | | | | | | 1.0000 | 0.9997 | 0.9964 | 0.9819 | 0.9434 | 0.8689 |
| 15 | 7 | | | | | | | | | 1.0000 | 0.9994 | 0.9958 | 0.9827 | 0.9500 |
| 15 | 8 | | | | | | | | | | 0.9999 | 0.9992 | 0.9958 | 0.9848 |
| 15 | 9 | | | | | | | | | | 1.0000 | 0.9999 | 0.9992 | 0.9963 |
| 15 | 10 | | | | | | | | | | | 1.0000 | 0.9999 | 0.9993 |
| 15 | 11 | | | | | | | | | | | | 1.0000 | 0.9999 |
| 15 | 12 | | | | | | | | | | | | | 1.0000 |
| 16 | 0 | 0.9841 | 0.9685 | 0.9531 | 0.9229 | 0.8515 | 0.7238 | 0.6143 | 0.4401 | 0.1853 | 0.0743 | 0.0281 | 0.0100 | 0.0033 |
| 16 | 1 | 0.9999 | 0.9995 | 0.9989 | 0.9971 | 0.9891 | 0.9601 | 0.9182 | 0.8108 | 0.5147 | 0.2839 | 0.1407 | 0.0635 | 0.0261 |
| 16 | 2 | 1.0000 | 1.0000 | 1.0000 | 0.9999 | 0.9995 | 0.9963 | 0.9887 | 0.9571 | 0.7892 | 0.5614 | 0.3518 | 0.1971 | 0.0994 |
| 16 | 3 | | | | 1.0000 | 1.0000 | 0.9998 | 0.9989 | 0.9930 | 0.9316 | 0.7899 | 0.5981 | 0.4050 | 0.2459 |
| 16 | 4 | | | | | | 1.0000 | 0.9999 | 0.9991 | 0.9830 | 0.9209 | 0.7982 | 0.6302 | 0.4499 |
| 16 | 5 | | | | | | | 1.0000 | 0.9999 | 0.9967 | 0.9765 | 0.9183 | 0.8103 | 0.6598 |
| 16 | 6 | | | | | | | | 1.0000 | 0.9995 | 0.9944 | 0.9733 | 0.9204 | 0.8247 |
| 16 | 7 | | | | | | | | | 0.9999 | 0.9989 | 0.9930 | 0.9729 | 0.9256 |
| 16 | 8 | | | | | | | | | 1.0000 | 0.9998 | 0.9985 | 0.9925 | 0.9743 |
| 16 | 9 | | | | | | | | | | 1.0000 | 0.9998 | 0.9984 | 0.9929 |
| 16 | 10 | | | | | | | | | | | 1.0000 | 0.9997 | 0.9984 |
| 16 | 11 | | | | | | | | | | | | 1.0000 | 0.9997 |
| 16 | 12 | | | | | | | | | | | | | 1.0000 |
| 17 | 0 | 0.9831 | 0.9665 | 0.9502 | 0.9183 | 0.8429 | 0.7093 | 0.5958 | 0.4181 | 0.1668 | 0.0631 | 0.0225 | 0.0075 | 0.0023 |
| 17 | 1 | 0.9999 | 0.9995 | 0.9988 | 0.9968 | 0.9877 | 0.9554 | 0.9091 | 0.7922 | 0.4818 | 0.2525 | 0.1182 | 0.0501 | 0.0193 |
| 17 | 2 | 1.0000 | 1.0000 | 1.0000 | 0.9999 | 0.9994 | 0.9956 | 0.9866 | 0.9497 | 0.7618 | 0.5198 | 0.3096 | 0.1637 | 0.0774 |
| 17 | 3 | | | | 1.0000 | 1.0000 | 0.9997 | 0.9986 | 0.9912 | 0.9174 | 0.7556 | 0.5489 | 0.3530 | 0.2019 |

续表 3

| n | x | p | | | | | | | | | | | | |
|---|---|---|---|---|---|---|---|---|---|---|---|---|---|
| | | 0.001 | 0.002 | 0.003 | 0.005 | 0.01 | 0.02 | 0.03 | 0.05 | 0.10 | 0.15 | 0.20 | 0.25 | 0.30 |
| 17 | 4 | | | | | | 1.0000 | 0.9999 | 0.9988 | 0.9779 | 0.9013 | 0.7582 | 0.5739 | 0.3887 |
| 17 | 5 | | | | | | | 1.0000 | 0.9999 | 0.9953 | 0.9681 | 0.8943 | 0.7653 | 0.5968 |
| 17 | 6 | | | | | | | | 1.0000 | 0.9992 | 0.9917 | 0.9623 | 0.8929 | 0.7752 |
| 17 | 7 | | | | | | | | | 0.9999 | 0.9983 | 0.9891 | 0.9598 | 0.8954 |
| 17 | 8 | | | | | | | | | 1.0000 | 0.9997 | 0.9974 | 0.9876 | 0.9597 |
| 17 | 9 | | | | | | | | | | 1.0000 | 0.9995 | 0.9969 | 0.9873 |
| 17 | 10 | | | | | | | | | | 1.0000 | 0.9999 | 0.9994 | 0.9968 |
| 17 | 11 | | | | | | | | | | | 1.0000 | 0.9999 | 0.9993 |
| 17 | 12 | | | | | | | | | | | | 1.0000 | 0.9999 |
| 17 | 13 | | | | | | | | | | | | | 1.0000 |
| 18 | 0 | 0.9822 | 0.9646 | 0.9474 | 0.9137 | 0.8345 | 0.6951 | 0.5780 | 0.3972 | 0.1501 | 0.0536 | 0.0180 | 0.0056 | 0.0016 |
| 18 | 1 | 0.9998 | 0.9994 | 0.9987 | 0.9964 | 0.9862 | 0.9505 | 0.8997 | 0.7735 | 0.4503 | 0.2241 | 0.0991 | 0.0395 | 0.0142 |
| 18 | 2 | 1.0000 | 1.0000 | 1.0000 | 0.9999 | 0.9993 | 0.9948 | 0.9843 | 0.9419 | 0.7338 | 0.4797 | 0.2713 | 0.1353 | 0.0600 |
| 18 | 3 | | | | 1.0000 | 1.0000 | 0.9996 | 0.9982 | 0.9891 | 0.9018 | 0.7202 | 0.5010 | 0.3057 | 0.1646 |
| 18 | 4 | | | | | | 1.0000 | 0.9998 | 0.9985 | 0.9718 | 0.8794 | 0.7164 | 0.5187 | 0.3327 |
| 18 | 5 | | | | | | | 1.0000 | 0.9998 | 0.9936 | 0.9581 | 0.8671 | 0.7175 | 0.5344 |
| 18 | 6 | | | | | | | | 1.0000 | 0.9988 | 0.9882 | 0.9487 | 0.8610 | 0.7217 |
| 18 | 7 | | | | | | | | | 0.9998 | 0.9973 | 0.9837 | 0.9431 | 0.8593 |
| 18 | 8 | | | | | | | | | 1.0000 | 0.9995 | 0.9957 | 0.9807 | 0.9404 |
| 18 | 9 | | | | | | | | | | 0.9999 | 0.9991 | 0.9946 | 0.9790 |
| 18 | 10 | | | | | | | | | | 1.0000 | 0.9998 | 0.9988 | 0.9939 |
| 18 | 11 | | | | | | | | | | | 1.0000 | 0.9998 | 0.9986 |
| 18 | 12 | | | | | | | | | | | | 1.0000 | 0.9997 |
| 18 | 13 | | | | | | | | | | | | | 1.0000 |
| 19 | 0 | 0.9812 | 0.9627 | 0.9445 | 0.9092 | 0.8262 | 0.6812 | 0.5606 | 0.3774 | 0.1351 | 0.0456 | 0.0144 | 0.0042 | 0.0011 |
| 19 | 1 | 0.9998 | 0.9993 | 0.9985 | 0.9960 | 0.9847 | 0.9454 | 0.8900 | 0.7547 | 0.4203 | 0.1985 | 0.0829 | 0.0310 | 0.0104 |
| 19 | 2 | 1.0000 | 1.0000 | 1.0000 | 0.9999 | 0.9991 | 0.9939 | 0.9817 | 0.9335 | 0.7054 | 0.4413 | 0.2369 | 0.1113 | 0.0462 |
| 19 | 3 | | | | 1.0000 | 1.0000 | 0.9995 | 0.9978 | 0.9868 | 0.8850 | 0.6841 | 0.4551 | 0.2631 | 0.1332 |
| 19 | 4 | | | | | | 1.0000 | 0.9998 | 0.9980 | 0.9648 | 0.8556 | 0.6733 | 0.4654 | 0.2822 |
| 19 | 5 | | | | | | | 1.0000 | 0.9998 | 0.9914 | 0.9463 | 0.8369 | 0.6678 | 0.4739 |
| 19 | 6 | | | | | | | | 1.0000 | 0.9983 | 0.9837 | 0.9324 | 0.8251 | 0.6655 |
| 19 | 7 | | | | | | | | | 0.9997 | 0.9959 | 0.9767 | 0.9225 | 0.8180 |
| 19 | 8 | | | | | | | | | 1.0000 | 0.9992 | 0.9933 | 0.9713 | 0.9161 |
| 19 | 9 | | | | | | | | | | 0.9999 | 0.9984 | 0.9911 | 0.9674 |
| 19 | 10 | | | | | | | | | | 1.0000 | 0.9997 | 0.9977 | 0.9895 |
| 19 | 11 | | | | | | | | | | | 1.0000 | 0.9995 | 0.9972 |
| 19 | 12 | | | | | | | | | | | | 0.9999 | 0.9994 |
| 19 | 13 | | | | | | | | | | | | 1.0000 | 0.9999 |
| 19 | 14 | | | | | | | | | | | | | 1.0000 |
| 20 | 0 | 0.9802 | 0.9608 | 0.9417 | 0.9046 | 0.8179 | 0.6676 | 0.5438 | 0.3585 | 0.1216 | 0.0388 | 0.0115 | 0.0032 | 0.0008 |
| 20 | 1 | 0.9998 | 0.9993 | 0.9984 | 0.9955 | 0.9831 | 0.9401 | 0.8802 | 0.7358 | 0.3917 | 0.1756 | 0.0692 | 0.0243 | 0.0076 |
| 20 | 2 | 1.0000 | 1.0000 | 1.0000 | 0.9999 | 0.9990 | 0.9929 | 0.9790 | 0.9245 | 0.6769 | 0.4049 | 0.2061 | 0.0913 | 0.0355 |
| 20 | 3 | | | | 1.0000 | 1.0000 | 0.9994 | 0.9973 | 0.9841 | 0.8670 | 0.6477 | 0.4114 | 0.2252 | 0.1071 |
| 20 | 4 | | | | | | 1.0000 | 0.9997 | 0.9974 | 0.9568 | 0.8298 | 0.6296 | 0.4148 | 0.2375 |
| 20 | 5 | | | | | | | 1.0000 | 0.9997 | 0.9887 | 0.9327 | 0.8042 | 0.6172 | 0.4164 |
| 20 | 6 | | | | | | | | 1.0000 | 0.9976 | 0.9781 | 0.9133 | 0.7858 | 0.6080 |

续表 4

| n | x | 0.001 | 0.002 | 0.003 | 0.005 | 0.01 | 0.02 | 0.03 | 0.05 | 0.10 | 0.15 | 0.20 | 0.25 | 0.30 |
|---|---|-------|-------|-------|-------|------|------|------|------|------|------|------|------|------|
| 20 | 7 | | | | | | | | | 0.9996 | 0.9941 | 0.9679 | 0.8982 | 0.7723 |
| 20 | 8 | | | | | | | | | 0.9999 | 0.9987 | 0.9900 | 0.9591 | 0.8867 |
| 20 | 9 | | | | | | | | | 1.0000 | 0.9998 | 0.9974 | 0.9861 | 0.9520 |
| 20 | 10 | | | | | | | | | | 1.0000 | 0.9994 | 0.9961 | 0.9829 |
| 20 | 11 | | | | | | | | | | | 0.9999 | 0.9991 | 0.9949 |
| 20 | 12 | | | | | | | | | | | 1.0000 | 0.9998 | 0.9987 |
| 20 | 13 | | | | | | | | | | | | 1.0000 | 0.9997 |
| 20 | 14 | | | | | | | | | | | | | 1.0000 |
| 25 | 0 | 0.9753 | 0.9512 | 0.9276 | 0.8822 | 0.7778 | 0.6035 | 0.4670 | 0.2774 | 0.0718 | 0.0172 | 0.0038 | 0.0008 | 0.0001 |
| 25 | 1 | 0.9997 | 0.9988 | 0.9974 | 0.9931 | 0.9742 | 0.9114 | 0.8280 | 0.6424 | 0.2712 | 0.0931 | 0.0274 | 0.0070 | 0.0016 |
| 25 | 2 | 1.0000 | 1.0000 | 0.9999 | 0.9997 | 0.9980 | 0.9868 | 0.9620 | 0.8729 | 0.5371 | 0.2537 | 0.0982 | 0.0321 | 0.0090 |
| 25 | 3 | | | 1.0000 | 1.0000 | 0.9999 | 0.9986 | 0.9938 | 0.9659 | 0.7636 | 0.4711 | 0.2340 | 0.0962 | 0.0332 |
| 25 | 4 | | | | | 1.0000 | 0.9999 | 0.9992 | 0.9928 | 0.9020 | 0.6821 | 0.4207 | 0.2137 | 0.0905 |
| 25 | 5 | | | | | | 1.0000 | 0.9999 | 0.9988 | 0.9666 | 0.8385 | 0.6167 | 0.3783 | 0.1935 |
| 25 | 6 | | | | | | | 1.0000 | 0.9998 | 0.9905 | 0.9305 | 0.7800 | 0.5611 | 0.3407 |
| 25 | 7 | | | | | | | | 1.0000 | 0.9977 | 0.9745 | 0.8909 | 0.7265 | 0.5118 |
| 25 | 8 | | | | | | | | | 0.9995 | 0.9920 | 0.9532 | 0.8506 | 0.6769 |
| 25 | 9 | | | | | | | | | 0.9999 | 0.9979 | 0.9827 | 0.9287 | 0.8106 |
| 25 | 10 | | | | | | | | | 1.0000 | 0.9995 | 0.9944 | 0.9703 | 0.9022 |
| 25 | 11 | | | | | | | | | | 0.9999 | 0.9985 | 0.9893 | 0.9558 |
| 25 | 12 | | | | | | | | | | 1.0000 | 0.9996 | 0.9966 | 0.9825 |
| 25 | 13 | | | | | | | | | | | 0.9999 | 0.9991 | 0.9940 |
| 25 | 14 | | | | | | | | | | | 1.0000 | 0.9998 | 0.9982 |
| 25 | 15 | | | | | | | | | | | | 1.0000 | 0.9995 |
| 25 | 16 | | | | | | | | | | | | | 0.9999 |
| 25 | 17 | | | | | | | | | | | | | 1.0000 |
| 30 | 0 | 0.9704 | 0.9417 | 0.9138 | 0.8604 | 0.7397 | 0.5455 | 0.4010 | 0.2146 | 0.0424 | 0.0076 | 0.0012 | 0.0002 | 0.0000 |
| 30 | 1 | 0.9996 | 0.9983 | 0.9963 | 0.9901 | 0.9639 | 0.8795 | 0.7731 | 0.5535 | 0.1837 | 0.0480 | 0.0105 | 0.0020 | 0.0003 |
| 30 | 2 | 1.0000 | 1.0000 | 0.9999 | 0.9995 | 0.9967 | 0.9783 | 0.9399 | 0.8122 | 0.4114 | 0.1514 | 0.0442 | 0.0106 | 0.0021 |
| 30 | 3 | | | 1.0000 | 1.0000 | 0.9998 | 0.9971 | 0.9881 | 0.9392 | 0.6474 | 0.3217 | 0.1227 | 0.0374 | 0.0093 |
| 30 | 4 | | | | | 1.0000 | 0.9997 | 0.9982 | 0.9844 | 0.8245 | 0.5245 | 0.2552 | 0.0979 | 0.0302 |
| 30 | 5 | | | | | | 1.0000 | 0.9998 | 0.9967 | 0.9268 | 0.7106 | 0.4275 | 0.2026 | 0.0766 |
| 30 | 6 | | | | | | | 1.0000 | 0.9994 | 0.9742 | 0.8474 | 0.6070 | 0.3481 | 0.1595 |
| 30 | 7 | | | | | | | | 0.9999 | 0.9922 | 0.9302 | 0.7608 | 0.5143 | 0.2814 |
| 30 | 8 | | | | | | | | 1.0000 | 0.9980 | 0.9722 | 0.8713 | 0.6736 | 0.4315 |
| 30 | 9 | | | | | | | | | 0.9995 | 0.9903 | 0.9389 | 0.8034 | 0.5888 |
| 30 | 10 | | | | | | | | | 0.9999 | 0.9971 | 0.9744 | 0.8943 | 0.7304 |
| 30 | 11 | | | | | | | | | 1.0000 | 0.9992 | 0.9905 | 0.9493 | 0.8407 |
| 30 | 12 | | | | | | | | | | 0.9998 | 0.9969 | 0.9784 | 0.9155 |
| 30 | 13 | | | | | | | | | | 1.0000 | 0.9991 | 0.9918 | 0.9599 |
| 30 | 14 | | | | | | | | | | | 0.9998 | 0.9973 | 0.9831 |
| 30 | 15 | | | | | | | | | | | 0.9999 | 0.9992 | 0.9936 |
| 30 | 16 | | | | | | | | | | | 1.0000 | 0.9998 | 0.9979 |
| 30 | 17 | | | | | | | | | | | | 0.9999 | 0.9994 |
| 30 | 18 | | | | | | | | | | | | 1.0000 | 0.9998 |
| 30 | 19 | | | | | | | | | | | | | 1.0000 |

**附表 2** 泊松分布表

$$1 - F(x-1) = \sum_{k=x}^{\infty} \frac{\lambda^k}{k!} e^{-\lambda}$$

| $x$ | $\lambda=0.1$ | $\lambda=0.2$ | $\lambda=0.3$ | $\lambda=0.4$ | $\lambda=0.5$ | $\lambda=0.6$ | $\lambda=0.7$ |
|---|---|---|---|---|---|---|---|
| 0 | 1.000000 | 1.000000 | 1.000000 | 1.000000 | 1.000000 | 1.000000 | 1.000000 |
| 1 | 0.095163 | 0.181269 | 0.259182 | 0.329680 | 0.393469 | 0.451188 | 0.503415 |
| 2 | 0.004679 | 0.017523 | 0.036936 | 0.061552 | 0.090204 | 0.121901 | 0.155805 |
| 3 | 0.000155 | 0.001148 | 0.003599 | 0.007926 | 0.014388 | 0.023115 | 0.034142 |
| 4 | 0.000004 | 0.000057 | 0.000266 | 0.000776 | 0.001752 | 0.003358 | 0.005753 |
| 5 | 0.000000 | 0.000002 | 0.000016 | 0.000061 | 0.000172 | 0.000394 | 0.000786 |
| 6 | 0.000000 | 0.000000 | 0.000001 | 0.000004 | 0.000014 | 0.000039 | 0.000090 |
| 7 | 0.000000 | 0.000000 | 0.000000 | 0.000000 | 0.000001 | 0.000003 | 0.000009 |
| 8 | 0.000000 | 0.000000 | 0.000000 | 0.000000 | 0.000000 | 0.000000 | 0.000001 |

| $x$ | $\lambda=0.8$ | $\lambda=0.9$ | $\lambda=1.0$ | $\lambda=1.2$ | $\lambda=1.4$ | $\lambda=1.6$ | $\lambda=1.8$ |
|---|---|---|---|---|---|---|---|
| 0 | 1.000000 | 1.000000 | 1.000000 | 1.000000 | 1.000000 | 1.000000 | 1.000000 |
| 1 | 0.550671 | 0.593430 | 0.632121 | 0.698806 | 0.753403 | 0.798103 | 0.834701 |
| 2 | 0.191208 | 0.227518 | 0.264241 | 0.337373 | 0.408167 | 0.475069 | 0.537163 |
| 3 | 0.047423 | 0.062857 | 0.080301 | 0.120513 | 0.166502 | 0.216642 | 0.269379 |
| 4 | 0.009080 | 0.013459 | 0.018988 | 0.033769 | 0.053725 | 0.078813 | 0.108708 |
| 5 | 0.001411 | 0.002344 | 0.003660 | 0.007746 | 0.014253 | 0.023682 | 0.036407 |
| 6 | 0.000184 | 0.000343 | 0.000594 | 0.001500 | 0.003201 | 0.006040 | 0.010378 |
| 7 | 0.000021 | 0.000043 | 0.000083 | 0.000251 | 0.000622 | 0.001336 | 0.002569 |
| 8 | 0.000002 | 0.000005 | 0.000010 | 0.000037 | 0.000107 | 0.000260 | 0.000562 |
| 9 | 0.000000 | 0.000000 | 0.000001 | 0.000005 | 0.000016 | 0.000045 | 0.000110 |
| 10 | 0.000000 | 0.000000 | 0.000000 | 0.000001 | 0.000002 | 0.000007 | 0.000019 |
| 11 | 0.000000 | 0.000000 | 0.000000 | 0.000000 | 0.000000 | 0.000001 | 0.000003 |

| $x$ | $\lambda=2.0$ | $\lambda=2.5$ | $\lambda=3.0$ | $\lambda=3.5$ | $\lambda=4.0$ | $\lambda=4.5$ | $\lambda=5.0$ |
|---|---|---|---|---|---|---|---|
| 0 | 1.000000 | 1.000000 | 1.000000 | 1.000000 | 1.000000 | 1.000000 | 1.000000 |
| 1 | 0.864665 | 0.917915 | 0.950213 | 0.969803 | 0.981684 | 0.988891 | 0.993262 |
| 2 | 0.593994 | 0.712703 | 0.800852 | 0.864112 | 0.908422 | 0.938901 | 0.959572 |
| 3 | 0.323324 | 0.456187 | 0.576810 | 0.679153 | 0.761897 | 0.826422 | 0.875348 |
| 4 | 0.142877 | 0.242424 | 0.352768 | 0.463367 | 0.566530 | 0.657704 | 0.734974 |
| 5 | 0.052653 | 0.108822 | 0.184737 | 0.274555 | 0.371163 | 0.467896 | 0.559507 |
| 6 | 0.016564 | 0.042021 | 0.083918 | 0.142386 | 0.214870 | 0.297070 | 0.384039 |
| 7 | 0.004534 | 0.014187 | 0.033509 | 0.065288 | 0.110674 | 0.168949 | 0.237817 |
| 8 | 0.001097 | 0.004247 | 0.011905 | 0.026739 | 0.051134 | 0.086586 | 0.133372 |
| 9 | 0.000237 | 0.001140 | 0.003803 | 0.009874 | 0.021363 | 0.040257 | 0.068094 |
| 10 | 0.000046 | 0.000277 | 0.001102 | 0.003315 | 0.008132 | 0.017093 | 0.031828 |
| 11 | 0.000008 | 0.000062 | 0.000292 | 0.001019 | 0.002840 | 0.006669 | 0.013695 |
| 12 | 0.000001 | 0.000013 | 0.000071 | 0.000289 | 0.000915 | 0.002404 | 0.005453 |
| 13 | 0.000000 | 0.000002 | 0.000016 | 0.000076 | 0.000274 | 0.000805 | 0.002019 |
| 14 | 0.000000 | 0.000000 | 0.000003 | 0.000019 | 0.000076 | 0.000252 | 0.000698 |
| 15 | 0.000000 | 0.000000 | 0.000001 | 0.000004 | 0.000020 | 0.000074 | 0.000226 |
| 16 | 0.000000 | 0.000000 | 0.000000 | 0.000001 | 0.000005 | 0.000020 | 0.000069 |
| 17 | 0.000000 | 0.000000 | 0.000000 | 0.000000 | 0.000001 | 0.000005 | 0.000020 |
| 18 | 0.000000 | 0.000000 | 0.000000 | 0.000000 | 0.000000 | 0.000001 | 0.000005 |
| 19 | 0.000000 | 0.000000 | 0.000000 | 0.000000 | 0.000000 | 0.000000 | 0.000001 |

附表 3　　　　　　　　　　　　　　标准正态分布表

$$\Phi(x) = \int_{-\infty}^{x} \frac{1}{\sqrt{2\pi}} e^{-t^2/2} dt$$

| $x$ | 0 | 1 | 2 | 3 | 4 | 5 | 6 | 7 | 8 | 9 |
|---|---|---|---|---|---|---|---|---|---|---|
| 0.0 | 0.5000 | 0.5040 | 0.5080 | 0.5120 | 0.5160 | 0.5199 | 0.5239 | 0.5279 | 0.5319 | 0.5359 |
| 0.1 | 0.5398 | 0.5438 | 0.5478 | 0.5517 | 0.5557 | 0.5596 | 0.5636 | 0.5675 | 0.5714 | 0.5753 |
| 0.2 | 0.5793 | 0.5832 | 0.5871 | 0.5910 | 0.5948 | 0.5987 | 0.6026 | 0.6064 | 0.6103 | 0.6141 |
| 0.3 | 0.6179 | 0.6217 | 0.6255 | 0.6293 | 0.6331 | 0.6368 | 0.6406 | 0.6443 | 0.6480 | 0.6517 |
| 0.4 | 0.6554 | 0.6591 | 0.6628 | 0.6664 | 0.6700 | 0.6736 | 0.6772 | 0.6808 | 0.6844 | 0.6879 |
| 0.5 | 0.6915 | 0.6950 | 0.6985 | 0.7019 | 0.7054 | 0.7088 | 0.7123 | 0.7157 | 0.7190 | 0.7224 |
| 0.6 | 0.7257 | 0.7291 | 0.7324 | 0.7357 | 0.7389 | 0.7422 | 0.7454 | 0.7486 | 0.7517 | 0.7549 |
| 0.7 | 0.7580 | 0.7611 | 0.7642 | 0.7673 | 0.7704 | 0.7734 | 0.7764 | 0.7794 | 0.7823 | 0.7852 |
| 0.8 | 0.7881 | 0.7910 | 0.7939 | 0.7967 | 0.7995 | 0.8023 | 0.8051 | 0.8078 | 0.8106 | 0.8133 |
| 0.9 | 0.8159 | 0.8186 | 0.8212 | 0.8238 | 0.8264 | 0.8289 | 0.8315 | 0.8340 | 0.8365 | 0.8389 |
| 1.0 | 0.8413 | 0.8438 | 0.8461 | 0.8485 | 0.8508 | 0.8531 | 0.8554 | 0.8577 | 0.8599 | 0.8621 |
| 1.1 | 0.8643 | 0.8665 | 0.8686 | 0.8708 | 0.8729 | 0.8749 | 0.8770 | 0.8790 | 0.8810 | 0.8830 |
| 1.2 | 0.8849 | 0.8869 | 0.8888 | 0.8907 | 0.8925 | 0.8944 | 0.8962 | 0.8980 | 0.8997 | 0.9015 |
| 1.3 | 0.9032 | 0.9049 | 0.9066 | 0.9082 | 0.9099 | 0.9115 | 0.9131 | 0.9147 | 0.9162 | 0.9177 |
| 1.4 | 0.9192 | 0.9207 | 0.9222 | 0.9236 | 0.9251 | 0.9265 | 0.9279 | 0.9292 | 0.9306 | 0.9319 |
| 1.5 | 0.9332 | 0.9345 | 0.9357 | 0.9370 | 0.9382 | 0.9394 | 0.9406 | 0.9418 | 0.9429 | 0.9441 |
| 1.6 | 0.9452 | 0.9463 | 0.9474 | 0.9484 | 0.9495 | 0.9505 | 0.9515 | 0.9525 | 0.9535 | 0.9545 |
| 1.7 | 0.9554 | 0.9564 | 0.9573 | 0.9582 | 0.9591 | 0.9599 | 0.9608 | 0.9616 | 0.9625 | 0.9633 |
| 1.8 | 0.9641 | 0.9649 | 0.9656 | 0.9664 | 0.9671 | 0.9678 | 0.9686 | 0.9693 | 0.9699 | 0.9706 |
| 1.9 | 0.9713 | 0.9719 | 0.9726 | 0.9732 | 0.9738 | 0.9744 | 0.9750 | 0.9756 | 0.9761 | 0.9767 |
| 2.0 | 0.9772 | 0.9778 | 0.9783 | 0.9788 | 0.9793 | 0.9798 | 0.9803 | 0.9808 | 0.9812 | 0.9817 |
| 2.1 | 0.9821 | 0.9826 | 0.9830 | 0.9834 | 0.9838 | 0.9842 | 0.9846 | 0.9850 | 0.9854 | 0.9857 |
| 2.2 | 0.9861 | 0.9864 | 0.9868 | 0.9871 | 0.9875 | 0.9878 | 0.9881 | 0.9884 | 0.9887 | 0.9890 |
| 2.3 | 0.9893 | 0.9896 | 0.9898 | 0.9901 | 0.9904 | 0.9906 | 0.9909 | 0.9911 | 0.9913 | 0.9916 |
| 2.4 | 0.9918 | 0.9920 | 0.9922 | 0.9925 | 0.9927 | 0.9929 | 0.9931 | 0.9932 | 0.9934 | 0.9936 |
| 2.5 | 0.9938 | 0.9940 | 0.9941 | 0.9943 | 0.9945 | 0.9946 | 0.9948 | 0.9949 | 0.9951 | 0.9952 |
| 2.6 | 0.9953 | 0.9955 | 0.9956 | 0.9957 | 0.9959 | 0.9960 | 0.9961 | 0.9962 | 0.9963 | 0.9964 |
| 2.7 | 0.9965 | 0.9966 | 0.9967 | 0.9968 | 0.9969 | 0.9970 | 0.9971 | 0.9972 | 0.9973 | 0.9974 |
| 2.8 | 0.9974 | 0.9975 | 0.9976 | 0.9977 | 0.9977 | 0.9978 | 0.9979 | 0.9979 | 0.9980 | 0.9981 |
| 2.9 | 0.9981 | 0.9982 | 0.9982 | 0.9983 | 0.9984 | 0.9984 | 0.9985 | 0.9985 | 0.9986 | 0.9986 |
| 3.0 | 0.9987 | 0.9990 | 0.9993 | 0.9995 | 0.9997 | 0.9998 | 0.9998 | 0.9999 | 0.9999 | 1.0000 |

注：表中末行为函数值 $\Phi(3.0), \Phi(3.1), \cdots, \Phi(3.9)$。

## 附表 4  t 分 布 表

$$P\{t(n) > t_\alpha(n)\} = \alpha$$

| $n$ | $\alpha = 0.25$ | $\alpha = 0.1$ | $\alpha = 0.05$ | $\alpha = 0.025$ | $\alpha = 0.01$ | $\alpha = 0.005$ |
|---|---|---|---|---|---|---|
| 1 | 1.0000 | 3.0777 | 6.3138 | 12.7062 | 31.8205 | 63.6567 |
| 2 | 0.8165 | 1.8856 | 2.9200 | 4.3027 | 6.9646 | 9.9248 |
| 3 | 0.7649 | 1.6377 | 2.3534 | 3.1824 | 4.5407 | 5.8409 |
| 4 | 0.7407 | 1.5332 | 2.1318 | 2.7764 | 3.7469 | 4.6041 |
| 5 | 0.7267 | 1.4759 | 2.0150 | 2.5706 | 3.3649 | 4.0321 |
| 6 | 0.7176 | 1.4398 | 1.9432 | 2.4469 | 3.1427 | 3.7074 |
| 7 | 0.7111 | 1.4149 | 1.8946 | 2.3646 | 2.9980 | 3.4995 |
| 8 | 0.7064 | 1.3968 | 1.8595 | 2.3060 | 2.8965 | 3.3554 |
| 9 | 0.7027 | 1.3830 | 1.8331 | 2.2622 | 2.8214 | 3.2498 |
| 10 | 0.6998 | 1.3722 | 1.8125 | 2.2281 | 2.7638 | 3.1693 |
| 11 | 0.6974 | 1.3634 | 1.7959 | 2.2010 | 2.7181 | 3.1058 |
| 12 | 0.6955 | 1.3562 | 1.7823 | 2.1788 | 2.6810 | 3.0545 |
| 13 | 0.6938 | 1.3502 | 1.7709 | 2.1604 | 2.6503 | 3.0123 |
| 14 | 0.6924 | 1.3450 | 1.7613 | 2.1448 | 2.6245 | 2.9768 |
| 15 | 0.6912 | 1.3406 | 1.7531 | 2.1314 | 2.6025 | 2.9467 |
| 16 | 0.6901 | 1.3368 | 1.7459 | 2.1199 | 2.5835 | 2.9208 |
| 17 | 0.6892 | 1.3334 | 1.7396 | 2.1098 | 2.5669 | 2.8982 |
| 18 | 0.6884 | 1.3304 | 1.7341 | 2.1009 | 2.5524 | 2.8784 |
| 19 | 0.6876 | 1.3277 | 1.7291 | 2.0930 | 2.5395 | 2.8609 |
| 20 | 0.6870 | 1.3253 | 1.7247 | 2.0860 | 2.5280 | 2.8453 |
| 21 | 0.6864 | 1.3232 | 1.7207 | 2.0796 | 2.5176 | 2.8314 |
| 22 | 0.6858 | 1.3212 | 1.7171 | 2.0739 | 2.5083 | 2.8188 |
| 23 | 0.6853 | 1.3195 | 1.7139 | 2.0687 | 2.4999 | 2.8073 |
| 24 | 0.6848 | 1.3178 | 1.7109 | 2.0639 | 2.4922 | 2.7969 |
| 25 | 0.6844 | 1.3163 | 1.7081 | 2.0595 | 2.4851 | 2.7874 |
| 26 | 0.6840 | 1.3150 | 1.7056 | 2.0555 | 2.4786 | 2.7787 |
| 27 | 0.6837 | 1.3137 | 1.7033 | 2.0518 | 2.4727 | 2.7707 |
| 28 | 0.6834 | 1.3125 | 1.7011 | 2.0484 | 2.4671 | 2.7633 |
| 29 | 0.6830 | 1.3114 | 1.6991 | 2.0452 | 2.4620 | 2.7564 |
| 30 | 0.6828 | 1.3104 | 1.6973 | 2.0423 | 2.4573 | 2.7500 |
| 31 | 0.6825 | 1.3095 | 1.6955 | 2.0395 | 2.4528 | 2.7440 |
| 32 | 0.6822 | 1.3086 | 1.6939 | 2.0369 | 2.4487 | 2.7385 |
| 33 | 0.6820 | 1.3077 | 1.6924 | 2.0345 | 2.4448 | 2.7333 |
| 34 | 0.6818 | 1.3070 | 1.6909 | 2.0322 | 2.4411 | 2.7284 |
| 35 | 0.6816 | 1.3062 | 1.6896 | 2.0301 | 2.4377 | 2.7238 |
| 36 | 0.6814 | 1.3055 | 1.6883 | 2.0281 | 2.4345 | 2.7195 |
| 37 | 0.6812 | 1.3049 | 1.6871 | 2.0262 | 2.4314 | 2.7154 |
| 38 | 0.6810 | 1.3042 | 1.6860 | 2.0244 | 2.4286 | 2.7116 |
| 39 | 0.6808 | 1.3036 | 1.6849 | 2.0227 | 2.4258 | 2.7079 |
| 40 | 0.6807 | 1.3031 | 1.6839 | 2.0211 | 2.4233 | 2.7045 |
| 41 | 0.6805 | 1.3025 | 1.6829 | 2.0195 | 2.4208 | 2.7012 |
| 42 | 0.6804 | 1.3020 | 1.6820 | 2.0181 | 2.4185 | 2.6981 |
| 43 | 0.6802 | 1.3016 | 1.6811 | 2.0167 | 2.4163 | 2.6951 |
| 44 | 0.6801 | 1.3011 | 1.6802 | 2.0154 | 2.4141 | 2.6923 |
| 45 | 0.6800 | 1.3006 | 1.6794 | 2.0141 | 2.4121 | 2.6896 |

## 附表5  χ² 分 布 表

$$P\{\chi^2(n) > \chi^2_\alpha(n)\} = \alpha$$

| n | α = 0.995 | α = 0.99 | α = 0.975 | α = 0.95 | α = 0.90 | α = 0.75 |
|---|---|---|---|---|---|---|
| 1 | 0.0000 | 0.0002 | 0.0010 | 0.0039 | 0.0158 | 0.1015 |
| 2 | 0.0100 | 0.0201 | 0.0506 | 0.1026 | 0.2107 | 0.5754 |
| 3 | 0.0717 | 0.1148 | 0.2158 | 0.3518 | 0.5844 | 1.2125 |
| 4 | 0.2070 | 0.2971 | 0.4844 | 0.7107 | 1.0636 | 1.9226 |
| 5 | 0.4118 | 0.5543 | 0.8312 | 1.1455 | 1.6103 | 2.6746 |
| 6 | 0.6757 | 0.8721 | 1.2373 | 1.6354 | 2.2041 | 3.4546 |
| 7 | 0.9893 | 1.2390 | 1.6899 | 2.1673 | 2.8331 | 4.2549 |
| 8 | 1.3444 | 1.6465 | 2.1797 | 2.7326 | 3.4895 | 5.0706 |
| 9 | 1.7349 | 2.0879 | 2.7004 | 3.3251 | 4.1682 | 5.8988 |
| 10 | 2.1558 | 2.5582 | 3.2470 | 3.9403 | 4.8652 | 6.7372 |
| 11 | 2.6032 | 3.0535 | 3.8157 | 4.5748 | 5.5778 | 7.5841 |
| 12 | 3.0738 | 3.5706 | 4.4038 | 5.2260 | 6.3038 | 8.4384 |
| 13 | 3.5650 | 4.1069 | 5.0087 | 5.8919 | 7.0415 | 9.2991 |
| 14 | 4.0747 | 4.6604 | 5.6287 | 6.5706 | 7.7895 | 10.1653 |
| 15 | 4.6009 | 5.2294 | 6.2621 | 7.2609 | 8.5468 | 11.0365 |
| 16 | 5.1422 | 5.8122 | 6.9077 | 7.9616 | 9.3122 | 11.9122 |
| 17 | 5.6973 | 6.4077 | 7.5642 | 8.6718 | 10.0852 | 12.7919 |
| 18 | 6.2648 | 7.0149 | 8.2307 | 9.3904 | 10.8649 | 13.6753 |
| 19 | 6.8439 | 7.6327 | 8.9065 | 10.1170 | 11.6509 | 14.5620 |
| 20 | 7.4338 | 8.2604 | 9.5908 | 10.8508 | 12.4426 | 15.4518 |
| 21 | 8.0336 | 8.8972 | 10.2829 | 11.5913 | 13.2396 | 16.3444 |
| 22 | 8.6427 | 9.5425 | 10.9823 | 12.3380 | 14.0415 | 17.2396 |
| 23 | 9.2604 | 10.1957 | 11.6885 | 13.0905 | 14.8480 | 18.1373 |
| 24 | 9.8862 | 10.8563 | 12.4011 | 13.8484 | 15.6587 | 19.0373 |
| 25 | 10.5196 | 11.5240 | 13.1197 | 14.6114 | 16.4734 | 19.9393 |
| 26 | 11.1602 | 12.1982 | 13.8439 | 15.3792 | 17.2919 | 20.8434 |
| 27 | 11.8077 | 12.8785 | 14.5734 | 16.1514 | 18.1139 | 21.7494 |
| 28 | 12.4613 | 13.5647 | 15.3079 | 16.9279 | 18.9392 | 22.6572 |
| 29 | 13.1211 | 14.2564 | 16.0471 | 17.7084 | 19.7677 | 23.5666 |
| 30 | 13.7867 | 14.9535 | 16.7908 | 18.4927 | 20.5992 | 24.4776 |
| 31 | 14.4577 | 15.6555 | 17.5387 | 19.2806 | 21.4336 | 25.3901 |
| 32 | 15.1340 | 16.3622 | 18.2908 | 20.0719 | 22.2706 | 26.3041 |
| 33 | 15.8152 | 17.0735 | 19.0467 | 20.8665 | 23.1102 | 27.2194 |
| 34 | 16.5013 | 17.7891 | 19.8062 | 21.6643 | 23.9522 | 28.1361 |
| 35 | 17.1917 | 18.5089 | 20.5694 | 22.4650 | 24.7966 | 29.0540 |
| 36 | 17.8868 | 19.2326 | 21.3359 | 23.2686 | 25.6433 | 29.9730 |
| 37 | 18.5859 | 19.9603 | 22.1056 | 24.0749 | 26.4921 | 30.8933 |
| 38 | 19.2888 | 20.6914 | 22.8785 | 24.8839 | 27.3430 | 31.8146 |
| 39 | 19.9958 | 21.4261 | 23.6543 | 25.6954 | 28.1958 | 32.7369 |
| 40 | 20.7066 | 22.1642 | 24.4331 | 26.5093 | 29.0505 | 33.6603 |
| 41 | 21.4208 | 22.9056 | 25.2145 | 27.3256 | 29.9071 | 34.5846 |
| 42 | 22.1384 | 23.6501 | 25.9987 | 28.1440 | 30.7654 | 35.5099 |
| 43 | 22.8596 | 24.3976 | 26.7854 | 28.9647 | 31.6255 | 36.4361 |
| 44 | 23.5836 | 25.1480 | 27.5745 | 29.7875 | 32.4871 | 37.3631 |
| 45 | 24.3110 | 25.9012 | 28.3662 | 30.6123 | 33.3504 | 38.2910 |

续表

| $n$ | $\alpha=0.25$ | $\alpha=0.1$ | $\alpha=0.05$ | $\alpha=0.025$ | $\alpha=0.01$ | $\alpha=0.005$ |
|---|---|---|---|---|---|---|
| 1 | 1.3233 | 2.7055 | 3.8415 | 5.0239 | 6.6349 | 7.8794 |
| 2 | 2.7726 | 4.6052 | 5.9915 | 7.3778 | 9.2104 | 10.5965 |
| 3 | 4.1083 | 6.2514 | 7.8147 | 9.3484 | 11.3449 | 12.8381 |
| 4 | 5.3853 | 7.7794 | 9.4877 | 11.1433 | 13.2767 | 14.8602 |
| 5 | 6.6257 | 9.2363 | 11.0705 | 12.8325 | 15.0863 | 16.7496 |
| 6 | 7.8408 | 10.6446 | 12.5916 | 14.4494 | 16.8119 | 18.5475 |
| 7 | 9.0371 | 12.0170 | 14.0671 | 16.0128 | 18.4753 | 20.2777 |
| 8 | 10.2189 | 13.3616 | 15.5073 | 17.5345 | 20.0902 | 21.9549 |
| 9 | 11.3887 | 14.6837 | 16.9190 | 19.0228 | 21.6660 | 23.5893 |
| 10 | 12.5489 | 15.9872 | 18.3070 | 20.4832 | 23.2093 | 25.1881 |
| 11 | 13.7007 | 17.2750 | 19.6752 | 21.9200 | 24.7250 | 26.7569 |
| 12 | 14.8454 | 18.5493 | 21.0261 | 23.3367 | 26.2170 | 28.2997 |
| 13 | 15.9839 | 19.8119 | 22.3620 | 24.7356 | 27.6882 | 29.8193 |
| 14 | 17.1169 | 21.0641 | 23.6848 | 26.1189 | 29.1412 | 31.3194 |
| 15 | 18.2451 | 22.3071 | 24.9958 | 27.4884 | 30.5780 | 32.8015 |
| 16 | 19.3689 | 23.5418 | 26.2962 | 28.8453 | 31.9999 | 34.2671 |
| 17 | 20.4887 | 24.7690 | 27.5871 | 30.1910 | 33.4087 | 35.7184 |
| 18 | 21.6049 | 25.9894 | 28.8693 | 31.5264 | 34.8052 | 37.1564 |
| 19 | 22.7178 | 27.2036 | 30.1435 | 32.8523 | 36.1908 | 38.5821 |
| 20 | 23.8277 | 28.4120 | 31.4104 | 34.1696 | 37.5663 | 39.9969 |
| 21 | 24.9348 | 29.6151 | 32.6706 | 35.4789 | 38.9322 | 41.4009 |
| 22 | 26.0393 | 30.8133 | 33.9245 | 36.7807 | 40.2894 | 42.7957 |
| 23 | 27.1413 | 32.0069 | 35.1725 | 38.0756 | 41.6383 | 44.1814 |
| 24 | 28.2412 | 33.1962 | 36.4150 | 39.3641 | 42.9798 | 45.5584 |
| 25 | 29.3388 | 34.3816 | 37.6525 | 40.6465 | 44.3140 | 46.9280 |
| 26 | 30.4346 | 35.5632 | 38.8851 | 41.9231 | 45.6416 | 48.2898 |
| 27 | 31.5284 | 36.7412 | 40.1133 | 43.1945 | 46.9628 | 49.6450 |
| 28 | 32.6205 | 37.9159 | 41.3372 | 44.4608 | 48.2782 | 50.9936 |
| 29 | 33.7109 | 39.0875 | 42.5569 | 45.7223 | 49.5878 | 52.3355 |
| 30 | 34.7997 | 40.2560 | 43.7730 | 46.9792 | 50.8922 | 53.6719 |
| 31 | 35.8871 | 41.4217 | 44.9853 | 48.2319 | 52.1914 | 55.0025 |
| 32 | 36.9730 | 42.5847 | 46.1942 | 49.4804 | 53.4857 | 56.3280 |
| 33 | 38.0575 | 43.7452 | 47.3999 | 50.7251 | 54.7754 | 57.6483 |
| 34 | 39.1408 | 44.9032 | 48.6024 | 51.9660 | 56.0609 | 58.9637 |
| 35 | 40.2228 | 46.0588 | 49.8018 | 53.2033 | 57.3420 | 60.2746 |
| 36 | 41.3036 | 47.2122 | 50.9985 | 54.4373 | 58.6192 | 61.5811 |
| 37 | 42.3833 | 48.3634 | 52.1923 | 55.6680 | 59.8926 | 62.8832 |
| 38 | 43.4619 | 49.5126 | 53.3835 | 56.8955 | 61.1620 | 64.1812 |
| 39 | 44.5395 | 50.6598 | 54.5722 | 58.1201 | 62.4281 | 65.4753 |
| 40 | 45.6160 | 51.8050 | 55.7585 | 59.3417 | 63.6908 | 66.7660 |
| 41 | 46.6916 | 52.9485 | 56.9424 | 60.5606 | 64.9500 | 68.0526 |
| 42 | 47.7662 | 54.0902 | 58.1240 | 61.7767 | 66.2063 | 69.3360 |
| 43 | 48.8400 | 55.2302 | 59.3035 | 62.9903 | 67.4593 | 70.6157 |
| 44 | 49.9129 | 56.3685 | 60.4809 | 64.2014 | 68.7096 | 71.8923 |
| 45 | 50.9849 | 57.5053 | 61.6562 | 65.4101 | 69.9569 | 73.1660 |